U0601457

樊树志 著

明史十二讲

中华书局

图书在版编目（CIP）数据

明史十二讲/樊树志著. —北京：中华书局，2021.4
（2024.9 重印）
ISBN 978-7-101-15104-6

Ⅰ.明… Ⅱ.樊… Ⅲ.中国历史–明代 Ⅳ.K248

中国版本图书馆 CIP 数据核字（2021）第 038165 号

书 名	明史十二讲
著 者	樊树志
责任编辑	黄飞立
装帧设计	刘 丽
责任印制	陈丽娜
出版发行	中华书局
	（北京市丰台区太平桥西里 38 号 100073）
	http://www.zhbc.com.cn
	E-mail：zhbc@zhbc.com.cn
印 刷	三河市中晟雅豪印务有限公司
版 次	2021 年 4 月第 1 版
	2024 年 9 月第 4 次印刷
规 格	开本/920×1250 毫米 1/32
	印张 14⅝ 插页 3 字数 330 千字
印 数	15001-17000 册
国际书号	ISBN 978-7-101-15104-6
定 价	88.00 元

樊树志 复旦大学教授。代表著作有:《重写晚明史:王朝的末路》(2019)、《重写晚明史:内忧与外患》(2019)、《重写晚明史:新政与盛世》(2018)、《重写晚明史:朝廷与党争》(2018)、《晚明大变局》(2015)、《明代文人的命运》(2013)、《明史讲稿》(2012)、《张居正与万历皇帝》(2008)、《大明王朝的最后十七年》(2007)、《国史十六讲》(2006)、《江南市镇:传统的变革》(2005)、《权与血:明帝国官场政治》(2004)、《晚明史(1573—1644年)》(2003)、《国史概要》(1998)、《崇祯传》(1997)、《万历传》(1993,2020)、《明清江南市镇探微》(1990)、《中国封建土地关系发展史》(1988)等。其中,《晚明史(1573-1644年)》获第十四届"中国图书奖";《晚明大变局》入选《人民日报》、《光明日报》、《中华读书报》、新华网、新浪网等二十余家媒体2015年度好书。

目　录

引　言

光辉灿烂的中华文明史，不独中国人热爱，世界各国人民也都艳羡不已，赞颂不绝。几个世纪以来，外国的汉学研究从不间断，汉学家名人辈出，孜孜不倦地研究中国历史，硕果累累。每个朝代的历史，对他们都有无可比拟的吸引力。确实，中国历史上的每一个朝代，都有独特的地位和价值，都是独一无二、无可替代的。

比如威名显赫的唐朝。伊佩霞（Patricia Buckley Ebrey）的《剑桥插图中国史》把它定位为"充满活力的世界性帝国"；谢弗（Edward H. Schafer）的《唐代的外来文明》称颂那个时代是"唐朝统治的万花筒般的三个世纪"。这个世界性帝国最为后人所津津乐道的，莫过于海纳百川、有容乃大的气概，对自身充满信心，最愿意接受外来的新鲜事物，丰富自己的物质生活和文化生活。这就是盛唐气象。

再比如宋朝，在旧史家笔下，常常遭受非议——"积贫积弱"，在与骑马民族契丹、女真、蒙古的较量中，始终处于下风。历史是立体的、多侧面的，假如换一个视角，观点就完全不同了。墨菲（Rhoads Murphey）的《亚洲史》对宋朝高度评价："这是一个前所未见的发展、创新和文化繁盛的时期"，是"中国的黄金时代"。李约瑟（Joseph Needham）在《中国科学技术史》中指出：中国科学技术发展到宋朝，已呈现巅峰状态，在许多方面实际已经超过了18世纪中叶工业革命前的英国或欧洲的水平。在此之前，王国维就说过，宋朝的科学与文化，是之前的汉唐，之后的元明望尘莫及的。陈寅恪也说，中华民族的文化，经过几千年的演进，到宋朝登峰造极。我们真的应该对宋朝刮目相看了。

那么明朝又如何呢？如果放宽历史的视野，把它放到全球史的框架中考察，就会有意想不到的发现，它也有唐宋所不及之处。

15 世纪末、16 世纪初,号称地理大发现时代。欧洲航海家发现了美洲新大陆,以及通向东方的新航路,继而又实现了环球航行,开启了一个崭新的大航海时代。

其实 15 世纪初的郑和下西洋早已领先一步。

明朝永乐三年六月十五日(1405 年 7 月 11 日),郑和率领27 800 多人,分乘 208 艘木制帆船,从太仓刘家港出发,开始了持续二十八年的下西洋壮举,到达亚洲非洲三十多个国家和地区,航线之长,持续时间之久,在当时世界上无人可以与之比肩。郑和的第一次远航,比哥伦布首航美洲早八十七年,比达·伽马开辟东方新航路早九十三年,比麦哲伦环球航行早一百一十六年。因此,把郑和下西洋称为大航海时代的序幕,是当之无愧的。无怪乎西方学者对郑和下西洋表达了最高的敬意,李露晔(Louise Levathes)关于郑和的专著,题为《当中国称霸海上》;孟席斯(Gavin Menzies)关于郑和的专著,题为《1421:中国发现世界》。

大航海时代最值得炫耀的成就,就是开启了第一波全球化贸易。中国先是被动卷入,继而转化为主动出击。澳门进入了黄金时代,一跃而为葡萄牙与印度、中国、日本贸易的枢纽港口,几条国际贸易航线把中国商品运向世界各地。尤其是澳门—马六甲—果阿(印度)—里斯本(葡萄牙)航线,使得中国商品直通欧洲,超越了以前的海上丝绸之路。更引人注目的是,福建月港对外开放以后,开辟了一条前所未有的太平洋丝绸之路。中国商品由月港出发,运抵马尼拉,搭乘马尼拉大帆船,横渡太平洋,抵达墨西哥的阿卡普尔科港,然后转销美洲各地。这是以前的海上丝绸之路无法达到的境界。

于是乎,优质的生丝、绸缎、棉布、瓷器等中国商品运销全球,换回的是数量惊人的白银货币,西方学者称之为"丝银对流",创造了一个世纪的奇迹:约占全球三分之一到四分之一的白银货币,通过贸易渠道,源源不断流入中国。弗兰克(Andre Gunder Frank)的名著《白银资本:重视经济全球化中的东方》指出:"'中国贸易'造成的经济和金融后果是,中国凭借着在丝绸、瓷器等方面无可匹敌的制造业和出口,与任何国家进行贸易都是顺差。"在他看来,当时世界的经济中心不在欧洲,而在亚洲,在中国。

随着商船来到中国的传教士,在传布天主教教义的同时,带来了欧洲先进的科学文化,培养了一批放眼看世界的先进中国人,改变了中国人的世界观,开启了一个新的启蒙时代,思想解放的潮流席卷中华大地。

这就是晚明大变局。中国开始从经济、文化、科技、宗教各个方面,融入世界。

这样的明朝是不是很值得一看呢?

那么,就让我们来细细打量这段历史吧!

第一讲
太祖高皇帝与胡蓝党案

至正二十八年(1368)正月初四,朱元璋登上皇帝宝座,宣布新王朝的国号为大明,改元洪武,延续二百七十六年的大明王朝帷幕,徐徐拉开。

朱元璋是中国历史上出身最为卑微的皇帝,只有汉高祖刘邦可以与之相比拟,然而刘邦毕竟是亭长(类似于行政村村长)出身,朱元璋则一贫如洗,处于农村最底层,还当过游方和尚。骤登大宝,缺乏自信,疑神疑鬼,大权独揽,把专制政治推向极致,奉严刑峻法为不二法门,美其名曰"治乱世用重典","以重典驭臣下"。

洪武二十八年(1395),他回顾这一治国理念时说:"朕自起兵至今四十余年,亲理天下庶务,人情善恶真伪,无不历涉,其中奸顽之徒情犯深重,灼然无疑者,特令法外加刑,意在使人知所警惧,不敢轻易犯法。然此特权时处置,非守成之君所用常法,以后子孙做皇帝时,止守《律》与《大诰》,并不许用黥、刺、剕、劓、阉割之刑。"他把持续几十年的大屠杀,说成是"法外加刑",太过于轻描淡写。

吴晗在《朱元璋传》(1949年版)中这样写道:"在这一年之前,桀骜不驯的元勋、宿将杀光了,主意多端的文臣杀绝了,不顺归的地方巨室杀得差不多了。连光会掉书袋子搬弄文字的文人也大杀特杀,杀得无人敢说话,无人敢出一口大气了。杀,杀,杀!杀了一辈子,两手都涂满了鲜血的白头刽子手,踌躇满志,以为从此可以高枕无忧,皇基永固,子子孙孙吃碗现成饭,不必再操心了。"后来颁布的《皇明祖训》,把这一段话收入"祖训"之中,希望"以后子孙做皇帝时",不要"法外加刑"。但是他的儿子朱棣登上皇位后,依然是大杀特杀。无怪乎陈建在《皇明资治通纪》中感叹道:"杀运直至永乐靖难后始除。"

一 "士大夫朝簪绂而暮累囚"

对于太祖高皇帝打着"以重典驭臣下"的幌子大肆杀戮,当时大多数官员噤若寒蝉,哪里还有胆量表示异议! 当然也有不怕死的官员,直言不讳地批评皇帝。

洪武九年(1376),山西平遥训导叶伯巨(居升)写了长篇奏疏,批评皇上"分封太侈""求治太速""用刑太繁"。《明史·叶伯巨传》收录了这篇奏疏的详细摘要,吴晗《朱元璋传》用了一页多的篇幅转引"用刑太繁"部分,其中最厉害的是这一段话:

> 夫笞、杖、徒、流、死,今之五刑也。用此五刑,既无假贷,一出乎大公至正可也。而用刑之际,多裁自圣衷,遂使治狱之吏务趋求意旨,深刻者多功,平反者得罪,欲求治狱之平,岂易得哉!

叶伯巨把"视杀人如灭蝼蚁"归咎于皇帝的"圣衷",意思是一切都出于皇帝的独裁。朱元璋暴跳如雷,扬言要亲手射死他。中书省官员巧施计谋,趁他高兴的时候,奏请把叶伯巨关刑部监狱"问状",不久病死于狱中,"问状"也就不了了之。如果叶伯巨寿命长一点,看到日后"胡蓝党案"杀戮数以万计无辜的景象,那么他先前看到的"视杀人如灭蝼蚁",简直是小巫见大巫。

其实,在叶伯巨之前,悠游林下的诚意伯刘基已经看到了这一点,洪武四年(1371)八月,朱元璋写信给退休的刘基,以询问"天象"为名,征询对于朝政的意见。刘基委婉地表示:"雪霜之后,必有阳春,今国威已立,宜少济以宽。"朱元璋的反应如何呢?表面上把刘基的条陈交付给史馆,以示重视;实际上根本充耳不闻,以后的行动表明,他不但没有"少济以宽",反而变本加厉地"以重典驭臣下"。

关于这一点,只要看一下万斯同的《明史·刑法志》便可明白,他用"士大夫朝簪绂而暮累囚"来描摹当时官员朝不保夕的恐怖情状,甚至"榜掠所加,血肉糜烂",惨不忍睹。而这一切都与凌驾于明律之上的《大诰》,以及锦衣卫镇抚司诏狱密切相关。

对于这样的"以重典驭臣下",明朝人有不少记述,何乔远《名山藏·刑法纪》便是一例。他写道:

> (太祖)乃召天下耆德高年之人,吏于有司,使得执贪吏、擒奸民面奏,奏实者,加非常之诛。于是有挑筋、剁指、刖足、断手、刑腚、钩肠、去势,以止憨。府、州、卫、所右廨,名曰皮场,吏受贿至六十金者,引入场中,枭首剥皮。更代之官,设皮坐之……于是揭诸文武臣民罪由,布于天下,而《大诰》之篇出矣。所以人心惴凛,吏畏民训。其时征辟之士,有司督趋如捕罪囚,仕于朝者多诈死、佯狂,求解职事。

种种酷刑的名称听起来就毛骨悚然,衙门旁边还设有枭首剥皮的皮场庙,吓得士大夫不敢做官,用诈死、佯狂以求解脱,实在是官场罕见的咄咄怪事!他认为关键在于法外加刑的《大诰》在作祟。洪武十五年(1382)的"空印案",洪武十八年的"郭桓案",都是"严于吏治"的典型案例。案犯的供词牵连各省官员,处死几万人。不知道这些官员有多少进了"皮场庙"?

这种"严于吏治"的做法,一直延续到朱元璋的去世。陈建《皇明资治通纪》的洪武三十一年闰五月"上崩于西宫"条,有对他的"盖棺定论",除了颂扬的话,也有非议:"国初驭下,多从重典,藩臬、守令稍有赃罪,怀印未暖,即逮之去,非远戍则门诛……以故居职惴惴,惟恐不能奉法恤民,以忝荣禄。"真实地反映了"以重典驭臣下"所造成的官场生态。

"以重典驭臣下"的主要手段就是"法外加刑",而"法外加刑"凭借的是在《大明律》之外另编的《大诰》。

朱元璋在《御制大诰序》中明确指出编制《大诰》之目的:"今将害民事理,昭示天下,诸司敢有不急公而务私,在外赃贪,酷虐吾民者,必穷搜其原,而置之重典。"

《御制大诰》之后,又有《御制大诰续编》《御制大诰三编》,涉及的是惩治贪官污吏、地方豪强的重大案件,其中凌迟、斩首、族诛的有几千条,弃市以下有万余条,大多出于朱元璋"亲裁",用他自己的话来说,叫作"治乱世用重典"。

《御制大诰》有七十四条朱元璋的御批,例如"君臣同游第一"写道:"今之臣不然,蔽君之明,张君之恶,邪谋党比,几无暇时。凡所作为,尽皆杀身之计,趋火赴渊之筹。"又如前面提到的"郭桓案",在《大诰》中就有反映,朱元璋在"郭桓造罪第四十九"中说:"造天下之罪,其造罪患愚者,无如郭桓甚焉……(其贪赃)共折米算,所废者二千四百余万精粮。呜呼,古今贪有若是乎!其郭桓不才,乃敢如是。其中所分入己者几何……空仓廪,乏府库,皆郭桓为之。"《御制大诰续编》有八十七条"御批",《御制大诰三编》有四十三条"御批"，其中"李茂实胡党第七""陆和仲胡党第八""指挥林贤胡党第九""卖放胡党第十七"，都涉及"胡惟庸党案"，比起郭桓案来，要严重多了——谋反。可见《大诰》惩治的对象，已经不仅仅限于原先所说的"在外赃贪，酷虐吾民"了。

皇帝如何能够及时发现他的臣子"不急公而务私"呢？这就需要仰仗特务机构——检校和锦衣卫，它们承担着监视官吏的特殊使命。

检校的职责是"专主察听在京大小衙门官吏不公不法，及风闻之事，无不奏闻"。他们或布置"卧底"，或收买"线人"，广布密探，收集官吏私下里的言行，报告给皇帝。无怪乎朱元璋这么形容检校："有这几个人，譬如人家养了恶犬，则人怕。"连李善长这样位高权重的首相，也对检校有恐惧感，可见它的厉害。

洪武二十三年（1390）五月，李善长惨遭灭门之祸后，朱元璋在阅读《孟子》时，看到"草芥寇仇"之类的句子，大不以为然，说："非臣子所宜言。"决定废去孟子在孔庙的"配享"地位，并且声称：如有臣下反对此议，以大不敬论处，立即命令御前武士射杀。刑部尚书钱塘出于捍卫"亚圣"孟子的赤诚之心，抬了棺材进宫，冒死进谏，并且袒露自己的胸膛，听任武士射箭，大声喊道："臣得为孟轲死，死有余荣。"朱元璋见他态度诚恳，当即命令御医为他疗伤，不得不撤回废除孟子"配享"的圣旨，退而求其次，下令删改《孟子》，由一班儒臣把《孟子》中有碍皇权的字句，诸如"谏不听则易位"，"民为贵，社稷次之，君为轻"，"君之视臣如草芥，则臣视君如寇仇"之类的段落一概删去，编成一本《孟子节文》。陈建《皇明资治通纪》写到与此有关的一件轶事：

钱宰被征至京,同诸儒修纂《尚书会选》《孟子节文》。暇日微吟曰:"四鼓咚咚起着衣,午门朝见尚嫌迟。何时得遂田园乐,睡到人间饭熟时。"察者以闻,明日,文华宴毕,进诸儒而论之曰:"昨日好诗,然曷尝'嫌'汝,何不用'忧'字?"宰等惊悚谢罪。

这里所说的"察者以闻",就是检校的密探把钱宰在家里"微吟"的牢骚诗,连夜报告皇帝。第二天,朱元璋在文华殿宴请完毕后,对钱宰说,你诗中"尚嫌迟"的"嫌"字用得不妥,我并没有嫌你迟,何不改用"忧"字?钱宰等人"惊悚谢罪"一句,颇堪回味,一是惊悚于皇帝情报之灵通,二是惊悚于特务的无孔不入。

洪武十五年(1382),为了扩大"胡惟庸党案"的打击面,朱元璋下旨建立新的特务机构——锦衣卫。《明史·刑法志》说:"刑法有创之自明,不衷古制者,廷杖、东西厂、锦衣卫、镇抚司狱是已。是数者,杀人至惨而不丽于法;踵而行之,至末造而极。举朝野命,一听之武夫、宦竖之手,良可叹也!"

明朝的军队编制称为"卫所",一个"卫"有五千六百人,下辖若干个"所":一千一百二十人为一个"千户所",一百一十二人为一个"百户所"。"卫"的长官是指挥使(正三品),"所"的长官是千户(正五品)、百户(正六品)。在诸多"卫"中,有号称"上二十二卫"的亲军,地位很高,其中的锦衣卫地位更高。洪武十五年建立的锦衣卫,职掌和其他"卫"有所不同,有两大任务:一是"直驾侍卫",二是"巡察缉捕"。

所谓"直驾侍卫",就是皇宫与皇帝的保驾、警卫,这是它的日常勤务。每逢圣节(皇帝诞辰)、正旦(正月初一)、冬至等重大节庆举行的朝会,每天的常朝(皇帝上朝与官员议政),以及皇帝参加的重要祭祀仪式,都有锦衣卫官兵扈从皇帝出入。凡遇大朝会,皇帝上朝升殿,锦衣卫指挥使一员,身穿大红蟒衣,头戴乌纱帽,身佩銮带,悬挂金牌,在御座前偏西的地方站立侍卫,另有千户六员身穿青绿锦绣服,在殿前"侍班"(听候召唤)。平时常朝,锦衣卫指挥一员、千户二员、百户十员、旗校五百名,在奉天门(皇极门)下,排队侍卫,听候皇帝命令,纠正官员礼仪。退朝以后,锦衣卫百户一员带领士兵巡逻皇城四周,其余锦衣卫官兵分别守卫东华门、西华门。

所谓"巡察缉捕",就是"缉捕京城内外盗贼"。锦衣卫专设"镇抚司",直接承办皇帝交付的重要案件,捉拿人犯,关押审判。它有特设的"诏狱"——遵照皇帝诏令查处人犯的监狱,它的司法权力来自皇帝,凌驾于政府的"三法司"(刑部、大理寺、都察院)之上,视法律如草芥。洪武十五年以后,太祖高皇帝的"法外加刑"政策就通过它来贯彻。

为什么要设立锦衣卫以及它的附属机构镇抚司呢? 吴晗《朱元璋传》(1949 年版)回答道:

这一批并肩百战,骁悍不驯的将军们,这一群出身豪室的文臣,有地方势力,有社会声望,主意多,要是自己一朝咽气,忠厚柔仁的皇太子怎么对付得了? 到太子死后,太孙不但年轻,还比他父亲更不中用,成天和腐儒们读古书,讲三王的道理,断不是制驭枭雄的脚色。他要替儿孙斩除荆棘,要保证自己死后安心,便有目的地大动杀手,犯法的杀,不犯法的也杀,无理的杀,有理的也杀。锦衣卫的建立,为的便于有计划的裁赃告密，有系统的诬告攀连，有目标的灵活运用，更方便的在法外用刑。各地犯重罪的都解到京师下北镇抚司狱，备有诸般刑具，罪状早已安排好，口供也已预备好，不容分析，不许申诉，犯人唯一的权利是受苦刑后书字招认。不管是谁，进了这头门，是不会有活着出来的奇迹的。

话讲得十分尖锐，焦点就在于，"有计划的栽赃告密，有系统的诬告攀连，有目标的灵活运用，更方便的法外用刑"，锦衣卫镇抚司的特务政治本质显露无遗，而这些，都服务于"以重典驭臣下"的专制政治。

二 皇权与相权的矛盾：胡惟庸党案

皇权与相权历来是一对矛盾，互相抑制，此消彼长。唐初的三省六部制度比较好地处理了这对矛盾，中央政府设立政事堂，作为宰相的议事机构，一切重大事务，都由政事堂会议讨论。三省的首长——中书省的中书令、门下省的侍中、尚书省的左右仆射——都是宰相，参加政事堂会议的参知机务、参知政事也是宰相，人数多至一二十人。

内藤湖南在《中国近世史》中说："中书省为天子的秘书官，司掌起草诏书敕令、批答臣下的奏章。这些诏书的颁发或敕令的下行，要取得门下省的同意。门下省有反驳的权力。若中书省起草的文稿有不当之处，门下省可以批驳，甚至将其封还。因此，中书省和门下省须在政事堂上达成协议才成。尚书省是接受上述决议的执行机关……当然,中书、门下、尚书三省中的要员,皆系贵族出身,而贵族并不完全服从皇帝的命令。因而天子对臣下的奏章批示时,所用的文字,都很友好温和,决不用命令的口吻。"

钱穆在《国史新论》中也说:"汉代宰相是首长制,唐代宰相是委员制。最高议事机关称政事堂,一切政府法令,须用皇帝诏书名义颁布者,事先由政事堂开会决议,送进皇宫画一敕字,然后由政事堂盖印中书门下制章发下。没有政事堂盖印,即算不得诏书,在法律上没有合法地位……在唐代,凡遇军国大事,照例先由中书舍人(中书省属官)各拟意见(五花判事),再由宰相(中书省)审核裁定,送经皇帝画敕后,再须送门下省,由给事中(门下省属官)一番复审;若门下省不同意,还得退回重拟。因此必得中书、门下两省共同认可,那道敕书才算合法……皇帝不能独裁,宰相同样不能独裁。"各种权力互相制衡,应该说是较为理想的状态。

宋朝的情况就大不一样。宋太祖鉴于唐朝宰相权力太大,极力分割它的权力。一是在三省首长以外,增设"同中书门下平章事"为宰相,"参知政事"为副宰相,分散其权力;二是以枢密院(首长为枢密使)分割宰相的军权,使得宰相与枢密使文武分立,宰相的政事堂与枢密使的枢密院并称为"二府";三是分割宰相的财权,财权由"三司"(盐铁、度支、户部)掌握,因而三司号称"计相"(主管财政的宰相)。如此一来,宰相权力比先前大为缩小,没有了军权、财权,形成政事堂主管政治,枢密院主管军事,三司主管财政的局面,三权分立,各不相知,一切都要通过皇帝。很显然,其结果是皇权扩大、相权缩小。然而这一制度变革是和缓平静进行的。

朱元璋没有李世民、赵匡胤的雅量。扩大皇权与削弱相权的过程,伴随着一系列大屠杀,令人震惊。

朱元璋是一个权力欲极强的人,对于中书省的第一把手——左丞相李善长权力过大,有所顾忌。李善长作为开国元勋、第一功臣,有着极高的声望,以他为首的淮西集团把持了中央政府各个重要岗位,势力不断膨胀。朱元璋感受到了相权的潜在威胁,抑制的办法只有一个——撤换李善长,在开国元勋之外另择丞相人选,由声望较低的事务级官员出任。这种敏感的人事变动是绝对机密,只能和刘基商量(因为他不属于淮西集团)。刘基一听要撤换李善长,立即表示反对。于是君臣之间有了一场推心置腹的对话,《刘基行状录》《新刻皇明名臣言行录》《皇明资治通纪》《弇州史料前集》《皇明书》《明史窃》等文献都有记载,情况大致还原如下:

刘基说:李善长是开国元勋,能调和各路将领。

朱元璋说:他多次要害你,你还为他讲好话,如此高风亮节,我要任命你为丞相。

刘基深知在淮西集团当权的情势下,他孤掌难鸣,很难在朝廷站稳脚跟,坚决辞谢,并且说了一段意味深长的话:房屋如果要调换顶梁柱,必须寻找大树,假如用一株小树来当顶梁柱,房屋肯定倒塌。

朱元璋又问:杨宪如何?

刘基并不因为和杨宪有私交而放弃原则,如实回答:杨宪有丞相的才干,没有丞相的器度,丞相必须保持水一般平衡的心态,用义理来权衡一切,而不感情用事。这一点,杨宪做不到。

朱元璋又问:汪广洋如何?

刘基说：此人过于偏浅，还不如杨宪，观其人可知。

朱元璋又问：胡惟庸如何？

刘基不屑一顾，用比喻的口气给予否定，说了一句分量很重的话："此小犊，将偾辕而破犁。"要让这样的"小犊"担当重任，我担心会坏事。

朱元璋提出的候选人都被一一否定，再次重申：我的丞相人选，诚然没有一个超过先生的。言下之意是敦请刘先生出任此职。

刘基已经推辞过一次，见皇上再次提起，立即用坚决而又委婉的语气推辞："臣非不自知，但臣疾恶太甚，又不耐繁剧，为之且辜大恩。天下何患无才，愿明主悉心求之，如目前诸人，臣诚未见其可也。"

这场君臣之间的对话，值得细细玩味。

对于朱元璋而言，已经感受到以李善长为首的淮西集团对皇权的潜在威胁，希望"浙东四先生"之一的刘基取代李善长，起到平衡和制约的作用。对于刘基而言，逐渐领悟共同打天下易，共同坐天下难，再度萌生去意，仿效汉初的张良，功成名就，急流勇退。因此一再婉言拒绝朱元璋的敦请，不想卷进权力争夺，以免招来杀身之祸。

刘基是诸葛亮式的人物，但是他没有摸透皇上的心思，在他看来，李善长是左丞相的理想人选，因为"善长勋旧，且能和辑诸将"，而这恰恰是皇上要撤换他的原因。而被刘基否定的那三个人，是朱元璋心目中担任丞相的理想人才，并非开国元勋，比较容易控制，先后受到重用。具有讽刺意味的是，这三个人先后被朱元璋处死。

杨宪早先被朱元璋派往浙江李文忠军中,对他说:李文忠是我的外甥,年轻未历练,地方上的事由你作主张,如有差失,罪只归你。后来杨宪告密,李文忠用儒生干预公事,因此得宠,朱元璋有意让他当丞相,多次说:"杨宪可居相位。"把他调任中书省左丞。杨宪其人优点突出,缺点也突出,刘基说他"有相才无相器",是有道理的。他这种器度是难以在中书省站稳脚跟的。

　　果然,洪武三年(1370)七月,"中书省左丞杨宪以罪诛"。胡惟庸一直对这个山西阳曲人耿耿于怀,对左丞相李善长说:"杨宪为相,我等淮人不得为大官矣!"李善长心领神会,终于抓住把柄。事情是这样的:朱元璋鉴于李善长有病,把陕西参政汪广洋晋升为中书省右丞。杨宪是左丞,官大一级,独断专行。汪广洋初来乍到,十分低调,依违于其间。杨宪仍不满意,唆使侍御史刘炳弹劾汪广洋"奉母不如礼",遭到皇帝谴责,罢官回到高邮。杨宪还不罢休,奏请皇帝把他调往海南,朱元璋很不高兴,对杨宪有所怀疑。李善长抓住时机,上了一道奏疏,指责他"排陷大臣,放肆为奸"。不明内情的刘炳继续攻击汪广洋,朱元璋发觉是诬陷,逮捕刘炳审讯。刘炳交代,他所做的一切都受杨宪指使。于是新账老账一起算,杨宪与刘炳一并处死,召还汪广洋,恢复中书省右丞之职,后来还加封为"忠勤伯"。

　　洪武四年(1371)正月李善长退休后,汪广洋出任中书省右丞,胡惟庸出任中书省左丞。这是朱元璋精心安排的取代李善长的格局,以高邮人汪广洋和定远人胡惟庸互相牵制。但是,汪广洋是一介文人,年少时师从余阙,淹通经史,工于书法、诗歌,为人"宽和自守",根本无法遏制胡惟庸。胡惟庸自恃是李善长同乡与姻亲,虽然官职低于汪广洋,却"专决省中事",反过来指责汪广洋"无所建白",终于导致汪广洋被贬为广东行省参政。朱元璋以为胡惟庸是一个干才,在洪武六年七月升任他为右丞相,不久又提升为左丞相。与此同时,朱元璋再度起用汪广洋为右丞相,意图是不言而喻的,希望起到制衡与约束的作用。但是"宽和自守"的汪广洋根本不是胡惟庸的对手,改变不了胡惟庸专横跋扈的"独相"局面。

御史大夫韩宜可对胡惟庸与陈宁、涂节之流恃宠擅权有所不满,当面向皇帝提交奏疏(以防被胡惟庸扣押),措辞尖锐地指出:"三人险恶似忠,奸佞似直,恃功怙宠,内怀反侧,擢置台端,擅作威福,乞斩其首以谢天下。"朱元璋当时满以为胡惟庸是人才,对他宠信有加,看到韩宜可的奏疏,破口大骂:快口御史,敢排陷大臣!当即把他押入监狱。

胡惟庸是个厉害的脚色,听不得反对意见,报复心理极强。开国元勋——大将军徐达,为人正直,早就看穿胡惟庸的奸佞本性,向皇帝从容进言,希望有所提防。胡惟庸得知后,蓄意报复,用重金收买徐府门房福寿,诱使他诬陷徐达。幸亏福寿不为所动,事态才没有恶化。

胡惟庸报复的第二个人就是刘基。刘基洪武四年致仕,归隐乡里。孟森《明史讲义》说:"诚意(刘基)之归隐韬迹,非饰为名高也,亦非矫情也,盖惧祸耳。"功成名就以后仍保持忧危心态,这一点与张良相似,但是张良的急流勇退是成功的——得以善终,而刘基"犹且不尽免祸"。归隐是为了避祸,却不免于祸,是一个悲剧。制造悲剧的关键人物恰恰是刘基不屑一顾的胡惟庸。这时,胡惟庸已经在中书省掌管实权,不知通过什么途径,获悉刘基在皇帝面前说他无能,怀恨在心,指使他的亲信诬陷刘基,说什么刘基会看风水,在一块有"王气"的土地上为自己建造坟墓,心怀叵测,企图激起朱元璋的猜忌心理。他建议皇上对刘基施加"重辟",并且逮捕其子刘琏一并严惩。朱元璋没有"重辟",而是写了手谕对刘基予以警告。面对胡惟庸的诬陷,刘基为了表明心迹,特地赶回南京,使皇上释疑。

不久,胡惟庸升任中书省左丞相。刘基悲戚至极,感叹道:希望我先前的"小犊偾辕破犁"的预言不灵验,天下苍生有福了。如此忧心忡忡度日,终于病倒了。洪武八年(1375),朱元璋派人把他护送回乡,不久就病死了。

四年后,刘基的同僚、御史中丞涂节揭发,刘基是胡惟庸毒死的。他病重时,胡惟庸派来医生诊治,服了医生的药后,病情恶化——"有物积腹中如卷石",显然是中毒了。黄伯生《诚意伯刘公基行状》写道:

> 洪武八年正月,胡丞相以医来视疾,饮其药二服,有物积腹中如卷石,公遂白于上,上亦未之省也。自是疾遂笃。三月,上以公久不出,遣使问之,知其不能起也,特御制文一通,遣使驰驿送公还乡里,居家一月而薨。公生于至大辛亥六月十五日,薨于洪武乙卯四月十六日,享年六十五岁。

胡惟庸毒死刘基,《明史》有多处提到,可谓确证。刘基的长子刘琏,很有才华,洪武十年(1377)受胡惟庸亲信胁迫,坠井而死,则是旁证。这一点,还可以从朱元璋和大臣的谈话中得到印证:"后来胡(惟庸)家结党,(刘伯温)吃他下了蛊(引者按:蛊,音古,原意为寄生虫)了。只见一日来对我说:'上位,臣如今肚内一块硬结悒,谅看不好。'我着人送他回去,家里死了。后来宣得他儿子来问,说道胀起来紧紧的,后来泻得鳖鳖的,却死了。这正是着了蛊了。"此后胡惟庸得意忘形,贪贿弄权,更加肆无忌惮。

胡惟庸名列《明史·奸臣传》,对他而言并无不公,此人本来就是一个宵小之徒,为人阴险狡猾,惯于钻营,一旦大权在握,便肆意妄为。如果按照老百姓"好人—坏人"模式来衡量,他肯定不是一个"好人"。但是,他被处死后诛连数以万计的"胡党",绝大多数并非"奸臣",不少还是功臣。历史上开国皇帝杀功臣,屡见不鲜,不足为奇。"胡惟庸党案"是此类事件又一次重演,不过奇特得令人震惊,却又迷雾重重。

胡惟庸和李善长是同乡,都是濠州定远人,朱元璋奉郭子兴之命打下和州,他前往投奔,在元帅府当差,后来外放宁国知县、吉安通判、湖广金事,逐渐晋升为太常寺卿,洪武三年进入中书省,任参知政事。这一切离不开李善长的提拔。

后来他又把自己的侄女许配给李善长的侄子,结成姻亲。

胡惟庸的擅作威福,激化了相权与皇权的矛盾,朱元璋感到前所未有的大权旁落。此前左丞相李善长小心谨慎,右丞相徐达经常统兵在外,后来的右丞相汪广洋只知饮酒而不管事。朱元璋用人多疑,在任命胡惟庸为左丞相的同时,重新起用汪广洋为右丞相,希望他们互相牵制。后来他逐渐发现胡惟庸的"奸状",而汪广洋"依违其间,无所救正",很为不满。吴伯宗事件就是一个征兆。刘基死后不久,礼部员外郎吴伯宗对"丞相胡惟庸专恣"十分厌恶,表现得刚直不屈,胡惟庸借故把他贬官至凤阳。《皇明从信录》写道:"伯宗上疏论时政,因指斥胡惟庸罪状,不宜独任以政,恐滋久为国大蠹。上览其奏,即召还。"由此可见,朱元璋对胡惟庸的"专恣"已经有所察觉,对吴伯宗所说的情况是认可的,所以才把他从凤阳召回。

汪广洋的所作所为令朱元璋失望——"依违其间,无所救正",对于胡惟庸的"奸状"一言不发。这就成了汪广洋的罪状,终于在洪武十二年十二月被"赐死"。《国朝献征录》的《汪公广洋传》披露了他的死因,其细节之详尽为其他史料所不及:

（洪武）十年,复拜右丞相。上遇之特厚,尝有疾在告,赐敕劳问。然颇湛酒色,荒于政事,以故多稽违。又与胡惟庸同在相位,惟庸所为不法,广洋知而不言,但浮沉守位而已。上察其然,因敕以洗心补过。广洋内不自安。久之（洪武十二年九月）,占城贡物使者既至,而省部之臣不以时引见,上以其蔽遏远人,下敕书切责执政者,广洋惶惧益甚。至是,御史中丞涂节言:前诚意伯刘基遇毒死,广洋宜知状。上问广洋,广洋对曰:无是事。上颇闻（刘）基方病,丞相胡惟庸挟医往候,因饮以毒药,乃责广洋欺罔,不能效忠为国,坐视废兴。遂贬居海南,舟次太平,复遣使敕之曰:"丞相广洋从朕日久,前在军中屡问乃言,否则终无所论,朕以相从之久,未忍督过。及居台省,又未尝献谋划以匡国家。臣民之疾病皆不能知,间命尔出使,有所侦视,还而嗫不一语。事神治民屡有厌怠,况数十年间在朕左右,未尝进一贤才……前与杨宪同在中书,宪谋不轨,尔知之不言。今者益务沉湎,多不事事。尔通经能文,非愚昧者,观尔之情,浮沉观望……"广洋得所赐书,益惭惧,遂自缢卒。

看得出来,朱元璋对他是寄予厚望的,两度委以重任,无奈此人文人习气太重,对杨宪、胡惟庸的"不法","知而不言","浮沉观望",自然难逃一死。对于胡惟庸而言,这是一个不祥之兆。

汪广洋死后不久,即洪武十三年(1380)正月春节期间,朱元璋突然宣布,以"擅权植党"罪处死左丞相胡惟庸。处死首相,是一件非同寻常的政治事件,朱元璋为此发布了一系列诏书,但都没有涉及"谋反"之事。在第一道诏书中,他告诫文武百官,朝廷设立中书省"以总天下之文治",设立都督府"以统天下之兵政",设立御史台"以括朝廷之纲纪"。"岂意奸臣窃持国柄,枉法诬贤,操不轨之心,肆奸欺之蔽,嘉言结于众舌,朋比逞于群邪。"因此他主张"革去中书省",提升六部职权,并且用商量的口吻问道:"卿等以为如何?"

陈九德《皇明名臣经济录》收录了许士廉《革中书省对》,记录了胡惟庸伏诛后,朱元璋对于文武百官的口谕:"……岂意奸臣窃持国柄,枉法诬贤,操不轨之心,肆奸欺之弊,嘉言结于众舌,朋比逞于群邪。蠹害政治,谋危社稷……朕革去中书省,升六部,仿古六卿之制,俾之各司所事,更置五军都督府,以分领军卫。如此,则权不专于一司,事不留于壅蔽,卿等以为如何?"从这道口谕看来,胡惟庸的罪状是"窃持国柄,枉法诬贤",令他耿耿于怀的是相权过于庞大,为了"权不专于一司",决定废除丞相及其办事机构中书省。所谓"卿等以为如何"云云,只是一句客套话,其实是没有商量余地的。监察御史许士廉不明就里,居然发表修正意见——以三公来取代丞相。他说:"但虑陛下日理万机,劳神太过,臣愚以为宜设三公府,以勋旧大臣为太师、太傅、太保,总率百僚庶务……庶几臣下绝奸权之患,主上无繁剧之劳。"这简直是书生之见,殊不知"主上"并不怕"繁剧之劳",怕的是臣下权力过大,用"勋旧大臣"出任三公,岂不是更难制驭了吗?

果然,朱元璋根本没有理睬这一建议,仍旧坚持"革去中书省"的主张,发出第二道诏书,继续清算胡惟庸等人的罪状:"丞相汪广洋、御史大夫陈宁,昼夜淫昏,酣歌肆乐,各不率职,坐视废兴,以致胡惟庸私构群小,黩缘为奸,或枉法以惠罪,或挠政以诬贤。"《皇明祖训》记录废除中书省与丞相制度的诏书,这样写道:

> 自古三公论道,六卿分职,并不曾设丞相。自秦始置丞相,不旋踵而亡。汉唐宋因之,虽有贤相,然其间用者多有小人,专权乱政。今我朝罢丞相,设五府六部、都察院、通政司、大理寺等衙门,分理天下庶类,彼此颉颃,不致相压。事皆朝廷总之,所以稳重。以后子孙做皇帝时,并不许立丞相。臣下敢有奏请设立者,文武群臣即时劾奏,将犯人凌迟,全家处死。

值得注意的是,在这道诏书中,胡惟庸的罪状,依然是"黩缘为奸""枉法""挠政",丝毫没有提及"谋反"二字。为了镇压"胡党",他特命儒臣编撰《相鉴奸臣传》,亲自为此书写了序言,依然是针对胡惟庸,"不守人臣之分,恃要持权,窥觇人主之意,包藏祸心,舞文弄法"。自始至终没有一字一句牵涉"谋反"情节。

平心而论,用"擅权植党"罪处死胡惟庸,绰绰有余。对于胡惟庸而言,可谓咎由自取。问题在于,朱元璋要除掉的并非胡惟庸一个人,而是一个庞大的"胡党"。御史大夫陈宁、御史中丞涂节以"胡党"罪被杀,受牵连的"僚属党羽"约一万五千人。

一些官员察觉皇帝的心态,投其所好,纷纷请求株连李善长、陆仲亨等开国元勋。朱元璋没有同意,他这样说:我当初起兵时,李善长来投奔,说终于重见天日了。当时我二十七岁,善长四十一岁,他的建言大多符合我的意思。陆仲亨当时十七岁,父母兄弟都死了,他害怕被乱兵所杀,抱了一升麦子躲在草丛中。我叫他出来,跟随我打天下,以功封侯。这些人都是我初起时股肱心腹,我不忍心杀他们。

这其实是真实的假话。朱元璋发动"胡惟庸党案",主要是针对朝廷中掌握实权的元老重臣。仅仅"擅权植党"罪是不够的,必须继续罗织,使胡惟庸的罪状不断升级,从"通倭"(勾通日本)、"通虏"(勾通蒙古)到"谋反"。

为了达到这一目的,朱元璋在洪武十五年(1382)设立了特务机构锦衣卫,锦衣卫秉承皇帝旨意,逮捕"胡党",刑讯逼供,罗织罪状,编成《昭示奸党录》,作为惩处"胡党"的依据。此书现在已不易见到,钱谦益是见到过此书的,他写的《太祖实录辨证》说:"国初,《昭示奸党》凡三录,冠以手诏数千言,命刑部条列乱臣情辞,榜示天下,至今藏贮内阁。余得以次第考之。"他在文章中有所引用,其中有一条,说的是胡惟庸和他的同党阴谋发动宫廷政变的情节:

> 自从洪武八年以后,惟庸与诸公侯约日为变,殆无虚月。或候上早朝,则惟庸入内,诸公侯各守四门;或候上临幸,则惟庸扈从,诸公侯分守信地。皆听候惟庸调遣,期约举事。其间或以车驾不出而罢,皆惟庸密遣人麾散,约令再举。见于《奸党三录》者,五年之中,朝会者无虑二百余。

这段文字分明是在揭露胡惟庸等人企图行刺皇帝,从洪武八年(1375)到十三年,这伙"胡党"密谋活动竟有两百多次,近乎天方夜谭！五年间怎么不露一点痕迹？洪武十三年处死胡惟庸时，为何只字未提？

《明太祖实录》根据《昭示奸党录》的口径，记载洪武十三年处死胡惟庸，是这样表述的："丞相胡惟庸等谋逆，内史云奇发其事，皆伏诛。"显然是后来对历史的窜改。后世史家不加细察，反复转引，以假乱真，最离奇的莫过于"云奇告变"。《皇明从信录》所转述的情节是这样的：

> 胡惟庸党逆谋已定，诳言所居井涌醴泉，邀上往观。惟庸居第近西华门，守门内史云奇知其谋，乘舆将西出，（云）奇冲跸道，勒马御言状，气方勃，舌映不能达意。上怒其不敬，左右挝捶乱下，（云）奇垂毙，右臂将折，犹尚指贼臣第，弗为痛缩。上方悟，登城眺察，则见彼第内，兵甲伏屏间数匝。上亟返，遣兵围其第，罪人一一就缚，并其党御史大夫陈宁、中丞涂节等皆伏诛。

写得活灵活现，如同亲眼看见一般，其实是凭空虚构的。钱谦益《太祖实录辨证》就说："云奇之事，国史野史，一无可考。"吴晗《胡惟庸党案考》（《燕京学报》，1934）第二节《云奇告变》，考证精详，结论是："云奇事件之无稽荒谬，已决然无可疑。"其根本原因是："胡惟庸党案的真相，到底如何，即明人亦未深知，这原因大概是由于胡党事起时，法令严峻，著述家多不敢纪载此事。到了事过境迁以后，实在情形已被淹没，后来的史家只能专凭《实录》，所以大体均属相同。"

有些"胡党"的招供编入了《大诰》之中，例如"李茂实胡党第七"这样写道：当初，不知李茂实乃胡党。由上元县民孙才四介绍，投靠胡惟庸门下，引诱邻里乡民暗中充当义兵。胡惟庸处死后，李茂实逃窜，直到洪武十九年(1386)在沙县客店被捕。李茂实招供：洪武九年见到胡惟庸，在他家饮酒后，在西厅宿歇。次日，胡惟庸给李茂实一百三十个银锭，作为招募义兵的经费，云云。这种语无伦次的文字，作为胡惟庸"谋反"的证据，只有锦衣卫那些头脑简单的打手才会相信。稍有头脑的人必然会反问：假如胡惟庸真想"谋反"，他的"胡党"里有不少开国元勋，手下兵多将广，哪里用得到老百姓的"义兵"呢？权倾一时的首相，即使要"谋反"，也绝不会和李茂实之辈商量，并且留他在家过夜。诸如此类的供词，破绽百出，荒诞不经，是不言自明的。《大诰》还有一条"指挥林贤胡党第九"，涉及"谋反"的主要情节——"通倭"，这样写道：指挥林贤在南京时，已与胡惟庸交往，结成死党。胡惟庸派遣亲信陈得中，与日本朝贡使节归廷密谋，由林贤前往日本请求日本国王发兵，打着进贡来朝的幌子，配合胡惟庸叛乱。看似有根有据，其实全是胡编乱造。

《明太祖实录》关于胡惟庸"通倭""通虏"的记载，就是根据《昭示奸党录》《大诰》写的——"惟庸使指挥林贤下海招倭军，约期来会。又遣元臣封绩致书称臣于元，请兵为外应。"吴晗《胡惟庸党案考》明确指出纯系捏造。

在朱元璋心目中，"满朝都是胡党"，必须彻底肃清，并且把《昭示奸党录》公布于天下。据史家记载，肃清的"奸党"，包括家属在内，共计约有三万人之多，令人毛骨悚然。

后世的史家对"胡惟庸党案"颇持怀疑态度，王士骐《皇明驭倭录》就对胡惟庸"通倭""谋叛"的说法表示质疑："近年勘严世蕃亦云交通倭虏，潜谋叛逆，国史谓'寻端杀之，非正法也'。胡惟庸之通倭，恐亦类此。"谈迁《国榷》明确说"（胡）惟庸非叛也"，乃是"积疑成狱"，可谓一语道破。

吴晗《胡惟庸党案考》说得好："胡惟庸的本身品格，据明人诸书所记是一个枭猾阴险专权树党的人。以明太祖这样一个十足地自私惨刻的怪杰自然是不能相处在一起。一方面深虑身后子懦孙弱，生怕和他自己并肩起事的一般功臣宿将不受制驭，因示意廷臣，有主张地施行一系列大屠杀，胡案先起，继以李案，晚年太子死复继以蓝案。胡惟庸的被诛，不过是这一大屠杀的开端。"

三　李善长的灭门之祸

李善长大概可以算是明朝开国元勋中权势最为显赫的人物，明太祖朱元璋大封功臣，功劳最大的六人册封为公爵，其中五人都是战功彪炳的武将：徐达、常遇春、李文忠、冯胜、邓愈，唯独李善长是没有战功的文官，却排名第一。足见此公在朱元璋心目中的地位，无人可以企及。

这样的第一功臣，怎么会有灭门之祸呢？不妨细细剖析，品味仕途险恶中的个人命运。

李善长，字百室，濠州定远人，年少时勤奋读书，从书本中吸取智慧与计谋，特别精通先秦的法家理论，策划事情常常八九不离十。朱元璋的军队打到滁州附近，他前往投奔，向朱元璋指点迷津:秦末大乱,布衣出身的刘邦豁达大度,知人善任,用了五年时间成就帝业。现今天下土崩瓦解,你如果以刘邦为榜样,天下指日可定。打下滁州,朱元璋提升他为参谋,成为言听计从的亲信。随着朱元璋势力的发展,他的官职步步高升。朱元璋自封为吴王,李善长出任右相国,处理日常政务。朱元璋率领军队四处征讨,命李善长留守,转调军饷,安定后方。朱元璋登上皇帝宝座,李善长以中书省左丞相主持政府日常事务,册立后妃、太子、诸王,建立各种制度,事无巨细,全权处置。朱元璋前往汴梁(开封)考察,特许李善长全权处理朝廷大事。

洪武三年(1370),大封功臣,李善长以太师、左丞相的身份,封为韩国公,岁禄(年薪)四千石粮食,还得到了皇帝赏赐的"免死铁券",可以免除自己"二死",儿子"一死"。上面最为关键的一句话就是:"除逆谋不宥,其余若犯死罪,尔免二死,子免一死。"

宦海沉浮,世事难料。朱元璋在赞誉李善长功劳可以和萧何相媲美的同时,已经在考虑取代他的人选了。原因就在于李善长的势力过于膨胀,日益成为皇权的潜在威胁。为此朱元璋秘密召见刘基,商议左丞相人选问题。刘基虽然受到李善长排挤,仍出于公心,希望皇上不要撤换他,理由是:李善长是开国元勋,声望卓著,能够调和各方势力;而且皇上提出的继承人选杨宪、汪广洋、胡惟庸,都不合适。朱元璋没有接受刘基的建议。洪武四年(1371),李善长以体面致仕(退休)的方式,交出了左丞相的权位。

李善长毕竟是第一功臣,退休的待遇非他人可比。皇帝赏赐给他田地几千亩,佃户一千五百家,另有"守冢户"一百五十家,以及卫士二十家。还要他负责在凤阳营建中都、修造宫殿。洪武七年(1374),由于他的关系,弟弟李存义提升为太仆寺丞。洪武九年,他的儿子李祺和皇帝的女儿临安公主结婚,李祺成为驸马都尉。

退休之后的李善长依然可以呼风唤雨,是很容易引来非议的。御史大夫汪广洋弹劾他"挟宠自恣",举出来的事例却比较肤浅:陛下日前龙体欠佳,将近十天不上朝,他不闻不问;他的儿子——驸马都尉李祺竟然六天不来朝见,被叫到殿前,还不认错,实属"大不敬"。结果受到处罚——削减岁禄一千八百石。这大概可以看作李善长命运转折的一个信号。

洪武十三年(1380),胡惟庸以"擅权植党"罪被处死,株连一大批"胡党"。不少大臣仰承皇帝旨意,纷纷请求处死"胡党"分子李善长。

胡惟庸是李善长一手提拔起来的,也是他积极向皇帝推荐而升任左丞相的。胡惟庸处死后,追查下去,李善长自然难辞其咎,说他是"胡党",并非毫无根据。但是仅凭这一点,难以置他于死地。朱元璋在一道题为《谕太师李善长》的敕文中这样教训昔日心目中的"萧何":

> 今卿年迈,故精力之为可期。不审为何,同小吏而枉功臣,而乃夤昏定拟诡语,符同朝奏,此非臣下之所当为……卿谋欺诳,法当斩首。然行赏有誓,尔当三免极刑。今无患矣,止削禄千四百石。

朱元璋在大封功臣时,颁发给他的"免死铁券"中,写着皇帝的誓言:"尔免二死,子免一死。"加在一起,就是敕文中所说"尔当三免极刑",因此,削夺岁禄一千四百石,以示警告。那么罚了岁禄以后,李善长真的"无患"了吗? 非也,朱元璋在等待"罪状"的升级。

洪武二十三年(1390),即胡惟庸被杀十年以后,胡的罪状由"擅权植党"升级为"通倭通虏",也就是勾结日本、蒙古"谋反"。既然是"谋反",规模一定不小,不是一个人干得了的,肯定有一个庞大的"胡党",牵连到已经退休的李善长,便是题中应有之义。

当然,所谓"谋反"云云完全是子虚乌有。这一点,吴晗《胡惟庸党案考》的结论十分明确:"在胡案初起时胡氏的罪状只是擅权植党,这条文拿来杀胡惟庸有余,要用以牵蔓诸勋臣宿将却未免小题大做。在事实上有替他制造罪状的必要。明代的大患是南倭北虏,人臣的大罪是结党谋叛,于是明太祖和他的秘书们便代替胡氏设想,巧为造作,弄一个不相干的从未到过北边的江苏人封绩,叫他供出胡惟庸通元的事迹,算作胡党造反的罪状。后来又觉得有破绽,便强替封绩改籍为河南人,改身份为元遗臣,又叫他攀出李善长,引起第二次屠杀。一面又随便拣一个党狱中人林贤,捏造出一串事迹,算他通倭。"

既然胡惟庸"谋反"的罪状是虚构的,那么李善长"串通胡惟庸谋反",便成了无稽之谈。当时朝廷公布的材料却振振有词,其一是李善长的弟弟李存义的供词,其二是李善长家奴卢仲谦的自首,都意在"证明"胡惟庸串通李善长谋反。这些毫无疑问是当时的特务机构锦衣卫按照皇帝旨意随意炮制出来的,后来编成了《昭示奸党录》,向全国公布。

钱谦益《太祖实录辩证》引用《昭示奸党录》(第二录)一些供词:"卢仲谦招云:洪武九年秋,太师(李善长)令金火者引仲谦同仪仗户耿子忠等往见丞相(胡惟庸)前去细柳营胡府门首。"又有

"卢仲谦招云：洪武二十一年仲谦到定远看太师新盖房子。仲谦跪说：'别公侯家都盖得整齐，大人如何不教盖得气象著？'太师说：'房子虽盖得好，知他可住得久远？'仲谦说：'大人有什么事？'太师说：'你不见胡党事至今不得静办，我家李四每又犯了，以此无心肠去整理。'"《明太祖实录》与《明史·李善长传》的有关文字，其源盖出于此。

《明太祖实录》写道：太仆寺丞李存义是李善长之弟，也是胡惟庸女婿之父，因为姻亲关系经常往来胡惟庸家。胡惟庸要他暗中游说一同起事。李善长惊悸地说：你为何说这样的话？这是要灭九族的。李存义恐惧而去，报告了胡惟庸。胡惟庸知道李善长一向贪婪，可以利诱。十多天以后，又派李存义去游说，一旦事变成功，就把淮西这块地盘分封给你，让你称王。李善长有才能，又是衙门胥吏出身，计谋深巧，表面上佯惊不许，内心却颇以为然，不过还想观望，为子孙祸福考虑，叹息道：我老了，由你们去搞吧！接到李存义的报告，胡惟庸大喜，亲自去和李善长商量。李善长把他引进密室，屏退左右，密谈良久。胡惟庸欣然告辞，立即指使林贤下海，邀请日本军队约期来会；又派遣元朝旧臣封绩带信给蒙古，请他们出兵接应。

《明史·李善长传》所写大同小异。这些供词一公布，仰承帝意的御史们接二连三地弹劾李善长。李善长的家奴卢仲谦等人，在锦衣卫的威逼利诱下，也出来揭发李善长与胡惟庸"通贿赂，交私语"。

这样一来，似乎铁证如山，李善长已经有口难辩了。朱元璋终于发话：李善长身为元勋国戚，知道胡惟庸"逆谋"而不揭发，狐疑观望，首鼠两端，大逆不道。皇帝亲自定案：李善长串通胡惟庸谋反。定了"谋反"罪，先前颁发给他的"免死铁券"也救不了命，因为那上面镌刻的金字写得明明白白："除逆谋不宥，其余若犯死罪，尔免二死，子免一死。"所谓"逆谋"就是谋反，是不得免死的（即所谓"不宥"）。

于是乎，七十七岁的李善长，和他的家属七十余人，被一并处死。唯独例外的是，他的儿子李祺，因为妻子是皇帝的女儿（临安公主），而幸免于难；他们的儿子李芳、李茂也因此逃过一劫。受到株连的开国元勋有：吉安侯陆仲亨、延安侯唐胜宗、平凉侯费聚、南雄侯赵庸、荥阳侯郑遇春、宜春侯黄彬、河南侯陆聚、营阳侯杨璟、济宁侯顾时等。

一年后，郎中王国用上书为李善长鸣冤。这份鸣冤状子其实是由才子解缙起草的，题为《论韩国公冤事状》，以雄辩的事实反驳"串通胡惟庸谋反"的结论。大意是说：李善长为陛下打天下，是勋臣第一。假使帮助胡惟庸成事，也不过是勋臣第一而已。他已经年迈，根本没有精力，何苦如此！况且李善长一向"子事陛下"，"托骨肉，无纤芥之嫌"，"未有平居晏然，都无形迹，而忽起此谋者"。这一番话，说得朱元璋哑口无言，默认是枉杀。解缙也明白，已经杀了，鸣冤于事无补，只得退而求其次："犹愿陛下作戒于将来也！"为此他讲了一句分量极重的话："臣恐天下闻之，谓功如善长且如此，四方因之解体也。"大杀功臣必然导致臣下心寒，民心丧失。

朱元璋有何感想不得而知。他的太子朱标倒是有感想的，对父亲说：杀人太多太滥，恐怕有伤朝廷和气。第二天，朱元璋把一根长满刺的树干扔在地上，要朱标捡起来，朱标面露难色。朱元璋乘机回答他昨天提出的问题：如果把树干上的刺除去，你就可以使用了;我现在诛杀功臣,是为你消除隐患。父与子的对话,在无意间流露了内心的秘密。

四　皇权与将权的矛盾：蓝玉党案

蓝玉党案,看起来似乎是个案,其实是皇权与将权矛盾的必然产物。早在洪武三年(1370)十一月大封功臣不久,朱元璋就训诫高级将领不要"恃功骄恣",否则的话,即使功劳再大也"不免于诛戮"。他是借用汉高祖、唐太宗杀功臣宿将的事例,来警告那些为大明江山立下汗马功劳的高级将领们,不要"自冒于法",招来杀身之祸。洪武六年(1373),朱元璋鉴于开国元勋大多倚功犯法,凌暴乡里,地方官又奈何不得,特命工部铸造铁榜,在上面刻上"申诫公侯"的律令,凡是公爵侯爵的家人倚势凌人、侵夺田产财物、私托门下影蔽差徭者,一律处斩。再一次透露铲除功臣宿将的既定方针。

王世贞《高帝功臣公侯伯表序》对此颇为感慨系之,写道:

余读高皇帝洪武三年功令,未尝不三复而叹也,曰:呜呼,厚而裁则而可久矣! 当是时,封公者六人,而魏公功最大,禄秩亦最重。中山侯宿将也,以一言之悖而不获公;德庆侯巨勋也,以一事之纰而不获公;永城封而贬东胜,封而夺训词,盖凛乎斧钺焉。夫孰敢有恣睢而陷于法者? 然至吉安、江夏、临川、东平之类,抑伺其奸夷狼籍也。三年而后续封侯者,独西番之役最盛，平云南次之，其他以旧勋相错对。然至蓝氏之诛累，而几若扫矣。夫以冯宋公、傅颍公之雄，而卒不免死嫌，谓其不蔽法也而讳之，即讳之犹不为置后，呜呼可叹也！

这里所说的中山侯，即开国元勋汤和，是朱元璋的同乡，投奔红巾军后，写信给在皇觉寺的朱元璋，劝他前往。朱元璋犹豫不决，又怕走漏风声，不得已卜卦求助。然后朱元璋在《皇陵碑》中回忆，"友人寄书，云及趋降，既忧且惧，无可筹详"，指的就是这件事。

所谓"一言之悖而不获公"，据王世贞《弇州史料·东瓯王世家》说，缘于汤和一次酒后失言：

> （汤和）从取常州，为其守帅，与张士诚境接。时和颇好饮，有酒过。尝请事于上，不获允，醉而有怨言，谓其下曰："吾镇常州，如据坐舍脊，左顾则左，右顾则右，谁能难也。"

朱元璋获悉后十分气愤，没有发作，在他伐蜀归来后，借故指责他"逗挠"，汤和再三顿首谢罪。因为这样的缘故，汤和仅封为侯，岁禄一千五百石。直到洪武十一年(1378)，才封为信国公，岁禄三千石，而且还把他在常州时的过失镌刻在"免死铁券"上。

朱元璋在《信国公汤和诏》中再次提及他的过失："当定功行赏之时，尔汤和虽居旧将之行，惟守毗陵（常州），于忠少欠，虽未彰显，其情在心，然终未实为。朕念相从之久，泯前过而封见功，爵以中山侯。今者，朕复念前功……今朕特释尔过，报昔勤劳，授以信国公之爵，永为子孙世禄。"看得出来，朱元璋的批评是相当严厉的——"于忠少欠，虽未彰显，其情在心"。由于汤和将功补过，才获得了宽赦，进封为信国公。

但是，在诰文的末尾，还提到这样一句话："人臣无将，可谓忠矣；威福不专，可谓智矣。"颇为耐人寻味，并非仅仅针对汤和，而是针对所有功臣宿将而言的。意在告诫他们，在皇帝心目中，"人臣无将"是忠君的标志，功臣宿将只有做到"威福不专"，才是明智之举。汤和领悟到了这一点，博得了朱元璋的好感。王世贞《弇州史料·东瓯王世家》下面这段话，写得很有意思：

> 时中山(徐达)、岐阳(李文忠)二王皆已物故，上念天下承平无事，不欲诸大将屡典兵。而和识其意，从容为上言："臣老矣，不敢称画绣，愿得归故乡，为容棺之墟，以待骸骨。"上大悦，立赐宝钞五万锭，治第于中都。

由此可见，皇权与将权的矛盾已经若隐若现，"不欲诸大将屡典兵"，是焦点所在。汤和不愧为朱元璋的亲密伙伴，对此洞若观火，主动交出军权，请求归隐，成为功臣宿将中全身而退的一人。汤和晚年"益为恭慎，入闻国论，一语不敢外泄"，完全看透了皇帝的心思，不让皇帝感到功高盖主。如此"威福不专"，小心谨慎，不仅得到了赏赐，而且躲过了多次大屠杀。

至于王世贞所说的"冯宋公、傅颍公之雄，而卒不免死嫌"，关键在于他们没有领悟"人臣无将，可谓忠矣；威福不专，可谓智矣"。

冯宋公即冯胜，洪武二年(1369)九月，鉴于陕西已经平定，朱元璋召还大将军徐达，命令冯胜驻扎庆阳节制诸军，冯胜以为关陕已定，擅自引兵返还，结果是"帝怒，切责之，念其功大，赦勿治"，还是封他为宋国公,食禄三千石。大将军徐达、副将军李文忠死后,元朝残余势力蠢蠢欲动,洪武二十年,征虏大将军冯胜,协同副将军傅友德、蓝玉等出征。战争胜利后,有人揭发冯胜:"多匿良马,使阉者行酒于纳哈出之妻,求大珠异宝。王子死二日,强娶其女,失降附心。"朱元璋未加核实,就大发雷霆:"收(冯)胜大将军印,命就第凤阳奉朝请。"预示着他的下场不妙。《弇州史料·冯宋公传》说:"上春秋高,多所猜忌,而(冯)胜号为雄勇,又时时失上意。洪武二十八年暴卒,诸子皆不得封。"《明史·冯胜传》也说:"时诏列勋臣望重者八人,(冯)胜居第三,太祖春秋高,多猜忌,(冯)胜功最多,数以细故失帝意。蓝玉诛之月,召还京,逾二年,赐死,诸子皆不得嗣。"至于如何"暴卒",如何"赐死",语焉不详。

张岱《石匮书·冯国用冯胜傅友德列传》提供了一些线索:冯胜妻家的樊父告发"其居家所为":"场下瘗(埋藏)兵器。"皇帝为此召见他:"太祖予(冯)胜酒曰:'我不问。'(冯)胜归遂死,诸子皆不得封。"一名大将军家中收藏一点兵器,不足以构成死罪,况且他有朱元璋赏赐的"免死铁券",可以免除两次死刑,于是只能用不露痕迹的形式"赐死"。也就是《明通鉴》所说的:"上召(冯)胜饮之,酒归而暴卒。"人们一看便知"暴卒"的原因,但不敢明说,美其名曰"赐死",根本原因就是"上春秋高,多所猜忌"。

傅颍公即傅友德,洪武三年(1370)加封为颍川侯,食禄一千五百石,朱元璋亲笔所写《平西蜀文》盛称"(傅)友德功为第一"。洪武十四年出任征南将军,率副将军蓝玉、沐英出征云南,洪武十七年论功进封为颍国公。食禄三千石,赐予免死铁券。洪武二十五年,一件小事,使他遭到皇帝谴责:"(傅)友德请怀远田千亩,帝不悦曰:'禄赐不薄矣,复侵民利何居?尔不闻公仪休事耶!'"次年他和冯胜一起被"召还",又明年赐死。至于"赐死"的原因,没有明讲,估计和冯胜一样——"太祖春秋高,多猜忌","以细故失帝意"。果然,《明通鉴》洪武二十七年十二月乙亥条写道:

> 定远侯王弼坐事诛。(王)弼与冯胜、傅友德同时召还,蓝玉之诛也,(傅)友德内惧,(王)弼谓友德曰:"上春秋高,旦夕且尽我辈,奈何?"上闻之,遂相继赐死。

不过傅友德的"赐死",并非用酒毒死,而是采用了更加令人毛骨悚然的手法。张岱《石匮书》写道:

> 蓝玉诛,友德以功多内惧,定远侯王弼谓友德:"上春秋高,行且旦夕尽我辈,我辈当合从连衡。"太祖闻之,会冬宴,从者彻馔,彻不尽一蔬。太祖责友德不敬,且曰:"召尔二子来!"友德出,卫士有传太祖语曰:"携其首至。"顷之,友德提二子首以入,太祖惊曰:"何遽尔,忍人也?"友德出匕首袖中,曰:"不过欲吾父子头耳。"遂自刎。太祖怒,分徙其家属于辽东、云南地,而王弼亦自尽。

傅友德的下场比冯胜悲惨多了,遵旨斩了儿子的首级,又在皇帝面前自刎而死。在这样的背景下观察蓝玉党案,就不会感到突然,它其实是朱元璋解决皇权与将权矛盾的一场总清算。

蓝玉是明朝初建时期一员骁勇善战的猛将,战功仅次于常遇春、徐达。此人身材高大,面如重枣,看上去有点像蜀将关羽的样子。他是常遇春的妻弟(小舅子),常遇春多次向朱元璋称赞这员部将"临敌勇敢，所向皆捷"。常遇春去世后，蓝玉追随徐达、傅友德，在征战中屡建奇功。

南征北战的大将军徐达、李文忠去世，蓝玉脱颖而出，多次统率大军北伐、西征，战无不胜，攻无不克。

洪武二十年（1387），他被提升为大将军，驻扎在长城边的蓟州。逃亡蒙古的元顺帝孙子脱古思帖木儿不甘心失败，经常南下骚扰，朱元璋命令蓝玉统领十五万大军前往征讨。蒙古军队退至捕鱼儿海（今贝加尔湖）附近，满以为此地缺乏水草，蓝玉的军队不可能长驱直入，毫无防备。明军在沙尘暴的掩护下，如同神兵天降，突然袭击，蒙古全军覆没，脱古思帖木儿与太子在几十名骑兵保护下逃跑，其余八万人被俘。朱元璋得到捷报，大喜过望，把蓝玉比喻为汉朝的卫青、唐朝的李靖，进封他为凉国公。

战功显赫的蓝玉是个粗人，没有文化，性情暴躁，刚愎自用，得到皇帝的赏识宠信，愈加骄横恣意，做出种种目无法纪的事情。

——他蓄养了奴仆、义子几千人，作为随从亲信。这批人依仗主人权势，横行乡里，霸占民田。负责纪律监察的御史接到民众投诉，要依法惩办这些奴仆、义子。蓝玉藐视王法，把御史赶走。

——他北征回师，连夜赶到长城喜峰关。此时关门已经紧闭，守关官吏在关城上要查明情况，没有及时开门，他竟然纵容士兵毁关闯入。

——他北征回来，贪污缴获的大量珍宝，把元朝的皇妃据为己有。朱元璋获悉后勃然大怒：蓝玉如此无礼，怎么配得上大将军的称号？那个皇妃听说皇帝动怒，惊惶自尽。蓝玉上朝时，朱元璋当面严厉责备，要他今后加强道德修养，痛改前非。朱元璋本来打算进封蓝玉为"梁国公"，鉴于这些劣迹，改为"凉国公"。

更为严重的是,他竟然无视皇帝的威权,恣意骄纵。皇帝召见,赐座交谈,或随侍宴饮,他一言一行总是傲慢而粗鲁,一点没有"人臣之礼"。他带兵在外,常常超越权限,擅自决定将校的升降,不向朝廷请示报告。为了显示自己的威权,任意对军士施加黥刑——在脸上刺字,以此来挟制部下,使军队成为自己的私家武装。西征回来,皇帝赏赐给他"太子太傅"的头衔,其实这个大老粗根本不可能成为太子的老师,只不过是一个荣誉而已。蓝玉居然不识相,大发牢骚:难道我还不配当"太师"吗?

上述种种所为激化了将权与皇权的矛盾,这是朱元璋绝对不能容忍的。胡惟庸党案爆发后,蓝玉自然难逃一劫。当时就有人揭发蓝玉属于"胡党",朱元璋没有予以理睬。《明史纪事本末》的作者谷应泰解释其中的原因:皇上因为他功劳大,不予追究。其实,内中另有隐情。

洪武四年(1371),常遇春的女儿被册封为太子妃,常遇春成了太子的岳父,蓝玉以常遇春妻弟的身份成了太子的舅舅。蓝玉的女儿则被册封为蜀王妃(蜀王是朱元璋十一子朱椿)。因为这些关系,朱元璋投鼠忌器,暂时未对蓝玉下手。

其中还有另外一层纠葛。当年蓝玉北征归来,发觉分封在北平的燕王表现异常,对皇太子说:据臣看来,燕王在他的封国有"不臣之心";又听看相先生说,燕王有天子气象,希望殿下审慎对待。太子听了毫不在意,燕王知道以后,怀恨在心。洪武二十五年(1392),太子朱标英年早逝。太子一死,朱元璋已无所顾忌,决意对蓝玉下手。一向与太子以及蓝玉有矛盾的燕王朱棣,要父亲继续清洗异己分子,说:在朝诸公侯,恣意妄为,将来恐怕尾大不掉,含沙射影地指向蓝玉。据《明通鉴》说,朱元璋听了这话,"益疑忌功臣,不数月,而(蓝)玉祸作"。

一张陷人于法的罗网正悄悄地向蓝玉袭来。他自己也隐约有所预感,多次请示报告,皇帝都不接见,怏怏地对亲信说:皇上怀疑我了。

洪武二十六年(1393)二月八日,早朝时,锦衣卫指挥蒋某突然控告蓝玉"谋反",说他勾结景川侯曹震等公侯,企图趁皇帝到郊外举行"藉田"仪式时,发动兵变。蓝玉当场被拘押,突击审讯。官方公布的"狱词"是这样的:"(蓝)玉同景川侯曹震、鹤庆侯张翼、舳舻侯朱寿、东莞伯何荣及吏部尚书詹徽、户部侍郎傅友文等谋为变,将俟上(指皇帝)出藉田举事。"

次日,蓝玉连同家属一并处死。株连处死的高官,有公爵一名、侯爵十三名、伯爵二名,连坐处死的功臣及其家属达一万五千人。史家感叹道:"于是元功宿将相继尽矣!"

最为奇特的是,吏部尚书詹徽随同皇太孙朱允炆一起审讯,蓝玉不服"谋反"罪,詹徽斥责道:速吐实话,不得株连他人!蓝玉大喊:詹徽就是臣的同党!詹徽于是莫名其妙地成为"蓝党"。靖宁侯叶昇,以"胡惟庸党"的罪名被杀,由于他是蓝玉的姻亲,蓝玉处死后,他又被追究为"蓝党"。这样"名隶两党"的怪事,足以表明罗织罪状的随意性。

一些与军队毫无关系的文人学士,也被卷进了"蓝党"。苏州名士王行,与高启比邻而居,另外一些名士如徐贲、高悬志、唐肃、宋克、余尧臣等人,都卜居相近,号称"北郭十才子"。王行原先是学校教师,辞职后隐居于石湖,前往南京探望两个儿子。蓝玉慕名聘请他为家庭教师,并且多次向皇帝推荐,朱元璋曾经召见他,留下印象。蓝玉处死后,王行父子竟然被作为"蓝党"处死。另一文人孙贲,参与编写《洪武正韵》,任翰林院典籍,曾经为蓝玉题画,也被当作"蓝党"处死。

朝廷专门公布《逆臣录》，以显示"蓝党"谋反证据确凿，其实全是诬陷不实之词。朱元璋要处死骄横跋扈的蓝玉，就如同处死胡惟庸一样，易如反掌。但是要株连一个庞大的"蓝党"，必须罗织"谋反"的罪状不可。然而《逆臣录》编得仓促，漏洞百出，反而露出了罗织罪状的马脚。

《逆臣录》搜罗了近千人的口供，唯独没有凉国公蓝玉、景川侯曹震的口供，也就是说，这两个主犯根本不承认"谋反"。据野史记载，蓝玉不仅为自己申辩，而且没有诬攀其他功臣宿将，所谓"蓝党"完全是凭空虚构的。

细细翻看《逆臣录》，就会发现当时罗织罪状的伎俩实在拙劣得很。由于审讯者心思不够细密，留下了许多破绽。比如，一个证人蒋富招供：蓝玉出征回来，在酒席上对他说："老蒋，你是我的旧人，我有句话和你说知，是必休要走了消息。如今我要谋大事，已与众头目每都商量定了，你回去到家打听着，若下手时，你便来讨分晓，久后也抬举你一步。"这个老蒋是蓝玉家"打渔网户"。另一个证人张仁孙招供：蓝玉对他们说，要成大事，吩咐他们置备军器，听候接应，日后事成都让你们做大官。这个张仁孙是乡里的染匠。蓝玉身为统领三军的大将军，如果要谋反，断然不可能和无足轻重的"打渔网户""染匠"之流去商量。《逆臣录》的胡编乱造于此可见一斑。

这些拙劣的编造恐怕连朱元璋自己也不相信。洪武二十八年（1395）十一月，他在和翰林学士刘三吾谈话时，这样指责蓝玉："迩者逆贼蓝玉，越礼犯分，床帐护膝，皆饰金龙，又铸金爵为饮器，家奴至于数百，马坊廊房悉用九五间数，僭乱如此，杀身亡家。"从他的话中隐约透露出这样的信息：蓝玉功成名就之后，追求奢侈，讲究排场,是确有其事的,至于是否有所谓"金龙""九五"那样的规格,或许是夸张,即使有,充其量不过是意图"僭越"而已,与"谋反"毫不相干。值得注意的是,朱元璋在指责蓝玉罪状时,只字未提发动军事政变之事。可见以"谋反"罪处死蓝玉以及"蓝党"分子,是一桩冤案。

蓝玉处死七个月以后,朱元璋似乎意识到"胡蓝二党诛杀过当",下了一道诏书:"自今胡党、蓝党概赦不问。"其实杀了四万多人,功臣宿将死得差不多了,"概赦不问"云云不过是一句显示皇恩浩荡的废话而已。

《石匮书·蓝玉胡惟庸列传》的按语,写得极为深刻:

> 蓝胡之逆诛之可,即族之亦无不可,独以其株连蔓引,累及三万五千余人,而榜列勋臣至五十七人,功高望重尝总兵者八人,言之不可骇可愕哉!太祖生平稍有疑忌,辄以其党党之,后且渐灭殆尽。亦所谓功臣多封之不足,故杀之也。厥后狗烹弓蹶,而靖难兵起,卒无一人为拦门之犬。嗟乎!使燕王出自外难,则奈之何哉!

张岱作为明末遗老,总结这段历史时,超脱明人的拘谨,自如而率性,往往入木三分。

五　太祖高皇帝的"免死铁券"

洪武三年(1370)十一月丙申,太祖高皇帝下诏大封功臣,命大都督府、兵部录上诸将功绩,吏部定勋爵,户部备赏物,礼部定礼仪,工部造铁券,翰林院撰制诰文。中央政府各部门全体总动员,表明此举非同小可。次日,皇帝来到奉天殿,召见各路将领,训诫道:"汝等咸听朕言,今日定封行赏,非出己私,仿古先王之典,筹之二年,以征讨未暇,故至今日。其爵赏次第,皆朕所自定,至公无私。如左丞相李善长,虽无汗马之劳,然事朕最久,供给军食未尝缺乏;右丞相徐达,朕起兵时即从征讨,摧坚抚顺,劳勤居多。此二人者,已列公爵,宜进封大国,以示褒嘉。余悉据功定封……"接着公布了受封功臣名单:

进封李善长太师、韩国公,食禄四千石;徐达太傅、魏国公,食禄五千石;封常遇春子茂郑国公,李文忠曹国公,冯胜宋国公,邓愈卫国公,并食禄三千石。

封汤和中山侯,耿炳文长兴侯,吴良江阴侯,廖永忠德庆侯,傅友德颍川侯,赵庸南雄侯,杨璟营阳侯,郭兴巩昌侯,顾时济宁侯,吴祯靖海侯,唐胜宗延安侯,陆仲亨吉安侯,费聚平凉侯,周德兴江夏侯,陈德临江侯,华云龙淮安侯,胡廷瑞豫章侯,朱亮祖永嘉侯,韩政东平侯,俞通源南安侯,康茂才子铎蕲春侯,并食禄一千五百石。王志六安侯,郑遇春荥阳侯,曹良臣宣宁侯,曹彬宜春侯,梅思祖汝南侯,陆聚河南侯,并食禄九百石。华高广德侯,食禄六百石。

(以上公侯)并赐铁券,子孙世袭。

……

封汪广洋忠勤伯,刘基诚意伯,食禄二百四十石,爵止其身,不世袭。

余功臣授都督、指挥等职有差。

这里所说的"并赐铁券，子孙世袭"，指的是皇帝颁发的"免死铁券"，颁赐给开国元勋，显示皇恩浩荡的证书，并非小小的金牌，而是大大的铁牌，所以叫作"铁券"。吕毖《明朝小史》记载，它的形制是这样的："形如瓦面，刻诰文，背镌免罪、减死、俸禄之数，字嵌以金云。"陈建《皇明从信录》所说大体类似："铁券之制，其形如瓦，面刻诰文，皆镌免罪、减死、俸禄之数字，嵌以金。一时功臣铁券数十。"我们大致可以知道，这是用铁铸成瓦片状的物件，唯一的含金量，是在镌刻的文字上嵌入金粉而已。镌刻的文字并不仅仅限于"免死"之类寥寥几个字，而是一篇二三百字的文章。比如，开国元勋、俸禄五千石的魏国公徐达的"免死铁券"，就有258个字。

洪武三年（1370），太祖高皇帝大封功臣的同时，颁赐了一大批"免死铁券"。享受如此恩宠的大臣有：徐达、李文忠、邓愈、汤和、李善长、冯胜、耿炳文、傅友德、唐胜宗、陆仲亨、费聚、赵庸、华云龙、朱升等。

在好奇心的驱使下，人们不免对"免死铁券"的内容感兴趣，那上面到底写了些什么？不妨举一个重量级人物的例子。

魏国公徐达的"免死铁券"上这样写道："朕闻自古帝王创业垂统，皆赖英杰之臣，削群雄，平暴乱。然非首将智勇，何能率统而成大功……尔达起兵以来，为朕首将十有六年，廓清江汉楚淮，电扫两浙，席卷中原。威声所振，直连塞外……朕念尔勤劳既久，立功最大。今天下已定，论功行赏，朕无以报尔，是用加尔爵禄，使尔子孙世世承袭。朕本疏愚，皆遵前代哲王之典礼，兹与尔誓：除谋逆不宥，其余若犯死罪，尔免二死，子免一死，以报尔功。於戏，高而不危,所以常守贵也;满而不溢,所以常守富也。尔当慎守斯言……"

其他功臣的"免死铁券",文字套路是一样的。由于功劳不同,措辞上略有出入,意思大同小异,都是皇帝用诚恳的语调称颂大臣功绩,作为报答,给予世袭的爵禄,并且父子两代可以同享免除死罪的特权,云云。在人们心目中,皇帝的金口,是说一不二的。

果真是这样吗?那些拿到"免死铁券"的开国元勋们,真的可以"免死"吗?事实表明,许多公侯没有享受到"免死"的特权,而是死于非命,太祖高皇帝的允诺竟然如此一文不值!

奇怪吗?一点也不奇怪。皇帝最为忌惮的就是这些位高权重的功臣会威胁到他的皇权,以及他的子孙。被朱元璋称为"哥"的开国第一功臣徐达,是否可以"免死"呢?也未必。

徐达南征北战,立下丰功伟绩,但从不居功自傲,恪守为臣之道。朱元璋经常设宴款待,以"布衣兄弟"相称,徐达并不沾沾自喜,反而愈加恭慎。朱元璋却对他颇为猜忌,多次对他试探:徐兄功劳大,至今还没有安定的居所,我想把自己的吴王旧邸送给你。徐达再三推辞。有一天,朱元璋邀请徐达在吴王旧邸饮酒,乘他酒醉,命人把他抬到吴王寝宫就寝。徐达醒后大惊失色,跑到阶下叩头,连呼死罪。朱元璋大为喜悦,随即吩咐有关部门在吴王旧邸前为他建造甲第,并且在牌坊上题写"大功"二字。他的新居装潢时,朱元璋看了说:可以了。徐达便不敢再装潢,朱元璋更加高兴了,不时"车驾临幸",称呼他为"哥",称呼其妻为"嫂"。这样的眷顾,开国功臣无人能与之比肩。

洪武十七年(1384),徐达在北平患病,是极为凶险的背疽(毒疮),朱元璋派遣他的长子徐辉祖前往慰劳,把他召回南京。次年二月,徐达突然死去。张岱《石匮书·徐中山王世家》说:"达还,其明年疾益甚,帝为延至天下名医,复祷于山川、社稷、城隍之神,愿假大将军息数载,以宁万姓,吾他日与之同归。竟不起,年五十四。"关于他的死因,《石匮书》没有说明,《明史·徐达传》也只有简单的四个字:"病笃,遂卒。"吴晗《朱元璋传》根据野史资料,给出了意想不到的答案:

> 徐达为开国功臣第一,小心谨慎,也逃不过。洪武十八年病了,生背疽,据说这病最忌吃蒸鹅,病重时皇帝却特赐蒸鹅,没办法,流着眼泪当着使臣的面吃,不多日就死了。

徐达心里明白,皇上不希望他活下去,"赐蒸鹅"意味着"赐死",似乎令人不可思议,其实不然。吴晗联系到刘基的被毒死,感慨道:"这两个元勋的特别被注意、被防闲,满朝文武全知道,给事中陈汶辉曾经上疏公开指出:'今日旧耆德,咸思辞禄去位,如刘基、徐达之见猜,李善长、周德兴之被谤,视萧何、韩信,其危疑相去几何哉!'"徐达一向是胡惟庸的死对头,当然无法列入"胡党"之中予以整肃,况且一向谨小慎微,毫无"谋逆"迹象,要他死,只有这种不露痕迹的手法了。可见"免死铁券"对于徐达而言,实际上并没有发挥作用,死的时候只有五十四岁。朱元璋的表演技巧着实高明,停止上朝,前往哭临,居然"悲恸不已",事后还追封他为中山王。

皇帝赏赐的"免死铁券"不是护身符,充其量只能算是荣誉证书,他可以变着法儿让你死,你还不能说他出尔反尔、言而无信。

当李善长惨遭灭门之祸后,解缙在《论韩国公冤事状》中,敦请皇上考虑枉杀功臣的政治后果:"臣恐天下闻之,谓功如善长且如此,四方因之解体也。"可谓一语中的。其实解缙多年以前就曾在《大庖西上封事》的万言书中,批评皇上"以重典驭臣下"的方针:"陛下尝教臣云,世不绝贤,亿兆之众岂无一贤如古之人,而尽皆不才者?陛下尝教臣云,民不畏死,奈何以死惧之? 良由陛下诚信之有间,而用刑之太繁也,宜其好善而善,不显恶恶,而恶日滋……尝闻陛下震怒,锄根剪蔓,诛其奸逆矣。未闻诏书褒奖大善,赏延于世,复及其乡,尊荣奉恩,始终如一也。"一向听不得批评意见的朱元璋对解缙格外优容,似乎听了进去。

洪武三十一年(1398)闰五月,他在临死前发布的遗诏中坦然承认:"三十有一年,忧危积心,日勤不怠,专志有益于民。奈何起自寒微,无古人之博智,好善恶恶不及多矣。"终于承认自己"好善恶恶不及多矣",虽然是在放马后炮,但总比抵死执迷不悟要好一点吧!

第二讲
建文帝"削藩"与燕王"靖难"

朱棣酷似其父朱元璋,并不是从容貌体形而言的,从长相来看,两人迥然有别。《石匮书·成祖本纪》如此描绘朱棣的长相:"状貌奇伟,眉如刺猬,鼻准隆起,长髯领下,髭两道如龙鬓。"把他和流传下来的朱元璋画像对比,两人很不相像。但是从政治品格来看,儿子完全继承了父亲的衣钵,连朱元璋也认为"朕第四子(朱棣)贤明仁厚,英武似朕"。洪武三十一年(1398)闰五月朱元璋驾崩,皇太孙朱允炆即位。不久,户部侍郎卓敬向新皇帝呈递秘密奏疏,其中最重要的一句话就是:"燕王(朱棣)智虑绝伦,雄才大略,酷类高帝(朱元璋)。"你看,一个说"英武似朕",一个说"酷类高帝",可谓所见略同。

如果光看卓敬奏疏的字面,似乎是对朱棣的褒奖之词,其实是话中有话的。再看他的下文,端倪便显露出来了。卓敬说这句话的本意是提醒皇帝,要提防此人:"北平形胜地,士马精强,金、元所由兴。今宜徙封南昌,万一有变,亦易控制。"建议把燕王朱棣从北平改封到江西南昌,便于控制。他说:"夫将萌而未动者几也,量时而可为者势也,势非至刚莫能断,几非至明莫能察。"这几句话意味深长。

第二天,朱允炆召见卓敬,责问道:燕王是朕的骨肉至亲,你怎么可以说出这样的话来?卓敬当即叩头请罪,解释道:臣所说的是天下大计,至关重要,愿陛下明察。然而,朱允炆没有接受卓敬的意见。在对朱棣的判断上,卓敬显然更有卓见。建文帝朱允炆登极仅仅四年,就被他的叔叔燕王朱棣赶下台,祸根是太祖高皇帝朱元璋亲自种下的。

一 "封建的第四次反动"

朱元璋出身卑微,为了朱明王朝的长治久安,乞灵于早已被历史淘汰的封建制度。明朝建立的第二年,他就叫御用文人编《祖训录》,其中重要的一条便是"定封建诸王国邑及官属之制"。这套封建制度完全模仿西周时代的做法,甚至连封建诸王的"册宝",也严格按照西周的尺寸:方五寸二分,厚一寸五分。上面用西周的篆文写着"某王之宝匣",并且按照西周制度规定诸王的国邑,以及册封礼仪。

洪武三年(1370)四月,朱元璋把太子以外的十个儿子封建为藩王,并且举行了"告太庙"仪式,礼成后,在奉天门及文华殿宴请群臣。酒酣耳热之际,他发表了关于"封建诸王"的意见:"天下之大,必树藩屏,上卫国家,下安民生。今诸子既长,宜各有爵,分封镇国。朕非私非亲,乃遵古先哲王之制,为久安长治之计。"为此,他振振有词地援引历史:"周行之而久远,秦废之而速亡,汉晋以下莫不皆然。其间治乱不齐,特顾施为何如耳。"意思是说,封建制度并不坏,问题是看你如何实施。随即,他颁布了封建诸王的诏书:

> 朕闻古昔皇帝之子,居嫡长者必正储位,其众子当封以土爵,分茅胙土,以名其国。朕今有子十人,即位之初,已立长子标为皇太子,诸子之封,本待报赏功臣之后,然尊卑之分,所宜早定。乃以四月初七日封第二子樉为秦王,第三子棡为晋王,

54

第四子棣为燕王,第五子榑为吴王,第六子桢为楚王,第七子榑为齐王,第八子梓为潭王,第九子杞为赵王,第十子檀为鲁王,从孙守谦(朱文正之子)为靖江王。皆授以册宝,设置相傅官属。

诸王都收到一份册封文书,例如秦王的册文这样写道:

> 昔君天下者,禄及有德,贵子必王,此人事宜然。然居位受福,国于一方,兵并简在帝心。第二子樉,今命尔为秦王,永镇关中,岂易事哉!朕起农民,与群雄并驱,艰苦百端,志在奉天地享神祇,张皇师旅伐罪救民,时刻弗怠,以成大业。今尔有国,当敬慎守礼,祀其宗社山川,谨兵卫,恤下民,必尽其道,体朕训言,尚其慎之。

接下来,营建王府提上了议事日程。建国初期,财力有限,只得因陋就简。工部尚书张允建议尽可能利用各地原有的建筑,秦王府利用陕西公廨,晋王府利用太原新城,燕王府利用元朝旧大内,楚王府利用武昌玉竹寺原址,齐王府利用青州益都县衙门旧址,潭王府利用潭州玄妙观旧址,靖江王府利用独秀峰建筑。他还命儒臣编撰劝诫诸王的《昭鉴》,制定王府官制:左右相,正二品;文武傅,从二品(后改为长史,正五品);首领官、参军,从五品;录事,正七品等。

洪武九年(1376),在诸王即将前往封国(当时叫作"之国")的前夕,规定了诸王每年的俸禄:支米五万石,钞二万五千贯,帛四十匹,纻丝三百匹,纱罗各一百匹,绢五百匹,冬夏布各一千匹,绵二千两,盐二百引,茶一千斤,马匹草料月支五十匹,等等。当时开国元勋最高的年俸禄不过是米五千石,两相比较,诸王的俸禄高得惊人,日后成为朝廷财政的沉重负担。

洪武十一年(1378)及二十四年,先后对洪武三年以后出生的皇子册封,如第十一子椿为蜀王,第十二子柏为湘王,第十三子桂为豫王(后改封为代王),第十五子植为辽王,第十六子栴为庆王,第十七子权为宁王,第十八子楩为岷王,第十九子橞为谷王,第二十子松为韩王,第二十一子模为沈王,此外还有安王、唐王、郢王、伊王。

朱元璋关于"周行封建而久远,秦废封建而速亡"的说法,并非他的新见解,而是老调重弹。历史早已证明,这种论调是站不住脚的。

周朝建立后,为了稳定新征服的地区,实行大规模的封建,一共封建了七十一国,其中少数是异姓诸侯,多数是周王室同姓诸侯,目的是"封建亲戚,以藩屏周",由王室亲戚转化而来的同姓(姬姓)诸侯构筑一道屏障,捍卫周天子作为天下共主的权威。周天子既是政治上的共主(国王),又是天下同姓(姬姓)的大宗。政治上的共主与血缘上的大宗紧密结合,就是封建体制的本质。这种体制看起来似乎牢不可破,其实不然。既然周天子授土授民给诸侯叫"建国",诸侯授土授民给卿大夫叫作"立家",那么对于卿大夫、士而言,就有"国"和"家"的对立,只知效忠于"家",而不知效忠于"国";对于诸侯而言,只关心自己的"国",而不关心周天子的"天下"。这种离心力是封建体制的致命弱点,春秋战国时期的争霸与兼并,充分证明了这一点。

秦始皇统一全国后,废除了这种地方分权的封建制度,建立中央集权的郡县制度,从此中国历史进入帝国时代。

刘邦建立汉朝后,错误地总结历史经验,以为秦始皇废除封建制度是导致它"孤立而亡"的根本原因,于是在继承秦朝制度的同时,进两步退一步,在郡县制度与封建制度之间采取折中主义,推行一种郡县与封建兼而有之的制度。他在消灭了异姓诸侯王之后,封建了九个同姓诸侯王——燕、代、齐、赵、楚、梁、吴、淮南、淮阳。汉高祖刘邦的本意是想仿效西周的"封建亲戚,以藩屏周",宣布:"非刘氏而立,天下共击之。"显然是想仰仗刘氏宗室的血缘关系,构筑皇权的屏障。结果适得其反,那些诸侯王国封地大,权力重,俨然独立王国,与中央分庭抗礼。

御史大夫晁错是一位很有远见卓识的政治家,他向景帝提出"削藩"的主张,说:现在削藩,诸侯王要反,不削也要反;削则反早祸小,不削则反迟祸大。景帝批准了晁错的削藩策,采取断然措施。于是酝酿已久的诸侯王反叛终于以此为借口爆发了。

汉高祖的侄子吴王刘濞早就图谋反叛,这时纠集其他六国诸侯王,发动武装叛乱,打出的幌子是"请诛晁错,以清君侧",实际是妄图夺取皇帝宝座。这就是"吴楚七国之乱"。历史表明,恢复封建制度是没有出路的。

但是,这样的错误再一次重演。晋武帝司马炎为了保持司马氏的一统天下,又恢复了西周的封建制度,封建司马氏宗室二十七人为诸侯王。这些诸侯王个个都是野心家,只考虑小集团利益,置国家社会于不顾,网罗党羽,扩充军队,闹独立,搞割据。白痴皇帝司马衷刚上台,就爆发了司马氏家族的大内讧:汝南王、楚王、赵王、齐王、长沙王、成都王、河间王、东海王为了争夺中央政权,刀兵相见,演出了持续十六年之久的"八王之乱",把中原地区引入分裂割据之中。历史再一次表明，倒退是没有出路的。

前辈史家吕思勉在《中国制度史》中论述古代中国的"国体"时，把它划分为三个时代：（一）部落时代，（二）封建时代，（三）郡县时代。他认为，秦朝以后，由封建时代进入了郡县时代，也就是中央集权的帝国时代。然而封建制度借尸还魂，先后有过四次"反动"。第一次是项羽封建六国旧贵族，第二次是刘邦封建刘氏宗室，第三次是司马炎封建司马氏宗室，第四次就是朱元璋的封建朱氏宗室。吕思勉称为"封建的四次反动"，因为不合时宜，都以失败而告终。

朱元璋封建诸王目的在于"建藩屏，上卫国家，下安民生"，"为久安长治之计"。这样的目的真的能够实现吗？后来的事实证明，恰恰相反，和此前三次"封建的反动"一样导致了国家的动乱。道理不言自明，按照制度，诸王的地位崇高，冕服、车旗、宫城等的规格，仅次于皇帝一等。

更值得注意的是诸王的军事实力，按照规定，他们各自拥有名义上叫作"护卫甲士"的军队，少则几千人，多则几万人。一个王府的警卫部队如此庞大不是什么好事，何况位于北方边疆的诸王还负有军事使命，例如宁王统辖的军人达八万之多，另有战车六千辆。又如晋王、燕王长期受命出征，大将军冯胜、傅友德都接受他们的指挥。而且在诸王的封国境内驻扎的"守镇兵"，平时听从朝廷调度，不过朝廷如欲调动守镇兵，不仅需要皇帝的"御宝文书"，还需要得到诸王的同意；一旦遇到紧急军情，守镇兵连同护卫兵全部听从诸王调遣。这样的制度安排，其初衷或许是"建藩屏"，或许是"久安长治"，但也为野心家反叛中央提供了有利条件。

朱元璋嫌这些还不够，又用《祖训》的形式规定："如朝无正臣，内有奸恶,则亲王训兵,待命天子,密诏诸王统领镇兵讨平之。"后来燕王起兵叛乱,与中央分庭抗礼,就振振有词地打着"祖训"的幌子。事实表明,诸王的存在并没有起到"藩屏"朝廷的作用,恰恰相反,成为朝廷的潜在威胁,随时随地都可能再演"吴楚七国之乱"和"八王之乱"。

洪武二十五年(1392),皇太子朱标病逝,法定接班人死了,由谁来继承皇位?朱元璋十分欣赏四子燕王朱棣,因为性格脾气作风都与他酷似,想立他为皇储。翰林学士刘三吾期期以为不可,理由很简单:把二子秦王、三子晋王置于何地?他建议立朱标的长子即皇太孙朱允炆为皇储,那样的话,"四海归心,皇上无忧"。

朱元璋采纳了这个利弊参半的建议,"利"的方面是,体现了嫡长子继承的原则,可以服众;"弊"的方面是,那些藩王都是皇太孙的叔叔,能够容忍一个年轻的侄儿做皇帝吗?燕王朱棣尤其难以摆平,在二哥秦王、三哥晋王相继死去后,他自以为是理所当然的接班人。《皇明从信录》洪武三十年(1397)六月"翰林学士刘三吾暴卒"条说,明太祖虽然接受了刘三吾的意见,但心中耿耿于怀,刘的"暴卒"与此不无关系:

《词林记》云:"太祖尝欲易太子,学士刘三吾痛哭曰:'太子天下本,若欲易之,置秦晋二王于何地?'忤旨,降为博士。寻复学士,易储事竟寝。又考,文皇帝封建诏亦称,皇考尝欲立朕为嗣。则知圣祖果有此意矣。但压于秦晋二王而不果。至洪武末,(秦晋)二王相继薨,而圣祖亦晏驾,使更得一二年在位,其立文皇为嗣无疑,而天下免数年战争之苦矣。"

其实在刘三吾之前,刘基曾经发表过类似的意见。陆应阳《樵史》写道:"太祖尝谓诚意伯曰:'喜欢燕王,必有天下,置以为嗣何如?'(刘)基曰:'事固如此,然陛下创业之主,岂可自怀家法,任彼为之可耳。'太祖然其言。文庙(朱棣)登极,追憾之,命于功臣庙撤(刘)基木位,投之江中。"

虽然朱元璋对朱棣情有独钟,但毕竟不想"自怀家法",还是遵循嫡长子继承的原则,确定皇太孙为皇储。洪武三十一年(1398)闰五月,太祖高皇帝驾崩,皇太孙朱允炆即位,改明年为建文元年。此后,建文帝与诸王的矛盾逐渐明朗化。朱元璋似乎预料到这一点,临死前特别嘱咐,诸王都在自己的封地哭临,不必前往京师参加葬礼。《皇明从信录》洪武三十一年闰五月十六日条写道:

> 是日,葬孝陵,授遗诏:止诸王会葬。时诸(王)自秦、晋外,皆尊属,各拥三护卫重兵,地嫌势偏,恐其窥伺,乃草遗诏曰:"诸王哭临,惟在本国,毋得奔丧。"又令:"王国所在吏民军士,悉听朝廷节制。"诏下,诸王皆怒。

燕王朱棣率领一干人等从北平南下,请求"入朝会葬",建文帝拿出高皇帝的遗嘱,制止他入京。朱棣一行抵达淮安时收到了皇帝的谕旨,恸哭一番退回北平。朱国桢《皇明大事记》写到此事,特别加上一句:"诸王皆愤愤,燕(王)尤甚。"然而,建文帝却与燕王亲密无间——"遗问往来用家人礼",对其他诸王有所怀疑:"惟周王而下形迹嫌疑,口语籍籍,心忧之。"

于是"削藩"便提上了议事日程。早在朱允炆还是皇太孙时,就在东角门和太常寺卿黄子澄谈及他对于诸王身拥重兵的担心："诸王尊属拥重兵,奈何?"黄子澄回答:"诸王仅有护兵,才足自守,万一有机,以六师临之,谁其能支? 汉七国非不强,卒底亡灭。大小强弱之势不同。"朱允炆即位后,特别倚重黄子澄,对他说:"先生无忘东角门之言。"黄子澄顿首应答:"不敢!"立即和兵部尚书齐泰谋划"削夺诸王兵权"。齐泰认为,燕王勇猛——"将兵有威名",应该先对他下手;黄子澄则认为,周王过失最多,与燕王关系密切,不如先对周王下手,使得燕王陷于孤立。建文帝采纳了黄子澄的建议,派左都督李景隆逮捕周王,废为庶人,迁往云南。随即宣布代王、湘王、齐王、岷王罪状,湘王畏罪自焚而死,齐王囚禁于京师,岷王降为庶人,流放漳州。接下来就要轮到燕王了,建文帝犹豫不决,派人暗中刺探燕王府动态,一无所得。建文帝和齐泰、黄子澄展开了一场讨论。《皇明大事记·北兵》写道:

> (建文)谕二人曰:"彼罪状无迹可寻,何以发之?"对曰:"欲加之罪,宁患无辞? 今书意营救周王,指意连谋,人谁不信?"曰:"朕在位未久,连去数王,何以掩天下公议? 莫如开怀待之,使得相安。"子澄曰:"为大事者不顾小信,况太祖常注意,陛下几失大位,非二三臣僚力争,则固已为所有,陛下安得至今日哉? 形迹已露,势难中止,又其病未愈,正天与之时,先人者制人,不宜因循也。"建文曰:"燕王勇智绝人,且善用兵,虽病恐难卒图,宜更审之。"泰曰:"今边报北房有声息,但以防边为名,发军戍开平,其护卫精锐悉调出塞,去其羽翼,无能为矣。不于此时取之,更何所待?"建文深以为然,乃以侍郎张昺掌北平布政司,谢贵为都指挥使,察燕(王)动静。

但是,他对于燕王发动叛乱的可能性还是估计不足。

建文元年(1399)燕王抵达京师,御史曾凤韶弹劾燕王"不敬",理由是"行皇道入,登陛不拜"。建文帝回答说:"至亲勿问。"户部侍郎卓敬递上秘密奏折,说:"燕王智虑绝人,酷类高帝。夫北平者强干之地,金元所由兴也,宜徙封南昌,以绝祸本。大萌未动者几也,量时而为者势也。势非至劲莫能断,几非至顺莫能察。"建文帝看了大为惊讶,第二天对卓敬说:"燕王骨肉至亲,卿何得及此?"卓敬意味深长地回答:"杨广、隋文非父子耶?"建文帝默然无语。朱国桢认为建文帝错误估计了形势:"时天下全盛,建文宽仁,人心爱戴,四民乐业,道不拾遗,精兵百万,毁戈归马。方孝孺以文学饰太平,虽谋燕日急,直易视之,谓一隅地侯,护卫分调后,疲卒不过千余,且夕可擒,天下可长无事。"朱允炆的掉以轻心,终于铸成大错。

二 封建的祸患:燕王靖难之变

心怀异志的朱棣颇会伪装,郑晓《初学编·建文逊国记》透露了这样一些细节:"每遇中朝使者至北平,亦颇传语言,谓宜早为备。成祖因知之,自京师归,即托疾,久之遂称病笃,大暑围火炉,摇颤曰:'寒甚,寒甚!'宫中亦杖而行。朝廷稍不为意。"有的野史甚至说,朱棣经常在大街上装疯卖傻,躺倒在路面上耍无赖,丝毫不顾藩王的尊严。目的只有一个,给人造成身患重病,而且胸无大志的错觉。这一切,和燕王的智囊——道衍和尚有关。

道衍和尚(姚广孝)是明初一个传奇人物,出生在苏州的医生家庭，十四岁在相城镇妙智庵出家为僧，法号道衍。在他身上，儒、道、佛三家融为一体。他善于吟诗作文，与明初文坛盟主宋濂、高启交往密切；同时又向相城灵应观道士席应真求教，学习道家阴阳术数之学，兼通兵机。但是他韬光养晦，深藏不露。游历嵩山古刹时，相士袁珙看到他，大为惊讶：什么地方来的怪异和尚，一对三角眼，身形好像病虎，性情必定嗜好杀人！道衍听了不但不恼怒，反而大喜。

明太祖朱元璋早年当过和尚，对佛教有着特殊的感情，要礼部选拔精通儒学的和尚，为诸王配备"随侍僧人"。道衍在应试后的归途中，赋诗怀古，抒发抱负：

樵挎年来战血干，
烟花犹自半凋残。
五洲山近朝云乱，
万岁楼前夜月寒。

同行的和尚宗泐批评道：这哪里像出家人应该讲的话！道衍笑而不答。洪武十五年（1382），朱元璋接受宗泐和尚的推荐，挑选道衍作为燕王朱棣的随从，一同前往北平。朱棣问他：你会占卜吗？道衍用苏州话回答：会，会。当即从衣襟中拿出太平钱五枚，连掷几下，睥睨朱棣说：殿下将在燕地做皇帝。朱棣听了大声叱责：和尚勿谬说。嘴上这样讲，心里暗自高兴，任命他兼任大庆寿寺住持，实际上大部分时间都在燕王府，成为朱棣的智囊。

据野史记载，某个冬天，朱棣在燕王府设宴款待道衍，酒酣耳热之际，两人玩起了"对对子"游戏。朱棣出上联："天寒地冻，水无一点不成冰。"道衍应声对出下联:"国乱民愁,王不出头谁作主。"表面上看是文字游戏,"水"加上一点就成了"氷"("冰"的异体字),"王"字出头就成了"主"。上联明明是在谈天气,下联却在谈政治,"王不出头谁作主",一语双关,既是鼓动夺权,又是拍马奉承。道衍还对朱棣说:由我辅佐你,帮你戴上"白帽子"。朱棣当然明白,"王"上面加"白",不就是"皇"吗?

通过道衍和尚的介绍,洪武二十三年(1390),燕王朱棣把相士袁珙迎到北平,为他看相预卜未来。朱棣为了测试袁珙的本领,特地装扮成卫士模样,混杂在九个相貌和自己相似的卫士之中,在酒馆和袁珙见面。袁珙一下就认出了朱棣,跪在他面前说:殿下何必如此作践自己!一行人回到王府,袁珙面对朱棣,仔细端详面容,俯仰左右,然后再拜稽首说:"龙形而凤姿,天广地阔,日丽中天,重瞳龙髯,二肘若肉印之状,龙行虎步,声如钟,实乃苍生真主,太平天子也。年交四十,髯须长过于脐,即登宝位时。"意思是说他四十岁可以登上皇帝宝座,成为"太平天子"。后人对于袁珙本领的描述颇为夸张,说他"辨宰相于嵩山佛寺,识真主于长安酒家",意即先后辨识了"宰相"道衍和"真主"朱棣。

后来朱棣如愿以偿地当上了皇帝,想起当年袁珙的预言竟然如此灵验,便把他从宁波家乡请到南京,授予太常寺丞的官职,赏赐冠服、鞍马、文绮、钞锭。陆容《菽园杂记》根据道衍和尚为袁珙写的墓志铭,记录了这一情节,评论道:"观此,则知太宗(朱棣)之有大志久矣,(袁)珙之相,特决之耳。"看起来袁珙似乎神乎其神,其实是和道衍和尚一唱一和,一个说"王不出头谁作主",一个说"太平天子",都在鼓动朱棣夺权,而朱棣早已有此"大志",袁珙不过敦促他早作决断而已。

洪武三十一年（1398），太祖高皇帝去世，建文帝即位，鉴于分封在各地的藩王们蠢蠢欲动，朝廷决定削藩，先从周王、湘王、代王、齐王、岷王下手。道衍劝谏朱棣起兵对抗朝廷。

朱棣有些犹豫，问道：民心向着皇帝，奈何？

道衍理直气壮地回答：臣知天道，何论民心！

他又叫相士袁珙、占卜师金忠从旁游说，让朱棣相信，起兵是在替天行道。朱棣终于下定决心，选拔将校，收罗各种异能之士。道衍在燕王府后院练兵，挖掘地下室铸造兵器，为了掩人耳目，特意建筑厚墙，放养大批鹅鸭，扰乱视听。

一切准备停当，朱棣决意起兵的那天，突然狂风暴雨大作，屋檐瓦片纷纷坠地，吓得朱棣大惊失色。道衍调动三寸不烂之舌，巧辩道：这是吉祥之兆，飞龙在天，风雨随之而来；瓦片堕地，是上天命我们把它更换成黄色琉璃瓦。

为了名正言顺，朱棣把他的军队称作"靖难之师"，军事行动号称"靖难之役"。自从西汉的吴王刘濞发明"请诛晁错，以清君侧"的策略以来，历代野心家都奉为至宝，朱棣也不例外。他打出的旗号是"请诛齐泰、黄子澄，以清君侧"，实际上矛头直指建文帝。

建文元年（1399）六月，齐泰派人前往北平，逮捕燕王府的官属，密令张昺、谢贵"图燕"，约燕王府长史葛诚、指挥卢振为内应。燕王与道衍将计就计，安排八百勇士埋伏以待。七月初四日，燕王召张昺、谢贵进入燕王府，伏兵四起，杀死张、谢二人。次日燕王朱棣誓师，宣告不得已起兵之意，打出的幌子是："《祖训》云：朝无正臣，内有奸恶，必训兵诛之，以清君侧之患。"随即上书朝廷，一方面对太祖高皇帝"封建诸子"给予高度评价："巩固宗社，为磐石之安"；另一方面对"削藩"大加抨击："奸臣齐泰、黄子澄辈，不能秉道德以辅圣治，而包蓄祸心，恣谗贼之口，奋豹虎之毒，假陛下之威权，剪皇家之枝叶。"为周、代、湘、齐、岷诸王鸣冤叫屈："未闻不轨之图"，"不数年间并见削夺"；尽力为自己粉饰："守藩于燕二十余年，寅畏小心，奉法循分，天地宗庙神灵鉴临在上，敢有一毫非僻之心哉！"最后亮出了他的本意：《祖训》有云：如朝无正臣，内有奸恶，则亲王训兵，待命天子，密诏诸王统领镇兵讨平之。"已经兵戎相见了，还装出一副彬彬有礼的样子："臣谨俯伏候命，惟陛下念之。"

八月，建文帝祭告天地、宗庙、社稷，向诸王发出诏书，宣布削去燕王的"属籍"。理由是：周王"潜为不轨"，燕王与齐王、湘王"皆与同谋"；齐王"谋逆事觉"，燕王与湘王"同谋大逆"。朝廷对于这些都没有追究，想不到如今变本加厉——"称兵构逆"，是可忍孰不可忍？

十月，朱棣率军奔袭大宁（今内蒙古宁城），朝廷派来的大将李景隆乘机包围北平。留守北平辅佐燕王世子的道衍和尚，稳固防守，多次击退攻城军队，直到援军赶来，内外夹击，李景隆兵败撤退。

形势的发展大大出乎人们的预料，燕王的"靖难军"节节胜利，朝廷方面处境颇为尴尬，参军断事高巍向皇帝上书，愿意出使燕国，得到批准后，他自称"国朝处士"，给燕王写了一封信，对他晓之以理，希望化干戈为玉帛。对此劝诫，朱棣置之不理，原因是不言自明的——他要取而代之。

十一月，朱棣发布《报父仇书》，反叛的调子愈来愈高，却抓住"忠""孝"大做文章："如臣不忠于君，子不孝于父，是忘大本大恩也。"然后引出他的主题——报君父之仇："我太祖高皇帝，臣之君也父也，若君父之仇，其可不报矣乎？"抓住的把柄就是不让诸王哭临奔丧："父皇病久，焉得不来宣我诸子者？不知父皇果有病也，亦不知用何药而弗救，以至于此大故也。父皇五月初十日亥时崩，寅时即殓，不知何为如此之速也……焉有父死而不得奔丧者也！"在一连串责问之后，朱棣说道：

> 况陛下即位之初尝谕普天下文武百官，其中有云："太祖高皇帝用心三十年，大纲纪、大法度都摆布定了。如今想着太祖皇帝开基创业，平定天下便如做下一所大房子，与人住的一般。若是做官的政事上不用心、不守法度，便是将房子拆毁了，却要房子里安稳住的一般，世间安有此理！"旨哉言乎。今陛下听信奸臣齐尚书等之言，即将祖业拆毁，与诏旨大相违背……臣想太祖皇帝以诸子出守藩屏，使其常岁操练兵马，造作军器，为欲防边御寇，以保社稷，使帝业万世固也，岂有他心哉！其奈奸臣齐尚书、黄太卿左班文职等官，不遵祖法，恣行奸凶，操威福予夺之权，天下之人但知有齐泰等，不知有陛下也……如陛下听奸臣之言，执而不发，臣亲率精兵三十万，直抵京城索取也！

语气咄咄逼人，已经刀兵相见了，书信末尾还假惺惺地说："兵若到京，赤地千里，臣冒渎天威，无任激切恐惧之至。臣棣顿首百拜，昧死谨具奏闻。"

建文四年(1402)五月二十五日，朱棣的军队逼近南京，朱元璋的女儿(朱棣称为"老公主姐姐")来到阵前，劝朱棣退兵："这三四年动军马运粮的百姓，厮杀的军，死的多了。事都是一家的事，军马不要过江,回去,天下太平了,却不好?"朱棣不但没有接受这位"老公主姐姐"的建议,反而向京城发去一封信,对"众兄弟亲王姐妹公主"宣称:"我之兴兵,别无它事,为报父皇之仇,诛讨奸恶,扶持宗社,以安天下军民,使父皇基业传子孙,以永万世。我岂有他心。"正是这最后五个字——"我岂有他心",露出了马脚。

七月,朱棣进入京城,建文帝下落不明。他起兵时口口声声宣称是为了"清君侧",其实是自己想当皇帝。为了实现这个目的,必须宣称建文帝已经死亡。在装模作样地多次拒绝"劝进"之后,终于如愿以偿登上梦寐以求的皇帝宝座。如此行径未免过于赤裸裸,难以摆脱篡位的嫌疑。要摆脱嫌疑,必须彻底否定建文帝的合法性,索性把建文四年改为洪武三十五年,用这种荒唐的做法来表明自己是太祖高皇帝的合法继承者。朱棣为此大力制造舆论,诽谤建文帝:"即位以来,任用奸邪小人、贪墨猾吏……日以甘言巧语,蔽君之聪明,使君淫酗酒色,不遵丧制,不孝于祖,不亲于政事,崇信奸回,放黜师保,屏弃典刑,残害骨肉,于是秽恶怒于天地。"言外之意,由他取而代之,完全是替天行道。

为了粉饰发动政变的合法性,朱棣不断指使臣下篡改历史,掩盖真相,销毁建文时期编纂的《明太祖实录》,重新改写,大肆窜改建文、永乐之际的真实历史。在御用文人笔下,当时的情景就成了这个样子:"建文君欲出迎,左右悉散,惟内侍数人而已,乃叹曰:'我何面目相见耶!'遂阖宫自焚。"微言大义的春秋笔法显露无遗,对朱允炆既不称惠帝,也不称建文帝,径直改称"建文君",否认了明朝第二代皇帝的存在,无异于否定了太祖高皇帝亲自指定的接班人的合法性。还宣称"建文君"因为无脸见人,才畏罪自杀;而燕王则显得高风亮节,捐弃前嫌,立即派人前往救援,无奈来不及。

看到"建文君"的尸体,他哭着说:果然如此痴呆,我来是为了扶翼你为善,你竟浑然不觉走上绝路。

三　建文帝下落之谜

建文四年(1402)六月,燕王朱棣进入京城,建文帝下落不明,有的说自焚而死,有的说出宫逃亡,众说纷纭,莫衷一是。作为利益攸关方的朱棣,在公开宣传时,坚称建文帝已经自焚而死,否则的话,他的即位就缺乏合法性。颇有讽刺意味的是,他自己也不相信建文帝真的自焚而死,怀疑他已逃亡,随即派遣户科都给事中胡濙,以寻访道长张邋遢(张三丰)为幌子,暗中侦查建文帝踪迹,前后达十四年之久。

胡濙回京后,把侦查到的蛛丝马迹向朱棣报告。《明史·胡濙传》写道:"惠帝之崩于火,或言遁去,诸旧臣多从者。帝疑之,五年,遣濙颁御制诸书,并访仙人张邋遢,遍行天下州郡乡邑,隐察建文帝安在……(胡)濙未至,传言建文帝蹈海去,帝分遣内臣郑和数辈,浮海下西洋。至是,疑始释。"言之凿凿,假如朱棣真的相信建文帝已经自焚而死,何必如此兴师动众呢?正如孟森《建文逊国考》所说:"果如横云所言,成祖命中使(宦官)出其尸于火,已验明的系建文,始以礼葬,则何必疑于人言,分遣胡濙、郑和辈海内海外,遍行大索二十余年之久?"这种逻辑严谨的反问,直指朱棣的内心深处:公开宣称建文帝自焚而死是为了夺取帝位,暗中派人侦查他的下落是为了防止他东山再起。

孟森还说："夫果成祖已确认火中之有帝尸,何以海内海外分途遍访,历二十余年,然后得一确息而释疑乎?(胡)濙来见时,已寝而起,急不能待明日,四鼓乃出,奏对甚久,则必有建文确踪,并其无意于复国之真意,有以大白于成祖,而后不复踪迹。"

　　朱棣的这种态度使得《明史》的编纂者进退失据,体现在《明史·惠帝纪》,便是写法自相矛盾:

　　　　都城陷,宫中火起,帝不知所终。燕王遣中使出帝后尸于火中。越八日壬申葬之。或云:帝由地道出亡。

夏燮《明通鉴》对这种写法颇有非议:"既云'帝不知所终',何以下文又有'出帝后尸于火中'之语,未免上下矛盾。"他自己的写法就比较合乎逻辑:"上(建文帝)知事不可为,纵火焚宫,马后死之。传言:帝自地道出,翰林院编修程济、御史叶希贤等凡四十余人从。"根据夏燮的"考异",《明史·惠帝纪》所说"出帝后尸于火中"云云,根据的是《明成祖实录》;"帝不知所终"云云,则是"野史之说"。他说,明人关于此事的记载,有"数十百种之多",即使收入四库全书"存目"的也有二十多种,大多是说建文逊国以后"为僧之事",而不认为"宫中火起便是建文结局"。

　　因此明清两代的文人学者认为"帝不知所终"的大有人在。最为引人注目的是张岱《石匮书》,用不容置疑的笔调否定自焚而死的说法,认为"建文帝出奔"才是事实真相。他写道:"建文帝出奔事,见史仲彬《致身录》及程济《从亡随笔》。"他把《致身录》作为附录收入"让帝本纪"中,认为此书的可信度很高:"建文革除事,传疑久,一似耿耿人心者。兹《致身录》出自从亡手,含荼茹苦,自尔真功,其文质而信,怨而不伤,独史氏书也哉,足以传矣。"基于这种判断,他不厌其烦地大量引用,帮助读者了解建文帝逃亡的细节。关于六月十三日危机时刻,建文帝一行潜逃出宫的经过,他这样写道:

《致身录》曰:大内火起,帝从鬼门遁去,时六月十三未时也。帝知金川(门)失守,长吁东西走,欲自杀。翰林院编修程济曰:"不如亡去。"少监王钺跪进曰:"昔高帝升遐时,有遗箧曰:临大难当发。谨收藏奉先殿之左。"群臣齐言急出之。俄而异一红箧至,四围俱固,以铁二锁灌铁。帝见而大恸,急命举火焚大内。程济碎箧,得度牒三张,一名应文,一名应能,一名应贤。袈裟、帽鞋、剃刀俱备,白金十锭。朱书箧内:应文从鬼门出,余从水关御沟而行,薄暮会于神乐观之西房。帝曰:"数也。"程济即为帝祝发。吴王教授杨应能愿祝发随亡,监察御史叶希贤毅然曰:"臣名贤,应贤无疑。"亦祝发。各易衣备牒,在殿凡五六十人,痛哭仆地,俱矢随亡。帝曰:"多人不能无生得失,有等著名势必究诘,有等妻儿在任心必挂牵,宜各从便。"御史曾凤韶曰:"顷即以死报陛下。"帝麾诸臣大恸,引去若干人,九人从帝至鬼门,而一舟舣岸为神乐观,道士王升见帝叩头称万岁,曰:"臣固知陛下之来也,畴昔高皇帝见蒇,令臣至此耳。"乃乘舟至太平门堤畔,升起导前至观,已薄暮矣。俄而,杨应能、叶希贤等十三人同至,共二十二人。

这二十二人,除了杨应能、叶希贤,还有:兵部侍郎廖平、刑部侍郎金焦、翰林院编修赵天泰、浙江按察使王艮、刑部郎中梁田玉、翰林院待诏郑洽、中书舍人梁良玉与梁中节、徐王府宾辅史彬(即《致身录》作者史仲彬)等人。

以上这段话,看起来带有很强的传奇色彩,却并非不可能之事。朱元璋深知皇太孙朱允炆即位势必引起诸王特别是燕王的不满,可能引发宫廷政变(他的遗诏不准诸王前往京师哭临奔丧出于同样的考虑),预先为朱允炆安排退路,也在情理之中。尹守衡《明史窃·革除纪》写道:"建文君始生时,太祖预占其必不终,尝匣髡缁,戒之曰:'必婴大难乃发此。'以故遂为僧去,自御沟出郊坛,而遁入蜀,未几如滇南,往来广西、贵州诸寺中。"

《致身录》的大部分篇幅是关于建文帝一行流亡生涯的记叙:

帝曰:"今后但师弟称呼,不拘礼数。"诸臣泣诺。廖平曰:"诸人愿随固也,但随行不必多,更不可多。就中无家室累并有臂力足捍卫者多不过五人,余俱遥为应援为便。"师曰良是。于是环坐于地,享道士夜餐,酌定左右不离者三人:比丘杨应能、叶希贤,道人程济。往来给运衣食者六人:冯崔,时称塞马先生,时称冯翁,时称马公,时称马二子;郭节,时称雪庵和尚;宋和,时称云门僧,时称稽山主人,时称槎主;赵天泰,边衣葛,称衣葛翁,时称天肖子;王之臣,家世补锅,欲以作生计,号老补锅;牛景先,称东湖樵夫,亦称东湖主人。

……师曰:"此可暂不可久,况郊坛所在,明旦必行,将何所至?"众拟浦江,而郑(氏)亦巨族,俱忠孝,可居也。夜分,师病足骨,度不能行。微明,景先与彬仲步至中河桥,谋所以载者,有一艇来,闻声为吴人,急叩之,则彬仲家所遣以侦吉凶者也……亟迎师至彬仲家。诸人闻之且悲且喜,同载八人为:

72

程、叶、杨、牛、冯、宋，余俱散走，期以月终更晤。取道溧阳，八日始至吴江之黄溪，奉师居所居之西偏曰清远轩。众出拜师，亦大适。明旦改题"水月观"，师亲笔篆文。阅三日，诸弟子至彬家，相聚五日，师命归省。文皇即位，编籍在任诸臣遁去者四百六十三人，俱命削籍……次日，师同两比丘、一道人入云南，余俱散，期以来年……

丁亥（永乐五年）正月，彬仲遣僮往海州，请何洲同往云南。三月终才到，留五月，彬仲携一僮，三人皆道人饰行。二月得至连州……故翰林检讨程亨在焉，相持痛哭，徐曰："师近来在重庆府之大竹善庆里，有杜景贤筑室与居。"四人同往候之。留二日遂行至所谓善庆里。师不在，杜亦不在。时朝廷侦师密而严，有胡濙、郑和数往来云贵间……

甲辰（永乐二十二年）七月，洪熙改元。八月，彬仲往云南，十三日自家起行，九月二十二日入湖广界，投宿旅店，主人曰："内有两道可与俱。"彬仲入见，一道齁齁床上，睨之，师也。伺其觉，师告曰："此来何为？"曰："来访师。"彬仲曰："师欲何往？"曰："访汝等。"言及榆木川（引者按：朱棣死于此地），皆色喜。彬仲问及道路起居状，答曰："近来强饭，精爽倍常。"明日，即偕下江南，从陆路，十一月始得抵家。至之日，具酒肴于重庆堂……师曰："亏这几个随亡的人给我衣给我食，周旋夷险之间，二十年来战战兢兢。"已，徐曰："今想可终老矣。"……

以上仅仅摘录其中一些段落，建文帝流亡的情况已大体可知。

钱谦益《致身录考》说："万历中，吴中盛传《致身录》，称建文元年，彬以明经征入翰林为侍书。壬午（建文四年）之事，从亡者二十二人,而彬与焉。彬后数访帝于滇于楚于蜀于浪穹,帝亦间行数至彬家。诸从亡者,氏名踪迹,皆可考证。前有金陵焦竑撰序,谓得之茅山道书中。好奇慕义之士,见是录也,相与唏嘘太息,彷徨凭吊,一以为必有,一以为未必无。"到底此书是真是假,众说纷纭。钱谦益举出十条理由,"断其必无",认为这是"伪书"。他的意见获得一部分学者的支持,例如潘柽章《国史考异》说:"(建文)逊国诸书真赝杂出,盖作俑者王诏之《奇秘录》,而效尤者史彬之《致身录》也。二书皆浅陋不经,而《致身录》以缘饰从亡事,尤为流俗所歆艳。"

但是不少明末清初学者并不认为它是伪书,陈继儒、胡汝亨、文震孟等博学名人为之作序,便是明证。陈继儒的《致身录序》说:"金川门献降,或云帝赴火,或云出亡,疑信参半是也。今得史仲彬《致身录》,而革除君臣生死之际了然矣。"胡汝亨的《致身录序》说:"是编也,请太史氏亟收之,以征文献焉。百世而下,为之涕泫而不能已也。"文震孟的《致身录序》说:"是录复出,得照耀人间,使懦夫立志。"难道只有钱谦益火眼金睛,一眼看穿是"伪书";而陈继儒、胡汝亨、文震孟等大学问家都有眼无珠,真假莫辨? 看来伪书说颇值得商榷。

程济《从亡随笔》钱谦益称为《从亡日记》。他断定这也是一本伪书,在《书致身录考后》中说:"余作《致身录考》,客又持程济《从亡日记》示余,余掩口曰:陋哉! 此又妄庸小人,踵《致身录》之伪而为之者也……《日记》出而《致身录》之伪愈不可掩矣。甚矣作伪者之愚而可笑也。大抵革除事迹,既无实录可考,而野史真赝错出,莫可辨证。"钱谦益所说的《从亡日记》,谷应泰《明史纪事本末》称为《从亡传》,他提到一个重要的细节:"(建文)帝命(程)济录述

《从亡传》,藏之山岩中,帝自为叙。"看来他并不赞同钱谦益的判断,对于建文帝逃亡的史实,自有见解:

> 而议者据成祖之《实录》,谓建文之自焚,疑一龙之未出,摈众蛇而不载……时史所书,非无曲笔矣。而况胡濙访仙,思恩擢职,以及陵在西山,不封不树,有目者所共睹,又岂得以传闻异辞也。

因此,《明史纪事本末》对这段聚讼纷纭的公案有肯定性的记叙,其中不乏《致身录》和《从亡随笔》的内容。关于建文帝从宫中出亡的经过,大体与《致身录》相同,值得注意的是后来公开现身的经过:

> (正统)五年春三月十三日,建文帝谓程济曰:我决意东行……帝好文章,能为诗歌,尝赋诗曰:
>
>> 牢落西南四十秋,
>> 萧萧白发已盈头,
>> 乾坤有恨家何在?
>> 江汉无情水自流。
>> 长乐宫中云气散,
>> 朝元阁上雨声收。
>> 新蒲细柳年年绿,
>> 野老吞声哭未休。
>
> 后至贵州金竺长官司罗永庵,尝题诗壁间,其一曰:
>
>> 风尘一夕忽南侵,
>> 天命潜移四海心。

> 凤还丹山红日远，
>
> 龙归沧海碧云深。
>
> 紫薇有象星还拱，
>
> 玉漏无声水自沉。
>
> 遥想禁城今夜月，
>
> 六宫犹望翠华临。

其二曰：

> 阅罢楞严磬懒敲，
>
> 笑看黄屋寄团瓢。
>
> 南来瘴岭千层回，
>
> 北望天门万里遥。
>
> 款段久忘飞凤辇，
>
> 袈裟新换衮龙袍。
>
> 百官此日知何处？
>
> 唯有群鸟早晚朝。

至是，出亡盖三十九年矣。会有同寓僧者窃帝诗，自谓建文帝，诣思恩知州岑瑛，大言曰：吾建文皇帝也。瑛大骇，闻之藩司，因系僧，并及帝。蜚章以闻，诏械入京师，程济从。八月，至金陵。九月，至京，命御史廷鞫之。僧称年九十余，且死，思葬祖父陵旁耳。御史言："建文君生洪武十年，距正统五年当六十四岁，何得九十岁？"廉其状，僧实杨应祥，钧州白沙里人。奏上，僧论死，下锦衣狱；从者十二人戍边。而帝适有南归之思，白其实。御史密以闻。阉吴亮老矣，逮事帝，乃令探之。建文帝见亮，辄曰："汝非吴亮耶？"亮曰："非也。"建文帝曰："吾昔御便殿，汝尚食，食子鹅，弃片肉于地，汝手执壶，据地狗舐之，乃云非是耶！"亮伏地哭。建文帝左趾有黑子，摩视之，持其踵，复哭不能仰视。退而自经。于是迎建文帝入西内。程济闻之，叹曰："今日方终臣职矣。"往云南焚庵，散其徒。帝既入宫，宫中人皆呼为老佛。以寿终，葬西山，不封不树。

因此，谷应泰说："有目者所共睹，又岂得以传闻异辞也。"何况，明人史著大多持此看法。如尹守衡《明史窃·靖难纪》说：

> 帝师既至金川门……而内臣哗言：不如逊位去。建文君召翰林编修程济问计，济曰："天数定矣，出走可免。"于是召僧为建文君落发易服，从御沟出郊坛遁去。须臾，宫中火起，人人谓建文君殂矣，乃至此乎？不知建文君出走方外数十年，终帝之世犹生也。

又如邓元锡《皇明书·建文皇帝》也说："乙丑昧爽，靖难师至金川门，谷王橞、曹国公（李）景隆开门降，上焚宫避位去，皇后马氏崩。"他引用"江上老人言"，讲到建文帝"削发披缁从御沟中出亡"的经过，及至正统五年（1440）现身之事说：

> 正统五年，思恩知州岑瑛出行部，有僧当道坐，呵不起，曰："我建文皇帝也，自蜀历滇南，今游方至此，老矣，欲送骸骨归故乡。"瑛大骇，闻巡按御史，令传至藩台。长身巨鼻，音如洪钟，曰："我朱允炆也。"御史诘曰："老和尚，事真伪未可知，即真也，天下事今大定，若至此欲安所为乎？"辄应曰："天下大

定,吾尚欲何为？愿吾今老矣,此一把骸骨,当可付何地？欲归还,葬父祖陵旁耳。"御史为奏上,驿送赴京师,号老佛,寓京大兴隆寺。京城内外僧拜谒无虚日,曰:此海外高僧也。言官恐惑众,请下于理。天子终不忍,以太监吴亮尝侍建文君,使探视……复命毕,自经死。于是取老佛如西内,后不知所终。或曰:以寿终葬西山,不封不树云。

难道这些史家所记录的都是"伪书"的荒唐言吗？恐怕未必。

钱谦益说"万历中,吴中盛传《致身录》"云云,似乎倾向于这些著作都出于万历年间。人们不禁要问:此前的史著何以也有类似的说法呢？比如:成书于嘉靖年间的陈建《皇明资治通纪》,据陈建《皇明通纪前编序》所说,此书记录从洪武到正德"凡八朝一百二十四年之事"(现在见到的《皇明资治通纪》卷二十五至卷三十的世宗肃皇帝纪和穆宗庄皇帝纪,是岳元声订补的)。它的卷十一建文四年六月条(《皇明从信录》的建文四年六月条与之相同)写道:

大内火,帝以崩闻,皇后马氏暴崩。时六月十三日也。城中如沸,上仓遽不知所出,诸内臣哗言不如逊去,上弗听,欲自杀。程济告以祝发出亡可免难,从之。或曰,上方急时,一官捧太祖遗箧至,曰:"襄受命,婴大难则发。"发得杨应能度牒及髡缁。程济曰:"数也,可奈何!"立召主录僧溥洽为上剃发,从水关出。宫中火甚烈,传言上崩,而实逊去,济从亡。文皇即位后,心尝疑之,密索不得,又疑匿溥洽所。三年,以他事锢(溥)洽,凡十二年得释。给事中胡濙遍访张邋遢,迹上所至。又遣太监郑和等造船募士下西洋物色之,竟不得。

相传,建文逊去,先入蜀,未几入滇,尝往来广西、贵州诸寺中。正统庚申出滇南,语寺僧曰:"我建文皇帝也。"寺僧大惧,白官府,迎至藩堂,南面趺坐,自称原姓名,曰:"前胡给事名访张邋遢,实为我。"众闻之悚然,问所欲,曰:"我愿归骸骨乡土耳。"以闻于朝,乘传至京师,则老僧也,寓大兴隆寺,拜谒无虚日,有以惑众请者,朝廷不忍……(下略太监吴亮辨认一段),于是迎入大内,号称老佛,以寿终,葬西山,不封不树(下略建文帝诗三首)……

所说和《致身录》《从亡随笔》大体一致,或者还有其他史料依据,亦未可知,至少陈建认为建文帝并未自焚而死,而是"逊去"流亡了。

郑晓《吾学编》也成书于嘉靖年间,他写的《建文逊国记》,和《皇明资治通纪》持相同观点。郑晓在按语中特别说明:"余好问先达,建文时事皆为余言。"看来他是从"先达"那里采访"建文时事",类似于口述史学,可见关于建文帝流亡的史事早已流传。

值得注意的是,朱棣的子孙后代也认为建文帝并非自焚而死,明神宗朱翊钧就是一例。他即位伊始,曾下诏为建文朝尽节诸臣建造祠庙祭祀,并颁布《苗裔恤录》,对他们的后裔给予抚恤。万历二年(1574)十月十七日,他在文华殿与内阁大学士们谈起建文帝,提出了一个思虑已久的问题:"闻建文帝当时逃逸,果否?"内阁首辅张居正如实回答:

国史不载此事,但先朝故老相传,言建文当靖难师入城,即削发披缁从间道走出,人无知道。至正统间,忽于云南邮壁上题诗一首,有"沦落江湖数十秋"之句。有一御史觉其有异,召而问之。老僧坐地不跪。曰："吾欲归骨故园。"乃验知为建文也。御史以闻，遂驿召来京，入宫验之，良是。是年已七八十矣。莫知其所终。

这段文字见于《明神宗实录》，与祝允明《野记》所说大体相同，可见在明朝中期，关于建文帝的下落之谜，不再是一个忌讳的话题，事实真相逐渐明朗。有意思的是，朱翊钧对此很感兴趣，刨根问底，要张居正把建文帝在云南驿站墙壁上的题诗，背给他听。听罢，慨然兴叹，又要张居正抄写给他。全诗如下：

> 沦落江湖数十秋，归来白发已盈头。
> 乾坤有恨家何在，江汉无情水自流。
> 长乐宫中云气散，朝元阁上雨声愁。
> 新蒲细柳年年绿，野老吞声哭未休。

具有反讽意味的是，《明太祖实录》与《明成祖实录》故意掩饰的这段史事，却出现在《明神宗实录》中，而且出于内阁首辅张居正之口，人们再难以"传闻异辞"加以非议。我们有理由相信，明朝野史关于建文帝逃亡生涯的记载，并非向壁虚构。

四 "诛十族"与"瓜蔓抄"

燕王朱棣打着"清君侧"的旗号，发动"靖难之役"，道衍和尚

（姚广孝）到北平郊外送行。临别前，道衍突然跪下，向燕王低声密语：臣有一事相托。

朱棣问：什么事？

道衍说：南方有个方孝孺，素有学问操行，你打下南京，他一定不肯投降归附，请不要杀他。如果杀了，那么天下的"读书种子"就断绝了。

道衍皈依佛门，却精通儒学，与文坛知名人士交往密切，说方孝孺是"读书种子"，可谓确评。《明史·方孝孺传》说他自幼机警聪明，双目炯炯有神，每天读书厚达一寸，乡人称赞他为"小韩子"。年长后，师从宋濂。宋濂门下名士辈出，无人可以和他比肩，先辈胡翰、苏伯衡也自叹不如。他的学问好，却对文艺不屑一顾，而以"明王道，致太平"为己任。

方孝孺，字希直，一字希古，浙江宁海人，济宁知府方克勤之子。父亲因受"空印案"牵连处死，他扶丧归乡，悲恸行路。丧期过后，再从宋濂学习，成为宋濂门下的大弟子。他一生对宋濂执弟子礼，每每见到老师手迹，或谈及老师的事迹，动辄涕泪满襟。宋濂流放途中死于夔州，落葬于此。方孝孺每次路过，必定前往扫墓，痛哭一场才肯离去。

洪武十五年（1382），经翰林学士吴沉、揭枢推荐，方孝孺受到皇帝召见，朱元璋问揭枢：你和方孝孺相比如何？揭枢回答很干脆：十倍于臣。朱元璋很喜欢举止端正的方孝孺，对皇太子说：此壮士应当历练老成以后再来辅佐你。可惜皇太子朱标早死，后来起用他的是皇太孙朱允炆。

洪武三十一年（1398）七月，刚即位不久的建文帝，把他从汉中府教授的岗位上提拔为翰林院侍讲学士。所谓侍讲，就是在皇帝身边"备顾问"的机要秘书。正如《石匮书·方孝孺传》所说："一时诏命猷仪，无不倚孝孺。"皇帝读书有疑问，请他讲解；或者在上朝时，臣僚奏请是否可行，由方孝孺在屏风前面"批答"。建文帝对方孝孺极为欣赏，采纳他的建议，改革官制（如提升六部尚书为正一品等）；《太祖实录》《类要》等文献，由他任总裁。他的同乡——汉阳知县王叔英对他寄予厚望，写了一封很有理论色彩的信给他：

> 凡人有天下之才固难，能自用其才者犹难，如子房（张良）之于高祖，能用其才者也；贾谊之于文帝，不能自用其才者也。子房之于高祖，察其可行而后言，言之未尝不中，故高祖得以用之。贾谊之于文帝，不察其未能而易之，且又言之太过，故大臣绛、灌之属，得以短之，于是文帝不获用其言。方今明良相逢，千载一时，但天下之事，固有行于古而亦可行于今者，如夏时、周冕之类是也；亦有行于古而难行于今者，如井田、封建之类是也。可行者行之，则人之从之也易；难行者行之，则人之从之也难。

这封信看起来玄虚高深，其实是在给方孝孺指点迷津，不要书生气太足，方氏也深以为然，但一涉及朝廷政治，他还是忍不住发思古之幽情，羡慕古代的文治，并且想见诸行事。巧的是建文帝也有类似爱好，两人所见略同。因此焦竑《玉堂丛语》说，方氏辅佐皇帝策划国家大政方针，过于泥古，所以"卒无成效"。

燕王朱棣以"清君侧"为名，发兵南下，"锐意文治"的建文帝，还在和方孝孺讨论"周官法度"——《周礼》那套典章制度；军事都交给兵部尚书齐泰、太常卿兼翰林学士黄子澄二人处理。建文元年(1399)年底,按照皇帝旨意建成"省躬殿",安置古书圣训,方孝孺遵旨撰写铭文,彰显"省躬"的宗旨:"天下国家之本在君,君之所以建极,垂范四海者在身,置此身于无过之地。"看来朱允炆和方孝孺都是理想主义者,意在长治久安,而忽略了眼前的危险。

建文三年(1401)四月,皇帝命方孝孺起草诏书,派大理寺少卿薛嵓前往北平,当面交给燕王朱棣。诏书洋洋数千言,大意是:赦免朱棣的罪状,要他"罢兵归藩"。

朱棣问薛嵓:皇上说了些什么?

薛嵓回答:皇上说,殿下早上罢兵,朝廷晚上就撤回讨伐之师。

朱棣根本不相信:这不是在哄骗三尺小儿吧?

五月间,燕王军队进驻大名府,遭到守将盛庸的阻击,断绝粮饷通道。朱棣派军官武胜前往南京,对建文帝说:朝廷已经允许罢兵,而盛庸等发兵断绝我粮饷,显然违背诏书所言,背后必有主使者。建文帝信以为真,竟然想撤回讨伐之师。方孝孺极力劝阻:讨伐之师一旦撤回,就不可能再次聚集,假如燕师长驱直入,进犯京师,怎么抵御呢?果然,朱棣派都指挥李远率领六千轻骑直奔南京而来。

这时薛嵓回到南京,向皇帝报告:燕王语直而意诚,其将士同心同德,南军虽然数量众多,但骄傲懒惰,缺乏谋略,绝无胜算。建文帝听了,踌躇不决:诚如薛嵓所说,难道朝廷理屈?难道齐泰黄子澄误我?方孝孺一针见血指出:这是薛嵓为燕王游说,千万不可上当。方孝孺的分析是对的,朱棣进入南京后,薛嵓立即倒戈投降,即是明证。

方孝孺一介文人,不能指挥军队,只能在计谋上出力。他知道朱棣的三个儿子之间矛盾很深，长子朱高炽作为"世子"，是法定继承人，因为过于仁恕，不为朱棣所喜爱；次子朱高煦酷似父亲，随父征战，最受朱棣喜爱；三子朱高燧也觊觎"世子"的地位，勾结太监高俨暗中监视朱高炽的一举一动。方孝孺对此了如指掌，使用反间计，代替建文帝写了一封信给朱高炽，信的主旨是"令以燕自归"，劝导他归附朝廷，事成之后封为燕王。

朱高炽为人正派，深知在此敏感时期，不可私自与朝廷交往，没有拆阅这封信，把来人和信件一并送到朱棣军中，听凭父亲发落。太监高俨偷偷向朱棣密报，世子朱高炽私通朝廷。朱棣颇为怀疑朱高炽，在身旁的朱高煦乘机进言："世子故与建文善厚。"朱棣大为恼怒，正巧这时信使押到，朱棣拿起信件一看，还未拆封，便问来使：世子说了些什么？来使回答：世子说"臣子无私交，何敢发私书"。朱棣恍然大悟，拍着桌子流着眼泪说：啊呀，差一点杀了我的儿子！

建文四年（1402），燕王朱棣的军队从瓜洲渡过长江，逼近龙潭，京师震动。朱允炆焦急地徘徊于殿廷间，向方孝孺问计。当时廷臣都劝皇上迁都浙江或湖广，再图光复。方孝孺力排众议，说：城中尚有禁军二十万，完全可以坚守，以待援兵；即使事势不济，国君为社稷而死也是正道。

朱棣率军攻陷南京，立即公布"奸臣榜"，下令追捕建文旧臣，重金悬赏告发与扭送者。"奸臣榜"中有文臣二十九人：太常卿黄子澄，兵部尚书齐泰，礼部尚书陈迪，翰林院侍讲方孝孺，御史大夫练子宁，右侍中黄观，大理寺少卿胡闰，大理寺丞邹瑾，户部尚书王纯，户部侍郎郭任、卢迥，刑部尚书侯泰、暴昭，工部尚书郑赐，工部侍郎黄福，户部侍郎卓敬等。这些建文旧臣落网后，都是要杀的，唯独方孝孺例外,朱棣想借重他的名声,为自己起草即位诏书。

当然,建文旧臣并不是铁板一块,有一些人本着"一朝天子一朝臣"的观念,纷纷"叩马首迎附",并且"上表劝进"。名气较大的有:吏部侍郎蹇义,户部侍郎夏元吉,侍讲王景,修撰胡广,编修杨荣、杨溥,待诏解缙,给事中胡濙、金幼孜等。燕王入城时,杨荣等前往迎接,谒请道:殿下是先谒陵,还是先即位? 朱棣恍然大悟,在举行拜谒孝陵的仪式之后,再在奉天殿举行即位仪式。被捕的"奸臣榜"中人,如郑赐、王纯、黄福等,都为自己辩解,自称"为奸臣所累",乞求新皇帝恕罪。

方孝孺非等闲之辈,把士大夫气节看得比生命还重要,"忠臣不事二主"是最起码的一条,当然不肯屈服于"犯上作乱"的朱棣,披麻戴孝在午门外嚎啕大哭。锦衣卫官员把他关入监狱,他的学生廖镛、廖铭奉朱棣之命前往游说。方孝孺义正辞严地斥责道:小子跟随我多年了,还不知道忠义是非?

朱棣把建文帝赶下台,自己当皇帝,必须由知名人士起草"即位诏书",显示名正言顺,最佳人选自然是建文朝第一笔杆子——方孝孺。于是把他从监狱中放出来。方孝孺偏偏不识抬举,为建文帝披麻戴孝,在宫殿中放声哀号。

朱棣为自己发动军事政变辩护:我是仿效周公辅佐成王。言外之意,自己不是反叛,而是来辅佐侄儿当好皇帝。

方孝孺知道他说的是假话,追问:你要辅佐的"成王"在哪里?

朱棣回答:他自焚而死。

方孝孺追问:既然你是来辅佐"成王"的,现在"成王"已死,为什么不拥立"成王"的儿子,而自己当皇帝?

朱棣讪讪地说:国家仰赖年长的君主。

方孝孺紧追不舍：为什么不拥立"成王"的弟弟？

朱棣无话可说，从宝座上下来，软硬兼施地说道：先生休得啰嗦，这是我们家的事，先生不必过于操心。我的即位诏书，非先生起草不可！

方孝孺绝非为了身家性命而瞻前顾后的人，拿起毛笔在纸上写了"燕贼篡位"四个大字，把笔狠狠地摔到地上，一面哭一面骂：死就死，诏书决不起草！

朱棣厉声喝问：你难道想快点死？难道不怕株连九族吗？

方孝孺毫不犹豫地回答：即使株连十族，也奈何我不得！

朱棣终于失去耐心，命武士把他的嘴巴割破，伤口直至耳朵，再度关入监狱。然后四处逮捕方孝孺的亲属、朋友、门生，每逮捕一人，就让他过目，来考验他的毅力。方孝孺根本不为所动。朱棣无计可施，把逮捕来的人当着他的面一一处死。朱棣开创了一个新纪录，把"诛九族"扩大为"诛十族"。历史上的"诛九族"，是指父族四、母族三、妻族二；所谓"诛十族"，是在九族之外加上朋友门生"一族"。

据《殉国臣传》记载，株连而死的除了父族——方氏宗支以外，还有母族林彦法等人，妻族郑原吉等人。此外的第十族——朋友门生，有开国功臣德庆侯廖永忠的孙子——廖镛、廖铭兄弟，他们二人曾经受业于方孝孺，有师生之谊。老师死后，他们为之捡拾遗骸，埋葬于聚宝门外山上，因此受到株连，被逮捕处死。御史郑公智、陕西佥事林嘉猷，是方孝孺的同乡与学生，方孝孺曾经说过：将来能够帮助我的就是你们二人。刑部侍郎胡子昭，由于方孝孺推荐，参与《太祖实录》的编修；河南参政郑居贞，是方孝孺的朋友。这些人都被扣上"方孝孺党羽"的罪名处死。《殉国臣传》还说："坐死者八百七十三人,外亲之外,亲族尽数抄没,发充军坐死者复千余人。"

面对令人胆战心惊的大屠杀,方孝孺坦然处之,当他亲眼看见弟弟方孝友将被处死,禁不住泪如雨下。弟弟咏诗安慰:

> 阿兄何必泪潸潸,
> 取义成仁在此间。
> 华表柱头千载后,
> 旅魂依旧到家山。

坚贞不屈的方孝孺最终被押往南京聚宝门外,凌迟处死。他慷慨就义,赋绝命诗一首:

> 天降乱离兮孰知其由?
> 奸臣得计兮谋国用猷,
> 忠臣发愤兮血泪交流,
> 以此殉国兮抑又何求?
> 呜呼哀哉兮庶不我尤!

时年四十六岁。他的妻子郑氏与两个儿子(方中宪、方中愈)自缢而死,两个女儿在押解途中,联袂投秦淮河而死,可谓一门忠烈。张岱《石匮书》的评语很奇特:"谋人之军,师败则死之;谋人之邦,邑危则亡之。方正学以周官法度颠覆典型,危及社稷,一死固其分乎?但文皇帝以万乘之尊,挟不世之怒,刀锯鼎镬有不能尽快其意者,万死匪难,十族匪惨,呜呼烈哉!"

永乐二十二年(1424)七月,明成祖朱棣去世,其长子朱高炽即位(明仁宗),当即为惨遭杀戮的建文旧臣平反昭雪,他对大臣们说:"建文诸臣已蒙显戮,然方孝孺辈皆忠臣也。"第二天就下达诏书:建文诸臣家属发配到教坊司、锦衣卫、浣衣局以及功臣家充当奴仆的,全部释放成为良民,归还家产田地。儿子代老子象征性地还了一笔孽债,虽然无补于屈死的冤魂,也已经难能可贵了。

与"诛十族"不相上下的是"瓜蔓抄"。

燕王朱棣以军事政变手段夺取帝位以后,对于支持建文帝"削藩",反对"靖难之役"的官员,赶尽杀绝,其手段之残忍,可与乃父太祖高皇帝相媲美。齐泰、黄子澄的惨死,固不待言——齐泰被"族诛",黄子澄先砍去双手、双腿,再处死。礼部尚书陈迪和儿子同一天处死,朱棣下令把儿子的耳鼻割下让陈迪吃下,还要问他:味道如何?

其他官员们的死,个个令人毛骨悚然。且以景清、铁铉为例,以见一斑。

景清,本姓耿,讹为景,北直隶镇宁人,人称"倜傥有大节,读书不再日"。年少时在国子监求学,聪明机警,和他住一间宿舍的同学有一本秘不示人的书籍,景清想一睹为快,对方不肯,再三请求,并且答应明日一早就归还。第二天,那位同学向他索书,景清竟然谎称我不知道什么书,也从未向你借书。那位同学愤愤然向祭酒(校长)控告。景清拿了那本书前往,对祭酒说:这是我窗前灯下反复攻读的书,随即一口气把它背了出来。祭酒要那位同学背诵,居然一句也说不出,被祭酒训斥了一顿。从祭酒那里出来,景清就把书还给了他,笑着说:我不满你把书看得太珍秘,故意和你开个玩笑而已。

景清是洪武二十七年(1394)进士,会试时列为第三名,廷试时皇帝赐予第二名,看来是才华横溢的佼佼者,却并非书呆子,崇尚大节。建文初年,以都察院左都御史的身份,改任北平参议,显然负有察看朱棣动静的使命。风流倜傥的景清,与朱棣相处非常融洽,言论明晰,大受朱棣称赏。

首都南京被朱棣攻陷,建文帝旧臣大批死亡。景清当年曾经参与"削藩"密谋,自然在劫难逃,他与方孝孺等相约,以身殉国。令人不解的是,当许多旧臣纷纷殉国之时,他来到紫禁城,向刚刚登上皇帝宝座的朱棣投诚归附。朱棣为了表示豁达大度,命他仍旧担任都察院左都御史。建文朝旧臣摇身一变成了永乐朝新贵,景清遭到遗老遗少的非议,说他"言不顾行,贪生怕死"。

其实,他是虚与委蛇,等待时机,为旧主报仇。

某一天上朝时,景清身穿红衣,暗藏利器,准备行刺。说来也巧,日前主管天象的官员报告皇帝:"文曲星犯帝座甚急,其色赤。"生性多疑的朱棣本来就对景清有所怀疑,上朝时特别注意。但见景清身穿红衣,且神色异常,命令卫士对他搜身,果然查获暗藏的凶器。景清奋然喊道:要为故主报仇!不断辱骂朱棣。卫士拔掉他的牙齿,他仍骂声不停,口中鲜血吐向朱棣的龙袍。朱棣一声令下,当场活活打死,并且把他的皮囊剥下来,塞进稻草,悬挂于长安门示众。

正是无巧不成书,朱棣乘坐轿子经过长安门,绳索忽然断裂,景清的皮囊掉落在轿子前面,状如扑击。朱棣大惊失色,下令烧毁。

有一天朱棣午睡，梦见景清手持利剑追杀过来，吓出一身冷汗。惊醒之后感叹道：想不到景清死了还这么厉害！随即下旨："赤其族，掘夷其先冢，籍其里。"就是要诛九族，掘他的祖坟，牵连他的乡亲。张岱《石匮书》说："转相扳染至数千百家，命之曰瓜蔓抄。"连他的乡亲也不放过，"转相扳染"而死的有千百人之多，老家的一个村庄顿时化为废墟。这就是历史上臭名昭著的"瓜蔓抄"！

这样的"瓜蔓抄"还不止一处。建文时期的大理寺少卿胡闰，是江西饶州府人，朱棣发兵南下，他与兵部尚书齐泰筹划抵抗事宜。南京陷落后，不屈而死，朱棣不仅抄了他的家，而且株连他的家族，杀死一族男女二百一十七人。他们的聚居地——饶州府城西面的硕辅坊，化作一片废墟。吕毖《明朝小史》写道：

> 一路无人烟，雨夜闻哀号声，时见光怪，尝有一猿独哀鸣彻晓。东西皆污池，黄茅白苇，稍夜，人不敢行。南至祝君庙，北至昌国寺，方有人烟。

为了惩治几个政敌，株连九族还不解气，居然摧毁整个村庄和社区。不独在明朝，即令其他朝代，也闻所未闻。

铁铉的下场，更加令人哀叹。

建文初年，铁铉出任山东参政。李景隆奉命北伐，征讨朱棣，他负责督运粮饷，从不间断。李景隆兵败白沟河，单骑走德州，他感奋涕泣，退守济南。朱棣率军攻打三个月，济南岿然不动，无奈之下，决定掘开黄河大堤，水淹济南。

铁铉反其道而行之，使用诈降计，派使者到燕王大营请降，请退兵十里,燕王单骑进城,军民恭迎大驾。不战而屈人之兵,朱棣大喜过望,骑着高头大马越过护城河,进城受降。说时迟那时快,城上的铁闸门急速落下,砸中马头,如果稍慢几秒,朱棣必被砸成肉饼。遭受此番夷险,朱棣下令猛攻,济南依然牢不可破,只得退兵而去。铁铉乘胜追击,收复德州等地。建文帝随即晋升铁铉为山东布政使,不久又晋升为兵部尚书。

南京陷落,铁铉被俘,押解到朱棣面前。他不愿面对乱臣贼子,始终背身而立,口中骂声不绝。朱棣想看他一面而不可得,命令卫士割去他的耳朵、鼻子,铁铉依然不屈。卫士奉命割他身上的肉,塞到他嘴里,问他:甜不甜?铁铉厉声回答:忠臣孝子的肉,当然是甜的!

面对如此宁死不屈的硬汉,朱棣束手无策,下旨寸磔处死,也就是俗话所说千刀万剐,把身上的肉一片一片割下来,而不让他立即死去。整个行刑过程中,铁铉口中骂声不绝。恼羞成怒的朱棣命卫士扛来一口大锅炉,炉内烈火熊熊,锅内油烟沸腾。铁铉的躯体投入锅中,顷刻化为焦炭。卫士们把他的躯体捞出,让他面向朱棣站立,竟然办不到。朱棣大怒,命太监们用铁棒挟持,使他面向北。坐北朝南的朱棣朗声笑道:你今天也不得不朝见朕了。话音未落,铁铉身上的沸油突然飞溅,太监四散而逃,尸体仍然反背如故。

铁铉死时年仅三十七岁。儿子福安、康安被处死。妻杨氏和两个女儿,发配教坊司为娼。杨氏病死,二女终不受辱,赋诗明志。姐诗云:

教坊脂粉洗铅华,一片闲心对落花。
旧曲听来犹有恨,故园归去已无家。

妹诗云：

> 骨肉相残产业荒，一身何忍而归娼。
>
> 泪垂玉筋辞官舍，步蹴金莲入教坊。

孟森《明史讲义》谈到"靖难后杀戮之惨"，感慨系之：

> 成祖以篡得位，既得位矣，明之臣子，究以其为太祖之子，攘夺乃帝王家事，未必于建文逊位之后，定欲为建文报仇，非讨而诛之不可也。故使事定之后，即廓然大赦，许诸忠为能报国，悉不与究，未必有大患也。即不能然，杀其人亦可成其志，而实则杜诸忠之或有号召，犹之可也；诛其族属，并及童幼，已难言矣；又辱其妻女，给配教坊、浣衣局、象奴及习匠、功臣家，此于彼之帝位有何损益？

分析得合情合理，逻辑严密而又客观公正，成祖朱棣完全可以做得漂亮一点，大赦建文旧臣，未必会有什么后患。退一步说，即使要处死几个为首分子，也不必株连家属妻女，"诛十族"与"瓜蔓抄"实在做得太过分了。

朱元璋晚年意识到"法外加刑"使得人人自危，告诫它的继承者："非守成之君所用常法。"有鉴于此，他下令取消了锦衣卫的诏狱。朱棣登上皇帝宝座以后，把它恢复了，用来镇压反对派。正如孟森所说，锦衣卫诏狱是"以意杀人"，"不由法司问拟，法律为虚设，此皆成祖之作俑也"。

不仅如此，朱棣还在锦衣卫之外建立另一个特务组织——东厂。《明史·刑法志》说："东厂之设，始于成祖。"朱棣在北平时，为了刺探京师的情报，收买建文帝左右的宦官为耳目，即位以后特别倚重宦官，让他们去掌控东厂。从此"厂卫"横行，流毒无穷。

《明史·刑法志》还说："盖明世宦官出使、专征、监军、分镇、刺臣民隐事诸大权，皆自永乐间始。"毫无疑问，朱棣把特务政治推向了一个新高度。吴晗对明太祖朱元璋有一个尖刻的评语："十足地自私惨刻的怪杰。"这个怪杰的二十几个儿子，得其真传的莫过于明成祖朱棣，把这一评语加到他头上，无需增一字减一字，正好合适。

第三讲
海禁・朝贡・走私・倭寇

欧洲在 15 世纪末开始进入大航海时代,即所谓地理大发现时代。这是欧洲摆脱中世纪,走向近代的转折点。中国比欧洲早了大约一个世纪,就有了大航海的尝试——郑和下西洋,不过并没有使中国摆脱中世纪走向近代,因而辉煌中充满了迷惘。

一　海禁政策与朝贡体系

明朝建立以后,实行严厉的海禁政策,其要点是禁止人民私自出海,与海外各国交往,当然包括贸易往来。在隆庆元年(1567)以前,这种禁令始终没有松动过。

洪武四年(1371),几乎同时颁布两道禁令。一道是:"禁濒海民不得私自出海。"另一道是皇帝对最高军事长官——大都督府臣——的训诫:"朕以海道可通外邦,尝禁其往来。近闻福建兴化卫指挥李兴、李春私遣人出海行贾,则濒海军卫岂无知彼所为者乎? 苟不禁戒,则人皆惑利,而陷于刑宪矣。而其遣人谕之,有犯者论如律。"

洪武十四年重申:"禁濒海民私通海外诸国。"

洪武二十三年,皇帝给户部发去"申严交通外番"的禁令:"中国金银、铜钱、段匹、兵器等物,自前代以来不许出番,今两广、浙江、福建愚民无知,往往交通外番,私易货物,故严禁之。沿海军民官司纵令私相交易者,悉治以罪。"

洪武二十七年,禁止民间用外国香料外国货物,禁令称:"沿海之人往往私下前往诸番国,贸易香料货物,引诱蛮夷为盗,命礼部严禁。今后敢有私下诸番互市者,必将置之重法。"

洪武三十年重申:"禁人民无得擅出海与外国互市。"

洪武三十一年,针对"如今广东近海的百姓不畏公法,专一为非,将违禁货物私自下海,潜往外国买卖",再次重申:"禁止广东通番。"

永乐时期把太祖高皇帝的禁令视为祖宗法度,仍然禁止沿海人民私自出海。明成祖朱棣即位之初,鉴于"缘海军民人等近年来往往私自下番交通外国",命令有关部门"一遵洪武事例禁治"。永乐二年(1404)又下令:"禁民间(制造)海船,原有海船者,悉改为平头船。"并且要沿海有关部门严防海船出入。

一般人误以为,郑和下西洋意味着海禁政策似乎已经取消,其实大谬而不然。郑和下西洋是国家行为,目的在于"宣教化于海外诸番国"。庞大的郑和船队出海远航,并不意味着民间船只也可以自由出海。这一时期以及此后相当长的一段时间内,海禁政策并没有取消。

与海禁政策相配合的是朝贡体系。明成祖朱棣刚刚登上皇位,就对派往日本、东南亚、印度的使节说:"太祖高皇帝时,诸番国遣使来朝,一皆遇之以诚,其以土物来市易者,悉听其便。或有不知避忌而误干宪条,皆宽宥之,以怀远人。今四海一家,正当广示无外,诸国有输诚来贡者听,尔其谕之,使明知朕意。"

王赓武的论文《永乐年间中国的海上世界》(《王赓武自选集》,上海教育,2002)对此有这样的评论:"(永乐皇帝)沿用了父亲的政策,把所有的贸易都看做进贡体系的一部分。中国与海上世界的关系与它同陆上世界的关系,仍然存在着差别。陆上贸易基本是与蒙古人以及边境上其他民族之间的马匹交易,马是中国所需要的。做为交换，中国人提供各种各样的货物，最主要的还是茶、丝和纺织品……但是在南方海外，就没有这种经济动机。南方提供的东西对中国的经济没有什么是至关重要的，大多数商品只能说是异国特产。一些东西，例如胡椒、大米和各种香料是中国所需要的，但需要量不大。中国不依赖于其中的任何一种商品。……所有的贸易都应通过进贡体系开展，这是永乐皇帝的父亲的决定，永乐皇帝加强了这一体系而没有做任何的变动。"

海禁政策是严禁人民私自出海与外国贸易，只留下了一个官方的通道，保持国与国之间的贸易往来，不过它被严格地限制在朝贡体系之内。正如王赓武《永乐年间中国的海上世界》所说："同外部世界的关系，一切都通过进贡的形式表现出来。从官方角度来说，进贡也是唯一可行的外贸形式……强调所有的对外关系都是臣民与君主的关系，强调所有的礼物都是送给中国皇帝的贡品。"

所谓官方的通道，就是洪武三年（1370）设立的宁波、泉州、广州三个市舶司，此后虽然一度关闭，但是永乐元年（1403）重新开放这三个市舶司，并且在这三个市舶司所在地，设置宾馆招待外国朝贡使节。宁波的宾馆叫作"安远"，泉州的宾馆叫作"来远"，广州的宾馆叫作"怀远"，一概带有居高临下的口吻——安抚与怀柔。这些宾馆的职责，除了接待朝贡使节，还附带转运朝贡方物，安排随船外国商人与当地中国商人在宾馆附近展开小额贸易。

负责朝贡事宜的礼部先后在首都南京和北京设置接待使节的宾馆——会同馆，安排各国使节朝见皇帝，献上贡品之后，领取皇帝的赏赐，一应礼仪完成之后，允许随船外国商人与中国商人在会同馆附近进行贸易，时间是三天或五天，只有朝鲜和琉球可以超过三五天的限制。

关于会同馆,万历《大明会典》是这么记载的:

> 旧设南北两会同馆,接待番夷使客。遇有各处贡夷到京,(礼部)主客司员外郎、主事轮赴会同馆,点视方物(贡品),讥防出入……凡贡使至馆,洪武二十六年定:凡四夷归化人员及朝贡使客,初至会同馆,主客(司)部官随即到彼点视正从(使节与随从),定其高下房舍铺陈,一切处分安妥,仍加抚绥,使知朝廷恩泽。

关于会同馆的贸易,万历《大明会典》有具体的描述:

> 各处夷人朝贡领赏之后,许于会同馆开市三日或五日,惟朝鲜、琉球不拘期限。俱(礼部)主客司出给告示,于馆门首张挂,禁戢收买史书及玄黄、紫皂、大花、西番莲、段匹,并一应违禁器物。各铺行人等将物入馆,两平交易。染作布绢等项立限交还。如赊买及故意拖延,骗勒夷人久候不得起程,并私相交易者,问罪,仍于馆前枷号一个月。若各夷故违,潜入人家交易者,私货入官,未给赏者量为递减……凡会同馆内外四邻军民人等,代替夷人收买违禁货物者,问罪,枷号一个月,发边卫充军……私将应禁军器卖与夷人图利者,比依"将军器处境因而走泄事情者律",各斩,为首者仍枭首示众。

这就是朝贡贸易。它与一般贸易截然不同,有着严格的限制,不仅时间、地点有限制,而且贸易物品也有限制。把武器列入违禁货物名单,似乎可以理解,把史书与中药材乃至纺织品,也列入违禁货物名单,有点匪夷所思。难怪民间走私贸易都瞄准了这些"违禁货物",生意做得十分兴旺。

贸易是朝贡的附带活动,作为主体的朝贡又是怎么一回事呢?

日本学者檀上宽《明初的海禁和朝贡》(《明清时代史的基本问题》,汲古书院,1997)指出:从本质上来说,朝贡制度是把中国国内的君臣关系扩大到周边诸国,把国内的政治统制照搬到周边诸国。伴随着朝贡的交易方面的经济利润是次要的,中国方面的"出超"是常态。明朝要求周边国家呈献的贡物是简素化的,强调的是朝贡的政治礼仪;与贡物相比,明朝皇帝的"回赐"数量巨大,往往是贡物的数倍,并且对朝贡国的附带品实施免税的恩惠。对于明朝方面而言,以多数国家的朝贡,确立了东亚的"礼的秩序",出现中华与夷狄共存的状况才是最重要的事情。

万历《大明会典》用了整整五卷的篇幅来谈朝贡,分别涉及东南夷(上)、东南夷(下)、北狄、东北夷、西戎(上)、西戎(下)等。很显然,对周边邻国与民族的这种称谓,反映了中国皇帝的世界观:自己是"中央之国"的至高无上的统治者,君临天下,周边的蛮夷戎狄,必须对中央之国表示臣服,而表示臣服的方式就是定期的朝贡。所以太祖高皇帝的"祖训"开列了"不征诸夷":朝鲜、日本、大小琉球、安南、真腊、暹罗、占城、苏门答腊、西洋、爪哇、彭亨、百花、三佛齐、浡尼等十五国。

关于朝鲜国,这样写道:"洪武二年,国王王颛遣使奉表贺即位,请封,贡方物。诏封为高丽国王,赐龟钮金印、诰命……朝廷有大事,则遣使颁诏于其国。国王请封,亦遣使行礼。其岁时朝贡,视诸国最为恭慎……贡道由鸭绿江历辽阳、广宁,入山海关达京师。"

关于琉球国，这样写道："大琉球国朝贡不时，王子及陪臣之子皆入太学读书，礼待甚厚。小琉球国不通往来，不曾朝贡。按琉球国有三王，洪武初，中山王察度、山南王承察度、山北王帕尼芝，皆奉表笺贡马及方物。十六年，各赐镀金银印。二十五年，中山王遣子侄入国学，以其国往来朝贡，赐闽人三十六姓善操舟者。永乐以来，国王嗣立，皆请命册封……谕令二年一贡，每船百人，多不过百五十人。贡道由福建闽县。"

关于占城国，这样写道："自占城国以下（苏门答腊、西洋、爪哇、彭亨、百花、三佛齐、浡尼）诸国，来朝时内带行商，多行谲诈，故沮之。自洪武八年沮至洪武十二年，方乃得止。按占城国滨海，即古越裳林邑。洪武二年其国王阿答阿者遣使朝贡，诏封为占城国王，赐镀金银印……永乐后，其国与诸国皆来朝贡，始定三年一贡，贡道由广东。"

关于浡尼国，这样写道："洪武四年，其国王马哈谟沙遣使，以金表银笺贡方物。永乐三年，遣使往封麻那惹加那乃为王，给印诰、敕符、勘合。六年，王率其妃及家属、陪臣来朝……是年，王卒于会同馆，辍朝三日，祭赙甚厚。诏谥恭顺，赐葬南京城外石子冈，以西南夷人隶籍中国者守之，树碑立祠。"

关于满剌加国，这样写道："永乐三年，其酋长拜里迷苏剌遣使奉金叶表朝贡，诏封为国王，给印诰。使者言：王慕义，愿同中国属郡，岁效职贡……贡道由广东。"

由此可以看到当时朝贡关系的大体状况。郑和下西洋其实是维系和发展朝贡关系的一种主动姿态，正如万历《大明会典》所说："永乐中，数有事于西洋，遣中使以舟师三万，赍金帛谕赐之，随使朝贡者十有六。"因此可以说，郑和下西洋是天朝大国放下身段，主动出行,把朝贡关系延伸到了"海外诸番国"。郑和作为使节,代表皇帝接受当地君王的朝贡,并且代表皇帝把大量礼品回赐给那里的君王。不过是改变了朝贡的地点与形式而已,朝贡的本质并没有变。

日本学者滨下武志积二十年之研究,写成《近代中国的国际契机:朝贡贸易体系与近代亚洲经济圈》(中译本,中国社科,1999),对朝贡贸易体系有独到的见解。他认为,作为朝贡的前提是朝贡国接受中国对当地国王的承认并加以册封,在国王交替之际以及借庆慰谢恩的机会,去中国朝见皇帝,以这种臣服于中央政权的各种活动,作为维系与中国关系的基本方式。用"朝贡—回赐"维系的两国关系,是以中国为中心的呈放射状构成的体制。另一方面,它是以商业行为进行的活动,使得以朝贡贸易为基础的贸易网络得以形成。他特别指出,14 至 15 世纪以来,亚洲区域内的贸易在逐步扩大,存在着一个以中国为中心的东亚贸易圈,以印度为中心的南亚贸易圈,以及在这两个贸易圈之间,由若干贸易中转港为中心的亚洲贸易圈。

二　日本的朝贡关系与宁波争贡事件

日本的朝贡关系颇为复杂。洪武五年(1372),朝廷命令浙江、福建建造海船"防倭"。洪武七年,日本国王良怀派遣僧人前来朝贡,因为没有正式的"表文"(国书),遭到拒绝;他的大臣派遣僧人前来进贡马、茶、刀、扇等物,因为是"私贡"(并非国王朝贡)而遭到拒绝。

永乐初年,日本国王再次前来朝贡,明成祖赏赐龟钮金印、诰命,封他为日本国王,赏赐御制碑文,给予勘合(朝贡通行证)一百道,十年进贡一次,由浙江宁波登陆。每次朝贡,正副使节等人不得超过二百人,如果朝贡不按照规定时间,或者朝贡的船只人数超过规定,或者夹带刀枪,一概以海寇论处。

宣德初年又规定,今后贡使的船只不得超过三艘,人员不得超过三百,随身佩戴的刀剑不得超过三十。日本使臣带来的贡物有:马、盔、铠、剑、腰刀、枪、涂金装彩屏风、洒金橱子、洒金文台、洒金手箱、描金粉匣、描金笔匣、抹金铜提铫、洒金木铫角盥、贴金扇、玛瑙、水晶数珠、硫磺、苏木、牛皮等。

日本的朝贡贸易,也叫作勘合贸易或贡舶贸易,由浙江市舶司掌管。日本使节进入中国,必须持有明朝礼部颁发的"勘合",才可以在浙江市舶司所在地宁波上岸,在专门接待朝贡使节的"安远驿"的嘉宾馆歇脚。安远驿的门口匾额上写着"浙江市舶提举司安远驿",两旁的阙坊写着"观国之光"与"怀远以德"。其中的嘉宾馆规模不小,中间有三间厅堂,周围有三十六间井屋,厅堂后面有三间穿屋、五间后堂,后堂的左面是厨房,右面是土地神祠。嘉靖《宁波府志》记载:"凡遇倭夷入贡,处正副使臣于中,处夷众于四旁舍。"

日本船队到达后,一面与附近的中国商人进行小额贸易,一面等候朝廷的入京许可。一旦获得许可,使节一行便携带国书、贡物以及夹带的货物,在明朝官吏的护送下前往京师,下榻京师会同馆。在向皇帝递交国书,贡献方物以后,夹带的货物方可在会同馆附近出售,先尽政府有关部门购买,然后才可由商人购买,并允许日本商人买进非违禁的货物,随船回国。据田中健夫《倭寇与勘合贸易》(东京至文堂,1961),从建文三年(1401)到嘉靖二十六年(1547)将近一个半世纪内,日本的遣明使节所率领的勘合贸易船队,共计十八批。由于嘉靖二年发生了宁波争贡事件,使得朝贡贸易发生危机,因而成为"后期倭寇的发端"。

这时日本的朝贡贸易的经营权已经脱离足利义持将军之手,落入了细川氏和大内氏两家的掌控之中。遣明船一向有幕府船、大名船、相国寺船、三十三间堂船之分,随着大寺社势力的消退,细川氏、大内氏作为遣明船的主力登场。细川氏是所谓"堺商人"——濑户内海东部沿岸一带的商人;大内氏是所谓"博多商人"——从濑户内海西部到北九州沿岸一带的商人。

据田中健夫研究,日本的勘合贸易,包括朝贡贸易、公贸易和私贸易三部分。朝贡贸易是给明朝皇帝贡品以及由此而得到的"回赐"物品;公贸易是遣明船的附搭物与明朝官方的交易;私贸易是遣明船的附搭物在宁波安远驿、北京会同馆与中国商人的交易。日本出手的物资,在朝贡贸易的场合是金、马、扉、屏风、铠甲、硫磺等,得到的"回赐"物品是丝、纱、绢、钞、铜钱等;在公贸易中,日本方面出售的是刀剑,中国方面支付的是铜钱;在私贸易中,日本方面得到的以生丝、丝织物为主,此外还有丝绵、棉布、药材、砂糖、瓷器、书画、铜器、漆器等。动用巨额资金的勘合贸易所获得的利润,具体数字难以统计,仅仅根据楠叶西忍《大乘院寺社杂事记》的资料就可以知道,遣明船在生丝一项所获得的利润率达到 200%。

在商业利益的驱动下,大内义兴与细川高国争夺勘合贸易主导权的斗争愈演愈烈。

正德六年(1511)第十五批遣明船,是由大内义兴主宰的,引起细川高国的不满。嘉靖二年(1523)第十六批遣明船,由大内义兴派遣。大内义兴于室町后期的1494年继承"家督",成为周防、长门、丰前、筑前、安芸、石见等地的"守护",是日本战国时期西国的大名之雄。以他为后援的正使谦道宗设率领三艘船舶驶向宁波。细川高国为了与之抗衡,凭借已经失效的"弘治勘合",派出另一艘遣明船。

细川高国是"管领"细川政元的养子,1508年成为"管领",长期掌握室町幕府的实权。以他为后援的正使鸾冈瑞佐,副使宋素卿率领一艘船舶驶向宁波。先后抵达宁波的大内船、细川船发生了正面冲突,不仅互相大打出手,而且烧毁了市舶司的招待所——嘉宾堂,袭击了武器库,殃及沿途民众,正如嘉靖《宁波府志》所说,"两夷仇杀,毒流廛市"。引起宁波争贡事件的表面原因是,同一时期派出了两批遣明船;深层原因则是,足利幕府权力的弱化,遣明船的派遣成为仅凭经济实力的竞争。

宁波争贡事件的影响极坏,给明朝中央政府内部主张严厉实行海禁政策的一派官僚,抓住了一个口实。兵科给事中夏言向皇帝上疏,强调"祸起市舶",指称祸患起源于宁波市舶司。主管朝贡事宜的礼部没有调查,也没有权衡利弊得失,就贸然主张关闭宁波市舶司。

当时人纷纷指出,应当罢斥的不是市舶司这个机构,而是掌管市舶司的太监。因为争贡事件除了日本方面的因素,浙江市舶司的市舶太监赖恩处置不当,激化了双方的矛盾,负有不可推卸的责任。细川氏的副使宋素卿是宁波人,长期从事贸易中介业,为人奸狡,用重金贿赂市舶太监赖恩。市舶司破例,在检查贸易物品时,把先期到达的大内氏船舶推迟,后到的细川氏船舶反而提前。在招待宴会的座次安排上,赖恩故意把细川氏使节安排在大内氏使节的上座。双方仇杀时,赖恩有意偏袒宋素卿,暗中资助兵器,致使械斗一发而不可收拾。

浙江市舶司终于在嘉靖八年(1529)被撤销,此后,除了嘉靖十八年、二十六年有过两次遣明船,便不再有日本的遣明船以及勘合贸易。明朝当局也许不曾料到,严厉的海禁恰恰为走私贸易的兴旺提供了契机,因而宁波争贡事件被称为"后期倭寇的发端",就是因为它直接导致勘合贸易的中止,刺激了海上走私贸易的横行。

需要说明的是,尽管朝廷三令五申禁止人民私自出海与外国贸易,但是这种现象总是禁而不止。

沿海民众一向有出海贸易的传统,作为维持生计的重要手段。明初以降,最高当局实行海禁政策,无异于断绝沿海民众的生计,激化社会矛盾。道理是显而易见的,浙江、福建、广东三个市舶司控制的朝贡贸易,根本无法适应随着经济发展而日益增长的海外贸易的需求,因此在市舶司贸易渠道之外,早已存在走私贸易渠道。

相对于广东沿海对南洋的贸易而言,浙闽沿海对日本的贸易控制更严,这种矛盾更为突出。一旦浙江市舶司关闭以后,海上贸易的供求失衡便尖锐地凸显出来,大规模的走私集团兴起,为了对付官方的弹压,他们都配备武装。这种武装走私集团的贸易对象是日本商人,由于种种原因,被蒙上了"倭寇"的色彩。

这是"罢市舶"所引起的严重后果,当时人几乎众口一词地指出:"罢市舶,则利孔在下,奸商外诱,岛夷内讧,海上无宁日矣。"曾经参加"平倭"的谭纶说:

闽人濒海而居者不知凡几也，大抵非为生于海则不得食。海上之方千里者不知凡几也，无中国绫绵丝之物则不可以为国。禁之愈严则其值愈厚，而趋之者愈众。私通不得则攘夺随之。昔人谓：弊源如鼠穴也，须留一个，若要都填塞了，好处俱穿破。意正在此。今非惟外夷，即本处鱼虾之利与广东贩米之商，漳州白糖诸货，皆一切禁罢，则有无何所于通，衣食何所从出？如之何不相率而勾引为盗贼也。

谭纶深刻地揭示了一个简单的道理：在海禁愈趋严厉的大背景之下，沿海民众必然会由海上走私贸易发展而为盗贼。

关闭市舶司，中止日本与中国朝贡贸易的结果，便是断绝了官方贸易，民间走私贸易乘机取而代之。沿海走私贸易商人向日本商人提供他们所需的生丝、丝织品、棉布、陶瓷、铁锅、水银、药材、书籍等中国商品。海禁愈严，价格愈贵，铤而走险者愈多。《筹海图编》卷二"倭国事略"记载了当时运往日本的中国商品情况，非常有意思：

丝，所以为织绢纻之用也。盖彼国中自有成式花样，朝会宴享，必自织而后用之。中国绢纻但充里衣而已。若番舶不通，则无丝可织。每百斤值银五六百两，取去者其价十倍。

丝绵，髡首裸裎不能耐寒，冬月非此不暖。常因匮乏，每百斤价银至二百两。

布，用为常服，无绵花故也。

绵绸，染彼国花样，作正衣服之用。

锦绣,优人戏剧用之,衣服不用。

红线,编之以缀盔甲,以束腰腹,以为刀带、书带、画带之用。常因匮乏,每百斤价银七百两。

水银,镀铜器之用,其价十倍中国。常因匮乏,每百斤价银三百两。

针,女工之用,若不通番舶而止通贡道,每一针价银七分。

铁锅,彼国虽自有而不大,大者至为难得,每一锅价银一两。

磁器,择花样而用之。

古文钱,倭不自铸钱,但用中国古钱而已。每一千文价银四两,若福建私新钱,每千价银一两二钱。

药材,诸味俱有,惟无川芎,常价一百斤价银六十七两。其次则甘草,每百斤价银二十两以为常。

如此一个巨大的市场,如此高额的利润,对商人的诱惑力之大可想而知,要想禁是禁不住的。

檀上宽《明初的海禁和朝贡》指出:海禁—朝贡体系的本意是禁止民间的国际交易,对外贸易被限定在国家间的朝贡贸易框架内。但是,随着东亚世界的商业化的进展,不在体制内的走私贸易活动的趋势,必然会开始动摇这个体制。从 16 世纪初活跃起来的后期倭寇的活动,向既存体制发起了挑战。以东南沿海的乡绅为首的走私贸易者,不惜触犯海禁进行海外贸易;包含欧洲人在内的海外走私贸易集团,冲破海禁之网,云集于中国沿海。其结果,使得海禁—朝贡贸易同走私贸易之间的对抗关系(官营贸易和私人贸易的对抗关系)显著化了。

三 "嘉靖大倭寇"的真相

　　长期以来,关于明代的倭寇,尤其是"嘉靖大倭寇"(或曰后期倭寇),在学术界一直争议不断,关键在于概念与史实的混淆。1990年代出版的《中国历史大辞典》中也留下明显的痕迹。该辞典的"倭寇"条说,倭寇是指"明时骚扰中国沿海一带的日本海盗"。这个说法过于笼统,缺少分析,显得似是而非。应该说,不同时期的倭寇,其内涵是不同的,对中国影响最大的是后期倭寇,即"嘉靖大倭寇",如何界定,似乎是一个问题。

　　1980年代以来,史学界一些有识之士对倭寇(主要指"嘉靖大倭寇")重新加以检讨,从考证历史事实出发,提出令人耳目一新的解释。林仁川《明代私人海上贸易商人与"倭寇"》(《中国史研究》,1980:4)根据大量历史事实得出这样的结论:"倭寇"的首领及基本成员大部分是中国人,即海上走私贸易商人,嘉靖时期的御倭战争是一场中国内部海禁与反海禁的斗争。戴裔煊《明代嘉隆间的倭寇海盗与中国资本主义的萌芽》(中国社科,1982)在实证研究的基础上,提出独特见解:倭患与平定倭患的战争,主要是中国社会内部的阶级斗争,不是外族入寇。王守稼《嘉靖时期的倭患》(《封建末世的积淀和萌芽》,上海人民,1990)说得更彻底:明朝政府把王直集团称为"倭寇",王直集团也故意给自己披上"倭寇"的外衣,他们其实是"假倭",而"真倭"的大多数却是王直集团雇用的日本人,处于从属、辅助的地位。

为什么长期以来人们都把倭患说成是日本海盗的入侵呢？根据他们的解释，有这样一些原因：其一，倭寇中确有一部分真正的日本人即所谓"真倭"，正如《明史·日本传》所说："大抵真倭十之三，从倭十之七。"其二，王直等人有意制造混乱，保护自己。曾经参与胡宗宪平倭的幕僚茅坤指出：海寇每船约二百人，首领大都是福建及浙江温州、台州、宁波人，也有徽州人，"所谓倭而椎髻者特十数人"，"由此可见诸寇特挟倭以为号而已，而其实皆中州之人"。王直等人每攻掠一地，必放出风声，诡称为"岛夷"所为，以致明朝官方不明真相，误以为日本海盗入侵。其三，明朝的平倭将领为了冒报战功，虚张声势，在作战失利时谎称倭寇进犯，夸大敌情；稍有斩获，便把一般海盗当作"真倭"上报。因为官方规定，擒斩"真倭贼首"一名，可以连升三级获赏银一百五十两；擒斩"真倭从贼"一名，可以升一级或赏银五十两。无怪乎当时人要说："尝闻吾军斩首百余，其间止有一二为真贼者……官兵利于斩倭而得重赏，明知中国人而称倭夷，以讹传讹，皆曰倭夷，而不知实中国人也。"

以上新论或许有待完善，但就其主要倾向而言，更加接近历史真实，是毫无疑问的。在这方面，海峡彼岸的学者领先了一步。

陈文石1965年发表的论文《明嘉靖年间浙福沿海寇乱与私贩贸易的关系》从五个方面展开论证：1. 明代的海禁政策、贡舶贸易制度与私贩贸易的关系；2. 国人私贩贸易与沿海地理经济条件；3. 嘉靖前期的私贩活动；4. 私贩转为海盗与朱纨禁海失败；5. 嘉靖后期的私贩与寇乱。他在文末感慨地指出：嘉靖年间的大祸（即所谓倭患）是明代海禁政策造成的后果，"凡违禁私贩出入海上者，官府皆以海盗视之，严予剿除。彼等既不能存身立足，自新复业，则只有往来行劫，或奔命他邦，开辟生路"。

读者不难发现，上述新论与 20 世纪三四十年代以来过多掺杂民族情绪的"倭寇"论相比，是大异其趣的，显示了史学家追求客观认知的真诚态度。

众所周知，倭寇问题涉及日本，日本学者做了大量研究，令人不解的是，以往中国大陆学者在研究这个问题时，有意无意地忽略了日本学者的研究成果。在我看来，日本学者以他们特有的实证风格，努力揭示历史真相的努力，是令人钦佩的。

明史专家山根幸夫在《明帝国与日本》（讲谈社，1977）中谈到"后期倭寇"时，强调以下两点：1. 后期倭寇的主体是中国的中小商人阶层——由于合法的海外贸易遭到禁止，不得不从事海上走私贸易的中国商人；2. 倭寇的最高领导者是徽商出身的王直——要求废止"禁海令"，追求贸易自由化的海上走私贸易集团的首领。

曾经写过《倭寇与勘合贸易》的倭寇问题专家田中健夫，为《日本史大事典》（平凡社，1994）撰写的"倭寇"条，释义既客观又精细，大大有助于廓清倭寇的概念，很值得细细品读：

> 在朝鲜半岛、中国大陆的沿岸与内陆、南洋方面的海域行动的包括日本人在内的海盗集团，中国人和朝鲜人把他们称为"倭寇"，它本来带有"日本侵寇"或"日本盗贼"的意味，但是由于时代和地域不同，它的意味和内容是多样的，把倭寇当作连续的历史事象是不可能的。
>
> "倭寇"二字初见于 404 年的高句丽广开土王碑文，此后丰臣秀吉的朝鲜出兵，以至二十世纪的日中战争等事件中，都有倭寇的文字表述。由于时期、地域、构成人员等规模的不同，对倭寇的称呼是各式各样的："高丽时代的倭寇""朝鲜初

期的倭寇""丽末鲜初的倭寇""元代的倭寇""明代的倭寇""嘉靖大倭寇""万历的倭寇""二十世纪的倭寇""朝鲜半岛的倭寇""山东的倭寇""中国大陆沿岸的倭寇""浙江的倭寇""杭州湾的倭寇""双屿的倭寇""沥港的倭寇""台湾的倭寇""吕宋岛的倭寇""南洋的倭寇""支那人的倭寇""朝鲜人的倭寇""葡萄牙人的倭寇""王直一党的倭寇""徐海一党的倭寇""林凤一党的倭寇",等等。

在以上这些倭寇中,规模最大,活动范围最广的是:14—15世纪的倭寇和16世纪的倭寇。

关于14—15世纪的倭寇,田中健夫写道:这时期的倭寇以朝鲜半岛为主舞台,也在中国大陆沿岸行动,高丽、朝鲜(李氏朝鲜)、元、明受到各种各样的损害。《高丽史》于1223年首次见到倭寇的文字。日本方面《吾妻镜》记载了贞永元年(1232)肥前镜社的人在高丽当海盗的事。但是,在高丽的倭寇行动成为大问题是1350年以后,这年以后每年都有倭寇的船队骚扰朝鲜半岛沿岸,全罗道和杨广道(今忠清道)受害特别大。倭寇的构成人员是以对马、壹岐、松浦地方的名主、庄官、地头等为中心的海盗群、海上流浪者群、武装商人等,还有朝鲜称为禾尺、才人的贱民。日本人在倭寇集团中所占比率约为10%到20%的程度,大部分的倭寇集团是日本人和高丽人、朝鲜人的联合体。袭击朝鲜半岛的倭寇,他们的行动地域延伸到中国大陆,攻击了元、明。明朝在加固沿岸警备的同时,明太祖取缔和日本的西征将军怀良亲王有交涉的倭寇,没有取得成果。明成祖时,和足利义满之间达成交通关系,倭寇势头才趋缓。

关于16世纪的倭寇(亦即后期倭寇),他这样写道:

因为依托于勘合船的日明间的交通中途断绝,中国大陆沿岸发生了大倭寇。最激烈的是明嘉靖年间为中心,持续至隆庆、万历年间的约四十年时间,因而称为"嘉靖大倭寇"。

这个时期的倭寇,日本人参加数量是很少的,大部分是中国的走私贸易者,以及追随他们的各色人等。这时在东亚海域初现身姿的葡萄牙人被当做倭寇的同类对待。自从明太祖以来称为"海禁"的一种锁国政策,禁止中国人在海上活动,随着经济的发达,维持这种政策是困难的,于是产生了大量走私贸易者。他们和地方富豪阶层(乡绅、官僚)勾结,形成强大的势力,推进走私贸易。葡萄牙人因为得不到明政府正式贸易的许可,也不得不加入走私贸易,日本的商船则以国内丰富的银生产为背景,与之合流。中国官府把这些人一概当作倭寇。

浙江省的双屿港和沥港作为走私贸易基地,遭到中国官军的攻击而毁灭殆尽,走私贸易者一变而为海盗群。萨摩、肥后、长门、大隅、筑前、筑后、日向、摄津、播磨、纪伊、种子岛、丰前、丰后、和泉等地的日本人投靠了倭寇。

作为倭寇的首领,有名的是王直、徐海。王直以日本的平户、五岛地方为根据地,率大船队攻击中国的沿海。明朝方面胡宗宪、戚继光、俞大猷等负责海防,取得了各种功绩。不久与海禁令解除的同时,日本方面丰臣秀吉国内统一的进行,倭寇次第平息。

如果平心静气地把《日本史大事典》的倭寇条与《中国历史大辞典》的倭寇条加以比较,那么其间的高下是不难辨明的,所谓倭寇就是"明时骚扰中国沿海的日本海盗"之类简单判断,看来颇有商榷之余地。

徽州商人(日本学者称为新安商人)研究的奠基人——藤井宏,最早注意到这个问题。他的成名作《新安商人的研究》(原载《东洋学报》,1953—1954)注意到徽商在浙闽沿海的进出口贸易。他追述道:藤田丰八博士在《葡萄牙人占据澳门以前的诸问题》一文中,揭示了《日本一鉴》和其他相关资料关于徽州海商活动的记载。在此基础上,藤井宏广泛收集资料展开分析。

他指出,嘉靖十九年(1540)许一(松)、许二(楠)、许三(栋)、许四(梓)勾引葡萄牙人络绎于浙海,并在双屿、大茅等地开港互市。《筹海图编》卷五《浙江倭变记》云:"(嘉靖十九年)李光头、许栋引倭聚双屿港为巢。光头者,福(州)人李七;许栋,歙(县)人许二也……其党有王直、徐惟学、叶宗满、谢和、方廷助等,出没诸番,分艅剽掠,而海上始多事矣。"此时的王直不过是许氏兄弟的僚属。《日本一鉴》海市条云:"嘉靖二十二年邓獠等寇闽海地方,浙海盗寇并发。海道副使张一厚因许二等通番,致延害地方,统兵捕之。许一、许二等敌杀得志,乃与佛郎机竞泊双屿,伙伴王直(名惺,即五峰)于乙巳岁(嘉靖二十四年)往日本,始诱博多津倭助才门等三人,来市双屿。"嘉靖二十七年,浙江巡抚朱纨派遣都指挥卢镗等突袭双屿港,一举覆灭所谓海贼老巢,生擒李光头、许栋,王直等收集余党,重整势力,把老巢移到金塘山(定海县西八十里海中)的烈港(即沥港),直到嘉靖三十六年被胡宗宪擒捕以前,东南海上全是王直的独占舞台。

藤井宏还指出,王直是徽州盐商出身,后来为日本人当经纪人,是货物贸易的中介者,在双屿、烈港开辟走私市场。他借助闽广海商的实力称雄浙海,遭官军打击后,在日本平户建立根据地,建都称王,部署官属,控制要害,形成了以"徽王"王直为中心的徽浙海外贸易集团,把徽州海商的海外贸易活动推进到一个前所未有的鼎盛阶段。王直以后,日本平户港一直是明末清初中国民间往来日本的一个主要据点。

这种基于史料的实证研究,为理解王直与倭寇提供了很好的借鉴。令人不解的是,藤井宏的研究成果很少被研究倭寇问题的中国学者所关注,迟至三十年后才激起反响。

在这方面最有力度的当推徽商研究的后起之秀唐力行,他在《中国经济史研究》1990年第3期发表《论明代徽州海商与中国资本主义萌芽》一文,从徽州海商的角度来考察倭寇,反过来考察日后成为倭寇首领的徽州海商,"为了对抗明王朝的武力镇压和扩大贸易,海商们渐次组合成武装的商业集团……这些船头又在竞争兼并中聚合成几个大的武装海商集团。其中,较著名的以徽州海商为首领的有许氏海商集团、王直海商集团和徐海海商集团"。

唐力行的另一大贡献是考证了《明史》改王直为汪直很有必要。王直本姓汪,从事海上走私,风险大,为家属安全计,隐瞒真姓(汪)。《明史》有汪直传,以前均以为有误,其实王直本来姓汪。汪为徽州大姓,"为贾于杭绍间者尤多"。横行东南沿海几十年的"倭寇"首领许氏兄弟、王直(汪直)、徐海等,莫不是徽州海商。唐文的主旨是阐明这样一个观点:正是徽州海商和其他海商的走私贸易,冲破了明王朝的海禁,把江南与世界市场联系起来,从而造成了江南社会经济的一系列连锁反应。

相隔二十年之后,唐力行在《结缘江南:我的学术生涯》中回顾这篇文章时还颇为激动。他说:

自明末直至上世纪 70 年代，史家众口一词地指责嘉、隆年间的海商为"倭寇海盗"。这就涉及到一个如何对待传统史学的问题。不少史学工作者至今没有突破忠君爱国的正统观念，他们以是否能保持封建王朝的稳定性作为评判历史事件的标准，而不是以是否有利于历史的进步作为研究工作的着眼点。戴裔煊先生以耄耋之年推出他的开创之作《明代嘉隆间的倭寇海盗与中国资本主义萌芽》，为"倭寇"正名，其坚持实事求是的学术勇气是可钦的。

他还说，1990 年的文章发表后，居然引来了麻烦——"被列入有组织的批判对象之一"。时过境迁之后，唐力行感慨地说："此事并未了结，恐怕也难了结。在民族主义情绪高涨的情势下，2005年网络和舆论对亦寇亦商的王直的功过是非发生激烈争论，浙江丽水和南京师范大学的两名教师，趁着夜色，带着斧头和榔头来到安徽歙县，热血沸腾地将刻有王直名字的墓碑和刻有日本人名字的'芳名塔'砸毁。上海《新民晚报》也接连刊出整版的文章为之推波助澜。"

这确实值得深长思之。在这些人的心目中，王直是一个汉奸，不仅应当口诛笔伐，而且连他的坟墓也应该砸烂。他们或许不曾想到自身的弱点：对历史的无知。

关于倭寇问题的最新研究成果，从另一个方面提供了思路。

台湾学者吴大昕发表在《明代研究》第七期（2004）的论文《猝闻倭至——明朝对江南倭寇的知识（1552—1554）》，为探究历史而别开生面。他的结论之一是："嘉靖大倭寇的形象，是由各式各样不同性质与目的之记载所构成的：有记载一地倭寇的著作，士绅文集中偶见的书信与奏议,《实录》上的记载,以及为数不多的兵部奏议与几部由胡宗宪挂名主编的作品。留下的倭寇文字记录虽多,但可用来说明'真实'的却很少,这是由两个原因所造成,一是倭寇发生时江南普遍笼罩在'猝闻倭至'的恐慌心理中;二是北京与地方讯息传播的不确实。"

结论之二是:"当时各式出版品的出版风潮下,助长了嘉靖大倭寇形象的再建立,倭寇全是日本人,他们都是无知、愚昧而残忍、好杀的,靠着中国人王直的领导,才能成功的劫掠东南沿海。此时的倭寇出版品充满了目的性,述说着倭寇不难平定,对日本应采取严厉的打击而非合款;而这个目的性,便完全掩盖了嘉靖大倭寇的真实面貌。"

有意思的是,这篇文章提到了一个鲜为人知的史事:江南人对于嘉靖大倭寇的记忆,居然来自一个叫作萧显的中国人。嘉靖三十二年(1553),明朝官军进攻烈港,把王直驱逐出浙江的据点,使得王直的海上势力一时瓦解,由于缺乏补给,一部分人冒险登陆松江府的柘林,其中一个叫作萧显的人尤为桀骜狡猾,当时人这样描述他:"率劲倭四百余人,攻吴淞、南汇所,俱破之,屠掠极惨。分兵掠江阴,围嘉定、太仓。"吴大昕说:"萧显这次的冒险,开始了嘉靖大倭寇的时代,也烙印了江南人对大倭寇的记忆。"

他还说:"许多学者就根据记录中'言如鸟语,莫能辨也'来判断是否真倭。实际上,在那个没有'国语'的时代,即使是同为中国人,是否真能相互沟通都是令人怀疑的,特别是对江南而言,倭寇几乎等同于'外地人'。无形中'倭'也就变得更多了。"这种基于史料实证的严谨考辨,揭示了当时人对倭寇的认识,令人耳目一新。

如果我们把王直等海商集团的活动放在当时全球贸易的背景下来审视，许多问题便可以迎刃而解。

葡萄牙航海家发现了绕过非洲南端的好望角进入印度洋的欧亚新航路，导致了 1520 年（正德十五年）葡萄牙使节与中国的第一次正式交往。当他们的贸易要求遭到拒绝以后，便游弋于中国沿海。

葡萄牙人从 1524 年起，就在中国东南沿海闽浙一带进行走私贸易，他们的落脚点——宁波甬江口外的双屿岛就是一个大规模的据点。海商走私集团首领许栋、王直、李光头从葡萄牙人手中购买从欧洲、非洲、东南亚带来的货物，以及先进的武器（用以对付明朝官军）；葡萄牙人则从他们那里收购中国的生丝、丝绸、瓷器、棉布、粮食，每年交易额达 300 万葡元，绝大部分用日本银锭支付。

1557 年葡萄牙人在中国澳门获得了一个可靠的基地，1571 年，他们又在日本长崎获得了另一个基地，此后，获利颇丰的澳门—长崎贸易便进入了鼎盛时期。葡萄牙人以澳门为中心来安排远东的贸易活动。

每年五月至六月，葡萄牙大帆船顺着夏季的西南季风从果阿起航，这种载重 600～1 600 吨的大帆船，运载着胡椒、苏木、象牙、檀香等印度货物，以及原产拉丁美洲经由里斯本运来的白银，在抵达澳门的一年里，把货物与白银换成中国的生丝、丝绸、黄金以及铅、锡、水银、糖、麝香、茯苓、棉纱、棉布，到第二年初夏，乘着季风继续东航，进入日本长崎，把生丝、丝绸、黄金等中国货物以高昂的价格迅速脱手，然后装上日本白银及少量其他货物返回澳门。他们在澳门用日本白银购买中国的生丝、丝绸、瓷器、黄金及其他货物，到第三年秋天，才乘着季风前往印度果阿。这样，从果阿到澳门,从澳门到长崎,从长崎到澳门,从澳门到果阿,葡萄牙人在每一个环节都可以获取丰厚的利润。

日本学者大隅晶子《十六十七世纪的中日葡贸易》(《东京国立博物馆纪要》23,1998)指出,葡萄牙人在日本与中国的中转贸易,一方面把中国的生丝等商品运到日本,另一方面把日本的白银带回,用这些白银购入中国的生丝等商品,如此循环往复。当时日本对于中国生丝的需求量是很大的(用来制作绢制品)。

日本从战国时代末以来,由于国内统一,社会秩序渐次恢复,生活安定,各地的机织业勃兴,大内氏城下町山口的机织业是有名的,最大的机织业地点莫过于京都的西阵。但生丝的产量不足,每年所需的几十万斤生丝,仰赖葡萄牙人从中国运来,这种生丝贸易使葡萄牙人获得相当于原价五倍的利润。由于明朝严厉打击倭寇,中国与日本之间的走私贸易几乎断绝,从澳门前往日本的葡萄牙商船独占了日本贸易,或者称之为长崎贸易的独占时代。

中国的海上走私贸易商人集团,就是在这种背景下,卷入了与葡萄牙和日本的贸易。宁波海外的双屿成为当时葡萄牙在东方最为富庶的一个商埠,葡萄牙人以此为基地展开对中国日本的贸易。正如田中健夫所说:着眼于中国贸易利益的葡萄牙人,在广东方面进行走私贸易,并且把走私贸易从广东逐渐向漳州、泉州、宁波方面展开。宁波附近的双屿港和福建漳州的月港,成为走私贸易的中心地。葡萄牙人在中国中部的进出,一度成为中国海商的中介,和南下的日本商人发生接触。

过分敏感的明朝当局,把上述各种商人集团一概看作"倭寇"。嘉靖二十六年(1547)朝廷任命朱纨为浙江巡抚兼任福建军务提督,查禁"倭寇"。朱纨到任后全力以赴地采取措施:取消渡船,严密保甲，搜捕奸民，严禁泛海通番、勾连主藏之徒，并且调动军队把双屿岛基地彻底摧毁。据说，在双屿岛上的天妃宫十余间、寮屋二十余间、大小船只二十七艘被毁。朱纨此举引起浙江、福建仰赖海上走私贸易的势家大姓的极大不满，朝廷中浙闽籍官僚群起而攻之。朱纨不得不辞官而去，不久就含愤自杀。

关于此事，《明史·朱纨传》有两段话写得很有意思，一段是：

> 初，明祖定制，片板不许入海。承平久，奸民阑出入，勾倭人及佛郎机诸国人互市。闽人李光头、歙（县）人许栋踞宁波之双屿为之主，司其质契，势家护持之，漳、泉为多，或与通婚姻，假济渡为名，造双桅大船，运载违禁物，将吏不敢诘也。

另一段是：

> 御史陈九德遂（弹）劾（朱）纨擅杀，落（朱）纨职，命兵科都给事中杜汝祯按问。（朱）纨闻之，慷慨流涕曰："吾贫且病，又负气，不任对簿。纵天子不欲死我，闽浙人必杀我，吾死自决之，不须人也。"制圹志，作俟命词，仰药死。

平心而论，朱纨为官清正廉洁，这样的死法未免可惜，悲剧在于，他根本不明白大航海时代已经到来，远程的海上贸易已是大势所趋，继续奉行海禁政策是不合时宜的。与耶稣会士关系密切，热衷于促进中外交流的徐光启，多年后谈及此事，不胜感慨地指出：朱纨"冤则冤矣，海上实情实事果未得其要领，当时处置果未尽合事宜也"。看来这不仅是朱纨个人的悲剧，也是时代的悲剧。

严厉查禁"倭寇"的结果,虽然遏制了东南沿海的走私贸易,却把走私贸易商人逼向另一个极端,正如负责"剿倭"的兵备副使谭纶所说:"私通不得,则攘夺随之。"也就是说,这些海商为了走私,都拥有武装,一旦走私不成,生计被扼杀,就由海商转化为海盗,进行报复性的劫掠,形成了难以控制的"倭患"。

嘉靖二十八年(1549),地方当局首次把王直集团骚扰东南沿海城镇称为"倭人入寇"。嘉靖三十一年,王直吞并了另一个海上走私集团,成为东南沿海独步一时的领袖,由于向政府要求自由贸易遭到拒绝,四出劫掠,明朝当局陷入了旷日持久的"御倭"战争,其对手就是横行海上的"倭寇王"王直。

四 所谓"倭寇王"王直

日本学者松浦章写的《中国的海商和海盗》(山川,2003),对于兼具海商与海盗双重身份的王直,有一段很有趣味的描述:由葡萄牙人把"铁炮"传入日本的时期,有一本记录这一时期的贵重史料《铁炮记》,其中记录了位于九州东南部的大隅半岛之南的种子岛,从远方驶来一艘大型船,当时是日本的天文十二年(嘉靖二十二年,1543)。

船上有一百名乘员,他们的服装当地人从未见过,言语也听不懂。乘员中的中国儒生,名叫"五峰",姓什么不详,通过笔谈,得知他们是"南蛮商人"。作为遣明使节,两度到过中国的策彦周良归国的次年,向明朝人五峰介绍了大内义隆。作为五峰共事者的大内义隆，是当时日本有力的西国大名大内义兴的长子，和五峰有着很深的关系。策彦周良是大内义隆在天文六年发起的遣明使团的副使，也是天文十六年遣明的正使，他对明朝人五峰，敬称为"五峰先生"。这个"五峰先生"就是海上走私集团首领王直。

中国方面的史料，例如《苍梧总督军门志》说："王五峰，即王直。"又如《日本一鉴·穷河话海》说，王直也称五峰，进出海外，是知名的倭寇头目。再如《明世宗实录》嘉靖三十六年十一月乙卯条，王直被浙江平倭总督胡宗宪逮捕以后，有关于其身世的简单记录：王直是徽州的大商人，从事海上贸易，特别受到海外诸国商人的信赖。

综合各种各样的史料，大致可以知道这样一些情况：王直是徽州府歙县人，年轻时经人介绍成为海外贸易的中介人，在海禁政策缓和的嘉靖十九年（1540），随叶宗满前往广东，在那里建造大型海船，装载违禁物品前往日本、暹罗等海外诸国贸易。这样的大型海船，在"嘉靖大倭寇"相关资料中可以看到，它长达120步，乘员2 000人以上，显然是一个庞然大物。用这种大型海船从事贸易活动，持续了五六年时间，积累了巨额的财富，也博得了外国人的信赖，被尊称为"五峰船主"。

王直是日本商人的经纪人，他的主要业务是"质契"。在史料的记载中，他的前辈李光头、许栋等人的经济基础被称为"司其质契"。所谓"质契"，大体是有关票据和证券之类业务的契约，是海商重要的交易凭证。在明代后期，称作牙侩的居间介绍买卖的经纪人，与普通商人有所不同。在一般情况下，牙侩都持有政府颁发的营业许可证书——牙帖，开设牙行，为大宗商品的买卖双方提供方便。但是，走私贸易是非法的，违反了海禁政策，为走私贸易"司其质契"当然也是非法的。不过在当时的场合，这种经纪业务为日本贸易商和中国贸易商（当然是走私贸易商）之间交易提供了有利条件，是不难想象的。

王直有一个从海商到海盗的演变过程。他从事海外贸易始于嘉靖十九年，以后的五六年，走私贸易进行得比较顺利。严厉取缔沿海走私贸易的朱纨登场，对王直的海外贸易业务带来了巨大的威胁与冲击。在朱纨看来，沿海的海盗问题与中国内地问题有着密切关系，这个问题是由王直等奸商引起的，是他们把中国的物产运到海外与外国商人进行交易。他的国内关系人是浙江余姚的谢氏。他和谢氏的关系最初是顺利的，谢氏为了降低海商商品的价格，和海商之间产生了矛盾，谢氏向政府告密，激怒了王直等海商，乘着夜色袭击了谢氏的住宅，杀死男女数人，掠夺了他的家产。惊恐于这次袭击的余姚县官吏向上级机关报告：倭寇来袭。浙江巡抚命令捉拿犯人。在朱纨的奏疏中，王直不仅是违法的走私贸易者，而且是以杀人掠夺为业的海盗。

在政府看来，王直在沿海活动的目的，可以概括为八个字："要挟官府，开港互市。"是否要挟姑且不论，开港互市确是实情。要求政府放弃不合时宜的海禁政策，使私人海上贸易合法化，在当时形势下合情合理。随着葡萄牙人、西班牙人的东来，中国已经被卷入"全球化"贸易的漩涡之中，海禁政策与这种大趋势背道而驰，狭窄的朝贡贸易渠道又难以适应海外贸易日益增长的速度。王直提出的"开港互市"的要求虽然带有谋求私利的动机，但是他对于国际贸易形势的判断，比那些保守的官僚更胜一筹。

王直接受招安后写的《自明疏》就是一个有力的证明。他首先说明：

窃臣(王)直觅利商海,卖货浙(江)福(建),与人同利,为
国捍边,绝无勾引党贼侵扰事情,此天地神人所共知者。夫何
屡立微功,蒙蔽不能上达,反罹籍没家产,臣心实有不甘。

接下来他向朝廷报告日本的情况:"日本虽统于一君,近来君弱臣
强,不过徒存名号而已。其国尚有六十六国,互相雄长。"最后他向
朝廷恳请:

如皇上仁慈恩宥,赦臣之罪,得效犬马微劳驰驱,浙江定
海外长涂等港,仍如广中事例,通关纳税,又使不失贡期。

所谓"广中事例",李庆新《明代海外贸易制度》(社科文献,
2007)有这样的概括:"明中叶广东海外贸易制度转型,主要体现在
三方面:一是商舶'抽分'的出现以及税收结构的改变,区分贡舶、
商舶已经没有太大意义;二是葡萄牙人在争议声中最终获允在澳
门居留贸易,澳门与广州形成广东贸易管理体系的'二元中心'结
构;三是一些新贸易组织的出现。时人把这些新制度称为'广中事
例'。"他还说:"'广中事例'的确立,不仅为广东建立一套与贸易转
型相适应的管理体制,而且为国内海外贸易管理提供制度样板。"
　　正是在这种背景下,王直才会提出在浙江仿照"广中事例"通
关纳税,也就是说,把广东开放通商口岸设立海关收取关税的做
法,推广到浙江沿海,那么东南沿海的所谓"倭患"就可以迎刃而
解。这无疑是合乎潮流的主张,与广东巡抚林富的见解可谓不谋
而合。
　　这是王直的一贯愿望,多年之前他就提出"开港互市"的请求。

政府方面醉翁之意不在酒，表面上答应"姑容互市"，要他"悔罪自赎"；当他几次协助官军擒拿海盗后，政府方面却背信食言，派参将俞大猷、汤克宽统兵前往烈港袭击王直。王直从此怨恨政府的失信，藐视官军的无能，摆出一副势不两立的架势，僭号称王。他身穿绯色官袍，腰佩玉带，打着金顶五檐黄伞，手下头目都用大帽袍带、银顶银伞；五十名侍卫都用金甲银盔、出鞘明刀。王直在浙江定海的操江亭，自封为"净海王"，建造巨型船舶，长约120步，可容纳2000人，甲板上可以驰马往来。

以后王直前往日本，在那里建立基地，正如万历《歙志》所说，"（王直）据居萨摩洲的松浦津，僭号曰京，自称曰徽王"，不时派遣船队前往东南沿海骚扰劫掠。

地方官心知肚明，是他们自己"以贼攻贼"策略招来的大祸，却不敢如实上报，竟然谎称"倭寇"来犯，蒙骗朝廷，推卸责任。而王直为了日后能够推脱责任，每次骚扰沿海之后，就放出风声：这是"岛夷"（倭寇）所为。上下内外层层掩饰，祸乱愈演愈激烈，真相愈来愈混乱。

朝廷任命兵部尚书张经为总督，率领四方精兵协力进剿。但是官军毫无士气，一触即溃。朝廷一筹莫展，不得不乞灵于招抚，公开宣布：如能擒斩王直者，授予世袭指挥佥事；如王直等悔罪，率众来降，亦授予世袭指挥佥事。有的官员表示坚决反对，认为这是"以赏劝恶"，不能从根本上解决问题，去了一个王直，会产生另外的"王直"。只得一面围剿，一面分化瓦解，宣布愿意投降的胁从者可以不杀，但是首恶不赦。议来议去，议而不决，"剿"与"抚"两方面都没有起色。

嘉靖三十四年（1555），专擅朝政的严嵩派遣亲信——工部侍郎赵文华前往江南视察"贼情",精通权术的浙江巡按胡宗宪和他勾结,排斥总督张经和浙江巡抚李天宠,由胡宗宪出任浙江巡抚。这种权力改组并没有改变形势,官军依然屡战屡败。赵文华与胡宗宪恐怕招来政治麻烦,秘密商定招抚王直。

他们派遣辩士蒋洲、陈可愿以及王直的友人,出海前往王直的驻地。与此同时,胡宗宪大搞心理战术,把关在金华监狱的王直母亲、妻子接来杭州,好生款待。过了几天,要王直母亲写信劝王直归降,信中写道:朝廷愿意宽宥你的前罪,愿意放宽海禁,允许日本互市,今遣蒋洲等人带信前来说明。

嘉靖三十四年八月,"招抚"的一行人等从定海出发,十一月抵达日本五岛,与王直会晤。蒋洲对他说:胡宗宪是你的同乡,推心置腹,任人不疑,愿意宽宥前罪,保全骨肉,而且允许通商谋利。次年四月,王直把蒋洲留下作为人质,派他的养子毛海峰护送"招抚"人员归国,乘机试探虚实。胡宗宪为了考察毛海峰归顺的诚意,故意要他去攻打徐海。毛海峰害怕两败俱伤,进退失据,借口必须当面请示"父王"王直,返回了日本。王直毕竟是商人出身,对政治斗争的复杂与凶险估计不足,贸然相信时机已经成熟,率领他的部下一千多人乘坐巨型海船返回浙江定海的岑港,向胡宗宪表示愿意投降,以求得与日本通商的权利。

胡宗宪当然知道机不可失时不再来,精心安排了场面壮阔声势浩大的"受降典礼",此后几天里,对王直恩宠有加。对于这种做法,反对者议论纷纷,指责胡宗宪接受王直巨额贿赂。此时,赵文华得罪罢官,胡宗宪失去了后援,态度发生变化,立即向朝廷表明态度:王直是"海氛祸首",罪在不赦,今自来送死,请庙堂处分,臣当督率兵将歼灭其余党。随即把王直关入监狱。王直的部下知道当局已经变卦,据守岑港与官军抗衡。

嘉靖三十八年(1559)十一月,胡宗宪上疏朝廷,请求将王直及其同党叶宗满等明正典刑。兵部会同三法司议复:"王直背华勾夷,罪孽深重,着就彼处决枭示(枭首示众)。叶宗满、王汝贤既称归顺报效,饶死,发边卫永远充军。"当年十二月二十五日,王直在杭州官巷口被斩首示众。临刑前,他叹息道:想不到死在这里,死我一人,恐怕苦了两浙百姓。

处死王直,并没有使"倭患"消停,恰恰相反,激起他的部下极大的怨恨和疯狂的报复,"倭患"愈演愈烈。王直是为了求得海商贸易合法化而投降的,他的死并没有解决问题,海禁与反海禁的斗争愈来愈尖锐了。

道理是显而易见的。在此之前,对倭寇素有研究的唐枢在给胡宗宪的信中,分析了海外贸易的大势,以及倭患的根源。他特别强调以下几点:

第一,中国与外国的贸易难以禁绝,海禁只能禁止中国百姓。他的原话是:"中国与夷,各擅生产,故贸易难绝。利之所在,人必趋之……下海之禁,止以自治吾民,恐其远出以生衅端。"

第二,嘉靖年间的倭患起源于海禁之不合时宜。他的原话是:"嘉靖六七年后,守臣奉公严禁,商道不通,商人失其生理,于是转而为寇。嘉靖二十年后,海禁愈严,贼伙愈盛。许栋、李光头辈然后声势蔓延,祸与岁积。今日之事,造端命意,实系于此。"

第三,所谓倭寇,其实是中国百姓。他的原话是:"使有力者既已从商而无异心,则琐琐之辈自能各安本业,而无效尤,以为适从。故各年寇情历历可指:壬子(嘉靖三十一年)之寇,海商之为寇也;

癸丑(嘉靖三十二年)之寇,各业益之而为寇也;甲寅(嘉靖三十三年)之寇,沙上黠夫、云间(松江)之良户,复益而为寇也;乙卯(嘉靖三十四年)之寇,则重有异方之集矣。"

唐枢作为亲历者对倭寇的分析,洞若观火,道出了事实的真相。

万历时福建长乐人谢杰在《虔台倭纂》一书中对倭寇的分析,有异曲同工之妙,以下几点很值得注意:

第一,成为中国大患的倭寇,其实多是中国人。他的原话是:"倭夷之蠢蠢者,自昔鄙之曰奴,其为中国患,皆潮人、漳人、宁绍人主之也。其人众,其地不足以供,势不能不食其力于外,漳潮以番舶为利,宁绍及浙沿海以市商灶户为利,初皆不为盗。"

第二,由于政府实行严厉的海禁政策,闽浙沿海民众海上贸易的生路受到遏制,由商转而为盗。他的原话是:"嘉靖初,市舶既罢,流臣日严其禁,商市渐阻,浙江海道副使傅钥申禁于六年,张一厚申禁于十七年,六年之禁而胡都御史琏出,十七年之禁而朱都御史纨出。视抚设而盗愈不已,何也?寇与商同是人,市通则寇转为商,市禁则商转为寇;始之禁禁商,后之禁禁寇,禁愈严而寇愈盛。'片板不许下海',艨艟巨舰反蔽江而来;'寸货不许入番',子女玉帛恒满载而去。商在此者,负夷债而不肯偿;商在彼者,甘夷居而不敢归。向之互市,今则向导;向之交通,今则勾引。于是濒海人人皆贼,有诛之不可胜诛者。"

第三,政府政策的偏颇是导致倭患愈演愈烈的根本原因。他的原话是:"初但许栋、李光头等数人为盗,既则张月湖、蔡末山、萧显、徐海、王直辈出而称巨寇矣。初但宫前、南纪、双屿等数澳有盗,既则烈港、柘林、慈溪、黄岩、崇德相继失事,而称大变矣。初但登岸掳人,责令赴巢取赎,既则盘踞内地,随在城居,杀将攻城,几于不可收拾矣。"

第四,归根结底倭患根源在于海禁太严。他的原话是:"推原其故,皆缘当事重臣意见各殊,更张无渐,但知执法,而不能通于法外;但知导利,而不知察乎利之弊,或以过激启衅,或以偏听生奸……闽广事体大约相同,观丙子(万历四年)、丁丑(万历五年)之间,刘军门尧诲、庞军门尚鹏调停番贩,量令纳饷,而漳潮之间旋即晏然,则前事得失亦大略可睹也。已夫,由海商之事观之,若病于海禁之过严。"

事实确实如此,严厉的海禁政策促使海商转化为海盗,"倭患"的根本原因在于海禁的过于严厉。真正解决"倭患"的关键之举,并非军事围剿,而是政府政策的变化。面对势不可挡的全球化贸易的大潮流,行政命令和战争都不能解决问题。面对"嘉靖大倭寇"所引起的"倭患",从根本上解决问题的唯一出路,就是政府必须放弃海禁政策。隆庆元年(1567),明智的穆宗皇帝和他的辅政大臣,采取比较灵活务实的开放政策,取消海禁,准许人民出海前往东洋、西洋贸易,走私贸易转变为合法贸易,"倭患"也就随之烟消云散。以此为契机,东南沿海的私人海上贸易进入了一个新阶段,呈现出前所未有的繁荣景象,反过来恰恰证明了《虔台倭纂》论述的正确性。

第四讲

晚明中国的"全球化"贸易

欧洲大约在 1300 年开始了商业革命,两个世纪后,海外探险蔚然成风,西班牙和葡萄牙都想在东方贸易中抢占先机。航海探险以及随之而来的殖民帝国,所产生的后果几乎是难以估量的。首先是,使得以往局限于狭窄范围的地中海贸易扩展为世界性事业,航海大国的商船首次航行于"七大洋"(西方人的习惯说法);其次是,商业贸易的数额和消费品的种类大量增长,出现了历史上第一次经济"全球化"。

对于中国而言,影响也是巨大而深远的,一言以蔽之,就是把封闭的"天朝"卷进了"全球化"贸易之中。中国经济史专家全汉昇,1986 年 8 月 7 日在台湾"中央研究院"发表演讲,题目是:略论新航路发现后的海上丝绸之路。而后这篇演讲稿以同题刊载于《历史语言研究所集刊》和《近代中国史研究通讯》上,引起人们广泛的关注,用"全球化"视角来审视明末清初的海外贸易。本讲的主旨,想用简洁明了的方式介绍这一段历史。

一　葡萄牙与澳门贸易的黄金时代

1487 年,葡萄牙人迪亚士(Bortholomew Diaz)发现了绕过非洲好望角的欧亚直接航路。十二年以后,葡萄牙人达·伽马(Vasco da Gama)率领一支小型船队经过好望角,抵达寻觅了百年之久的目的地——印度。16 世纪初,葡萄牙人占领了印度西海岸的贸易港口果阿(Goa)、东西洋交通咽喉马六甲(Malacca,《明史》称为满刺加),以及号称香料群岛的美洛居群岛(Moluccus

Islands)。葡萄牙国王曼努埃尔一世对中国这片土地怀有极大的兴趣，1508年发出指令：必须探明有关中国人的情况。他们来自何方？路途有多远？他们何时到达马六甲或其他贸易港口？带来些什么货物？他们的船每年来多少艘？形式和大小如何？

1516年，葡萄牙人托梅·皮雷斯(Tome Pires)以第一任使节身份出使中国。在此之前，他在马六甲搜集情报，编成《东方诸国记》，呈献给国王。《中外关系史译丛》第四辑(上海译文，1988)译载了《1515年葡萄牙人笔下的中国》，记录了这些细节。皮雷斯于1520年(正德十五年)进入北京。由于同年年底满剌加国王的求救文书送到北京，明朝君臣获悉了这帮"佛郎机"东来的意图，正如《明史·佛郎机传》所说："佛郎机强举兵侵夺其地，王苏端妈末出奔，遣使告难。"明朝的回应是："诏予方物之直遣归"。

英国历史学家博克瑟(C. R. Boxer)在《十六世纪的华南》中，如此描述这一段历史：

> 对于葡萄牙人来说，与中国的贸易是非常宝贵的，不经过一场斗争就让他们放弃这一新兴的、前途无量的市场是绝对办不到的。故而在随后的三十年内，佛郎机继续游弋于中国沿海，他们有时在地方官员的默许下进行贸易，有时则完全不把地方官放在眼里。由于最初是在广东相当严厉地执行那道明王朝禁止其贸易的诏令，葡萄牙人便将自己的注意力转移向较北面的沿海省份——福建与浙江，他们在那里隐蔽的、无名的诸岛屿及港湾内越冬。在那些暂时的居留地中，最繁盛的要数宁波附近的双屿港，以及位于厦门湾南端的浯港(引者按：即浯屿，今称金门)和月港。

博克瑟的说法是可信的。葡萄牙人从 1524 年起,在中国东南沿海闽浙一带进行贸易,他们活动的地域——宁波甬江口外的双屿岛,是远近闻名的走私贸易据点。海上武装走私贸易集团首领许栋、王直、李光头等,从葡萄牙人那里收购非洲、东南亚、欧洲的货物,以及先进的武器(用来对付明朝官军),并且把中国的丝绸、瓷器、棉布、粮食等货物卖给葡萄牙人,每年的交易额达三百万葡元以上。买卖的绝大部分是以日本银锭作为支付手段。

另一方面,由于广东方面对佛郎机"悉行禁止",导致"番舶几绝",对广东经济造成负面影响。嘉靖八年(1529),新任广东巡抚林富向朝廷请求重开广东海禁,允许佛郎机互市,认为有四大好处:一是"番夷朝贡之外,抽解俱有则例,足供御用";二是"借此可以充羡,而备不虞";三是"查得旧番舶通时,公私饶给,在库番货旬月可得银两数万";四是"小民持一钱之货,即得握椒,辗转交易,可以自肥"。朝廷批准了林富的奏请,从此形成了广东的特殊政策——"广中事例"。《明史》说:"自是,佛郎机得入香山澳为市。"

所谓香山澳,就是位于香山县的港湾——浪白澳。但是外商到浪白澳贸易,有所不便,原因在于它距离广州太远,又过于荒僻,外商逐渐把位于珠江口的濠镜澳作为理想的交易场所。

濠镜澳是澳门的别名,从此澳门成为中外贸易的一个口岸。嘉靖十四年(1535),葡萄牙人获得了与东南亚各国商人同等的权利,可以在澳门经商。嘉靖三十二年,葡萄牙人借口"舟触风涛",请求借用濠镜澳之地曝晒货物,海道副使汪柏同意这一请求。大约从 1557 年开始,葡萄牙人在濠镜澳建造住房、村落,准备长期居住。嘉靖四十三年,广东巡按御史庞尚鹏向朝廷报告"外夷盘踞濠镜"的事态,主张把"澳夷"驱逐出境,或者在濠镜与内地之间设立关城,阻拦华夷的交往。直到十年之后的万历二年(1574),当局才在濠镜与内地之间的交通要道(莲花茎)建造了"关闸门"。

后来由于广州贸易的重新开放,外商可以每年一月和六月两次到广州交易会(广交会的前身),东南亚各国商人不必经由濠镜,径直前往广州交易,濠镜逐渐成为葡萄牙人独占的商埠。他们给濠镜取了新的名字——阿妈港、阿妈澳,葡文简化为 Macau(意为阿妈女神湾)。至于澳门名称的由来,据《澳门纪略》说:"濠镜澳之名,著于《明史》,其曰澳门,则以澳南有四山离立,海水纵横其中,成十字,曰十字门,故合称澳门。"

正如博克瑟所说:"1557 年葡萄牙人在中国的澳门获得了一个可靠的基地,1571 年在日本的长崎得到了另一个基地。此后,这一获利颇丰的贸易便达到其鼎盛时期。"澳门从 1580 年代进入了繁荣的黄金时代,此后的半个多世纪,澳门成为沟通东西方经济的重要国际商埠,葡萄牙人操纵了以澳门为中心的几条国际航线。

首先是澳门—果阿—里斯本之间的远程贸易。

葡萄牙人的大帆船把中国的生丝、丝织品、黄金、铜、水银、麝香、朱砂、茯苓、瓷器等货物,从澳门运往果阿,再由果阿运往里斯本。其中数量最多的货物首推生丝,1580 年至 1590 年,从澳门运往果阿的中国生丝 3 000 担,价值白银 24 万两,利润白银 36 万两;1636 年从澳门运往果阿的生丝 6 000 担,价值白银 48 万两,利润白银 72 万两。从果阿运回澳门的货物,有白银、胡椒、苏木、象牙、檀香等,而以白银为大宗,即以 1585 年至 1591 年为例,用生丝和其他货物换回澳门的白银达 90 万两。这些白银是墨西哥、秘鲁出产的,由西班牙、葡萄牙商人运至塞维利亚和里斯本,再从那里运往果阿,以至于当时的马德里商人说:葡萄牙人从里斯本运往果阿的白银,几乎全部经由澳门流入中国了。17 世纪,一艘葡萄牙商船从澳门驶向果阿,装载的货物中,数量最大的是生丝与丝织品,其中有白丝 1 000 担,各色丝绸 10 000～12 000 匹。每担白丝在澳门的售价仅为白银 80 两,运到果阿后的售价高达白银 200 两,利润率达 250%,这是全汉昇在《略论新航路发现后的海上丝绸之路》中所提供的数据。

其次是澳门—长崎之间的远程贸易。葡萄牙人以澳门为中心来安排远东贸易,每年五月至六月,他们的大帆船顺着夏季的西南季风从果阿启航,装载着印度等地的货物——胡椒、苏木、象牙、檀香以及白银,抵达澳门,把货物出售,用白银买进中国的生丝、丝织品、棉纱、棉布等,于第二年初夏前往日本长崎,出售货物后,换回日本的白银及其他商品,顺着秋季的季风返回澳门,再在澳门用白银买进中国的商品,在第三年秋天返回果阿。因为这样的关系,博克瑟把 1557—1640 年称为澳门与日本贸易的时代。

据日本学者研究,葡萄牙和日本的最初接触,是葡萄牙船漂流到种子岛的 1543 年,1546 年至少有三艘葡萄牙船来到九州。当时葡萄牙还没有获得在中国的稳固基地,因此葡萄牙船直接从印度的果阿驶向日本,大约要花 17 个月时间。葡萄牙船在萨摩的港口出入,为了谋求贸易更有利的地方,1550 年来到博多附近的平户,1579 年选择了长崎。葡萄牙人在日本与中国之间从事转口贸易,一方面把中国的生丝、丝织品等货物运到日本,另一方面把日本的白银带回澳门,用这些白银购入中国的生丝、丝织品等货物,再运往日本,如此循环往复。17 世纪初,日本的生丝总需求量约为三四十万斤,几乎完全仰赖葡萄牙人从中国运来。由于明朝严厉打击倭寇,中国与日本之间的走私贸易趋于断绝,从澳门前往日本的葡萄牙商船独占了与日本的贸易,因而被称为长崎贸易的独占时代。

据统计,崇祯时期每年由澳门运往长崎的中国商品的总价值都在白银 100 万两以上,其中崇祯十年(1637)为 200 多万两,有时甚至超过 300 万两。生丝在其中占很大的比重,例如崇祯八年运往长崎的生丝达 2 460 担,以每担售价白银 600~1 000 两计,总价值达白银 1 476 000~2 460 000 两。利润率大多在 100% 以上。棉布的利润率更是高达 177%~186%。这也印证了法国年鉴派学者布罗代尔在《15 至 18 世纪的物质文明、经济和资本主义》(三联书店,1993)中的论断:"远程贸易肯定创造超额利润:这是利用两个市场相隔很远,供求双方互不见面,全靠中间人从中撮合而进行的价格投机。"

二 尼古拉·一官与"海上马车夫"

看到这样的标题,各位可能会有一点奇怪,"尼古拉·一官"何许人也? 其实他就是明末清初声名显赫的郑芝龙,闽粤沿海和台湾海上贸易集团的首领。他会讲葡萄牙语,充当外商的代理人,接受了基督教的洗礼。Nicolas Iquan 这个名字有一半是"洋"的,即尼古拉,是教名;另一半则是"土"的,即他的小名一官的译音(当地人习惯把排行第一的孩子叫作一官)。西方史籍于是称呼郑芝龙为尼古拉·一官。英国历史学家博克瑟写的《尼古拉·一官兴衰记》(《中国史研究动态》,1984:3),就是一个典型的例子。

明朝末年,葡萄牙人的澳门贸易陷入重重危机之中。葡萄牙摆脱了西班牙,恢复独立地位,澳门不再对西班牙国王效忠,因而失去了利益攸关的马尼拉贸易。与此同时,荷兰人不断骚扰澳门的海上贸易,使得澳门陷入混乱。澳门只能另辟蹊径,开发同东帝汶、望加锡、印度支那、暹罗的贸易,作为弥补。声名远扬的郑芝龙巧妙地利用这一形势,穿梭于海盗与官军之间,操纵对日本的贸易。

提起郑芝龙,不能不提及他的前辈李旦。

李旦是泉州海商,是继林凤之后又一个前往吕宋(菲律宾)进行贸易的巨头,曾经一度成为中国人在马尼拉的首领。他的发财致富,引起当地西班牙人的觊觎,寻找借口把他关入囚犯船中。神通广大的李旦从囚犯船中逃脱,前往日本,投奔他的兄弟华宇——即西人所说的"甲必丹华"(Captain Whow)。几年之后,李旦建立起一个往返福建、澎湖与日本(平户、长崎)的海上贸易集团。

台湾学者张增信《明季东南海寇与巢外风气(1567—1644)》(《中国海洋发展史论文集》第三辑,1988)写道,英国东印度公司驻平户商馆代理人理查·科克斯(Richard Cocks)1618 年 2 月 15 日在一封信中说:"最近两、三年,中国人开始与某一个被他们称为高砂、而在我们海图上称作福尔摩沙的中国近海岛屿进行贸易。当地仅容小船经由澎湖岛进入,而且只与中国人进行交易。该岛距离中国大陆约三十里格,以致于每次季风来临时,中国人利用小船从事二到三次航行。安德瑞·狄提士(Andrea Dittis)与他的弟弟甲必丹华(Captain Whow)无疑是在当地进行私自贸易中最大的冒险投机者。"据日本学者岩生成一《明末侨寓支那人甲必丹李旦考》(《东洋学报》,23:3)认为,Andrea Dittis 就是泉州海商李旦,而 Captain Whow 就是李旦的兄弟——唐人华宇。李旦的大弟华宇以长崎为据点,他的二弟二官(Niquan)以平户为据点,三弟则在老家泉州策应,形成一个海上贸易网。

天启年间(1621—1627)的福建巡抚南居益对于这种情况颇为关注,他指出:福建和浙江的商人,前往日本定居的有数千人之多,在那里和日本人结婚成家,形成聚落,称为"唐市",他们的"唐船"装载中国货物运往日本交易,是很难取缔的。侨寓日本的著名人物就是李旦。他是由于江户幕府初期对中国商人的优待政策,而在平户定居的。

在李旦去世前两年,福建巡抚南居益向朝廷建议,利用李旦的特殊势力,驱逐霸占台湾的荷兰人。1624 年,李旦的部下海澄人颜思齐、南安人郑芝龙,堂而皇之率领部众前往台湾。天启五年(1625)颜思齐在台湾病死,郑芝龙被推为首领。就在这一年八月,李旦死于日本平户,郑芝龙巧妙地接收了李旦庞大的资产和船队,成为天启、崇祯(1628—1644)年间东南沿海的海上霸主。他凭借自己的制海权,向航行于中国东南沿海的商船发放"通行证",确保他们的航行安全,由此获得可观的收益。

郑芝龙出生于福建省南安县一个名叫"石井"的偏僻乡村,兄弟三人,他排行第一,所以小名叫作一官,弟弟芝虎、芝豹当然就是二官、三官了。年轻时跟随母舅黄程前往澳门谋生,在一个中国商人手下工作。

当时的澳门已经成了葡萄牙的殖民地,拥有三个教会、一所贫民医院和一个仁慈堂,大约有五千多基督徒。在这样的氛围下,郑芝龙接受了基督教的洗礼,取教名尼古拉(Nicolas)。以后他随母舅黄程前往日本,受雇于早已发财致富的中国商人李旦。李旦很欣赏他精明狡诈的经商本领,把几艘商船和巨额资金交给他掌握,从事与越南、柬埔寨等地的贸易,获得意想不到的成功,得到李旦加倍的信任。大约在1621年(天启元年)或1622年抵达平户不久,郑芝龙和姓田川的日本女子结婚,生下了儿子郑森,也就是日后鼎鼎大名的郑成功。

郑芝龙接收了李旦的船队和财产后,活跃于闽粤沿海,被明朝当局视为海盗头目。崇祯元年(1628)福建巡抚熊文灿无力对付这个海商霸主,便用"招抚"的手段加以笼络,封给他一个"福建游击"的官衔,让他把总部设在厦门,专门对付海商与海盗一身而二任的著名人物——刘香。当时刘香的势力非同小可,拥有一百多艘船和几千部下,1635年败于郑芝龙之手。此后郑芝龙势力如日中天,根本不听熊文灿的节制,我行我素,地方政府奈何他不得。正如博克瑟《尼古拉·一官兴衰记》所说:"他实际上成了福建及其邻近海域的主人。"

郑芝龙在澳门的一段生活令他终生难忘,因而对澳门有特别的偏爱。当时日本发布禁令,禁止澳门的葡萄牙人前往日本贸易,郑芝龙出面协助澳门的葡萄牙人。他派船来到澳门,装载葡萄牙人的货物,运往日本,只收取运费,利润全归葡萄牙人。

荷兰人也企图利用郑芝龙。1640年荷兰人和他达成协议,他本人不直接和日本通商,由他向荷兰东印度公司提供合适的中国生丝和其他商品,每年赊销100万弗罗林,月息2.5%,为期三个月。作为交换,荷兰人在他们的船上给他装运5万元货物和5万元金块,记在公司的账上,他分得最终利润的四成。这种协议不过是一纸空文,1640年以后,郑芝龙的船队依旧不断地前往日本贸易。当时出入日本长崎港的外商船只的状况如下：

1641年，荷兰船9艘，中国船89艘；

1642年，荷兰船5艘，中国船34艘；

1643年，荷兰船5艘，中国船34艘；

1644年，荷兰船8艘，中国船54艘；

1645年，荷兰船7艘，中国船76艘；

1646年，荷兰船5艘，中国船54艘。

中国船的相当大一部分是郑芝龙的，他的海商霸主地位由此可见一斑。

欧洲历史学家认为，意大利的城邦是近代资本主义的摇篮，威尼斯就是一个典型。然而，当北方的文艺复兴取代意大利的文艺复兴时，尼德兰（Netherlands）取代了威尼斯，成为欧洲最先进的贸易国家。大航海时代的尼德兰的领土大于如今的荷兰，拥有安特卫普、阿姆斯特丹等海港，善于航海贸易，被人们称为"海上马车夫"。他们不满足于北海、波罗的海贸易，希望涉足东方贸易。

16世纪的欧洲对统称"印度货"的中国商品怀有极大的兴趣，逐步富裕起来的市民阶层以及艺术品收藏家们，愿意出高价购买来自中国的丝绸、瓷器、漆器。但是，当时操纵亚欧贸易大权的葡萄牙人更注重亚洲内部的贸易，特别是中国和日本之间的转口贸易。因此很长一个时期内，中国商品进入欧洲的数量十分有限，而且价格昂贵。

荷兰人试图打破这种格局。

1595—1597年，科尔内利斯·豪特曼绕过好望角的航行取得成功，使得大批荷兰贸易公司短时间内纷纷崛起，介入了同印度人的贸易。1600年，范·内克率领六艘帆船前往东方，他的使命是，抵达东方后,派遣其中两艘船前往中国。他们的意图是,仿效澳门的葡萄牙人,在广东建立一个贸易基地。这遭到了葡萄牙人和西班牙人的联合抵制,并没有成功,却开启了广州贸易的第一步。当时广州每年春季和夏季都有交易会,外商都可以前往那里进行贸易,于是有了1601年荷兰人的第一次广州贸易。

1602年,在官员和贵族的仲裁下,荷兰的各公司终于组成了统一的"联合东印度公司",这就是在远东显赫一时的荷兰东印度公司的由来。国会为东印度公司颁发了一份"自好望角以东至麦哲伦海峡整个地域"的贸易特许状,使它获得了贸易垄断权。它的总部所在地巴达维亚(雅加达),不仅成为荷兰东印度公司的货物集散中心,而且也是东方殖民地统治中心。

荷兰东印度公司对中国贸易怀有浓厚的兴趣。历史学家皮特·范·丹的《东印度公司志》有"论中国"一章,开宗明义写道:公司刚建立即着眼对华贸易,因为这有望在欧洲获得巨额利润。

荷兰人企图结束葡萄牙人独占海上贸易的优势,但是他们没有葡萄牙人的澳门,不可能建立起直接贸易关系,无法与葡萄牙人竞争。1609年,事情发生了转机,荷兰东印度公司在日本平户开设了一家商馆,打开了一直由葡萄牙人控制的中国产品在日本的市场,它可以根据自己的需求进口中国货,并且切断葡萄牙人控制的货源。

荷兰东印度公司拥有在东方开战、订约、占地等特命全权,内有坚强的组织,外有强大的舰队,驻地有军队、炮台。从16世纪到1640年代,东方的商业大权几乎为荷兰人所独占。荷兰人以马来半岛、爪哇、香料群岛为根据地,既向中国、日本发展,又向印度发展,苏门答腊、爪哇、马六甲等地出产的胡椒、香料的经营,成了荷兰人的专利。1602—1610 年的八九年间,荷兰东印度公司来往于东方的商船增加到了 69 艘。从 1605 年到 1622 年,荷兰东印度公司每年的红利分配在 15％至 75％之间。

荷、葡竞争,终于导致武装冲突。早在 1603 年,荷兰人就先后拦截从澳门开往马六甲和日本的葡萄牙商船,夺得价值昂贵的货物。这样的武装袭击一直持续了很多年,使得葡萄牙人的澳门中转贸易损失惨重。张天泽《中葡早期通商史》(香港中华书局,1988)写道:为了获得商品,荷兰人吸引中国商人到巴达维亚贸易,但他们运来的中国货质量不好,来自万丹、锦石、北大年及马鲁古群岛的商品也不能令人满意。荷兰人再次兴起占领澳门的企图,以牺牲葡萄牙人来垄断对华贸易。

关于这一点,博克瑟的著作揭示了一条很有意思的史料:1614 年 1 月,荷属巴达维亚总督科恩(J. P. Koen)写信给东印度公司董事长,建议进攻澳门,赶走葡萄牙人,夺取与中国的贸易权。他说:如果荷兰人攻占了澳门,不仅能代替葡萄牙人成为日本市场的中国丝货供应商,而且可以打垮露西塔尼亚帝国在亚洲的主要支柱;还可以断绝菲律宾的西班牙人的支援,轻而易举地占有马六甲和马尼拉,把伊比利亚殖民地帝国一分为二。不仅是占领澳门以封杀中国的海外贸易,而且使荷兰人可以直接获得全世界都渴望得到的中国的财富和产品。如果不能攻占澳门,就应该去占领澎湖和台湾。后来的事态正是这样发展的。

1622 年,荷兰舰队攻击澳门的战争以失败而告终。此后,荷兰人试图占据澎湖列岛,没有成功,便以台湾作为立脚点,在此与中国商船进行贸易。荷兰历史学家约尔格《荷兰东印度公司对华贸易》(《中外关系史译丛》第三辑,1986)写道:1624 年,荷兰人在台湾的安平设立商馆,以后又在淡水、鸡笼(基隆)设立货栈。台湾很快发展成为荷兰进口中国产品的固定贸易基地,之后迅速成为中国和日本之间的贸易中转港。1639 年,除了中国和荷兰,日本向其他外国实施锁国政策,台湾这个中转港的地位日趋重要。

三　西班牙与"马尼拉大帆船"

西班牙人哥伦布发现美洲,开启欧洲对新大陆实行扩张的漫长过程。西班牙人在南美洲为了找到一条通路,不断进行搜索。麦哲伦沿着南美洲海岸航行,进入了西面的海洋,麦哲伦把它命名为太平洋。经过远洋航行,1520 年 4 月,他们在菲律宾群岛登陆,麦哲伦本人在宿务岛附近与土著人作战时阵亡。这个"无畏的远征队"只剩下了"维多利亚号",在 1522 年 9 月 7 日返回西班牙。麦哲伦的航行证明了地球是圆的,美洲是亚洲以外另一块大陆。

西班牙人在美洲殖民地攫取的利益,似乎并不如葡萄牙人在亚洲的香料—丝货贸易那么可观。他们全力以赴地要找到通往香料群岛的通道。早在香料群岛驻扎下来的葡萄牙人,不能容忍西班牙人进入这个利润最为丰厚的贸易圈。西班牙人便把眼光投向了菲律宾群岛。由于 1545—1548 年间发现了墨西哥和秘鲁丰富的银矿,西班牙人暂时把菲律宾搁置一旁。

二十年后,西班牙人再一次关注菲律宾。1565 年,海军上将黎牙实比(Mignel Leopez de Legazpi)奉命远征菲律宾,占领了宿务岛。两年后,黎牙实比在宿务岛向西班牙国王报告:中国人和日本人每年都前往吕宋岛和民都洛岛进行贸易,他们带来的货物是丝绸、瓷器、香料、印度棉布等。岛上的居民(摩洛人)从中国人和日本人手中获得这些货物后,便四出贸易。1570年,黎牙实比致函西班牙的墨西哥总督,指出:如果把贸易中心放在马鲁古群岛,那么宿务岛作为基地是可取的;如果把贸易中心转向中国沿海,那么最好把吕宋岛作为基地。基于这一考虑,黎牙实比攻占了吕宋岛,在巴石河畔建立了一个以耶稣的名字命名的城市,就是后来的马尼拉。黎牙实比怂恿国王尽快把马尼拉作为殖民地,因为它的地理位置十分理想,便于同日本、中国、爪哇、婆罗洲、香料群岛进行贸易。

西班牙人占领马尼拉时,那里已有150名华人居住,从事丝绸、棉布和其他杂货的贩卖。于是西班牙人和中国人的直接贸易就开始走上轨道,每年航行到马尼拉港口的中国商船逐年增加。

1580年之后,马尼拉当局为来到这里的中国货物找到了一条通向墨西哥的航路,凭借北流的日本海流,绕着大圈子前往加利福尼亚海岸,再从那里驶往墨西哥。这就是此后两百年中声名远扬的"太平洋丝绸之路":从菲律宾的马尼拉港到墨西哥的阿卡普尔科港。行驶在这条航线上的商船有一个独特的名字:马尼拉大帆船(Manila galleon)。

西班牙的重商主义政策,要求殖民地必须为宗主国提供工业原料,还得为宗主国制成品提供市场。菲律宾和墨西哥都是西班牙的殖民地,它们之间的大帆船贸易,被限定在马尼拉港和阿卡普尔科港之间进行。航行于太平洋上的马尼拉大帆船,是西班牙船队的一部分,将近两年往返于马尼拉和阿卡普尔科之间一次。西班牙商人在马尼拉除了同岛上的土著人交易外,主要致力于同中国商人的贸易,运往墨西哥的货物包括中国的生丝、丝绸、瓷器、棉布等,还有印度的细棉布、香料、宝石等。

严中平的论文《丝绸流向菲律宾白银流向中国》(《近代史研究》,1981:1)对此有精当而概要的论述。1574年和1576年的文献资料表明,中国商人运到马尼拉的货物有:面粉、食糖、干鲜果品、钢、铁、锡、铅、铜、瓷器、丝织品和小物件。到了1580年代,情况有所变化,货物的排位是:生丝、绸缎、棉布、夏布、陶器、瓷器、玻璃器、面粉、饼干、咸肉、火腿、黄油、干鲜果品、家畜、家禽、家具等。1590年代中国来货还包括:天鹅绒、织锦缎(本色的和绣花的)、花绫、厚绸、棉布、夏布、面纱、窗帘、被单、铜铁器具、火药以及其他生活用品,应有尽有。最值得注意的是,丝绸与棉布的畅销。

西班牙占领马尼拉后,中国的棉布很快成为菲律宾群岛土著居民的生活必需品。1591年菲律宾总督发现,菲律宾群岛的土著居民由于用中国棉布作为衣料,不再纺纱织布,以至于要下令禁止土著居民服用中国丝绸和棉布,但是毫无效果。这位总督向西班牙国王报告:中国商人收购菲律宾棉花,转眼之间就从中国运来棉布,棉布已经成为菲律宾销路最大的中国商品。如果土著居民自行纺织,不仅可以自给,还可以向墨西哥输出40万比索的布匹。这位总督的话毫无实际意义,以后土著居民还是大量服用中国衣料。

中国的纺织品还由"马尼拉大帆船"运销到西属美洲殖民地。早在16世纪末叶,中国棉布就在墨西哥市场上排挤了西班牙货。原因很简单,因为中国货价廉物美,所以印第安人和黑人都用中国货,而不用欧洲货。中国丝绸就更为畅销了,正如严中平所说:中国对西班牙殖民帝国的贸易关系,实际上就是中国丝绸流向菲律宾和美洲,白银流向中国。1580 年代之初,中国丝绸就已经威胁到西班牙产品在美洲的销路,17 世纪初,墨西哥人穿丝绸多于穿棉布,丝绸当然是中国丝绸。1611 年,墨西哥总督再一次呼吁禁止中国丝货进口。到了 1637 年,情况越发严重,墨西哥的丝织业工厂都以中国丝为原料,墨西哥本土的蚕丝生产几乎被消灭了。

墨西哥的近邻秘鲁,也是中国丝绸的巨大市场,因为中国丝绸在秘鲁的价格只抵得上西班牙制品价格的三分之一。从智利到巴拿马,到处出售中国丝绸。中国丝绸不仅泛滥于美洲市场,而且绕过大半个地球,远销到西班牙本土,在那里直接破坏了西班牙的丝绸生产。

布罗代尔《15 至 18 世纪的物质文明、经济和资本主义》(三联书店,1993)写到"马尼拉大帆船"时,把它纳入 15 至 18 世纪的全球经济事业来考察,他说:16 世纪各种因素协力促成的运动,是从西班牙"前往美洲","从贸易的角度看,马尼拉大帆船代表着一条特殊的流通路线……在这里每次都是墨西哥商人占有利地位。他们匆匆光顾短暂的阿卡普尔科交易会,却在时隔数月或数年后遥控马尼拉的商人(后者转而牵制住中国商人)"。他还说:"美洲白银 1572 年开始一次新的分流,马尼拉大帆船横跨太平洋,把墨西哥的阿卡普尔科港同菲律宾首都连接起来,运来的白银用于收集中国的丝绸和瓷器,印度的高级棉布,以及宝石、珍珠等物。"

这就是盛极一时的"丝—银对流"。

中国丝货的输出港口,是福建的月港。

小小的月港有着不凡的经历,它与福建沿海由来已久的菲律宾走私贸易有着密切的关系。当时漳州的月港、诏安的梅岭、泉州的安海、福鼎的桐山,都是海商进行走私贸易的据点,而月港最为引人注目,因为走私贸易——当时称为"贩夷""贩番"或"贩洋",使得这个小镇成为"人烟辐辏""商贾成聚"的商港,号称"小苏杭",明朝中叶以后一跃成为福建最为发达的对外贸易港口。

嘉靖二十七年(1548),月港由镇升格为县——海澄县。隆庆元年(1567)政府当局开放海禁,准许人民出海贸易,把先前的走私贸易引向合法化轨道,条件是向海澄县的海防同知缴纳关税,这种开明的举措进一步促进了月港的繁荣,利民而且利国——百姓因外贸而富裕,国家因开关征税而多了财源。利民的一面,正如崇祯《海澄县志》所说:"富家以资,贫人以佣,输中华之产,驰彼远国,易其方物以归,博利可十倍,故民乐之。"利国的一面,正如《东西洋考》卷首的周起元序言所说:"我穆庙(隆庆)时除贩夷之律,于是五方之贾,熙熙水国,剞劂舻舳,分市东西路……而所贸金钱,岁无虑数十万,公私并赖,其殆天子之南库也。"海上贸易的利益,被夸张为朝廷的南方金库,月港的"小苏杭"地位真是名不虚传。

从月港运往菲律宾的中国货物,经由马尼拉大帆船运往墨西哥的阿卡普尔科港。中国精美的生丝与绸缎很受西班牙人喜爱,往往以高价向中国商人收购。随着贸易的发展,福建商人逐渐移居马尼拉,专门从事商业中介职业,与西班牙人约定价格,回国采办。为了减少运输的不便,移居当地的华人就在当地生产、供应,于是出现了一批华人经营的织造、彩绘的作坊、商店。

中国商品进入马尼拉的另一个渠道是澳门,那就是生意兴隆的"马尼拉—澳门"航线。

早在1580年,有2艘澳门商船和来自福建沿海的19艘商船一起抵达马尼拉港。就在这一年,葡萄牙被西班牙兼并,按照双方签订的条约,在海外贸易方面,原葡萄牙属地可以自由地同西班牙属地进行贸易。葡萄牙人把他们擅长的"澳门—长崎"贸易纳入这个贸易圈中,构成了"澳门—马尼拉—长崎"三角贸易。葡萄牙人从澳门把中国生丝和丝织品运往马尼拉,换取白银,再用这些白银换取更多的中国丝货,运往长崎,换回日本白银。在"澳门—马尼拉"贸易鼎盛时期,即1619—1631年间,每年从马尼拉流入澳门的白银价值135万比索。

法国耶稣会汉学家裴化行(Henri Pernard)在《明代闭关政策与西班牙天主教士》一文中说:马尼拉方面摆脱了澳门,直接与中国来往,从大陆运载货物到菲律宾来的沙船,从每年12艘至15艘,增加到20多艘,每艘船上有100多名船员。从11月到次年5月,这些船往返于海上。这些中国丝货从菲律宾运往西班牙人的美洲,与来自塞维利亚的产品争夺市场,获得成功。美洲和菲律宾的殖民者从事着这种利润可观的贩运,始终吸引着更多的中国人去马尼拉。

全汉昇的论文《自明季至清中叶西属美洲的中国丝货贸易》(《中国经济史论丛》,香港,1972)说得更为具体:中国人运销马尼拉的生丝种类繁多,从品质上看,有精细的(细丝),也有较粗的(粗丝);从颜色上看,有白色的(本丝),也有其他颜色的(色丝)。丝织品的种类更多,有面纱、锦缎、白绸、彩绸、印花绢、线绢、天鹅绒、丝袜、花绸阳伞、丝麻混纺制品等。这些货物构成中菲贸易的大宗商品。中国商人到达马尼拉后,在该市的东北部落脚,并进行贸易,那个地方当地人称为"生丝市场"。在生丝市场,价格由熟悉行情的西班牙人与中国人从容决定,有买主用银锭或银币作为支付手段。一切交易必须在5月底前完成,以便中国商船及时返航;西班牙人也可以因此把货物装上大帆船,在 6 月底前开往美洲。

因为这样的关系,史家评论说,马尼拉不过是中国与美洲之间海上丝绸之路的中转站,马尼拉大帆船严格说来是运输中国货的中国大帆船。正如舒尔茨(William L. Schurz)《马尼拉大帆船》(纽约,1939)一书所说:

> 中国往往是大帆船贸易货物的主要来源。就新西班牙(墨西哥及其附近地区)的广大人民来说,大帆船就是中国船,马尼拉就是这个与墨西哥之间的转运站。作为大帆船贸易的最重要商品的中国丝货,都以它为集散地而横渡太平洋。在墨西哥的西班牙人,当无拘无束地谈论菲律宾的时候,有如谈及中华帝国的一个省那样。就马德里方面来说,每年航经中国海的商舶,着实是它的繁荣基础。

于是,晚明时期从中国沿海开往马尼拉的商船源源不断,形成了中菲贸易的鼎盛时代。

全汉昇对 1577 年至 1644 年马尼拉每年进港商船数量的统计表明,1588 年、1596 年、1609 年、1610 年、1612 年、1635 年、1637 年,来自中国大陆的商船都在 40 艘以上,最多的一年达到 50 艘(1637 年)。每年到达马尼拉的商船,除了墨西哥来的大帆船,中国商船占绝大多数,有时就是进港船舶的全部。因而中国商品在马尼拉港的进口税中占有的比重,从 1586—1590 年的 36.68%,增长到 1611—1615 年的 91.50%,1636—1640 年的 92.06%。

中国与马尼拉的贸易,到 1620 年代发生了变化,荷兰人占据台湾并把它发展成中国与日本之间的中转站以后,中国大陆沿海来的商船到此休整,然后向北驶向日本,向南驶向马尼拉,以及其他港口。不过 1625—1641 年间经由台湾中转的中国商船的走向,主流依然是最有诱惑力的马尼拉。到了 1632 年、1633 年、1640 年,中国与马尼拉的贸易中断,原因是马尼拉的华人在贸易上所占的优势,使西班牙当局感到不安,不断制造排华事件,据说有 37 000 华人在马尼拉郊区遇害。

但是这种中断是暂时的,因为西班牙人无法直接和中国大陆开展贸易,所以动荡一过,中国沿海商船前往马尼拉的贸易又得以恢复。这一时期中国商船牢牢控制了马尼拉贸易,因为西班牙人需要源源不断地把中国丝货通过马尼拉大帆船运往墨西哥阿卡普尔科港。马尼拉生丝市场的繁荣,吸引了中国移民前往马尼拉经商发展,无怪乎有人说,17 世纪时的马尼拉城,与其说是欧洲式的,还不如说是中国式的。

四　贸易顺差与巨额白银流入中国

无论是葡萄牙还是西班牙、荷兰,在与中国的贸易中始终处于结构性的贸易逆差地位,为了弥补这种逆差,不得不支付硬通货——白银。因此,美洲和日本的白银源源不断流入中国,成为当时全球经济中一道独特的风景。美国学者弗兰克(Andre G. Frank)在《白银资本——重视经济全球化中的东方》(中央编译,2000)中,戏称这种结构性贸易逆差为“商业上的‘纳贡’”,他说:“‘中国贸易’造成的经济和金融后果是,中国凭借着在丝绸、瓷器等方面无与匹敌的制造业和出口，与任何国家进行贸易都是顺差"，"外国人，包括欧洲人，为了与中国人做生意不得不向中国人支付白银，这也确实表现为商业上的'纳贡'。"

中国的贸易顺差与巨额白银的流入，引起学者们的关注，做了各种角度的研究，最有代表性的是梁方仲、百濑弘、艾维四、严中平、全汉昇、弗兰克。

梁方仲1939年发表的长篇论文《明代国际贸易与银的输出入》(《梁方仲文集》，中华书局，2008)，着重论述"欧人东来以后的海舶贸易时期"，其结论是："欧洲东航以后，银钱及银货大量地由欧洲人自南北美洲运至南洋又转运来中国。关于这方面的数字，虽然亦缺乏不堪，但根据前面所说，由万历元年至崇祯十七年(1573—1644)的七十二年间合计各国输入中国的银元由于贸易关系的至少远超过一万万元以上。此时中国为银的入超国家，已毫无疑问。"

日本学者百濑弘的专著《明清社会经济史研究》(研文，1980)指出：由于中国丝绸向日本转送，每年可以获得135万两白银。除此之外，还有美洲的白银。墨西哥铸造的西班牙比索——当时欧洲具有国际信用的流通货币，经由印度、南洋流入中国。从墨西哥运送到西班牙的白银，由葡萄牙人输送到印度，最后流向中国。而西班牙人与葡萄牙人相比，处于不利地位，对中国贸易不可能凭借其他物资，只能凭借新大陆丰富的白银来发展对华贸易。因此向中国流去的白银逐年增加，最初的年额是30万比索(西班牙银元)，1586年达到50万比索，1600年达到200万比索，其后多年超过了200万比索大关，1621年一艘大帆船就打破了300万比索的纪录。

美国学者艾维四(William S. Atwell)对这一时期白银流入中国有长期的研究。1980年他在中美史学讨论会上提交的论文《从国内外银产和国际贸易看明史的时代划分》指出：中国银产低落的情形似乎维持到18世纪初年，幸亏16世纪和17世纪中国能够输入许多外国的白银。从1530年到1570年，中国最重要的白银来源是日本，因为当时的中日贸易多为非法，所以我们无法知道日本流入中国的白银究竟多少。他在此后的论著"International Bullion Flows and the Chinese Economy circa 1530—1650"中继续深化研究，指出：1570年代中国深受货币革命的影响，比如南美洲以水银提炼的方法提高了银产量，在秘鲁最有名的银矿，银产量开始大增。16世纪末至17世纪初，日本的银产量也大量增加，1560—1600年，日本白银年输出平均数在33 750至48 750公斤之间。

日本学者小叶田淳认为，17世纪初，日本、中国、葡萄牙、荷兰商船运出的日本白银可能达到150 000至157 000公斤之间，其中大多数流入了中国。他认为，从南美洲运到中国的白银也相当多，16世纪末到17世纪初，从菲律宾流入中国的南美洲白银达到57 500至86 250公斤之间。而且马尼拉不是南美洲白银进入中国的唯一门户，还有一部分从澳门、台湾和东南亚进入中国。

中国学者严中平的论文《丝绸流向菲律宾白银流向中国》(《近代史研究》，1981：1)指出：从马尼拉向西属美洲贩卖中国丝绸的利润，最高可达十倍。大利所在，人争趋之。墨西哥和秘鲁的西班牙商人纷纷涌到马尼拉去贩运中国货物。西班牙当局曾多次限制贸易额，比如从马尼拉运往阿卡普尔科的货物总价值不得超过25万比索，从阿卡普尔科运往马尼拉的货物和白银总价值不得超过

50万比索；以后又不断限制向中国输出白银。

但是屡禁不止。从马尼拉向阿卡普尔科运去的货物价值最大的是中国纺织品，特别是丝绸；从阿卡普尔科返航马尼拉时装载的货物中，价值最大的是白银，特别是白银铸币比索。关于流入中国的白银数量，只有零星的记载，例如一个文件说，1586年马尼拉流入中国的白银，由每年30万比索增加到50万比索；1598年的文件说，马尼拉进口货物价值常在80万比索左右，有时超过100万比索；1598年另一个文件说，从墨西哥运往马尼拉的白银100万比索，都流到中国去了。有人估计，在1565—1820年间，墨西哥向马尼拉输送了白银4亿比索，绝大部分流入了中国。

在这方面最有深度的研究当推全汉昇，他的论文《明清间美洲白银的输入中国》（《中国经济史论丛》，香港，1972），系统而精深地分析了这个问题。从1565年至1815年的两个半世纪，西班牙政府每年都派遣一艘至四艘载重300～1 000吨的大帆船，横渡太平洋，来往于墨西哥阿卡普尔科与菲律宾马尼拉之间。据墨西哥发表的文献说，西班牙人购买中国货的代价，必须用白银或银币来支付，因为中国商人既不要黄金，也不收任何其他物品作为代价，而且也不把其他货物从菲律宾输入中国。16世纪到18世纪西班牙人每年用大帆船从美洲运往菲律宾的白银，有时多达400万比索，有时只有100万比索，大多时候在200万～300万比索间。1602年一位南美洲的主教说："菲律宾每年输入（美洲白银）200万比索，所有这些财富都转入中国人之手。"1633年8月14日菲律宾总督向西班牙国王报告："每年自新西班牙（即西属美洲）运抵马尼拉的银子，多达200万比索。"据全氏估计，1565—1765年间，从美洲运到菲律宾的白银共计2亿比索，他援引1765年2月10日马尼拉最高法院检察长向西班牙国王的报告:"自从菲律宾群岛被征服(1565 年)以来,运到这里的银子已经超过 2 亿比索。"其中大部分都运到中国去了。他估计,从 1571 年(明朝隆庆五年)至 1821 年(清朝道光元年)的 250 年中,由西属美洲运到马尼拉的银子共计 4 亿比索,其中四分之一或二分之一流入中国。

全氏的这一研究成果受到西方学者的广泛关注。布罗代尔在他的巨著《15 至 18 世纪的物质文明、经济和资本主义》中说,"一位中国历史学家最近认为,美洲 1571 至 1821 年间生产的白银至少有半数被运到中国,一去而不复返。"就是征引全汉昇的观点。他在书中论述道:美洲白银 1572 年开始一次新的分流,马尼拉大帆船横跨太平洋,把墨西哥的阿卡普尔科港同菲律宾首都(马尼拉)连接起来,运来的白银被用于收集中国的丝绸和瓷器、印度高级棉布,以及宝石、珍珠等物。

这一领域的最新研究成果无疑是弗兰克的《白银资本》,该书的第三章第一节,标题是"世界货币的生产与交换",全面回顾了这一问题的研究状况,并提出自己的看法。根据沃德·巴雷特(Ward Barrett)估算,美洲白银产量迅速增长,16 世纪总产量为 17 000 吨,平均年产量为 170 吨。17 世纪总产量为 42 000 吨,平均年产量为 420 吨;其中大约 31 000 吨输入欧洲,欧洲又把 40% 即 12 000 吨以上的白银运到亚洲。18 世纪总产量为 74 000 吨,平均年产量为 740 吨,其中 52 000 吨输入欧洲,又有 40% 即 20 000 吨运往亚洲。但是弗林(Dennis Flynn)和其他一些学者则提示,未输入欧洲的大部分白银没有留在美洲,而是从太平洋运往亚洲,即每年有 15 吨白银是从墨西哥的阿卡普尔科用马尼拉大帆船直接运到马尼拉。几乎所有这些白银都又转送到中国。跨越太平洋运送的白银数量,有时相当于从欧洲流向中国的白银数量。

弗兰克指出,亚洲的白银供应大户是日本,1560—1640 年间,日本成为一个主要的白银生产国和出口国,从日本出口到中国的白银数量比从太平洋运来的美洲白银多三倍到十倍。从 1600 年到 1800 年,亚洲吸收的白银数量如下:

欧洲转手的美洲白银	32 000 吨
经马尼拉转手的美洲白银	3 000 吨
日本白银	10 000 吨
总数	45 000 吨

至于晚明时期即 16 世纪至 17 世纪中叶,流入中国的白银数量,根据弗兰克的综合,大体如下:

美洲生产的白银	30 000 吨
日本生产的白银	8 000 吨
总数	38 000 吨
最终流入中国的白银	7 000 吨~10 000 吨

弗兰克的结论是:"因此中国占有了世界白银产量的四分之一至三分之一"。这些白银并非一般商品,而是货币形态的资本,由此可见,这一时期"整个世界经济秩序当时名副其实地是以中国为中心的"。在弗兰克看来,1500—1800 年的"经济全球化"时代,东方才是世界的经济中心,他说:

在 1800 年以前,欧洲肯定不是世界经济的中心。无论从经济分量看,还是从生产、技术和生产力看,或者从人均消费看,或者从比较"发达的""资本主义"机制的发展看,欧洲在结构上和功能上都谈不上称霸。16 世纪的葡萄牙、17 世纪的尼德兰或 18 世纪的英国,在世界经济中根本没有霸权可言……在所有这些方面,亚洲的经济比欧洲"发达"得多,而且中国的明—清帝国、印度的莫卧儿帝国,甚至波斯的萨法维帝国和土耳其奥斯曼帝国所拥有的政治分量乃至军事分量,都要比欧洲任何部分和欧洲整体大得多。

他还说:

"中国贸易"造成的经济和金融后果是,中国凭借着在丝绸、瓷器等方面无与匹敌的制造业和出口,与任何国家进行贸易都是顺差。因此,正如印度总是短缺白银,中国则是最重要的白银净进口国,用进口美洲白银来满足自身的通货需求。美洲白银或者通过欧洲、西亚、印度和东南亚输入中国,或者用从阿卡普尔科出发的马尼拉大帆船直接运往中国。

对于这种振聋发聩的观点,不少中国学者认为匪夷所思,甚至不屑一顾。学术贵在创新,我们是否可以多一些宽容和理解呢?

第五讲
名士风流，群星灿烂

明清之际的文史大家张岱，文章写得漂亮，思想深邃，语言犀利。他写的《石匮书》就是如此，其中的《文苑列传总论》妙不可言，对科举八股的批判鞭辟入里。请看：

> 我明自高皇帝开国，与刘青田定为八股文字，专精覃力。一题入手，全于心灵、筋脉、声口、骨节中揣摩刻画，较之各样文体，此为最难。三场取士，又专注头场。二百八十二年以来，英雄豪杰埋没于八股中，得售者什一，不得售者什九。此固场屋中之通病也……李卓吾曰："吾熟读烂时文百余首，进场时做一日誊录生，便高中矣。"此虽戏言，委是实录……是以我明人物，埋没于帖括中者甚多……盖近世学者除四书本经之外，目不睹非圣之书，比比皆是，间有旁及古文，怡情诗赋，则皆游戏神通，不著要紧，其所造诣，则不问可知矣。

看得出来，他对于埋没人才的科举八股是深恶痛绝的，人们的文化造诣每况愈下，令人忧虑。然而也有一些文人，在这样的环境中特立独行，虽然没有冲破体制，却能驰骋才华。弘治年间（1488—1505）人才辈出，群星灿烂，最为引人瞩目。张岱在《石匮书·文苑列传》的按语中说：

> 国朝文运之隆，极于弘治，一时作者如李空同诸君，分辕连轴，并称大家，可谓盛矣。然奇祸坎壈，贫病夭折，造化若故抑之，以昌其诗文。

这实在是值得深长思之的。

一 "卑视一世"的李梦阳

弘治、正德年间(1488—1521)蜚声文坛的李梦阳,其文章被张岱誉为"出风入雅,凤娇龙变",是当时名扬天下的"七才子"之一。《明史·文苑传》如此赞扬他:"梦阳才思雄鸷,卓然以复古自命。弘治时宰相(引者按:应为内阁首辅)李东阳主文柄,天下翕然宗之。梦阳独讥其萎弱,倡言:'文必秦汉,诗必盛唐,非是者弗道。'与何景明、徐祯卿、边贡、朱应登、顾璘、陈沂、郑善夫、康海、王九思等号'十才子';又与景明、祯卿、贡、海、九思、王廷相号'七才子',皆卑视一世,而梦阳尤甚。"

"卑视一世"是他的特点,文学上如此,政治上也是如此,狂放高傲,无所顾忌。正如张岱《石匮书·文苑列传》所说:"与同时者何景明、徐祯卿、边贡、康海,而梦阳更以气节奕奕诸郎间。"确实,和其他才子相比,他真的"气节奕奕"。仕途生涯中,有两件大事充分显示了他的这种疾恶如仇的品格。

弘治六年(1493)得中进士后,李梦阳出任户部主事,以后晋升为户部郎中。弘治十八年他做了一件轰动一时的事情——"应诏上书"。这篇长达五千言的《应诏上书稿》的格调,和后来海瑞的《治安疏》一样,都模仿贾谊的《论时政疏》,不遗余力地抨击时弊。

他把奏疏的要点概括为二病、三害、六渐。惹来麻烦的是"六渐"中的"贵戚骄恣之渐",涉及最为敏感的焦点——皇后张氏的弟弟寿宁侯张鹤龄"骄纵犯法"之事:"陛下至亲莫如寿宁侯,所宜保全而使之安者亦莫如寿宁侯……今寿宁侯招纳无赖,罔利而贼民,白夺人田土,擅拆人房屋,强掳人子女,开张店房,要截商货,而又占种盐课,横行江河,张打黄旗,势如翼虎……臣窃以为宜及今慎其礼防,则所以厚张氏者至矣。"这一下捅了马蜂窝,一贯骄恣横暴的寿宁侯张鹤龄拼力反扑,在辩解奏疏中,抓住"则所以厚张氏者至矣"一句,诋毁李梦阳"称皇后曰'氏'",是"谤讪母后",罪当斩首。张皇后的母亲金夫人亲自出马,到皇帝面前哭诉,请求把李梦阳逮捕法办。

孝宗皇帝和他的父亲截然不同,是一个少见的明君,颇为赞同李梦阳的看法。为了堵塞金夫人的口,不得不把李梦阳关入锦衣卫诏狱,然后向内阁大学士们征询意见:如何看待李梦阳上书言事?内阁首辅刘健认为是"小臣狂妄";内阁次辅谢迁认为是"赤心为国"。他倾向于谢迁的意见,一个月以后,就在锦衣卫镇抚司的请示报告上批示:"令复职。"李梦阳官复原职,仅仅扣罚三个月俸禄了事。

金夫人和寿宁侯极为不满,依然抓住"张氏"二字不放,请求皇上严惩,孝宗拍案而起,厉声回答:"张氏者概举之称,岂一门皆'后'耶?"把他们驳得哑口无言。据陈建《皇明从信录》记载,事后他和兵部尚书刘大夏谈起此事,一语道破:"梦阳本内事关戚畹,且语言狂妄,朕不得已而下之狱。镇抚司本上,朕试问左右,当作何批?一人曰:'此人狂妄,宜付锦衣卫挞以释之。'朕揣知此辈意,欲得旨下,便令重责致其死,以快宫中之怒,使朕受杀直臣之名,左右不忠如此!朕所以令释复职,更不令法司拟罪也。"在孝宗心目中,李梦阳是一个难得的"直臣",他不愿意为了满足外戚的愿望而枉杀一名"直臣"。为此,他在南宫宴请张皇后和金夫人、寿宁侯,单独与寿宁侯交谈,寿宁侯张鹤龄听了皇上的训诫,脱帽叩头不已,从此稍稍敛迹。有一天,李梦阳路遇寿宁侯,当街数落他的罪恶,竟然举鞭把他的两个门牙击落。寿宁侯鉴于日前皇上的训诫,只得隐忍。所以张岱称赞他"气节奕奕"。

五月初六日,三十六岁的孝宗病危,内阁大学士刘健、李东阳、谢迁来到乾清宫寝殿,跪在御榻前听皇上托孤。孝宗知道自己唯一的儿子朱厚照自幼喜好逸乐,将来必定"纵欲败度",对三位大学士说:"东宫(太子)聪明,但年幼,好逸乐,先生每勤请他出来,读些书,辅他做个好人。"次日,孝宗驾崩,十八日,十五岁的朱厚照即位,就是明武宗。

正如孝宗所料,此人果然"纵欲败度",他在东宫时的亲信太监刘瑾、马永成、谷大用、丘聚、张永、高凤、罗祥、魏彬,号称"八虎",成天用狗马鹰犬、歌舞角抵引诱十五岁的小皇帝,满足他的癖好。大学士刘健、李东阳、谢迁恳切规劝,毫无效果。户部尚书韩文忧心忡忡,每次退朝,在下属面前谈起朝政,就哭泣不已。户部郎中李梦阳说:韩公身为大臣,与国家休戚与共,哭泣何益?韩公向他讨教,李梦阳说:近日言官交章弹劾"八虎",奏疏已经到了内阁。三位阁老是顾命大臣,全力支持言官的弹劾。韩公如果率领诸大臣殊死力争,与阁老配合,除掉"八虎"易如反掌。韩文于是捋须昂肩,毅然改容说:对,即使事情不成功,活到这把年纪死也足矣,不死不足以报国。

第二天早朝,韩文与三位阁老密谈,得到他们的支持,再去征求其他大臣的意见,无不踊跃欣喜。退朝后,韩文召见李梦阳,请他起草弹劾"八虎"的奏疏,关照他,不要写得太文太长,太文,恐怕皇上看不懂;太长,恐怕皇上没有耐心看完。由韩文领衔各部大臣联署的奏疏,题为《劾宦官状》,和李梦阳关于这一事件的回忆录——《秘录》,收录在《皇明名臣经济录》中,一并阅读,可以弥补其他文献忽略的历史细节。

文章高手李梦阳起草的《劾宦官状》,果然不"文"不"长":

> 臣等伏睹近岁以来朝廷日非,号令欠当,自秋来视朝渐晚,仰窥圣容日渐清癯,皆言太监马永成、谷大用、张永、罗祥、魏彬、刘瑾、丘聚等,置造巧伪,淫荡上心,或击球走马,或放鹰逐犬,或俳优杂剧,错陈于前;或导万乘之尊与外人交易,狎昵媟亵,无复礼体。日游不足,夜以继之,劳耗精神,亏损志德……今照马永成等罪恶既著,若纵而不治,将来无所忌惮,为患非细。伏望陛下奋刚断、割私爱,上告两宫,下谕百僚,将马永成等拿送法司,明正典刑。

小皇帝看了《劾宦官状》,大惊失色,痛哭不已,顾不得吃饭,立即派司礼监太监李荣、王岳前往内阁听取意见,一天之内往返三次。为了应付舆论,皇帝提出把"八虎"安置南京的主张,谢迁以为过于宽大,应该立即处死;刘健拍着桌子哭道:先帝临终拉着老臣的手,托付大事,如今陵墓泥土未干,朝政就被这批人败坏至此,还有什么面孔去见先帝!太监王岳生性刚直,疾恶如仇,支持内阁的态度,回去向皇帝如实禀报。

次日,大臣们奉召入宫,太监李荣传达皇帝旨意:诸大臣爱君忧国,所言极是。那些奴才长期在朕身边服侍,不忍心置之重典,希望从宽发落,由朕自己处置。毕竟是皇帝圣旨,众大臣面面相觑,不敢反驳。李荣面对韩文说:此举本出自韩公,你有何说法?

韩文据理力争：今日海内民穷盗起，水旱频仍，天变日增，文等备员卿佐，无所匡救。那批宵小之徒还在引导皇上游宴无度，荒废朝政，我等怎么忍心沉默不言！

消息灵通的"八虎"惊恐之余，赶忙商讨反击策略，一致推举"巧佞狠戾，敢于作恶"的刘瑾，夺取太监最高权力机构——司礼监的位子，掌握实权，以便"脱祸固宠"。王岳怂恿韩文等大臣，赶快在明日向皇帝请愿，迫使皇帝逮捕"八虎"。礼部尚书焦芳与刘瑾有旧交，向刘瑾告密。刘瑾等人连夜向皇帝哭诉：如果没有皇上恩典，我等早已碎尸万段。见皇上动容，刘瑾赶紧说：陷害我等的是王岳，他身为东厂提督，居然串通外廷，煽动大臣弹劾我等；内阁议论时，他又表态支持，这是什么感情？皇帝听了一面之词，大怒道：把王岳抓起来，发配南京（后被杀于途）。随即任命刘瑾为司礼监掌印太监兼任团营提督；马永成为东厂提督，谷大用为西厂提督，张永等掌管京营军队，分别把守要害地方。于是乎一夜之间，宫廷的机要、特务及警卫，统统落入"八虎"之手。

对于这个小小的政变，大臣们完全蒙在鼓里。次日清晨，他们按照事先商定的部署，在宫门外向皇帝请愿——严惩"八虎"。万万没有料到，得到的圣旨却是对于刘瑾、马永成、谷大用、张永等人的新任命。内阁大学士刘健等料知局面已经无法挽回，纷纷向皇帝提请辞职。刘瑾利用司礼监掌印太监的权力，代皇帝起草圣旨，勒令刘健、谢迁致仕。

刘瑾得志以后，一方面揣摩皇上心意，百般迎合；另一方面不断罗织大臣罪状，炮制"奸党"名单，包括大学士刘健、谢迁，户部尚书韩文，都察院都御史张敷华，郎中李梦阳，主事王守仁等五十三人。终于形成了长达五年之久的刘瑾专权的局面。王世贞《国朝丛记·权幸僭恣》形容当时的刘瑾俨然另一个皇帝：

> 刘瑾擅权时，上视朝毕，群臣向东北一揖，为（刘）瑾在上
> 左也。人谓（刘）瑾曰"站的皇帝"，谓上曰"坐的皇帝"；人呼
> （刘）瑾为"立地皇帝"。

不久，刘瑾得知《劾宦官状》出于李梦阳之手，马上下令逮捕，必欲置之死地而后快。幸亏康海多方疏通援救，才得以释放。这一消息透露后，李梦阳一时名重天下。

正德五年（1510），刘瑾伏法，凌迟处死。李梦阳获得昭雪，起用为江西提学副使。他整顿学校教育，赢得了诸生交口称赞："李提学江西百余年来未有此人，正人君子也。"然而官场的风气依然如故，正如他自己所描绘的那样："见人张拱深揖，口呐呐不吐词，则目为老成；又不喜人直，遇事圆巧而委曲，则以为善处。"像他这样锋芒毕露的风格，很难适应腐败的官场氛围，几个回合下来，终于落得"冠带闲住"的下场。到了这个地步，他那高傲的风格仍然不变，写信给自己的"座主"杨一清说："梦阳自沾余馥廿年于此，平生忠诚不欺，愿学司马君实不动心富贵，愿学范希文慨然澄清，愿学范孟博世不我知。百犬吠声，千人传虚。"

"闲住"期间，他回到了开封，似乎是发泄愤懑，更加狂放不羁，"从闾里侠少，射猎繁吹二台间，自号'空同子'"。然而这样的狂放生活为时不长。宁王朱宸濠谋反被处死，政敌揪住李梦阳曾经为朱宸濠写过《阳春书院记》，追论他"阴比反者"，逮入锦衣卫诏狱。幸亏内阁首辅杨廷和、刑部尚书林俊大力援救，才幸免于死，判处"削籍"——禁锢终身（不得为官）。从此上层社会的交往完全

断绝。

张岱为他立传,最后几句写道:

> 自后,交游断绝,惟大梁贾客求文赍金为寿。梦阳得金,
> 集宾客,治供帐园林,为富贵客,殊骄奢。

一代异才的晚年居然如此不堪,令人惋惜。

二　康海的名士风度

康海,弘治十五年(1502)廷试第一名,是皇帝钦定的状元,和李梦阳等名列"前七子"。尹守衡《明史窃·康海传》说:

> (康)海性度高迈,于书无所不读,而不可一世。是时,北地李梦阳倡起古文辞,而文治大兴。(康)海继起,遂与齐名。两人皆陕士,各自负不相下,然意气未尝不相善也。

嘉靖十九年十二月十四日,康海病逝,其弟南川写了兄长的"行实",请张治道为康海撰写"行状"。在这篇《翰林院修撰康公海行状》的开头,张治道颇为感慨地说:为他人写行状,主要是称颂道德;为康海写行状则不然,必须先为之辩诬,如果不辩诬,"德"也无从"称"起。他写的"行状",通篇贯穿"辩诬"二字,在他看来,"大抵先生以才名致谤,口语招谗",是问题的关键。

康海与李梦阳齐名。李梦阳讥刺当时文坛盟主李东阳的文章过于"萎弱",倡言"文必秦汉,诗必盛唐"。康海也反对当时的文风——"不能自立,傍人门户,效颦而学步",要求像古人那样"言以见志","其性情其状貌求而可得"。李、康两人都才华横溢,傲视天下,政治命运却很黯淡。套一句俗话"自古红颜多薄命",或许可以说自古才子多厄运,正如张岱《石匮书·文苑列传》所说:

> 国朝文运之隆,极于弘治,一时作者如李空同(梦阳)诸君,分辕连轴,并称大家,可谓盛矣。然奇祸坎壈,贫病夭折,造化若姑抑之。

清朝官方编纂的《明史》,李梦阳有大篇幅的传记,康海传附在李梦阳传后面,不过寥寥数行而已。所幸,尹守衡《明史窃》、张岱《石匮书》、万斯同《明史》等都为他写了详尽的传记,人们对他的政治生涯可以有一个大概的了解。

正德元年(1506),司礼监掌印太监刘瑾专擅朝政,坐在龙椅上的皇帝朱厚照完全听凭刘瑾吩咐,被人们称呼为"立地皇帝"。皇帝视朝完毕,群臣向东北方向深深作揖,目标就是站立在皇帝左边的刘瑾,王世贞《国朝丛记》针对这种"权幸僭恣"感慨道:"人谓(刘)瑾曰'站的皇帝',谓(皇)上曰'坐的皇帝'。"正直官员忍无可忍,户部尚书韩文联合各部大臣向皇帝进言,指出近日朝政日非,号令失当,完全是刘瑾等太监一手造成的,他们造作巧伪淫荡皇上心志,或击球走马,或放鹰逐犬,或俳优杂剧,日游不足,夜以继之。希望皇上痛下决心,立即逮捕刘瑾等太监,明正典刑。这份义正词严的奏疏,是韩文委托户部郎中李梦阳起草的,刘瑾恨之入骨,把他逮入锦衣卫诏狱,伺机处死。面对这种情况,人情汹汹,却没有人敢于援救。

左舜钦(李梦阳的妻弟)在探监时哭着对他说:你几乎没有生路了,只有对山(康海别号对山)可以救你。李梦阳坦然回答:我怎么可以为了自己免于一死,而让对山去见这个恶人? 经过再三恳求,李梦阳在纸片上写了一行字:"对山救我,救我。"于是左舜钦写信给康海:"刘公方持衡天下,必不以私怨杀人,且其平生惜才,即杀人必不杀李也。公见重于刘公,而好李子也。重刘公,则当匡之为名宦官;好李子,当请刘公生之。"翰林院编修何柏斋对同僚说,对山肯出面请求刘瑾,献吉(梦阳)可活也。康海回应道:"我何惜一往,而不救李耶!"

次日,他与某御史前往左顺门,何柏斋刚巧从内阁出来,附在他的耳朵边悄声叮嘱:这种事情只可你一人单独前往,绝不可与他人同往。才思敏捷的他心领神会,对何柏斋说:刘瑾横恶肆权,性好名,可诡言,不可正言而论。何柏斋说:只有先生能做到,别人做不到。第二天,康海前往刘瑾的私宅,门房把他拦在门外,康海高声喊道:我是康状元,乃刘公公同乡。刘瑾听说康海驾临,赶紧披衣出来迎接。

对于康海这位陕西同乡,刘瑾早已慕名,想结识他,康海却避而远之。刘瑾知道康海是弘治十五年廷试第一名,是孝宗皇帝钦定的状元。这一点,张治道在《行状》中写得很清楚:

> 孝宗皇帝拔奇抡才,右文兴治,厌一时为文之陋,思得真才雅士,见(康)先生策,谓辅臣曰:"我明百五十年无此文体,是可以变今追古矣。"遂列置第一。而天下传诵则效,文体为

之一变,朝野景慕。

他以状元身份出任翰林修撰,刘瑾想网罗到自己门下,壮大声势,却见一面而不可得。如今送上门来,赶紧倒屣出迎,设酒款待,称颂道:"人谓自来状元俱不如先生,真为关中争光。"康状元笑谈自若,睥睨刘瑾问道:"自古三秦豪杰有几?"刘瑾略有才学,听出话中有话,便说:请先生指教。康海说:昔日桓温问王猛,三秦豪杰何以不至? 王猛扪虱而谈,三秦豪杰舍我其谁? 刘瑾怀疑在讽刺自己,红着脸转换话题,问道:三秦豪杰今日有几位? 康海回答:有三人,一位是成化、弘治年间的王恕,另一位是在皇帝左右的"密勿亲信"。刘瑾听出是指自己,面露喜色,反问道:还有一位是康先生吗? 康海回应道:我哪里算得上,他是当今的李白。李白醉使高力士脱靴,高力士脱而不辞,有容物大度。刘瑾终于听明白:先生难道说的是李梦阳? 此人罪当处死。康海对应道:应则变,如果杀了,关中就少了一位才子。刘瑾明白了他的来意,马上说:我知道了,但饮酒无妨。

次日,李梦阳释放出狱,罢官而去。刘瑾给了一个面子,想拉拢康海,请他出任吏部侍郎,康海坚决推辞,措辞却很委婉:我做官才五年,翰林没有五年而晋升部堂的先例,请为我向皇上推辞。看来他是有意与刘瑾保持距离。

同乡张尚质被刘瑾选拔为吏部郎中,康海对他说:"我辈欲去而不可得,公又何来耶?"张尚质回答:"恐惨祸及我。"不久张尚质晋升为吏部侍郎,康海对他说:"不来恐祸,既来受官矣,曷引病辞耶!"后来张尚质被捕入狱,对狱友叹息:"悔不听康德涵(康海字德涵)之言!"

在当时的政治生态中,人人都难逃厄运,像康海那样锋芒毕露的名士,尤其如此。刘瑾一手提拔进入内阁的焦芳,为了排挤内阁同僚谢迁,想拉拢康海依附自己,特地设宴招待。康海如约前往,看到座客全是邪媚之徒,口无遮拦地说:"此为排谢(迁)招我耶?"弄得那些座客煞是尴尬,既惭愧,又忌恨不已。

康海过于率性随意,对政治风险估计不足。他丁忧回乡,途中遭遇强盗,名士气十足的康海,居然一气之下写信给刘瑾,向他告状。刘瑾为了拉拢康海,处分了负责当地治安的官员。此事铸成大错,被忌恨他的人抓住把柄——拉大旗作虎皮。

正德五年(1510),刘瑾以"反逆"罪被处死,言官(给事中与御史)纷纷揭发刘瑾的党羽,康海也受到牵连,削籍(开除公职)为民。言官指责他是"瑾党",显然有意气用事的成分在内,张治道的《行状》这样写道:

> (刘)瑾败,而忌者仇者喝言官,以乡里指为瑾党论。先生罢其官,呜呼,先生以修撰罢归,官不加升,阿(刘)瑾何谓?大抵先生以才名致谤,口语招谗,又何论焉?

康海对于罢官毫无愠色,不屑辩解,说道:

> 自审无疚,祸将从人。(刘)瑾天下大恶也,余常忧其祸国,今果败论死矣,深可为国家庆也。余官何惜,余官何惜!

罢官以后,他不谈国事,仿效魏晋名士,过着放浪形骸的日子。万斯同《明史·康海传》这样描写他的生活:

> （康）海既被废，纵游秦中诸名胜。已而家居，放情声色，
> 征歌选妓日不暇给。尝于生日邀名妓百人为百年会，酒既酣，
> 各书小令一阕，分送诸王邸，曰："此差胜锦缠头也。"

这样狂放不羁的言行，其实是发泄内心愤懑的"佯狂"，犹如竹林七贤一般。他写的小令透露了当时的心境：

> 真个是不精不细丑行藏，怪不得没头没脑受灾殃。
> 从今后花底朝朝醉，人间事事忘。
> 刚方，奚落了膺和滂。
> 荒唐，周旋了籍与康。

末两句指东汉清流李膺、范滂，魏晋名士阮籍、嵇康，用以自况。学者型官僚吕柟经过陕西武功，见到他"自放于丝竹声伎"的生活，品评道："先生何量之偏乎！"康海回应道："吾故放浪形骸，游情酒伎间，患越纵耳，犹称偏哉？"吕柟说："先生矩于登仕，越于废居，非偏而何？"康海反应如何呢？——"笑纳之"。看来，与湛若水、邹守益齐名的吕柟是了解他的，康海是过于偏激了。

经过政治风浪的冲击，康海已经彻底看破仕途。兵部尚书彭泽想引荐他出来做官，他婉言谢绝，写了长篇书信表明心迹。这封信在《明史窃·康海传》几乎全文引录，反映了尹守衡的史家眼光，欲从中窥探其晚年心态。他在信中说，自从正德五年（1510）罢官以来：

> 即放荡形志，虽饮酒不多，而日与酩酊为伍，人间百事一

切置之不信，于乡人妻子奴仆也。盖素性疏懒，偶因官秩羁縻数年，若招豚擘鹰，而一旦得此，中心之快实有人所不知而已。独知之者，自东方多事以来，闻其骄傲无状，如彼即或奋然有攘臂之意，随复自笑，以为狂奴犹尔，即又饮酒散发，箕踞林麓，此其性习之已成，虽三公之贵，刀锯之辱，不可夺也。况数石之粟、半幅之纸乎！

他还说，每到夜半更深窃自叹悔，当初就不应该效慕世俗，参加科举考试，否则绝不会遭致如此"凶溺"，如今还要出仕，岂不荒唐之极！

内阁大学士杨廷和的弟弟——兵部侍郎杨廷仪，路过武功县，康海设宴招待，还自弹琵琶助兴。杨廷仪乘着酒兴说：家兄比来殊为挂念，何不写一封书信，由我从旁推荐。康海仿佛受到奇耻大辱，怒不可遏，把手中的琵琶向他掷去，被椅子挡得粉碎，杨廷仪吓得踉跄而逃，他在后面边追边骂："吾岂效王维，假作伶人，借琵琶乞官耶？"退入屋内后，口中还咄咄不休：再也不想见到这个四川佬！尹守衡评论道："君子以是益知（康）海之不能降志（刘）瑾也。"言外之意，把康海列入"瑾党"是天大的冤枉。

焦竑《国朝献征录》的《康海传》，有一段话值得注意："（康）海爱人之心长，而自好短，尝援人于死，而获生者数人，非望其报也。生者或顾谤其为交（刘）瑾，忌者征焉，自是陷于网罗而不可解矣。"这里所说的"顾谤其为交瑾"的"获生者"，其中就有李梦阳。此事见于张岱《石匮书》："（康）海既生梦阳，及罹党祸，而梦阳不为别白，反加讥讪，故（康）海为《中山狼》杂剧，以刺梦阳。"两者人品的高下，于此可见一斑。

三　唐寅、祝允明与文徵明

（一）“受弃于时”的唐寅

唐寅（伯虎），才华横溢，而又率真任性，是明中叶苏州四大才子之一。钱谦益《列朝诗集小传》说："昌谷（徐祯卿）少与唐寅、祝允明、文璧（徵明）齐名，号吴中四才子。"四人中，唐最富才情，诗书画俱佳，画作尤称神品。人们想象不到，这样风流倜傥的才子，一生会有很多苦闷。过庭训《本朝京省人物考》说他"受弃于时"，可谓知人之论。

他年少时极聪明，也很用功，在学校一心只读圣贤书，两耳不闻窗外事，甚至到了"不识门外街陌"的程度。后来受到同乡狂生张灵的影响，痴迷于酗酒，放弃了科举事业。祝允明钦佩他的才华，劝诫道："万物转高转细，未闻华峰可建都聚。"他似乎听进去了，不久又淡然，一心想望古豪杰，不屑于科举场屋。祝允明再次规劝：假若真想实现自己的愿望，索性脱掉儒生的衣服，烧掉科举策论，何必徒有虚名？他猛然醒悟，决定花一年精力拼搏。果然，弘治十一年（1498）应天乡试，他考了第一名。主考官梁储回京后，以"座主"的身份向礼部侍郎程敏政推荐唐的奇才，程敏政很有同感。

次年，他进京参加会试，在京城引起轰动。《明史窃·文苑》写道："时（唐）寅文名籍甚，都中公卿造谒阗咽于门。"这时意想不到的事情发生了，使他卷入了无端的科场舞弊案件。原委大抵如此：

江阴县的举人徐经为了结交唐寅，出巨资为他祝寿，并且同舟北上。因为徐经的关系，惹上了麻烦。有人揭发说，徐经贿赂主考官程敏政的家僮，得到试题。事情披露后，牵连到唐寅，不但进士无望，而且关入监狱，出狱后贬谪为小吏。这样的奇耻大辱，风流才子如何能够承受？他愤愤然回到苏州，从此自暴自弃，放浪形骸。

其实这一科场舞弊案疑点甚多。言官华昶弹劾程敏政"鬻题"，唯一的根据是"举人徐经、唐寅预作文与试题合"。朝廷派大学士李东阳复核试卷——程敏政批阅过的卷子，发现徐、唐"二人卷皆不在所取中"，也就是说，程敏政并没有录取徐、唐二人。

李东阳把查实的情况报告皇帝，但是并没有翻案，有关部门依然认为存在舞弊嫌疑：徐经考前拜见过程敏政，唐寅考前曾向程敏政索要文章。颇有讽刺意味的是，程敏政被勒令致仕的同时，揭发者华昶也因为"言不实"而受到降职处分。看来"鬻题"舞弊云云，事出有因查无实据，无端断送了唐寅的仕途。后来他谈起此事，仍然心有余悸："墙高基下，遂为祸的，侧目在旁，而仆不知，从容晏笑，已在虎口。庭无繁桑，贝锦百匹，谗舌万丈，飞章交加，至于天子震赫，召捕诏狱，身贯三木，卒吏如虎，举头抢地……海内遂以寅为不齿之士。"

此后他纵情于诗酒之间，反而激发了创作才情。万斯同《明史·文苑传》如此描述："（唐）寅虽家无担石，客坐常满，文章风采照映江左，画入神品，自署其章曰：'江南第一风流才子。'"

一波刚平一波又起。宁王宸濠慕其才名，用重金聘请，他居然不假思索地应邀前往宁王府。后来察觉宸濠"有异志"——意欲叛乱，故意醉酒佯狂，甚至仿效魏晋名士，脱光衣裤，"露其丑秽"，宸濠无法忍受，只得放还。在这一点上，他不及好友文徵明。

当初宸濠也用重金招聘，文徵明骤然称病，卧床不起，不启封宸濠的信函，不收礼金，也不回话，对于来人的游说——"朱邸席虚左而待"，笑而不答，用阮籍式的智慧谢绝了聘请。后来宁王宸濠果然起兵叛乱，兵败后被处死，和他有瓜葛的文人都受到株连。唐寅虽然及时抽身，已经玷污了自己的清名，《明史窃》说他"自以为不复见齿于士林"，皈依佛门，自号"六如居士"，筑室桃花坞，终日沉醉，"客来共饮，去不问，醉便颓寝"。

他甚至和祝允明、张灵在雨雪中扮作乞丐，打着节拍唱"莲花落"，乞讨得钱就去沽酒，在野寺中痛饮，还说着醉话："此乐恨不令太白知之！"王世贞嘲笑他的诗"如乞儿唱'莲花落'"，殊不知在现实生活中，他就是唱"莲花落"的老手，并且引为自傲，要与诗仙李白分享那份快乐。

这种变态的快乐难以掩盖内心的苦闷，钱谦益说他"外虽颓放，中实沉玄，人莫得而知也"。事实确实如此，他在给好友文徵明的信中吐露了不为人知的内心苦闷："徵明君卿，窃尝闻累吁可以当泣，痛言可以譬哀，故姜氏叹于室而坚城为之隳堞，荆轲议于朝而壮士为之征剑，良以精之所感，木为动容。而事之所激，生有不顾也。昔每论及此，废书而叹，不意今者事集于仆。"信的末尾，好像是在交代后事："仆一日得完首领，就柏下见先君子，使后世亦知有唐生者，岁月不久，人命飞霜……仆素论交者皆负节义，幸捐狗马余食，使不绝唐氏之祀，则区区之怀安矣，乐矣，尚复何哉！"

他只活了五十四岁，所幸的是和他同年生的文徵明比他多活了三十六年，实现了"不绝唐氏之祀"的嘱托。读了这篇《答友人文徵明书》，当时人颇有同感，"见者无不鼻酸"。昔日"江南第一风流才子"的豪放之气，已经荡然无存了。

177

他曾经多次表示，无意于"应世诗文"，说："后世知我不在此。"诚然，后世看重唐寅的确实不是那些文章，而是画作，人因画而不朽。他虽然卖画为生，却从不草率，传世的画作件件都是精品，山水画师法宋元名家，又有自己独创风格；花鸟画与人物画，笔墨秀丽润滑，工笔和写意俱佳。除了博采宋元名家之长，端赖于他的天赋，以及后天积累的学养，得益于遍游名山大川，胸中蓄得真丘壑，才能够超逸绝伦。他的巨幅山水画《溪山秀远图》，长一丈六尺，气势宏伟，既有南宋夏圭的神韵，又有自己的风格，配上题跋飘逸的文字，堪称神品。他的仕女画名作《秋风纨扇图》，受到鉴赏家高度评价：其诗与画可谓绝配，美人收执纨扇之姿，面上的约略幽怨之神，配上二十八字的讽喻诗："秋来纨扇合收藏，何事佳人重感伤。请把世情详细看，大都谁不逐炎凉。"耐人寻味，余意不尽。

可惜此公生前"受弃于时"，身后才闪闪发光。弘治、正德年间层见迭出的诗书画群峰，唐寅无疑是最耀眼的一座。

（二）"玩世自放"的祝允明

"玩世自放"这四个字，是"金陵三俊"之一——顾璘，对祝允明的评价："玩世自放，惮近礼法之儒。"很有点阮籍、嵇康之类魏晋名士的风度。阮籍最瞧不起"礼法之士"，称他们是"裈中之虱"；嵇康菲薄周公孔子，高唱"六经未必是太阳"，追求"越名教而任自然"。苏州评弹对祝允明的描摹，是深知其中三昧的，活灵活现一个愤世嫉俗的老顽童，诙谐率性，狂放不羁。过庭训《本朝京省人物考》写道："（祝允明）为人好跅弛（音 tuò chí，意放荡）嬉游，不矜容检，尝傅粉黛，从优伶酒间度新声。"骨子里就是这种魏晋风度。

其实，他也有一本正经的另一面。最突出的事例，就是一而再再而三地规劝唐寅不要放弃科举事业,正是由于他的敦促,唐寅在弘治十一年(1498)考取应天乡试第一名。祝允明之所以重视科第,和书香门第出身颇有关系。祖父祝颢是正统年间(1436—1449)的进士,历任山西参议、参政;外祖父徐有贞是宣德年间(1426—1435)的进士,官至内阁大学士。钱谦益《列朝诗集小传》说:"内外二祖,咸当代魁儒,耳濡目染,贯综典训,发为文章,茹涵古今。"可是在科举仕途上,他不及祖辈,也比不上自己的儿子,儿子祝续是正德年间(1506—1521)的进士,官至广东布政使。

弘治五年(1492)他中举时,已过而立之年,之后参加会试竟然落第。其实,当时他的文名已经远播,正如过庭训所说:"弘治壬子举乡荐,从春官试,下第。是时,海内渐熟允明名,索其文及书者接踵,或辇金币至门,允明辄以疾辞不见。"高傲的他从此告别科场。

不久,他以举人身份出任广东兴宁知县,丝毫不逊色于那些进士出身的知县,把兴宁治理得很好。当地士子不读书,痴迷于神鬼迷信,他亲自为他们讲授儒家经学,风气为之一变。当地多山,盗贼占山为王,拦路抢劫,他运用谋略,先后捕杀三十多个头目,从此境内再无劫掠。因为政绩优异,几年后升迁为应天通判,六十二岁时,因病请辞。嘉靖五年(1526)十二月去世,享年六十七岁。看起来和一般中下层官员的平淡仕途似乎没有什么两样。但是,他为官之前、退休之后,"玩世自放"的精彩人生,截然不同于一般士大夫。

他以严谨的笔法写过一些历史作品,《石亨之变》就是其中之一。他关注英宗复辟事件的细节。例如:"景泰皇帝有疾,都督张𫐐、武清侯石亨、太监曹吉祥,以南城(南宫)之谋扣太常卿许彬,彬曰:'虽然,老矣,无能为矣,盍图之徐元玉(有贞)。'𫐐、亨等悦其言。是月十四日夜，会徐有贞曰：'太上皇帝昔者出狩，非以游畋为赤子故耳，今天下无离心，谋必在此，特不知南城（太上皇帝）知此意否？'轨等曰：'两日前有阴达者。'有贞曰：'必伺获审报乃可启议。'轨等去两日夜，复会有贞，言：'报得矣，计将安施？'"又如：众人拥立太上皇帝复辟，回到大内宫殿，写道："时黼座尚在殿隅，诸臣往推之至中，升座，钟鼓齐鸣，群臣百官入贺。景泰皇帝闻钟鼓声，问左右，云：'于谦耶？'对曰：'太上皇帝。'景泰皇帝曰：'哥哥做好。'"这些细节性描写，为其他史书所缺乏，显示他的独特视角。

他右手"枝指"（有六个手指），所以自号"枝山"，又号"枝指生"。五岁能写一尺见方的大字，九岁能写诗，是一个少年才子。万斯同《明史·文苑传》写道："稍长，博览群籍，为文章荦有奇气，或当筵诙谈，援毫疾书，思若泉涌。"会试虽然下第，声誉却与日俱增，索要文章及书法的人接踵而至。他的架子很大，对于看不惯的人，即使抬着金银上门，也决不理睬，假装生病。不过人们抓住了他的弱点"好酒色"，乘他沉醉于妓院之时，由妓女出面索要，"累纸可得"，"捆载以去"。另有一些人，看他手头拮据，无钱下酒馆时，乘机要挟，只付少量银钱，就可以换得他的手书。他酷爱收藏古代法书名籍，书商以高昂的价格卖给他，待到他窘迫时，以原价十分之一的低价收购。为了换酒，他要卖掉一件黑貂裘，随从提醒：这是青楼女子所赠，何故卖掉？他回答：昨天刚知道它值钱，藏在箱子里有什么用？

多年担任知县和通判，退休时有了一笔积蓄，连日设宴招待朋友，呼幺喝六，不出两年，耗费殆尽。万斯同说他："亦不问生产，有所入，辄召客欢呼豪饮，资尽乃已。或分与持去，不留一钱。"这种名士风度使他总是手头拮据,欠债累累,每次外出,后面跟着一批讨债的人,成为人们取笑他的谈资。

这恐怕就是才子风度吧。作为"吴中四才子"之一,自有无人能及的才华。他有演戏的天赋,钱谦益《列朝诗集小传》说他:"好酒色六博,善度新声,少年习歌之,间傅粉墨登场,梨园子弟相顾弗如也。"他还是唱"莲花落"的高手,《明史窃·文苑传》说:唐寅与祝允明、张灵"尝雨雪中作乞儿,鼓节唱'莲花落',得钱沽酒,野寺中痛饮,曰:'此乐恨不令太白知之!'"

这不过是小试牛刀而已,他的才华突显在学识涵养上,同时代人顾璘如此点评道:"希哲(祝允明字)超颖过人,读书过目成诵,巨细精粗咸贮腹笥,有触斯应,无问猥鄙。学务师古,吐词命意迥绝俗界,效齐梁月露之体,高者凌徐、庾,下亦不失皮、陆。玩世自放,惮近礼法之儒,故贵仕罕知其蕴。书学自急就,以逮虞、赵,上下数千年,罔不得其结构。若羲、献真行,怀素狂草,尤臻笔妙。"这是说他的学问好,文章好,书法更好,尽得虞世南、赵孟頫、王羲之、王献之、怀素之精妙。

称赞祝允明书法好,几乎是后世一致的看法,万斯同说他"尤工书法,魏晋六朝及唐宋诸名家,无不精诣,遂名动海内"。朱彝尊认为,唐寅的画,祝允明的字,"允称绝品"。王世贞说得更有深度:"先生之文,缕古饰今,其为诗歌,庀景匠心";"(先生)书法,魏晋六朝至颜苏米赵,无所不精诣,而晚节尤横放自喜,故当为明兴第一"。推崇他的书法明朝第一,而这个"第一",又和"横放自喜"联系在一起。倘若没有"横放自喜"的风格,祝允明不会有如此高的书法成就。然而正是这种风格,使得他晚年生活窘迫,六十七岁去世时,差一点无钱殡殓。

（三）落第才子文徵明

科举考试经常埋没人才,张岱《石匮书》的《文苑列传总论》对此有犀利的批判。就拿闻名遐迩的"吴中四才子"为例,祝允明、唐寅先后会试落第,不过是举人而已,文徵明连举人也没有考上,只有徐祯卿是进士。如果按照"学位"来衡量,徐最好,唐、祝次之,文最差,事实恰恰相反,四才子中文徵明是最有学问的。这是当时人的普遍看法。虽然同为"吴中四才子",风格却截然不同,唐、祝二人忌惮文的严肃,"不敢以狎进",他们之间"异轨而齐尚,日欢然无间"。

王世贞在《弇州史料后集》中说,文徵明的文章、书法、绘画都很"精绝",与他同时代的文人,吴宽、徐祯卿工于古文诗歌,李应祯、祝允明工于书法,又能古文诗歌,沈周、唐寅工于绘画,又能诗歌,和文徵明相比较,"皆推让先生(文徵明),以为不可及"。其实,吴、李、沈都是他的老师,他学文于吴宽,学书于李应祯,学画于沈周,看来是青出于蓝而胜于蓝了。

他的父亲文林、叔父文森都是进士出身,一个官至温州知府,一个官至都察院右佥都御史。文林治理温州颇有善政,病死于任上,两袖清风,居然"囊无余资",当地吏民捐钱为他办丧事,年方十六的文徵明婉言谢绝。文森的朋友——巡抚俞谏,感念文家贫穷,想接济一点金钱,小心翼翼试探道:你不担忧朝夕吗?文徵明回答:朝夕吃粥,果腹无虞。俞谏指着他的蓝衫问道:为何破旧到这种程度?文徵明答道:刚才被雨淋到了,所以看上去破旧。人穷志不穷,使得俞谏不敢提送钱的事。

在这种骨气背后,隐含着清醒的政治头脑,这一点他比唐寅高明。宁王宸濠仰慕他们的才华,派人带了亲笔书信和重金前来招聘,唐寅轻率地应邀前往,文徵明则不为所动。尹守衡《明史窃》写道:"使者及门,徵明骤称病,亟卧不起,不与见,无所受,亦无所报。"使者说:宁王是如今天下长者,王府正虚席以待。文徵明笑而不答,用无言的方式拒绝聘请。后来唐寅发现宁王有反叛迹象,假装发狂,得以脱离虎口。由此也反衬出文徵明的政治智慧略胜一筹。

他为人的准则是决不与藩王之类贵族交往,认为这是国家的法度。周王、徽王都曾派遣使者,拿着古鼎古镜等礼品前来游说:王爷无求于先生,仰慕先生大名,请启封一睹如何?文徵明逊谢道:王爷所赐,启封后再推辞,有失恭敬。他用彬彬有礼的方式婉言谢绝。

他在科举场屋中困斗了三十年,屡战屡败,始终是区区一个诸生(已入学的生员)。每念及此很是感慨:"徵明家世服儒,薄有荫祚,少之时不自度量,有志当世,读书缀文,粗修士业。而受性朴鲁,鞭策不前,十试有司,每试辄斥。年日以长,气日益索,因循退托,志念自非。"应天巡抚李充嗣佩服他的才华,向朝廷推荐,他立即写信表示感谢:"公卿不荐士久矣,何也?科举之法行也。科举之法行,则凡翘楚特达之士皆于科举收之,无怪乎今之公卿之不荐士也。"由于李充嗣的推荐,嘉靖初年,朝廷授予他翰林院待诏之职。这是一个可以施展才干的工作,两年中,他参与编撰了《武宗实录》,获得好评。

令人意料不到的是,两年后他多次上疏,主动请辞。为什么呢?原因就是官场的"学位"歧视。翰林院是进士们的天地,唯独他什么功名也没有,是以"贡生"身份进入的,自然而然遭到同僚的冷眼。万斯同《明史·文苑传》说:"是时专崇科目,无有他途入翰林者,故徵明意不自得,连岁乞归。"当时朝廷中掌握大权的张璁,是他的父亲文林任温州知府时造就的人才,很想报恩。刚刚进入内阁的杨一清也以他父亲朋友的身份,从旁协助张璁,为他调动工作,被他回绝,毅然辞官而归。

回到家乡苏州以后,他悠游林泉,以翰墨自娱,一再杜绝出山的邀请:"吾老归林下,聊自适耳,岂能供人耳目玩哉!"但是,他家门前封疆大吏的使者络绎不绝,富商巨贾拿了珍宝前来交好,他都不屑一顾。周边国家的朝贡使节专程来到苏州,想一睹他的风采而不可得,遂从他的朋友手中高价收购文氏墨宝,因此之故,他的书画遍于海内外。

王世贞为他写的《文先生传》说:先生好为诗,传情而发,娟秀妍雅,出入柳宗元、白居易诸公;文取达意,遵循欧阳修;书法模仿欧阳询、苏轼、黄庭坚,抵掌睥睨;绘画有赵孟頫、倪瓒、黄公望之长。礼部郎中陆师道专门辞官拜入门下,友人讥笑,陆师道正色说:"文先生以艺藏道者也。"他的艺术中蕴含着儒家的"道",格调深邃高迈。如此成就,为人却很低调,过庭训《本朝京省人物考》称赞他:"生平无二色,足无狭邪履,贫而好施,周人之急甚于己。"

年已九旬,依然精神矍铄,海内久闻文先生大名,竟然以为"异代人"。嘉靖三十八年(1559),他为御史严杰之母撰写墓志铭,写完最后一个字,掷笔而逝,人们以为翕然羽化而去。王世贞的《文衡山先生像赞》写得很有诗意:

先生暇则一出游,近地佳山水……焚香煮茗,谈古书画彝鼎,品水石,道吴中耆旧,使人忘返。如是者三十年,年九十而卒,卒时,犹为人书志石,停笔栩然若蝶化者,人以为仙去不死也。

四 徐渭的幕僚生涯

　　徐渭（文长）是明朝嘉靖、隆庆间（1522—1572）的绍兴名士，书法、诗文、绘画均为后世称颂。他去世几年之后，湖广袁宏道（中郎）来到绍兴，在陶望龄书斋中见到徐文长文集的初刻本，连连惊呼“奇绝”，称赞他为“有明一人”。袁中郎的文章也很“奇绝”，他写的徐文长传，与一般传记格式截然不同，开头不写传主，而写自己少年时读到杂剧《四声猿》的感触：“余少时过里肆中，见北杂剧有《四声猿》，意气豪达，与近时书生所演传奇绝异，题曰天池生，疑为元人作。”一下子设置了悬念，吊起读者的胃口之后，他进一步引申悬念，讲他来到绍兴之后，见到人家厅堂中悬挂的字幅，署名“田水月”，书法“强心铁骨，与夫一种磊块不平之气，字画之中宛宛可见”。惊骇之余，心中自问：“不知‘田水月’为何人？”铺陈了这些，他慢慢解开谜底，陶望龄告诉他：“此余乡先辈徐天池先生书也。先生名渭，字文长，嘉隆间人，前五六年方卒。今卷轴题额上有‘田水月’者，即其人也。”袁中郎用如此奇特的笔法，介绍奇人徐文长，真是一绝。

　　徐渭二十岁才成为山阴县学的诸生（俗称秀才），督学使薛应旂看了他的文章，点评道：“句句鬼语。”认为奇才难得，把他名列第一。但是科场的主考官没有薛应旂的眼光，导致他连续参加八次乡试（考举人），次次落第，白白蹉跎了岁月。嘉靖三十六年（1557），胡宗宪把他召入幕府，从此开始了他的幕僚生涯。

胡宗宪颇有才干，却心术不正。万斯同《明史·胡宗宪传》写道："宗宪为人多权术，喜功名，因(赵)文华结严嵩父子，岁遗金帛子女珍奇淫巧无数。嵩父子德甚。"谷应泰《明史纪事本末》如此评价他："才望颇隆，气节小贬，侧身严赵，卵翼成功。"此处所说的"严赵"，是指严嵩严世蕃父子以及他们的党羽赵文华。

嘉靖皇帝任命工部侍郎赵文华前往浙江"督察军务"，胡宗宪对他死心塌地，通过他巴结严氏父子，平步青云，由巡抚晋升为总督。嘉靖三十九年(1560)，赵文华因贪赃枉法被革职，在回乡途中自杀而死。失去了赵文华这个"内援"，机敏过人的胡宗宪改变策略——"思自媚于上"，把"走权门"改变为直接"通天"，讨好皇帝。他深知皇帝痴迷于道教，修炼长生不老之术，不断向皇帝进献祥瑞。

徐渭作为幕僚做的第一件大事，就是帮胡总督代写"进献白鹿"的表文，也就是寻找一个由头，讨皇帝欢心。按照徐渭特立独行的个性，此种勾当本不屑为之，但是作为幕僚，而且分工"管书记"，是代长官立言，必须顺着长官的思路。

文章高手徐渭出手果然不凡，表文随同白鹿一并送到了皇帝手里，龙颜大悦，以为是天降祥瑞，特命勋臣朱希忠等告谢元极宝殿及太庙，并且提升胡宗宪俸禄一级。于是乎这篇表文立时身价百倍。陶望龄《山人徐渭传》说："其文旬月间遍诵人口，公(指胡宗宪)以是始重渭，宠礼独甚。"《徐文长文集》收录了这篇大作，题为《代初进白牝鹿表》：

> 臣谨按图牒，再纪道诠，乃知麋鹿之群，别有神仙之品，历一千岁始化而苍，又五百年乃更为白，自兹以往，其寿无

疆……诚亦希逢，必有明圣之君躬修玄默之道，保和性命，契合始初，然后斯祥可得而致。恭惟皇上凝神沕穆，抱性清真，不言而时以行，无为而民自化，德迈羲皇之上，龄齐天地之长。

一千五百年才出现一次的白鹿，是鹿中神仙，万寿无疆，这样荒诞不经的说辞，其实是拍皇帝马屁——"德迈羲皇之上，龄齐天地之长"。奇怪的是，"翰林诸学士见之争传诵"，令人匪夷所思，实在看不出有什么值得传诵的，那些翰林学士们恐怕是在琢磨如何讨皇帝欢心的诀窍吧！

进献白鹿正中下怀以后，胡宗宪再接再厉，"进献白龟灵芝"，表文自然由徐渭代笔。此文收在《徐文长逸稿》中，题为《代进白龟灵芝表》：

臣顷者遍求灵芝，献充御用。乃有浙民邵祥入山，觅得灵芝凡一十本，高大殊常，方掘地起芝，见一白龟蹲蛰根下……窃惟玉龟应图，宝册书瑞，必也时逢圣世，然后特产嘉休，用召至和平，应时昭显，导引呼吸，与天久长。至于穴处山中，乃复潜蛰芝下，则史册所未载，古今所未闻，奇而又奇，瑞而又瑞者也。恭惟皇上，道光帝尧，功迈神禹。

掘到灵芝不算稀奇，稀奇的是灵芝根部潜伏着一只罕见的白龟，真是闻所未闻，奇而又奇。那么这一祥瑞意味着什么呢？意味着现在是太平盛世，皇上道德超越尧舜，事功凌驾夏禹，龙体与天地一样长久。皇上看了白龟灵芝和表文，大为欢悦，亲自命名为"玉龟仙芝"，派礼部尚书告谢元极宝殿及太庙，赏赐胡宗宪银币、金鹤衣。

当时专擅朝政，权倾一时的严嵩，不断遭到正直大臣的弹劾。胡宗宪却唯恐巴结不及，在他寿辰时，要徐渭写去贺词，为之歌功颂德。在《徐文长逸稿》中有一篇题为《代贺严阁老生日启》，如此写道：

> 伏审嘉诞，正值元辰，既跻八秩之遐龄，新添一岁，预卜他年之绵算，实始今春。施泽久而国脉延，积德深而天心悦。三朝耆旧，一代伟人。

名列《明史·奸臣传》的严嵩，竟然成了广施恩泽、积德深厚的"一代伟人"。无怪乎严氏父子倒台后，胡宗宪被追究为"严党"。

徐渭对于这些代笔文章是不甚满意的，虽然外人评价很高，自己却有难言之隐。他感叹道："渭颇学为古文词，亦辄稍应事，则见其书于手者，类不出于其心。盖所谓人以为好而己惭之者时有焉。复归罪于身之微，而势不可直。然考昌黎与冯宿论文时，亦既取科第为官人矣。文之难人知之，而应俗之文之难人其知之哉？"寄人篱下，人微言轻，很难直抒胸臆，代笔文章大多并非出于本心，仅仅是"人以为好"而自己颇有愧色。

不过，胡宗宪对徐渭是折节相待的，能够容忍他的名士风度。《明史窃》写道："（徐）渭每入见，辄长揖就坐，纵谈天下事，旁若无人。投笔出门，宗宪有急（事）招之，渭则已与群侠少市肆中匿饮。使者还报曰：'徐秀才方大醉，嚣嚣不可致也。'宗宪且大喜曰：'甚善甚善。'"徐渭也真心辅佐胡公，为他平定倭患出谋划策。史家的记述几乎众口一词。

袁宏道的《徐文长传》写道:"文长自负才略,好奇计,谭兵多中,凡公(指胡宗宪)所以饵汪(直)徐(海)诸虏者,皆密相议,然后行。"

钱谦益《列朝诗集小传》也说:"文长知兵,好奇计,少保(胡宗宪)饵王(直)徐(海)诸虏,用间钩致,皆与密议。"

胡宗宪除掉王直、徐海,是他引为自傲的事功,其间充满着阴谋诡计。

胡宗宪利用同乡关系,招安从事海上走私贸易的徽商王直,把他的母亲从金华监狱释放,派人前往日本游说。王直企盼政府在浙江定海等港口,仿照广东事例"通关纳税",使走私贸易合法化,决意归顺。胡宗宪又派人拿着王直养子王激的书信,诱降徐海,徐海以为王直已经归顺,自己也想"内附"。孰料,胡宗宪策动徐海和同伙陈东内讧,然后乘其不备,发兵围困,迫使徐海投水而死。王直投降后,胡宗宪违背先前的承诺,把他斩首于杭州官巷口闹市。这就是"饵王徐诸虏,用间钩致"的大致情况,徐渭从头至尾参与了"密议"。后来胡宗宪瘐死狱中,徐渭以为是"用吾言而死",其实不然。

嘉靖四十一年(1562),监察官员陆凤仪弹劾胡宗宪十大罪状,皇帝下旨罢去四省总督之职,把他逮捕到北京。突然出尔反尔,下达圣旨说:胡宗宪并非严嵩一党,从担任御史至今,所有官职都是朕亲自提升的,话锋一转,说出了惊人的一句:"今却加罪,后来谁与我任事?"结果是无罪释放,回家"闲住"。到了皇帝的"万寿节",在家闲住的胡宗宪向皇帝进献"秘术"(房中术)十四种,龙颜大悦,想要再度起用他。

嘉靖四十四年(1565),严世蕃及其党羽罗龙文被处死刑,御史查抄罗龙文家产，查获胡宗宪写给罗龙文的密信，内容是他遭到弹劾时，竟然忘乎所以地自己草拟"圣旨"，请罗龙文转交严世蕃，作为内阁"票拟"发出。新任内阁首辅徐阶指示言官弹劾他"不法蔽辜"。胡宗宪再次被捕，自知难逃一死，在监狱中服药自杀。

胡宗宪的死，对徐渭震动极大，他担心受到牵连，神经错乱而发狂，做出异乎寻常的举动。陶望龄《山人徐渭传》说："及宗宪被逮，渭虑祸及，遂发狂。引巨锥剚（音 zì，意刺入）耳，刺深数寸，流血几殆。又以椎击肾囊，碎之不死。渭为人猜而妒，妻死后，有所娶，辄以嫌弃。至是，又击杀其后妇，遂坐法系狱中，愤懑欲自决。"他是真心想死，正如他自己所说："私念生平国士，我无过胡公，公用吾言而死，吾当以死报公地下。"那一年，他四十五岁，写了《自为墓志铭》，决意自杀，谈到自我了断的缘由："人谓：渭文士且操洁，可无死。不知古文士以入幕操洁而死者众矣。乃渭则自死，孰与人死之。渭为人度于义无所关，时辄疏纵，不为儒缚。一涉义所否，干耻诟介秽廉，虽断头不可夺。故其死也，亲莫制，友莫解焉。"

众所周知，幕僚与长官之间是一种工作关系，甚至是雇佣关系，幕僚没有必要为长官殉死。胡宗宪瘐死狱中，他的反应为什么如此激烈，竟然发狂，用巨锥刺耳，击碎阴囊，杀死妻子。为何如此反常？对于"公用吾言而死"，耿耿于怀，极其内疚，又是为什么？其中的内幕已不可知，后人只能推测。唯一可能的解释是，胡宗宪写给罗龙文的密信，是由他起草的。由于此类文稿极为机密，不可能在他的文集中留下痕迹，因此只是推论而已。

因为杀死"后妇"（第二任妻子），徐渭被捕入狱，四十六岁至五十二岁（隆庆元年至万历元年，1567—1573）是在监狱中度过的，这可以从他自己撰写的年谱（《畸谱》）得到印证。《徐文长逸稿》附录

《畸谱》一卷,其实是一个极为简略的大事年表,其中写道:

　　四十五岁,病易,丁剜其耳。冬,稍瘳。

　　四十六岁,易复,杀张,下狱。……

　　四十七岁(至五十二岁),狱。……

　　五十三岁,除释,某归。

这段生活可以看作他的幕僚生涯的延伸,宣府巡抚邀请他入幕,他旋即辞归,与这种阴影大有关系。

　　从五十二岁到七十三岁,他终于回归不受任何拘束,率性自由的日子,使他的文学艺术登上了高峰。袁宏道的评论是最有说服力的:"文长既已不得志于有司,遂乃放浪曲糵,恣情山水,走齐鲁燕赵之地,穷览朔漠。其所见山奔海立,沙起云行,风鸣树偃,幽谷大都,人物鱼鸟,一切可惊可愕之状,一一皆达之于诗。其胸中又有一段不可磨灭之气,英雄失路托足无门之悲,故其为诗如嗔如笑,如水鸣峡,如种出土,如寡妇之夜哭,羁人之寒起。当其放意,平畴千里,偶尔幽峭,鬼语秋坟。"推崇的语气几乎无以复加,还不忘补充一句:"晚岁诗文益奇。"确实,徐文长的诗文成就是在晚年形成的。他用一个"奇"字来概括其特色:"(文长)病奇于人,人奇于诗,诗奇于字,字奇于文,文奇于画。"按袁中郎的说法,文长的诗第一,字第二,文第三,画第四;而文长自己的排序稍异:"吾书第一,诗二,文三,画四。"

　　究竟是书第一,还是诗第一,已经无关宏旨。值得探究的是,倘若胡宗宪不倒,倘若徐渭的幕僚生涯持续到晚年,一直专注于起草官样文章,是否还会有如此高的诗文书画成就? 恐怕是个很大的疑问。胡宗宪之死,徐渭因祸得福,使他终于可以回归自己的本色,率性而为,终成大家。

陶望龄《山人徐渭传》篇末,有一段评论写得很好:"陶望龄曰:越之文士著名者,前惟陆务观最善,后则文长。自古业盛行,操翰者羞言唐宋,知务观者鲜矣,况文长乎!文长负才,不能谨饰节目,然迹其初终,盖有处士之气,其诗与文亦然。虽未免瑕颣,咸以成其为文长者而已。中被诟辱,老而病废,名不出于乡党,然其才力所诣,质诸古人,传于来祀,有必不可废者。秋潦缩,原泉见,彼叠喧泛溢者须臾耳,安能与文长道修短哉!"

五　陈献章与王守仁

孟森《明史讲义》谈到明中叶的学术时说:

> 故阉宦贵戚,混浊于朝,趋附者固自有人;论劾蒙祸,濒死而不悔者,在当时实极盛,即被祸至死,时论以为荣,不似后来清代士大夫,以帝王之是非为是非,帝以为罪人,无人敢道其非罪。故清议二字,独存于明代,读全史当细寻之,而其根源即由学风所养成也。

所谓学风,不能不提及陈献章、王守仁开创的心学。

陈献章,字公甫,号石斋,广东新会县白沙里人。由于科举屡次落第,毅然放弃科举,潜心于学问。焦竑《皇明人物要考》这样描述他:"杜门不出,日对书籍忘寝食者累年,卒未有得。于是,惟静坐久之,然后见此心之体隐然呈露,常若有物。于是,隐然自信曰:作圣之功其在是乎?"所谓"作圣之功"是什么呢? 那就是:"夫学贵自得,苟自得之,则古人之言,我之言也。"何乔远《名山藏·儒林记》说:

> 献章之学不立文字,以自然为宗,忘己为大,无欲为至,去耳目支离之用,全虚圆不滞之神。四方来学者但教端坐澄心,使其渣滓潜融境界内。朗世或疑其为禅,而献章独曰:为学之功当从静中养出端倪,然后有得。

陈献章说:"身居万物中,心在万物上。"意在摆脱传统的束缚,求得思想的解放,不要老是抱住"子曰诗云"不放。所以他竭力强调怀疑的重要性,说:"前辈谓学贵知疑,小疑则小进,大疑则大进。疑者,觉悟之机也,一番觉悟,一番长进。"原来他主张"当从静坐中养出端倪",就是这种怀疑精神,有了怀疑,便有了觉悟,便有了长进。这在万马齐暗的思想界无疑是一声惊雷。

明前期的思想界沉闷而无新意,科举取士都以宋儒朱熹的经注作为考试的标准答案,致使朱子学风靡一时,并且走向了极端,学者们依托于复性与躬行,没有自觉自由的思想。物极必反,于是乎有陈献章出来大声疾呼,希望把个人的思想从圣贤经书中解放出来,"小疑则小进,大疑则大进",开自由思想的先声。

后继者王守仁高举陈献章的大旗,把他的心学发展到极致。王守仁,又名云,字伯安,浙江余姚人,弘治十二年(1499)进士。他是明朝少见的事功与学问俱佳的官员。然而他留给后世最大的影响,并非事功,而是学问和思想,令人振聋发聩的是,他大声喊出,以自己的"心"作为衡量是非的标准,拒绝拜倒在从孔子到朱熹的圣贤脚下,引起了思想界一场大革命。东林书院的创建者顾宪成在《小心斋札记》中说:"当士人桎梏于训诂词章之间,骤而闻良知之说,一时心目俱醒,犹若拨云雾而见白日,岂不大快!"确实,王守仁的心学,为沉闷而缺乏新意的思想界带来了清新空气,最值得关注的,就是不必以孔子之是非为是非。此事说来话长。

弘治十八年(1505)五月初六日,三十六岁的孝宗皇帝病危,在乾清宫寝殿召见内阁大学士刘健、李东阳、谢迁,向他们托孤。他知道自己唯一的儿子朱厚照自幼喜好逸乐,将来必定"纵欲败度",对内阁大臣说:"东宫聪明,但年幼,好逸乐,先生每勤请他出来,读些书,辅他做个好人。"

不出所料,朱厚照(明武宗)即位后,果然如此,重用东宫时的亲信太监刘瑾、马永成、谷大用、魏彬、张永、丘聚、高凤、罗祥。这些人气焰嚣张,号称"八虎",每天忙于引导小皇帝游玩,不理朝政。户部尚书韩文与各部大臣联名上疏,弹劾刘瑾等"八虎",造作巧伪,淫荡皇上之心,沉迷于击球走马、放鹰逐犬、俳优杂剧,日游不足,夜以继之。大臣们请求皇上忍痛割爱,对"八虎"明正典刑。皇帝不但没有对他们严加惩处,反而任命刘瑾为司礼监掌印太监兼任团营提督,马永成为东厂提督,谷大用为西厂提督,张永等掌管京营军队,把宫廷的机要、特务及警卫大权,交给了"八虎"。"八虎"中,司礼监掌印太监刘瑾权势最为显赫。

言官(监察官员)戴铣、薄彦徽向皇帝上疏,请求"斥权阉,正国法,留辅保,托大臣",矛头直指刘瑾。专擅朝政的刘瑾以"忤旨"罪,逮捕戴铣等言官,关入锦衣卫镇抚司诏狱。

在此紧要关头,兵部主事王守仁挺身而出。钱谦益《列朝诗集小传》说:"先生在郎署,与李空同诸人游,刻意为词章。"然而并不沉迷于象牙塔,和李梦阳一样,都气节奕奕。他为戴铣等人所写的辩护奏疏,观点鲜明——"宥言官,去权奸,以彰圣德"。他说:臣不知戴铣等所言是否在理,其间或许有"触冒忌讳"之处,但是戴铣等"职居司谏,以言为责",如果他们的言论是对的,应该嘉纳施行;如果言论不妥,也应该予以包容,以利于广开言路。如今陛下惩处戴铣等人,非但无补于国事,反而彰显陛下的过错。刘瑾大为光火,假传圣旨,把王守仁廷杖五十大板,流放到贵州龙场驿(今贵州修文县),从正六品的兵部主事降为偏远山区的驿丞。

刘瑾不肯善罢甘休,必欲置之死地而后快,暗中派人尾随,伺机刺杀。王守仁察觉后,半夜时分,把自己的衣服鞋子放在钱塘江边,布置投江而死的现场,还留下一首遗诗:"百年臣子悲何及,夜夜狂涛泣子胥。"然后搭乘一艘商船前往舟山,途中遇到飓风,漂流到福建,从此隐姓埋名于武夷山中。

他十七岁时,在江西铁柱宫遇见一位道士,相见如故,结为挚友。巧得很,有一天居然遇上了这位道士,王守仁如实相告,道士说:先生意欲远遁避祸,但是你的尊公(父亲)还在朝为官,此举恐怕连累尊公。听从他的劝告,王守仁坦然赶赴龙场驿。

龙场驿在万山丛中,荒凉而贫瘠。他刚到的时候,没有住房,就在岩洞中住宿。苗民对他十分尊重,为他伐木建造了一间屋子。他是只身前来的,无书可读成为最大的寂寞,正是这种境遇成就了日后享誉学界的"心学"。

王守仁是一个才子,却与一般文人迥然有别。何乔远《名山藏·儒林记》说:"守仁初溺于任侠,再溺于骑射,三溺于辞章,四溺于神仙，五溺于佛氏，而归正于圣贤。"乡试中举后，三举而中会试第二名，登上"甲榜"。他和李梦阳、何景明、边贡、乔宇、汪俊、储瓘互相切磋学问。在出任兵部主事之前，早已名声远扬。贬谪到了龙场驿，没有书可读，便改变做学问的方法——静坐顿悟。这一点，以前研究思想史的学者有所忽略，误以为他是故意"束书不观"。而明清之际的史家早已点破，实乃不得已而为之。

何乔远《名山藏》说："龙场在南夷万山中，无所得书，日坐石穴中，默记旧读，随手录之，意有所会，辄为训释，而不必尽合于先贤者。"

张岱《石匮书》的《王守仁列传》引用了这一段话，可见他是赞同这一说法的。

王世贞《新建伯文成王公守仁传》说："诸苗夷相率伐木为室，以居守仁。守仁乃益讲学，所治经往往取心得，不必与前贤故比矣。"

焦竑《国朝献征录》为王守仁立传，引用耿定向的说法："端居澄默以思，倏若神思，大解从前伎俩，见趋无一可倚……益信圣人之道坦若大路。"

万斯同《明史》说得更为清楚："既谪龙场，穷荒无所得书，日夕抽绎旧闻，忽悟格物致知当自求诸心，而不当求诸事物，始喟然曰：'道在是矣！'遂笃信不疑。"

邓元锡《皇明书》写到王守仁在龙场驿的静坐顿悟，说："忽中夜有悟于致知格物之旨，而摄契于本心，不觉手舞足蹈。自是一意于圣人之学，乃言曰：'圣人之学心学也，宋儒以知识为知，故须博闻强识以为知，既知已乃行，故遂终身不行，亦遂终身不知。圣贤教人即本心之明，即知不欺本心之明即行也。'"

我们终于明白,他为什么要说"心外无理","良知"就是"人心","致良知"就是"向内用心"的静坐功夫;也就明白,他为什么要强调"以吾心之是非为是非"了。

贵州提学副使席书慕名前往讨教,深深折服,为他创建龙冈书院,"率诸生师事之"。王守仁对学生们讲的,不是重复圣贤的语录,而是自己的心得。他的"心得"有特定的含义——"求诸心而得"。他说得好:"求诸心而得,虽其言之非出于孔子者,亦不敢以为非也;求诸心而不得,虽其言之出于孔子者,亦不敢以为是也。"这就是他贬谪龙场驿之后的顿悟,倘若没有这几年的流放生涯,他能有这样振聋发聩的"心得"吗?

正德五年(1510),刘瑾以"反逆"罪被凌迟处死,王守仁由龙场驿丞调任江西庐陵知县,选拔里正三老,让他们负责诉讼调解,这种独特的治理方式收到了"囹圄空虚"的奇效,不久晋升为刑部主事、吏部主事。吏部尚书杨一清器重他的才干,提拔他为南京太仆寺少卿,分管滁州。正德十二年,兵部尚书王琼以为他是"不世出"的奇才,提拔他为都察院右佥都御史,出任南赣汀漳巡抚,用了一年时间,平定了江西的匪患,捣毁"贼巢"八十多处。正德十四年六月,宁王宸濠在驻地南昌发动武装叛乱,"驰檄远近,指斥朝廷"。王守仁与吉安知府伍文定发兵征讨。先是直捣他的南昌巢穴,既而迎战于鄱阳、柴桑、溢口,仅仅三十五日,反叛军队灰飞烟灭,生擒宸濠和他的世子。这是王守仁最为辉煌的"事功",人们誉之为:"明世文臣用兵未有如守仁者。"何乔远《名山藏·儒林记》写道:

> 守仁天资高迈,随问而答,无不响应。四方及门麋至麕集,听讲之后莫不畅豁欣快。惟其事功以用兵显,其傲倪权

变，百谲千幻于蹈险出危之间，不无异时任侠之气。

因为这样的关系，被皇帝破格册封为伯爵——新建伯。世宗皇帝即位，召王守仁入朝受封，反对者借口武宗皇帝大丧期间，"不宜举宴赏"，只得暂停，不过还是任命他为南京兵部尚书。大行皇帝丧礼过后，才正式进封他为新建伯。

父亲王华病故，他辞官回乡丁忧守制。伴随荣誉而来的，是一片妒忌与毁谤之声。王世贞《新建伯文成王公守仁传》说："守仁忧居，而从游者益众，相与推隆之。又以功高文臣居五等爵，忌者蜂起，有目为伪学者，有以南昌纵土（兵）掳掠，及得宁邸（宁王府）金宝子女者，至有谓初通宸濠谋，萁其不胜而背之者。"张岱《王守仁列传》也说："守仁故以才略为王琼器任……用是，其形迹不能无疑于士大夫，起家书生，功名独盛，忌者益蜂响丑诋。至谓守仁阴附宸濠，萁不胜而后背之者，至请黜守仁爵。"诋毁他暗中依附宸濠，串通谋反，毕竟毫无事实依据，世宗皇帝虽然对他并无好感，鉴于他"仗义讨贼，功固可录"，也不敢贸然取消他的封爵。

他的"事功"无法否定，忌者便从"学术"下手，全盘否定他的"心学"。这种手法，令人想起南宋时朱熹的遭遇。当权派出于政治考虑，把朱熹的学说诬蔑为"专门曲学""欺世盗名"，并且罗织一个子虚乌有的"伪学逆党"，给予严厉打击。王守仁的"心学"与朱熹的"理学"唱反调，其遭遇却与朱熹惊人相似，也被诬蔑为"伪学"，攻击得最厉害的是吏部尚书桂萼。桂萼依附张璁，在"大礼议"中飞黄腾达，张璁进入内阁，桂萼出掌吏部，两人矛盾逐渐显露，对张璁引荐的王守仁百般打压。

嘉靖五年（1526），广西岑猛反叛，岭南形势吃紧，朝廷起用王守仁前往征讨。连战连捷后，王守仁在军中病倒，向皇帝请求回乡养病，举荐郧阳巡抚林富顶替自己的职务。毕竟是书生意气太浓，一向我行我素惯了，还没有得到朝廷批复，就踏上北归之路。嘉靖七年十一月，在江西南安病故，享年五十七岁。由于他在赣南的良好口碑，"丧过，江西军民无不缟素哭送"。

桂萼察觉皇帝对王守仁颇为"不悦"，乘机弹劾他"擅离职守"。皇帝命吏部提出处理意见，桂萼以"吏部会议"的名义，写了措辞严厉的审查结论："守仁事不师古，言不称师，欲立异为名，则非朱熹格物致知之论，知众论不与，则著《诸子晚年定论》之书，号召门徒，互相唱和。才美者乐其任意，庸鄙者借其虚声，传习转讹，悖谬日甚。"然而王守仁在正德、嘉靖之际的"事功"，有目共睹，难以否定，桂萼提出貌似折中的处理方案：剥夺他的封爵——新建伯，美其名曰"彰国家之大信"，达到"申禁邪说，以正天下人心"之目的。

皇帝明确支持桂萼的意见，批示道："卿等言是。"然后发了一通和桂萼相似的议论："守仁放言自恣，诋毁先儒，号召门徒虚声附和，用诈任情，坏人心术。近年士子传习邪说，皆其倡导。"把他的学说批得一无是处，结论是："所封伯爵本当追夺，念系先朝信令，姑与终身，殁后恤典俱不许给。都察院榜谕天下，敢有踵袭其说，果于非圣者，重治不饶。"也就是说，新建伯的封爵随着他的死亡自然终止，子孙不得世袭。王守仁只有一个儿子——王正亿，在皇帝怒气消解后才得到了一个小小的锦衣卫副千户的职位。

穆宗皇帝即位后，接受多数官员的呼吁，恢复了他的新建伯封爵，而且提升一级——赠予新建侯。皇恩浩荡再次降临之际，人们不禁要追问：对中国以及周边国家影响几个世纪的"阳明学"，和先前的"朱子学"一样，都不可避免地受到政治的粗暴干预，这是为什么？张岱为此而感慨系之："（阳明先生）致良知之说行，而人犹訾天下无学术矣；平宸濠、平思田之功成，而人犹訾之天下无事功矣。谗口祷张，易白为黑，阳明先生犹不免，而况其他乎！"

清朝官方编纂的《明史·儒林传》对心学的评价还是比较公允的："明初诸儒，皆朱子门人之支流余裔，师承有自，矩矱秩然，曹端、胡居仁笃践履，谨绳墨，守儒先之正传，无敢改错。学术之分，则自陈献章、王守仁始。宗献章者曰江门之学，孤行独诣，其传不远。宗守仁者曰姚江之学，别立宗旨，显与朱子背驰，门徒遍天下，流传逾百年，其教大行，其弊滋甚。嘉、隆而后，笃信程朱，不迁异说者，无复几人矣。"

六　王门后学：王畿、王艮与李贽

阳明学的影响势不可挡。张岱《石匮书》专门辟出一卷，题为"阳明弟子列传"，收录了数量众多的阳明弟子。在《林春传》中，他写了一段非常有见地的话："文成（即王文成公）及门之士谓，聪明解悟，能发挥师说者，惟山阴王汝中。"王守仁自己也有类似的看法。他奉诏出征思田，路过洪都，门人邹守益会集同门三百余人前往请益，老师如此交代他们："吾虽出山，汝中与同志里居，究竟此事，诸君但裹粮往浙，相与质之，当有证也。"他所说的汝中，就是前面说的山阴王汝中。

汝中是王畿的字号，学者称为龙溪先生。王守仁倡导良知之学，引起余姚士人惊骇，刚刚考中举人的王畿，欣然前往受业。嘉靖二年（1523），他进京会试落第，决心放弃科举，求学于师门。老师要他在静室中思考。一年后，他忽然大悟："致良知三字谁不闻，信得及者惟我也。"嘉靖五年又有会试，老师鼓励他前往应试。他所写的试卷，据张岱说："直写己见，不数数于时格，识者谓：非可以文士伎俩较也。"因此被考官"拔置高等"，正当金榜题名唾手可得之时，他竟然作出了一个令人惊讶的决定，鉴于当时的阁部大臣多不喜欢学术，便对同去赶考的钱德洪说："此非吾辈仕时也。"——这不是他们这种人当官的时代，放弃廷试的机会，毅然返回家乡，自此潜心于阳明学，深得其中三昧。

他对钱德洪说："学须自证自悟，若执权法，未免滞于言诠，亦非善学也。"多年后，他与钱德洪进京廷试，接到老师去世的讣闻，奔丧至广信，护送灵枢回到余姚，庐墓守丧三年。此后再与钱德洪进京廷试，成为进士，出任南京史部职方司主事。在官员的定期考察中，被当权者以"伪学"的借口罢官，虽然唐顺之等正直官员纷纷谴责当权者"不复知人间廉耻事"，也无济于事。恰恰印证了王畿先前所说"此非吾辈仕时也"。他早已料知有此结局，倒也坦然，尹守衡《明史窃》说："（王）畿归，专精于讲学，所至接引后进无倦容。自两都吴楚闽越皆有讲舍，会常数百人。凡所见解，尤超玄入微，不落阶级。"

可以与王畿媲美的另一阳明弟子，当属王艮。他是泰州安丰场人，当地产盐，其父就是一个盐商，给儿子取名用了一个俗不可耐的字——银。后来王守仁收他为弟子，为他改名为艮，字汝止。他在跟随私塾老师初读《论语》《孝经》章句时，就颇有另辟蹊径之意，"邈然有希古圣贤之心，心口谈说"；"其学悉从悟入，以经证悟，以悟释经,行即悟处,悟即行处,大有省于《大学》格物之旨"。私塾老师说:"此大类王阳明公谈良知之学也。"受到老师的鼓励,他前往江西拜谒王阳明,成为入室弟子。一日出游归来,王阳明问他看到些什么?他回答:"见市人皆圣人。"王阳明说:"市人但见子是圣人也。"学成后,他感觉到北方学者对阳明学知之甚少,便自驾小蒲车,由两名仆人相伴北上,宣讲阳明学。

嘉靖七年(1528)王阳明去世,他赶到桐庐哭迎灵柩。回到泰州后,开门讲学,"廓披圣途,使人速进"。《石匮书》写道:"守仁卒,开门授徒,远近皆至。银骨刚气,和音咳眠,顾使人意消。所引接无问隶仆,皆令有省,虽贵显至悍戾者亦悔谢。"看来,他力图把一向高深莫测的儒学改造成为"人人共明共同之学",大力鼓吹"愚夫愚妇与知能行即是道","圣人之道无异于百姓日用"。王艮和他的泰州学派,认为只要"于眉睫间省觉",便可当下领悟"天机",把阳明先生的"不师古""不称师"的倾向,发挥得淋漓尽致。正如黄宗羲《明儒学案》所说:"其人多能以赤手搏龙蛇,传至颜山农、何心隐一派,遂复非名教之所能羁络矣。"思想已非名教所能羁络,亦即从自我抑制中解放出来。

李贽则把这种倾向发展到极致,所以被称为"异端之尤"。李贽原名载贽,号卓吾,泉州晋江人,二十六岁乡试中举,三十岁出任河南卫辉教谕,此后历任国子监博士、礼部司务等小官。五十一岁出任云南姚安知府,任期未满就辞官而去,到湖广麻城龙湖芝佛院隐居著述。在将近二十年中,写出了轰动思想界的《焚书》《续焚书》《藏书》。

他的文章、书信以嬉笑怒骂的笔法,讽刺理学家都是"口谈道德,而心存高官,志在巨富"的两面派、伪君子,甚至公然主张:"今之讲周、程、张、朱者,可诛也。"——今日那些重复周敦颐、程颢、程颐、张载、朱熹言论的人,都该杀。这是何等气魄的宣战书!在他看来,理学家们言行不一,所讲者未必所行,所行者未必所讲,"反不如市井小夫,身履是事,口便说是事,作生意者但说生意,力田作者但说力田"。

最引人注目的是,他从理论上驳斥了长期流行的正统信条——一切都以孔子之是非为是非,不敢越雷池一步。他认为这是没有出息的表现,因而反对以孔子为家法,大胆地喊出:"夫天生一人,自有一人之用,不待取给于孔子而后足也。若必待取足于孔子,则千古以前无孔子,终不得为人乎?"更何况,"孔子未尝以孔子教人学,故其得志也,必不以身为教于天下"。

这种反潮流的尖锐言论,使得当权者"莫不胆张心动",视之为眼中钉肉中刺,必欲除之而后快。无法从理论上驳倒他,只能抓住一些鸡毛蒜皮,污蔑他是"淫僧异道","勾引士人妻女入庵讲法","一境如狂",要把他驱逐出境,他凛然回答:"我可杀不可去,我头可断而我身不可辱!"

万历二十七年(1599),《藏书》在南京出版。在这部历史著作中,李贽用史论的形式发表政治见解,推翻传统定论,称颂秦始皇是"千古一帝",商鞅是"大英雄",李斯是"知时识主"的"才力名臣",卓文君私奔是"善择佳偶"。这种离经叛道之论,激怒了当权者,斥之为"惑世诬民"——搅乱舆论,误导民众。结果,当权者把他居住的龙湖芝佛院拆毁,迫使七十四岁的李贽前往通州投靠友人。

即使如此这般退让,政敌依然不肯罢休。礼科给事中张问达向皇帝控告,李贽著作"流行海内,惑乱人心",例如"以孔子之是非为不足据"等，"大都刺缪不经，不可不毁者也"。他说："邪士李贽，立言乖僻，举止怪异，所著书惑世诬民。寄居麻城，谓大道不分男女，作《观音问》一书，士人妻女若狂，渎乱失常，莫此为甚。"明神宗立即下达圣旨："李贽敢倡乱道，惑世诬民，便令厂卫、五城（兵马司）严拿治罪，其书籍已刊未刊者，令所在官司尽行销毁，不许存留。"色厉内荏的统治者惧怕他传播的思想——"敢倡乱道，惑世诬民"，不论已出版未出版的，全部销毁，表明他是作为一个思想犯受到惩处的。

万历三十年（1602），七十六岁的李贽在临刑前理发剃须时，拿过理发师的剃刀，自刎而死，以刚烈的死表达了最后的抗议。李贽为了捍卫真理，付出了生命的代价。颇具讽刺意味的是，他的著作并不因为皇帝宣布"尽行销毁，不许存留"而消失，明清之际的顾炎武在《日知录》中说："士大夫多喜其书，往往收藏。"可见皇帝所说的"尽行销毁，不许存留"，不过是一句吓唬人的空话。愚蠢的统治者不知道，有活力的书是禁不了的，历史上的禁书大抵如此。李贽的所有著作至今人们仍能看到，其实并不"惑世诬民"。

张岱《石匮书》对李贽的评论写得非常好："其为文，不阡不陌，抒其胸中之独见，精光凛凛，不可迫视。"又说："李温陵（卓吾）发言似箭，下笔如刀，人畏之甚，不胜其服之甚，亦惟其服之甚，故不得不畏之甚也。异端一疏，瘐死诏狱。温陵不死于人，死于口；不死于法，死于笔。"可谓一针见血，"发言似箭，下笔如刀"，说明李贽思想的锋芒有如刀箭，令统治者感到惊慌，所以难逃一死。不过死因很特别——"不死于人，死于口；不死于法，死于笔"，他的"口"与"笔"闯了祸，是一个不折不扣的思想犯。

思想解放的代价历来都是如此沉重！

第六讲
张居正与万历新政

明朝政局走势,犹如一个大写英文字母"M",从明初到永乐、宣德时期,出现第一个高潮,它的标志性事件就是名垂青史的郑和下西洋;第二个高潮是在隆庆、万历之际逐渐出现的,它的标志性事件就是张居正改革。在这两个高潮之间是一个走下坡路的过程,直至低谷。

一 转折年代的铁腕人物:徐阶、高拱与张居正

隆庆、万历之际,是转折的年代,也是走出低谷向高潮攀升的时代,这和三位政治家有关:徐阶、高拱、张居正。非常有意思的是,他们之间有矛盾也有继承,高拱赶走了徐阶,却延续了徐阶的改革;张居正赶走了高拱,却延续了高拱的改革。这三个铁腕人物,为了权力而互相争夺,互相倾轧,在治国理念上却有着相似的共识,因而可以互相延续。看不到这一点,很多历史现象就得不到解释。

徐阶,字子升,号少湖,一号存斋,松江府华亭县人,嘉靖二年(1523)进士。王世贞写的传记描述他"短小白皙""眉秀目善",一副江南人士的典型气派。为人能屈能伸,随机应变,不露声色又精于权术。在严嵩专权跋扈的形势下,同在内阁共事而能安然无恙,显示了他的政治智慧,不仅保全了自身,而且"潜移帝意",最终扳倒严嵩,开创一个新局面。他升任内阁首辅后,在内阁朝房墙壁上写下一个条幅:"以威福还主上,以政务还诸司,以用舍刑赏还诸公

论。"反映了拨乱反正的决心。唐鹤征《皇明辅世编》评论道:

> (徐)阶尽反(严)嵩政,务收人心,用物望严杜筐篚,天下翕然想望风采。初,阶与嵩同事,天下赂赂多寡,虽不能尽同,阶例不敢拒,每谓人曰:"吾惧以洁形污也。"然为日既久,人亦不贳矣。时辅臣袁炜数出直,阶请以时邀至直所,同拟旨,上不可,阶谓:"事同众则公,公则百美基;专己则私,私则百弊生。"乃从之。时给事、御史以抨击钩党贵臣过当,上觉而恶之,再下(徐)阶,欲有所行遣,阶委曲调剂,得轻论。会问阶得人之难,阶对曰:"大奸似忠,大诈似信,自古记之,知人则哲,唯帝其难,念欲有以易其难者,惟广听纳而已。广听纳,则穷凶极恶,人为我撄之;深情隐匿,人为我发之。未用者不滥进,已用者不滥留。故圣帝明王有言,比察事大,言实者行之,其不实者,小则置之,大则薄责而容之,以鼓来者。"上称善良久。

可见徐阶对于治国用人是很有一些想法的。他引用门生张居正进入裕王(即后来的穆宗)府邸讲学,世宗病危,他连夜召张居正共谋,起草遗诏,次日清晨当朝宣布,控制了政局。朝野上下把他比作正德、嘉靖之交力挽狂澜的杨廷和再世,绝非偶然。

徐阶是聂豹(双江)的门下弟子,与欧阳德(南野)、邹守益(东廓)、罗洪先(念庵)诸君子志同道合,一时号称宿学鸿儒。在承接严嵩二十年的腐败政治之后,他出任内阁首辅,致力于政治革新,心情是复杂的。在写给友人杨明石的信中说:"即日局面似有更新之机,但人心陷溺已久,非有重望不能转移;诸务废弛已极,非有高才不能整顿。而仆皆无之,此昔贤所以有'有时无人'之叹也。"

他还说:"天下事非一人所能为,惟是倡率则有所在。仆不肖,幸凤闻父师之教,朋友之切磨,而又滥荷圣明之误眷,所谓倡率,不敢辞其咎矣。"在那种关键时刻,他是坚决主张"整顿"和"倡率"的,这种"整顿"和"倡率"并没有停留在口头上,而是谨慎地付诸了行动。

徐阶推心置腹地信用吏部尚书严讷,刷新污染已久的吏治,是相当成功的。严讷出掌吏部,为了扭转"吏道污杂"的局面而大力整顿,《明史·严讷传》写道:"(严)讷乃与朝士约,有事白于朝房,毋谒私邸;慎择曹郎(中层官员),务抑奔竞,振淹滞。又以资格太拘,人才不能尽,仿先朝三途并用法,州县吏政绩异者破格超擢,铨政一新。"这是与徐阶的大力支持("推心任之")分不开的,正如严讷自己所说:"铨臣与辅臣必同心乃有济,吾掌铨二年,适华亭(徐阶)当国,事无阻。"

徐阶不仅全力支持严讷,而且尽量争取皇帝的默许,使吏治刷新得以顺利进行。他向穆宗皇帝说:"臣闻(严)讷在吏部殊有志,为皇上守法,但请托既绝,恐不免怨谤,此却仰赖圣明主张,乃能行其志也。"

嘉靖四十五年十二月十四日,世宗朱厚熜逝世,徐阶和张居正起草的遗诏,表达已故皇帝对清虚学道的失误有所反省。为那些因反对清虚学道而获罪的官员恢复名誉和官职,其实并非已故皇帝的本意,而是徐阶自己的主张,颇有拨乱反正的气势。十二月二十六日穆宗朱载垕继位,徐阶起草的登极诏书,依然是阐明自己的政见,强调了遵奉遗诏,起用因建言获罪诸臣,处罚道士,停止斋醮,破格擢用贤才,裁革冗员,政局为之一新。

然而,内阁中的权力争斗使得徐阶步履维艰。

当时的内阁成员,首辅徐阶以外,李春芳折节好士,郭朴、陈以勤忠厚长者,唯独高拱最不安分,他对于徐阶引用门生张居正,瞒过同僚起草遗诏,耿耿于怀,在外面散布流言蜚语,怂恿御史弹劾徐阶。

隆庆元年(1567)考察言官,由吏部尚书杨博主持,罢黜了给事中郑钦、御史胡维新,吏科给事中胡应嘉批评杨博"挟私愤,庇乡里"(他的同乡山西人没有一人"下考")。高拱出于旧怨,指责胡应嘉身为吏科给事中,负有辅佐吏部考察之责,批评考察是"自相抵牾",应予严惩。内阁讨论时,依附于高拱的郭朴愤然说,胡应嘉毫无人臣之礼,应当革职为民。徐阶从旁睥睨,怒气冲冲的高拱主张将胡应嘉革职为民。这一下激怒了言官,舆论哗然,纷纷谴责高拱"以私怨逐(胡)应嘉"。兵科给事中欧阳一敬甚至说高拱"奸险无异蔡京",还扬言他和胡应嘉意见一致,罢黜胡应嘉还不如罢黜他。首辅徐阶从中调和,把胡应嘉的"革职为民"改为"调任建宁县推官"。此举引来高拱不满,指使御史齐康弹劾徐阶,言官们知道齐康听命于高拱,在朝堂对他大肆唾骂。于是形成了"言路论(高)拱无虚日"的局面,高拱感到惴惴不安,不得不在隆庆元年五月请求辞职。

徐阶虽然代替皇帝拟旨"慰留",却并不指责言官,从此二人的嫌隙更加深了。在高、徐的争斗中,举朝都袒护徐阶而攻击高拱,户部尚书葛守礼不想卷入,辞官而去。九月间,内阁大学士郭朴在高拱罢官后,也遭到弹劾,在"不自安"的处境下,被迫辞官而去。

看起来穆宗朱载垕对高拱颇有好感,而对徐阶并无好感,终于导致隆庆二年(1568)七月徐阶的退休。起因是一件小事。

五月间,朱载垕想巡游南海子,徐阶极力劝阻无效,以为有失首辅体面,便向皇帝表示退休之意,如果皇帝能够挽留,他也不真想退休。恰巧此时言官张齐出于私怨弹劾徐阶,迫使徐阶坚定了去意。关键是"上意亦渐移",举朝挽留不成。

徐阶一去,李春芳晋升为内阁首辅。此公为人温和,不倚势凌人,持论平允,只是抱负、才力不及徐阶远甚。内阁中还有陈以勤、张居正,陈为人端正谨慎,张则恃才傲物。李春芳的日子并不好过,经常叹息:"徐公乃尔,我安能久,容旦夕乞身耳。"

就在这年八月,张居正向皇帝上了一个条陈——《陈六事疏》,似乎意在延续恩师徐阶的未竟之志,全面阐述了他的治国主张和改革思想。这篇奏疏的开头直率地指出:

> 迩来风俗人情积习生弊,有颓靡不振之渐,有积重难返之几,若不稍加改易,恐无以新天下之耳目,一天下之人心。

所谓必须"稍加改易"的有以下"六事":

1. 省议论——"天下之事,虑之贵详,行之贵力;谋在于众,断在于独";"一切章奏务从简切,是非可否明白直谏,毋得彼此推诿,徒托空言"。

2. 振纪纲——"近年以来,纪纲不肃,法度不行,上下务为姑息,百事悉从委徇,以模棱两可谓之调停,以委曲迁就谓之善处"。今后应当做到,"刑赏予夺,一归之公道,而不必曲徇乎私情;政教号令,必断于宸衷,而毋纷更于浮议。法所当加,虽贵近不宥;事有所枉,虽疏贱必伸"。

3. 重诏令——"近日以来,朝廷诏旨多废格不行,抄到各部,盖从停阁。或已题'逢钦依',一切视为故纸,禁之不止,令之不从"。

今后必须做到，"凡大小事务，既奉明旨，数日之内即行题复"。

4. 核名实——"欲用舍赏罚之当，在于综核名实而已"。今后必须严格考课之法，"用舍进退，一以功实为准。毋徒眩于声名，毋尽拘于资格，毋摇之以毁誉，毋杂之以爱憎，毋以一事概其平生，毋以一眚掩其大节"。

5. 固邦本——"帝王之治，欲攘外者必先安内"，安内的目的在于安定人民，人民安定了，国家自然稳固，这就叫作"民安邦固"。"矫枉者必过其正，当民穷财尽之时，若不痛加节省，恐不能救也"。

6. 饬武备——"当今之事，其可虑者莫重于边防"，今后应该"申严军政，设法训练"。

《陈六事疏》充分体现了张居正的治国理念，他虽以儒术起家，却深知对于病入膏肓的政局，仅仅依靠儒术，不足以矫正，非用申不害、韩非的法术不可，强调的是"信赏必罚，综核名实"，"强公室，杜私门"。所陈六事，大多切中时弊，而且提出了改进的办法，切实可行。如果认真照此办理，朝政的改观是大有希望的。皇帝朱载垕对此颇为欣赏，作了肯定的批示："皆深切时务。"要有关部门研究，并提出实施方案。于是乎，都察院对"振纪纲""重诏令"提出具体方案，兵部对"饬武备"提出具体方案，户部对"固邦本"提出具体方案，似乎可以有所动作了。

然而当时的内阁首辅李春芳是一个"一味甘草，二字乡愿"式的官僚，只想用"甘草"来治理国家，用"乡愿"来明哲保身，所以《明史·李春芳传》说他"务以安静称帝意"，不想有所作为，更不想大动干戈。内阁次辅陈以勤唯李春芳马首是瞻，干脆不置可否。

张居正的治国理念没有被朝廷付诸实施，使他想起了同样具有改革意识的高拱，暗中和司礼监太监李芳密谋策划，鼓动皇帝召回高拱。皇帝也不满意李春芳、陈以勤，把礼部尚书赵贞吉调入内阁，也无补于大局，不得不于隆庆三年十二月下旨召回高拱。

高拱，字肃卿，号中玄，河南新郑人，嘉靖二十年(1541)进士。此人颇有个性——"性强直自遂，颇快恩怨"，又是一个铁腕人物，皇帝看重他的正是这一点，所以当吏部尚书杨博致仕后，特地让高拱以内阁大学士兼任吏部尚书。

比高拱早六年成为进士的赵贞吉为了制衡，取得首辅李春芳的支持，也以内阁大学士兼任都察院左都御史，致使内阁中矛盾明朗化。陈以勤考虑到处在赵贞吉与高拱的倾轧中，恐怕两面不讨好，于隆庆四年(1570)七月辞官而去。首辅李春芳被架空——"政自高拱出"。赵贞吉斗不过高拱，于同年十一月罢官，临行前还耿耿于怀地提醒皇帝："毋令高拱久专大权，广树众党。"陷于孤立的李春芳不得不于隆庆五年五月致仕而去，高拱终于成为内阁首辅。增补进内阁的殷士儋，几个月后就致仕了，后来进来一个老好人高仪，改变不了高拱与张居正联手掌控内阁的局面。

史书说，高拱再次入阁以后，"尽反徐阶所为"，是出于个人恩怨的报复，并没有否定徐阶的拨乱反正。他也是主张革新政治的。《高文襄公文集》收录的关于议论官员考察的两篇文章，就体现了他对于整顿吏治的见解，指出了以往文官考察的弊端，例如"以六年之官而考于三二人，以六年之事而核于三二人，则岂能得其善恶之真"。又如："每考察时，所去之人前后不相上下，其数未足则必取盈，其数已足即不复问，天下岂有六年之间不肖者皆有定数？"

有鉴于此，他主张有所改革，不必拘泥于三年、六年、九年的

"考满"之时,也不必拘泥于人数;把以前考察中常用的"略""粗""暧昧""匆剧"之类模糊的评语,改为稍微具体的"详""精""明白""从容"。他认为以往文官考察的"八法"——一贪,二酷,三不谨,四疲软、冠带闲住,五老,六疾、致仕,七才力不及,八浮躁浅露、降调外任等——执行过程中弊端丛生,最明显的莫过于"含糊暧昧"。具体说来,比如考察为"贪",却并不列举贪腐的事例,无法使被论处的官员心服口服。因此吏部、都察院在考察时,说某官"贪",必须列举其"贪"的事例,"明言直指,与天下共罪之"。

高拱以内阁首辅兼任吏部尚书,自负有经国济世之才,对吏治有不少革新,《明史·高拱传》提到了一些实例:

——"其在吏部,欲遍识人才,授诸司以籍,使署贤否,志爵里姓氏,月要而岁会之。仓卒举用,皆得其人。"

——"又以兵者专门之学,非素习不可应卒,储养本兵,当自兵部司属始。宜慎选司属,多得智谋才力,晓畅军旅者,久而任之,勿迁他曹,他日边方兵备督抚之选,皆于是取之。"

——"拱又奏请科贡与进士并用,勿循资格。其在部考察多所参伍,不尽凭文书为黜陟,亦不拘人数多寡,黜者必告以故,使众咸服。"

高拱是实务型官僚,对于进士出身的官员惯于夸夸其谈、言不及义的作风深恶痛绝,多次向皇帝建言,主张整顿公文华而不实的风气。他说:"比来章奏铺缀连牍,言多意晦,端绪难寻,反可窜匿事情,支词假饰,非人臣奏对之体,请严加禁约。"皇帝听取这一建议,于隆庆四年(1570)六月下旨:"禁章奏浮词。"

高拱的这些改革主张,后来大多为张居正所遵循。他们两人都是铁腕首辅,都力图依法治国,以法治吏,在革新吏治方面都引入了强化管理的制度化手段,因此从高拱的考课法到张居正的考成法,有着内在的有机联系。

两人的关系却很微妙。高拱复出后,挟私报复徐阶,以"横行乡里"的罪名,把徐阶的三个儿子逮捕入狱,把徐家四万亩田产充公。这种态势令张居正处境尴尬,因为张、徐的关系极为密切。嘉靖二十六年(1547)张居正由进士成为翰林院庶吉士,徐阶是吏部左侍郎兼翰林院学士,按照当时的惯例,张居正是徐阶的门生,所以日后张居正都尊称徐阶为"老师"或"师相"。

张居正与高拱的关系也不一般。朱载垕册封为裕王后,高拱进入裕王府,成为裕王的侍讲官,深受裕王的信赖。张居正随后也进入裕王府,成为侍讲官,和高拱是同事。后来高拱以礼部尚书兼任国子监祭酒,张居正是国子监司业,成为高拱的副手。张居正比高拱小十几岁,资历也浅得多,在改革、整顿这点上,两人是有共同语言的。

由于权力争夺,两人由合作共事走向了交恶。张居正巧妙地利用司礼监掌印太监兼东厂总督冯保,打倒高拱。

内阁首辅高拱一向精明强干,傲视同僚,对于张居正也是如此。张居正不是等闲脚色,穆宗皇帝病危时,瞒着高拱,与司礼监掌印太监冯保预先准备"遗诏"。穆宗死后,张、冯二人关系愈加密切。高拱不能容忍大权旁落,决定先拿冯保开刀,指使亲信言官弹劾冯保,迫使他下台。

言官揭发冯保的罪状,最厉害的一条,指责冯保精通房中术,给先帝(穆宗)送去"诲淫之器""邪燥之药"(春药),"先帝因以成疾,遂至弥留",指控冯保是害死先帝的元凶。仅凭这一条,足可处死冯保,何况他还有"矫诏"——假传圣旨的劣迹。言官们因此振振有词,请求刚刚即位的神宗皇帝,将冯保逮捕审问,明正典刑;还特别强调:"如有巧进邪说,曲为保救者,亦望圣明察之。"含沙射影地指向张居正,不得从旁解救。

冯保对嘉靖以来朝廷的权力争斗司空见惯,但毕竟是隔岸观火,如今自己挨整,有点手足无措,便派亲信徐爵向张居正请教对策。张居正回话:"勿惧,便好将计就计为之。"这个"计"究竟是什么呢?

穆宗逝世后,继承者是年仅十岁的太子朱翊钧。秉性傲慢的高拱瞧不起这个小皇帝,口无遮拦地说道:"十岁太子如何治天下?"既然高拱攻击冯保是害死先帝的元凶,那么冯保就反击高拱不把小皇帝放在眼里,利用皇后、皇贵妃和小皇帝的孤儿寡母心态,绝地反击,一举击倒高拱。

《明史·冯保传》说,冯保利用大内总管的权力,进入内宫,向皇后、皇贵妃、皇帝说:"(高)拱斥太子为十岁孩子,如何作人主?"后妃听了大吃一惊,面色立即大变。申时行的记述更为具体,他的回忆录《杂记》是这样描述的:高拱的《陈五事疏》,主张削弱司礼监太监权力,强化内阁权力。小皇帝批示"照旧制行"(即不必变更),由文书太监送到内阁,高拱很不满意地问道:这份奏疏为什么不发给内阁票拟,而直接下达圣旨? 文书太监回答:这是皇上御批。高拱立即回敬一句:"安有十岁太子而能裁决政事者乎?"冯保获悉后,马上禀报皇帝:"高阁老云:十岁孩子安能决事?"小皇帝大怒,面告两位圣母,三人相持而哭。申时行下面这段话最为关键,点出了张居正在其中的作用:

是日,给事、御史论劾(冯)保恣横不法疏凡七上,保益惶急,而故善江陵(张居正),则使所亲问计。江陵方恶新郑(高拱),欲乘机逐之,则以计授保。明日,召部院大臣于会极门。

这就是"将计就计"的"计"。隆庆六年(1572)六月十六日早朝,高拱、张居正率领部院大臣来到会极门,太监王蓁高声宣读圣旨:

> 皇后懿旨、皇贵妃令旨、皇帝圣旨:说与内阁、五府、六部等衙门官员,大行皇帝宾天先一日,召内阁三人在御榻前,同我母子三人亲受遗嘱,说:"东宫年小,要你们辅佐。"今有大学士高拱专权擅政,把朝廷威福都强夺自专,通不许皇帝主管。不知他要何为? 我母子三人惊惧不宁。高拱着回籍闲住,不许停留。

高拱就这样被张居正与冯保联手赶下了台,张居正如愿以偿地升任内阁首辅,张冯联盟正式形成,在皇后、皇贵妃、皇帝的全力支持下,牢不可破。正如申时行所说:"由是,宫禁事皆决于(冯)保,而朝廷政务悉归阁中,江陵(张居正)得行一意,无阻挠者矣。"

二 张居正与万历新政

万历的最初三年,内阁中与张居正共事的大学士,只有吕调阳一人;此后陆续增加了张四维、申时行、马自强,都是没有实权的陪衬而已,直到万历十年(1582)张居正去世之前,朝廷的大政方针都取决于张居正一人。在这十年中,他是名副其实的专断独行的摄政者,这为他按照自己的治国理念推行改革创造了有利条件。

宫廷方面对张居正大力支持,小皇帝朱翊钧和他的生母——慈圣皇太后,放手让"张先生"独揽朝政,正如《明史》所说,"中外大柄悉以委之"。张居正当仁不让,"慨然以天下为己任"。王世贞对张居正的摄政作了这样的概括:"居正之为政,大约以尊主权,明赏罚,一号令,万里之外,朝下而夕奉行,如疾雷迅风,无所不披靡。"非常传神地反映了张居正的政治风格,雷厉风行,说一不二。

当他官卑职微的时候,一再表示要以"非常磊落奇伟"的姿态,大刀阔斧地进行改革,达到"扫除廓清,大破常格"的目标。权倾一时之后,立即把这种志向化作了行动。若干年后,他回顾阻力重重的改革之路,感慨系之地向皇帝表白,为了推行新政不惜鞠躬尽瘁的内心:

> 惟于国家之事,不论大小,不择闲剧,凡力所能为,分所当为者,咸愿毕智竭力以图之。嫌怨有所弗避,劳瘁有所弗辞,惟务程功集事,而不敢有一毫觊恩谋利之心。

这确实是他的真实心态,为了国事,全力以赴,不计较个人得失,不回避诽谤与埋怨,不在乎个人的辛苦劳累。

在这种心态下,新政渐次展开。首先要进行的,是延续高拱的考课政策,推行以考成法为中心的政治改革,重点是整顿吏治,肃清官场的颓靡之风,为新政的实施扫除障碍。

张居正对于当时的官场风气十分不满。长期以来,官员们沉溺于安逸,官场污泥浊水日积月累,问题成堆。例如:官员习气日趋刻薄,削尖脑袋钻空子,窥探缝隙,不择手段猎取名利。又如:公然施展排挤手腕,诋毁老成廉洁官员为"无用",表扬拍马溜须善走捷径的官员是"人才"。于是乎,朝廷上下,官场内外,爱恶横生,恩仇交错,使得朝廷的威福权柄成为官员们互相酬谢报答的筹码。如果不对此痛加针砭,力挽狂澜,新政根本无从谈起。

万历元年(1573)六月,张居正提出了整顿吏治的考成法。他针对长期以来形成的官僚主义、文牍主义,毫不客气地指出,官员们把处理公文作为首要工作,日复一日,年复一年,公文写了很多,成效几乎没有。问题出在哪里?他分析道:

——言官提出一个建议,朝廷批准以后,通过驿站传递到各级地方政府,便大功告成,至于实行效果如何,根本不在考虑之内;

——六部大臣建议取消一项弊政,朝廷批准以后,通过驿站传递到各级地方政府,便以为大功告成,至于这项弊政究竟取消没有,根本不在考虑之内;

——官员犯罪,应当提审判决,由于私人请托,故意延缓不办,结果不了了之;

——政府事务经过多次议论,有的赞成,有的反对,议来议去,议而不决,只好挂起来;

——朝廷交办的事情,有时间限制,几乎没有一件准时办成,大多拖延时间,上司催查督促,往往成为一纸空文,上级部门言之谆谆,下级部门听之藐藐。

因此必须制定一种明确而可行,又容易检查的制度,这就是考成法。

考成法规定：凡六部、都察院等中央政府部门，转发给地方政府各衙门的公文，事先按照路程远近，规定处理程序与期限，发文与收文部门设立收发文登记文簿，每月月底都要办理注销手续。至于重要公文，例如朝廷要求覆勘、提问、议处、催督查核的事项，必须另立处理文册，注明公文内容提要和规定处理期限，一式两份，一份送六科，一份送内阁。六科收到处理文册后，要逐一核查，在下个月"完销"，表明这一事项已经按照预定程序处理完毕。如果查明有的公文耽搁拖延，立即上报内阁，同时责令地方政府讲明原因，直到所有公文与事项都已处理、注销为止。在这个流程中，如果巡抚、巡按耽搁，由六部举报；如果六部、都察院在注销时弄虚作假、隐瞒欺骗，由六科举报；六科如果有隐瞒欺骗现象，由内阁举报。这样一环扣一环，杜绝敷衍塞责的现象。

在环环相扣的考察系统中，最为关键的是六科。所谓六科，是指洪武六年(1373)设立的吏科、户科、礼科、刑科、工科、兵科，这六科的职责，是负责稽查、纠正六部的违误。也就是说，六科的重要使命是监察六部(吏科监察吏部，户科监察户部之类)，是一种以小制大的监察方式。六部尚书都是一二品大员，而六科首长——都给事中不过区区七品，级别相差悬殊，但是六科可以对六部进行封驳、纠劾。张居正把六科的这种职能予以扩大，成为内阁控制六部的得力助手。

总的说来，考成法实施的成效是显著的，按照当时人的说法，造成了雷厉风行的政治气氛："大小臣工，鳃鳃奉职，中外淬砺，莫敢有偷心。"说明在强大的政治压力下，任何根深蒂固的积弊都是可以消除的。万历六年(1578)户科给事中石应岳等人报告，考成法一经推出，长期制度废弛、积弊丛生的政局，开始出现了新面貌。

稽查了 137 件,其中有 76 件超过了规定的期限,原因比较复杂,有的是新旧官员交替,接管有先后;有的是任期太短,来不及处理。由此可见,考成法的实施是认真的,有成效的。

从宏观层面看,考成法只是张居正整顿吏治的第一步,或者说是政治改革的一个方面。他的总体思路,是按照"综核名实,信赏必罚"的原则,全面关注吏治的各个方面,包括"公铨选""专责成""行久任""严考察"等,考成法仅仅是"严考察"题中应有之义,其他方面并没有涉及。在张居正心目中,"公铨选""专责成""行久任""严考察"是有特定含义的。

所谓"公铨选",是指官员的选拔、任免、升降,必须公正,一切以事功实绩为标准,不迷惑于虚名,不拘泥于资格,不动摇于舆论的毁誉,不掺杂个人的爱憎,不以一事而概括其生平,不以一点过错而掩盖其大节。从这样的标准出发,张居正用人可谓别具一格,先求其平淡,而后求其聪明,只要能办事,其他小节可以忽略不计,因此才路大开,人才辈出。

所谓"专责成",是指任用一名官员,就要给他事权,使他能够施展才华;也要勤加指导,使他有所成就;还要给予足够的信任,使他不至于沮丧。在张居正看来,官员能够开诚布公,勇于承担责任,就是国家的宝贵财富。对于这些人才,一定要大力举荐,悉心保护,即使自己蒙受嫌疑、怨言,也决不回避。

所谓"行久任",是指官员不能频繁调动,使他在一个岗位上有足够长的时间,熟悉事理,善于行政。否则的话,难以看到成效,无法辨明贤能与否,更加谈不上综核名实。他最为反对的是,官不久任,事不责成,更调太繁,迁转太骤,资格太拘,毁誉失实。

所谓"严考察"，是指官员的定期考察或随事考成。定期考察就是任期届满，考察政绩，决定升降去留。通常是，京官六年一次考察，外官三年一次考察，俗称"京察"和"外察"。考成法只是"严考察"的一个组成部分。他主张"随事考成"——每一件公事必须限期办完，不得拖延推诿；还主张"探访告诫"——官员的报告是否符合事实，必须探访核实，防止官样文章。

张居正的改革动作非常之大，营造了雷厉风行的氛围，也就是当时人所说的"大小臣工鳃鳃奉职，中外淬砺，莫敢有偷心"。官场上下逐渐做到令行禁止，确保了此后的改革措施得到切实的推行。

万历三年(1575)五月，张居正向皇帝提出整顿教育的改革主张，请求皇帝指示吏部，选择方正博学之士主管教育。这些监督学政的官员，不能老是坐在衙门里高谈阔论，沽名钓誉，应当常到州县地方察看，提倡清廉，推举孝义。为了强化中央集权体制，统一舆论，他特别强调不许"群聚徒党""虚论高议"。所谓不许"群聚徒党"，意思是学生只管埋头读书，不得集会、结社、结党。所谓不许"虚论高议"，意思比较隐晦，就是在"敦本尚实"的幌子下，强制学生，不得议论国家大事。

张居正更为关注的是学校风气的好坏。他反对学生"受事请谒"——为谋取私利而开后门通路子；更反对督学官员违法乱纪。他说，近年以来，社会上轻视督学官员的风气愈来愈甚，而督学官员能够自重的也很罕见。这些官员既没有卓越的品行和切实的学问，难以压服士子之心；又很不自重，夸夸其谈，沽名钓誉，结党营私。更有甚者，专心于"公开幸门，明招请托"，在衙门里混日子，等待升官。

由于督学官员如此卑劣，导致士子习气日益败坏，民众虚伪之风越来越滋长。他把风气的败坏概括为一句话:"以驰骛奔趋为良图,以剽窃渔猎为捷径",切中时弊,为了追名逐利而不择手段,甚至剽窃渔猎无所不为。其后果是严重的,士子们平日没有德业,当了官自然没有业绩。这种不良风气混淆了是非界限,奉公守法的官员,上司未必欣赏,还很容易被舆论所诋毁;因循守旧的官员,上司未必罢黜,还很容易博得舆论的赞誉。

所以张居正很感慨地说:"今之从政者,大抵皆然,又不独学校一事而已。"学校有的弊端,官场统统都有,鞭辟入里的洞察力,揭示了政治腐败无所不在的症结。无怪乎他要矫枉过正,实在是积习太深,不过正就不能矫枉。为了矫枉过正,他起草了一个文件,共有十八条,其中第一条最为厉害:

> 今后各提学官督率教官、生儒,将平日所习经书义理,着实讲求,躬行实践,以需他日之用。不许别创书院,群聚徒党,及号召它方游食无行之徒,空谈废业,因而启奔竞之门,开请托之路。

其实是要统一舆论,不许士子在学校里议论政治,对当前的改革说三道四。但是"不许别创书院",只能禁止开设新的书院,原先已有的书院就无可奈何了。张居正不是半吊子改革家,一不做二不休,万历七年(1579)正月,他以皇帝的名义发布诏令:"毁天下书院。"也就是说,全国所有的书院都在禁止、捣毁之列。

这着实是骇人听闻之举,结果全国六十四处书院遭到取缔,许多历史悠久、声名远扬的书院,都在这时寿终正寝。宋代以来蔚然成风的书院,繁荣了学术,培养了人才,为人们津津乐道,居然在张居正手里戛然而止,舆论一片哗然。在张居正的逻辑中,却是理所当然的:目的在于"杜绝聚徒讲授奔竞嘱托之弊"。运用政权的暴力来控制舆论,是先秦法家惯用的手段,后来视法理理论为圭臬的统治者,都把它当作不二法门,张居正也不例外。在他秉政的时候发生的"何心隐事件",进一步印证了这一点。

何心隐,本名梁汝元,江西永丰人。当时王艮创立泰州学派,高举反潮流旗帜,风靡天下,何心隐与之遥相呼应,到处聚徒讲学。这种行为触犯了政府当局的规定——"不许别创书院,群聚徒党";何况他还率性而行,在讲学时讽刺朝政,违反了生员不许议论国事的规定。湖广巡抚根据这些法令,把他逮捕入狱。

这件事情和张居正密切相关。根据《明神宗实录》记载,何心隐"聚徒讲学,讥议朝政",扬言:内阁首辅张居正"专制朝政",他要进入京城,发表言论,把他拉下马。在常人看来,这似乎是书呆子口出狂言,大可一笑了之。张居正似乎有点反应过度,示意有关官员,立即逮捕何心隐。地方官员迎合张居正的旨意,不仅逮捕,而且把他击毙在监狱中。关于他的死,沈德符《万历野获编》写道:

> 时有江西永丰人梁汝元,以讲学为名,鸠聚徒众,讥切时政……江陵(张居正)恚怒,示意其地方官物色之。诸官方居为奇货。适曾光事起(引者按:指曾光"妖言惑众"事),遂窜入二人姓名,谓且从(曾)光反。汝元先逮至,拷死。

当时的离经叛道思想家李贽写了一篇《何心隐论》,对何心隐赞扬备至,对张居正颇多非议:

> 人莫不畏死，公（何心隐）独不畏死，而直欲博一死以成名……公今已死矣，吾恐一死而遂湮没无闻也。今观其时武昌上下，人几数万，无一人识公者，无不知公之为冤也。方其揭榜通衢，列公罪状，聚而观者咸指其诬……非惟得罪于张相（张居正）者，有所憾于张相而云然……而咸谓杀公以媚张相者之为非人也。

曾经当过知府的李贽怎么不明白，聚徒讲学讥议朝政，在当时是违禁之事，这才是何心隐致死的根本原因。

简单地用"好人—坏人"模式是难以解释上述事件的，究竟谁是"好人"谁是"坏人"？任何答案都难以令人心服口服。政治改革实在是一件复杂的事，我们评价政治改革的是非，头脑也应该复杂一些。

三 "不加赋而上用足"：财政经济改革

万历新政是从政治改革入手的，政治改革取得成效之后，转入财政经济改革。张居正认为，企图解决长期积累的"国匮民穷"的老大难问题，非大动干戈不可，必须有得力的官员班子，所以先推行以考成法为中心的政治改革，缔造"有令必行有禁必止"的政治氛围，方才可以触动既得利益集团，而不流于形式。

财政经济困难由来已久，远的姑且不说，嘉靖、隆庆年间国库几乎年年亏空。无怪乎隆庆三年(1569)穆宗皇帝向户部索取银两时,张居正大叹苦经:每年收入不过二百五十余万两,支出却高达四百余万两,亏空一百五十余万两,无从筹措。

万历元年(1573)张居正成为内阁首辅以后,为了摆脱困境,开源节流双管齐下,加强理财的力度。从桑弘羊(汉武帝时代的理财家)的"民不益赋而天下用"的思路出发,提出"不加赋而上用足"的方针。这个方针的可贵之处在于,不必对老百姓增加赋税,也可以使国家财政收入变得充裕。在他看来,高明的政治家为了摆脱连年的财政赤字,应该在理财上下功夫,而不是乞灵于增加赋税。这是"不加赋而上用足"的真谛。

当然,"不加赋而上用足"并不是一句空洞的口号,必须有制度与人事的保障,那就是已经推行的考成法。正如他在写给山东巡抚李世达(渐庵)的信中说:"考成一事,行之数年,自可不加赋而上用足。"也就是说,考成法已经为财政经济改革奠定了基础,具体操作的条件成熟了。手段并不复杂,却是极其强硬的,一是"惩贪污以足民",二是"理逋负以足国"。

什么是"贪污"? 就是化公为私,把国家财政收入据为己有,把国库收入塞入私人腰包,是一个永无底止的大漏洞。不堵塞这个漏洞,企图扭转入不敷出的局面,是一句空话。

什么是"逋负"? 就是逃税、欠税。在那个权大于法的时代,那些有权有势的官僚豪绅,凭借特权逃税、欠税是家常便饭,政府原本应该收上来的赋税,相当大一部分被他们"逃"了、"欠"了。这个漏洞不堵塞,要想改变财政亏空,也是一句空话。

"惩贪污以足民"和"理逋负以足国"两手同时并举,剥夺既得利益者的非法所得,堵塞漏洞,才可以做到"不加赋而上用足"。

在"惩贪污"方面,张居正雷厉风行,明确告诫吏部:"奏报贪吏毋诿纵。"意思是对于贪官污吏必须及时揭发,不得推诿放纵。以下一些事例足以说明他的雷厉风行作风。

——隆庆六年(1572)八月,根据云南巡抚、巡按的揭发,兵科给事中的弹劾,把贪赃枉法的黔国公沐朝弼逮捕,押解北京,交由三法司查办。

——同月,吏部左侍郎魏学曾,因贪污受贿,徇私枉法,革职查办。

——同年九月,江西知县赵佐,贪污国库银子二千多两,被判处死刑。

——万历元年(1573)正月,湖广总兵陈王谟在担任漕运总督期间,"损失"粮食五百万石,实际是用"损失"掩盖的贪污,被撤职查办。

——同年十二月,大同巡抚刘应箕侵吞国库银两,被撤职查办。

......

至于"理逋负",张居正的办法是,把清查出来的拖欠赋税,按照适当的比例,在以后每年的赋税中补缴(称为"带征"),也就是新税与旧欠一并催征。他从户部查明,隆庆元年到万历七年(1567—1579),各省拖欠的赋税超过了一百万两银子,其中最为富庶的苏州府和松江府的拖欠就超过了七十万两,必须分毫不少地征收上来,没有任何通融余地。

这一切必须以不折不扣贯彻考成法为依据。万历四年(1576)七月,张居正写了《请择有司蠲逋负以安民生疏》,向皇帝建议,把明年春季例行的官员考核,和处理逋负、安定民生结合起来。他的思路是:国家要治理,最重要的莫过于安定民生,而安定民生的关键在于政府官员。

经过几年整顿，地方官纷纷自我淬砺，修炼职业操守，但是虚文矫饰的旧习还存在，例如用"剥下奉上"的手段通路子，谋求上级官员的举荐；用苟且草率的态度来逃避职责。因此对于明年春季地方官考察，要求吏部预先调查核实，把"安静宜民"作为"上考"（政绩优异），把"沿袭旧套""虚心伪饰"作为"下考"（政绩低劣）。只有用这种态度才能解决"逋负"问题。

神宗朱翊钧对尊敬的张先生全力支持，当天就向吏部、户部发去谕旨，强调两点：一，近来，地方官虽然颇知奉公守法，但是"虚文粉饰"的旧习没有消除，吏部在考察时，应该把"爱民宜民"者评为最上，凡是"虚文趋谒""剥下奉上"者，务必列为下等；二，拖欠赋税，原来并非小民，尽是势豪奸猾大户"影射侵欺"的结果，以至于正常赋税亏损。在追查大户的"逋负"时，"务使小民得沾实惠"。

"不加赋而上用足"的题中应有之义，还包括紧缩政府和宫廷的财政支出。关于这方面，日本学者岩井茂树的论文《张居正的财政课题和方法》（岩见宏、谷口规矩雄《明末清初期的研究》，京大人文研，1989），概括为以下几点：

——削减南京官员的编制（明初建都于南京，永乐年间迁都北京，南京依然保留庞大的中央政府机构，已经不合时宜）；终止或削减宫廷在江南等地的"织造"项目（为宫廷提供昂贵的优质纺织品）；节约宫廷节庆、宴会开支；暂停大规模营建工程等。

——限制特权阶层的既得利益，例如：限制官僚出行滥用驿站的公费开支；削减驿站的经费；抑制宗室藩王过多支领俸禄；削减生员的定额，减少助学银两的开支等。

——强化户部对财政经济的监管，支持户部尚书王国光的改革措施,对赋税征收簿册进行整理,监督户部下属各司的员外郎、主事等中层官员的出勤与政绩;调查边疆军饷实况,重新制订边疆军饷政策,重视军队屯垦自给,减轻对中央财政的压力;督促地方政府定期向户部报告财政状况,户部在把握全国动态的基础上运营财政。

这些具体措施可以说是一种"微调",大规模的改革,无疑是持续多年的清丈田粮(丈量田亩清理税粮)。

农村的土地问题和赋税问题,令历朝历代的统治者头痛不已。张居正认为,土地兼并不仅带来了土地的集中,还带来了赋税方面的弊端,例如"飞诡""影射""养号""挂虚""过都""受献",这些当时流行的术语,现今的人们已经难以理解,要把它解释清楚并非三言两语可以奏效。不如化繁为简,一言以蔽之,就是"田赋不均",具体说来,即"豪民有田无粮,而穷民无田有粮"(豪绅拥有田地却不承担土地税,而穷民丧失了田地却继续承担土地税)。

解决这个积弊的最佳方法,就是重新丈量田地,确定土地所有权的真实状况,在此基础上,确认税粮的承担者,以及他们所应负担的赋税数量。他对应天巡抚宋仪望说:"来翰谓苏松田赋不均,侵欺拖欠云云,读之使人扼腕……不于此时剔刷宿弊,为国家建经久之策,更待何人?"他原本主张在应天进行"清丈田粮"的试点,考虑到苏州、松江一带情况过于复杂,便把试点选在福建。写信给福建巡抚耿定向的书信中,对他提出的清丈田粮、赈济饥荒、改革驿站三项建议表示赞赏,建议在福建先行"清丈田粮",并且提醒他,清丈的阻力很大,意义也很大,一定要坚持到底,"为闽人立经久之计"。

万历六年(1578)十一月,张居正用皇帝谕旨的形式通令全国,在福建首先进行"清丈田粮",目的在于改变"田粮不均,偏累小民"的状况。具体做法是,由地方政府派员到农村,对每一块田地的所有者进行核对,并且丈量它的实际面积,与原先政府账册登记的情况加以核对,有无虚假、隐瞒。然后根据田地的肥瘠,区分为上、中、下三等,按照实际面积征收田赋,以前逃避、拖欠的田赋清查出来后,必须追缴。因而叫作"丈地亩,清浮粮"。

万历八年(1580)九月,福建的清丈工作完成,清查出隐瞒逃税田地二十三万多亩,是一个不小的数目,这就意味着,在以前相当长一段时间内,二十三万多亩田地被隐瞒,这部分田地应该缴纳的赋税被逃避掉了。

与此同时,张居正在内阁同僚张四维、申时行以及户部尚书张学颜的配合下,把福建"丈地亩,清浮粮"的做法,推行到其他各省,预先声明:"所在强宗豪民敢有挠法者","皆请下明旨切责"。随即颁布"清丈田粮"的政策:

1. 清丈田粮的重点是清查税粮(田赋)是否有隐瞒逃避;

2. 清查工作由各省的布政司衙门总管,由各府州县衙门负责实施辖境内的清丈;

3. 耕地应该区别官田、民田,以及上田、中田、下田,分别制定纳税份额,不得混淆;

4. 清查后,各类田地按照制定的纳税份额缴纳税粮;

5. 清查中,田地所有者如果能够自首历年隐瞒的数字,可以免于追究;如果申报不实,邻居连坐;豪绅大户隐瞒田地实际面积,逃避税粮,严惩不贷。

张居正一再叮嘱封疆大吏要切实办好这件大事。他对山东巡抚说:"清丈之议,在小民实被其惠,而于官豪之家殊为未便。"又说:"清丈事实百年旷举,宜及仆在位,务为一了百当。"他对江西巡抚说:"此举实均天下大政,然积弊丛蠹之余,非精核详审,未能妥当。诸公宜及仆在位,做个一了百当,不宜草草速完也。"

他两次提到"一了百当",希望各地方政府认真对待清丈工作,务求彻底,不得草了了事。他也两次提到"宜及仆在位",提醒地方长官,清丈触动"官豪之家"利益,阻力很大,只有乘他在位之机,凭借他的权力与威望,才能使得这项改革顺利完成。事情的进展也正是如此。

清丈的方式,原则上是百姓自报和政府复查相结合。这是吸取了嘉靖、隆庆年间某些地区局部性清丈的经验后制定的行之有效的方针。那么,当时的清丈又是如何进行的呢?请看隆庆元年(1567)浙江海宁县的事例:把全县三十二都分为三段,每段设置段长二名,每十里设置都长一名,每里设置图长一名,选择殷实、老成、公正人士担任,负责清丈事宜。先由业主把自己的田地清丈一番,把丈量结果上报。然后由政府委派的人员"复丈",每日丈量一丘,在田地中树立木牌,上面写着:某字第几号田丘,系某人得业,东至西若干步,南至北若干步,面积若干。由段长、都长、图长把清丈结果填注成一本手册,送县衙门查考。

万历年间的清丈在此基础上更加细密化。例如:常州府武进县,知县孙一俊于万历十年(1582)丈量该县田地,据万历《常州府志》记载:"每图设立图正、付弓、书算手六名,于该图里排内,佥充清丈。又于空役中佥点黄册书手二名,管造乡总则,于空役粮长内佥免督造。"又如苏州府长洲县,业主自丈之后,政府派员"携册临图复丈",具体做法如康熙《长洲县志》所说:"弓口数目相同,验过等则无异,即与印记'丈验相同'四字于册,以便攒造归户(实征文册）。"

因为有考成法的改革在先，从中央到地方，都把清查的业绩作为考核官员的重要指标，总体上是严肃认真的。少数敷衍塞责的官员，例如松江知府阎邦宁、池州知府郭四维、徽州府同知李好问等，受到留职停薪、将功补过的处分。对于阻挠清查的豪绅大户，严厉打击，决不宽恕，例如建德县豪民徐宗武等阻挠丈量，朝廷立即通报全国，勒令他们把九年拖欠税粮全部补缴，同时对包庇豪民的地方官给予留职停薪的处分。

在强大的政治压力下，清丈田粮从万历八年（1580）持续到万历十一年，在全国各省陆续完成。这项举措的最大成效是，查出了数目巨大的隐匿田地，以及用各种手段逃避的税粮。请看以下两个事例：

——山东巡抚何起鸣万历九年九月报告：查出隐匿田地的数目十分惊人，民地三千六百万亩、屯地二十万亩，相当于原来田地总面积的将近50%。

——江西巡抚王宗载万历九年十二月报告：江西省六十六个州县，查出六百万亩隐匿田地，大约是原来田地总额的30%左右。

这些地区原先由于大量田地被隐匿，一大笔税粮没有着落，不得不用"荒地包赔"等方式蒙混过关。清查出来后，不必加税，这些省份的税粮就可以大幅度增加。看来，"不加赋而上用足"不是一句空话。

就全国而论，清查出隐匿田地一亿八千万亩，与清丈前（万历六年，1578）的田地总额五亿一千八百万亩相比较，增加了35%左右。这35%的耕地并不是凭空冒出来的，也不是新开垦的荒地，而是被隐匿的田地。

毋庸讳言,在传统政治格局中,体制内的任何改革都不可能完善。一方面,这种改革涉及既得利益集团的根本利益,阻力之大是可以想见的。另一方面,张居正把清丈田粮的成绩作为官员考核的依据,也就是说,清丈以后田地面积只许增加不许减少。

　　上有政策下有对策,一些地方官员弄虚作假,把大亩改成小亩,使田地面积在数目字形式上有所增加;或者是"缩弓取盈",缩小丈量用的弓尺,把九寸、八寸当作一尺,使田地面积虚拟化增加。因此清丈后增加的面积不可避免含有"水分"。

　　尽管如此,清丈的成绩是有目共睹的。万历《沧州志》说:"清丈之后,田有定数,赋有定额,有粮无地之民得以脱虎口矣。"天启《海盐县图经》说:"吾乡田地丈量以后,经界既正,润色无难。若于每册推收过割之年,清查在册总撒,抽对旧籍之号数,无心差误者听改,有意裁除者必罪,尚可支持四五十年,不至于太紊。"

　　更加值得重视的是,在清丈的基础上重新编制(或修订)鱼鳞图册,加强了政府对田地的控制。例如:常州府万历十年(1582)清丈后,随即编造了鱼鳞图册,每乡每都以四境为界,境内田地分为丘,丘与丘紧相挨接,绘成图册。无论官田、民田、高地、圩田、腴田、瘠田、山地、湖荡,都一一注明。每一块田地都写明业主姓名、年月、买卖状况。明确业主产权的同时,也保证了田赋不至于落空。当地人这样评说:"人虽变迁不一,田则一定不移,是之谓'以田为母,以人为子',子依乎母而的的可据。"

　　情况表明,万历清丈后编制的鱼鳞图册,比洪武时期的鱼鳞图册更为完备。因此它在清丈后的几十年中,都是民间田地买卖的凭证。正如万历三十九年海盐县知县乔拱璧所说:"鱼鳞册乃原丈之粮,其中号段,卖者照此号而除,买者照此号而收,号内有分收若干者,俱照除注明。"

至于财政经济改革的另一方面,即一条鞭法的推广,前面已经有所提及,此处不再赘述。

总而言之,财政经济改革的成效是显而易见的,最明显的标志就是财政赤字的消失。《明实录》说,中央政府的仓库里面储存的粮食几年都吃不完,积余的银子达到四百万两。万历时期成为明朝最为富庶的一段时光,绝不是偶然的。"万历三大征",即万历二十年(1592)前后出现的三大战争——平定宁夏叛乱、东征御倭援朝、平定播州叛乱,假如没有坚实的财政基础,是难以想象的。

四 "工于谋国,拙于谋身"

万历十年(1582)六月二十日,张居正病逝,享年五十八岁。辉煌的张居正时代悄然落幕。张居正去世,使得司礼监掌印太监冯保失去了有力的盟友,倒台是指日可待的。司礼监秉笔太监张鲸为皇帝秘密策划了除掉冯保的计划,并且把这一信息传递到宫廷外面,造成舆论。

十二月初八,御史李植弹劾冯保十二条罪状,措辞非常严厉,"司礼监掌印太监冯保,狠毒异常,奸贪无比,窃弄威福,包藏祸心",应该和他的亲信张大受、徐爵一并处死。收到这份奏疏,皇帝当天就发出朱批:"冯保欺君蠹国,罪恶深重,本当显戮,念系皇考付托,效劳日久,姑从宽,着降奉御,发南京新房闲住。"虽然罪恶深重,却并不处死,让他到南京去养老;虽然抄没了巨额家产,却赏赐一千两银子、两箱衣服,供他颐养晚年。皇帝的这种处理方式,一方面反映了不忍心处死这位从小形影不离的"大伴";另一方面着意向外界释放明确的信息,清算张居正的时机成熟了。

朝廷一下子失去了两个令人望而生畏的铁腕人物,昔日张居正一手提拔进内阁的张四维、申时行,为了摆脱阴影,千方百计与张居正划清界限,推波助澜。长期受到压抑的言官如释重负,那些受到打击的官员,迅速反弹,掀起否定张居正的汹涌浪潮。

十二月十四日,御史杨四知弹劾张居正十四条罪状,正中皇帝下怀:已经亲操政柄,如果不把"威权震主"十年之久的张居正的威权打掉,何以树立自己的威权!尽管杨四知的奏疏写得空洞无物,却提供了一个绝佳的口实,皇帝朱翊钧用朱批的方式发泄郁结心中的怨恨:

> 居正朕虚心委任,宠待甚隆,不思尽忠报国,顾乃怙宠行私,殊负恩眷。
>
> 念系皇考付托,待朕冲龄,有十年辅佐之功,今已殁,姑贷不究,以全始终。

其实所谓"姑贷不究"不过是官样文章,并非真的"不究",他在等待弹劾的逐步升级。

既然皇帝已经谴责张居正"怙宠行私",言官们心领神会,御史孙继先上疏,不仅批判张居正,而且请求为反对张居正而遭到惩处的余懋学、傅应祯、王用汲、吴中行、赵用贤、艾穆、沈思孝、邹元标等人平反昭雪,重新启用。朱翊钧为了把"威权震主"的影响清除干净,接受了这一主张,甚至不惜自我检讨以前的错误:"朕一时误听奸恶小人之言，以致降罚失中。"这里所说的"奸恶小人"，当然非张居正莫属了。皇帝的这种姿态，刺激了反张浪潮的高涨，弹劾奏疏如同雪片般飞向乾清宫。

待到言官无中生有地诬陷张居正"隐占废辽府第田土"，朱翊钧便彻底否定先前崇敬备至的张先生："张居正诬蔑亲藩，侵占王坟府第，钳制言官，蔽塞朕聪……专权乱政，罔上负恩，谋国不忠，本当断棺戮尸，念效劳有年，姑免尽法追论，伊属张居易、张嗣修、张顺、张书都着永戍烟瘴地面，永远充军。"然后派遣司礼监太监张诚和刑部侍郎丘橓查抄江陵的张府，他的长子张敬修受不了折磨，上吊自杀。功勋卓著的张居正竟然落得这样的下场，值得人们深长思之。

万历元年至万历十年（1573—1582）担任内阁首辅的张居正，本着"综核名实，信赏必罚"的原则，力挽狂澜，大刀阔斧雷厉风行地革故鼎新，开创了万历新政，成效卓著。这是有目共睹的，甚至持不同政见的人也赞誉有加。人称"异端之尤"的李贽，由于好友何心隐之死，怀疑是张居正指使地方官下手的，因而对他耿耿于怀。但是，在张居正死后遭到不公正待遇时，出于学者的正直本心，感慨系之地说出了一句极有分量的话："江陵（张居正）宰相之杰也，故有身死之辱。"在赞誉他是"宰相之杰"的同时，为他的"身死之辱"忿忿不平。既然是"宰相之杰"，何以会有"身死之辱"？

朱翊钧即位时还是一个十岁的孩子，皇太后把朝政交给张居正的同时，也把教育小皇帝的责任交给了他。因此张居正身兼二职：首辅与帝师。小皇帝一切都仰赖张居正辅佐，他对这位身材颀长美髯及胸的长者既敬重又畏惧。一次明神宗在读《论语》时，误将"色勃如也"之"勃"读作"背"音，张居正厉声纠正："当读作勃字!"声如雷鸣,吓得神宗惊惶失措,在场的官员无不大惊失色。他的生母——慈圣皇太后配合张居正的调教,在宫中对神宗严加看管,动辄谴责:"使张先生闻,奈何!"如此这般,在小皇帝心目中已经留下不可磨灭的印象:"威权震主!"

沈德符《万历野获编》谈到张居正时,这样说:"宫府一体,百辟从风,相权之重,本朝罕俪,部臣拱手受成,比于威君严父,又有加焉。"所谓"宫府一体",就是内宫皇帝与外朝政府的事权集于一身,因此成为有明一代权力最大的内阁首辅。这一点,张居正坦然承认,经常对下属说:"我非相,乃摄也。"意思是我在代帝摄政,不同于一般的丞相(首辅)。如此权势显赫,官员们当然要把他比作"威君严父",拍马谄媚唯恐不及,阿谀奉承之徒甚至向他赠送黄金制作的对联,上面写道:

> 日月并明万国仰大明天子,
> 丘山为岳四方颂太岳相公。

张居正号太岳,把太岳相公与大明天子相提并论,是有僭妄嫌疑的,张居正却安之若素,流露出"我非相,乃摄也"的心态。万历六年(1578),张居正离京回乡安葬亡父,一路上摆出"我非相,乃摄也"的架势,排场显赫,不仅有尚宝少卿和锦衣卫指挥使等官员护送,还有戚继光派来的保镖卫队,而且他乘坐的轿子是真定知府钱普特意赶制的,被人称作"如同斋阁"的庞然大物。它的前半部是起居室,后半部是卧室,两旁有走廊,童子在左右侍候,为之挥扇焚香。如此构造的轿子当然不是八个人能扛起来的,必须由三十二个轿夫才抬得动。这样的排场,比皇帝出巡有过之而无不及。难道张居正没有考虑到"威权震主,祸萌骖乘"吗?

他是精明的政治家,当然会有所考虑。在回到江陵老家安葬亡父时,一天之内收到皇帝三道诏书,催促他早日返回京师,显示了他在皇帝心目中须臾不可或缺的地位。湖广地方官以为是乡梓的无上光荣,特地建造"三诏亭",以资纪念。此时此际,张居正想到的是骑虎难下之势,在给湖广巡按朱琏的信中谈起"三诏亭",写下了一段意味深长的话:

> 作三诏亭,意甚厚,但异日时异事殊,高台倾,曲沼平,吾居且不能有,此不过五里铺上一接官亭耳,乌睹所谓三诏哉!盖骑虎之势自难中下,所以霍光、宇文护终于不免。

处在权势顶峰的张居正,居然在担忧,一旦形势变化,连居所都成问题,三诏亭对他还有什么意义呢?熟读历史的他,已经敏感地联想到历史上"威权震主"的霍光和宇文护的前车之鉴。

霍光受汉武帝遗诏辅佐年幼的汉昭帝,任大司马大将军,封博陆侯。汉昭帝死,他迎立昌邑王刘贺为帝,不久又废刘贺,迎立刘询为汉宣帝。他前后摄政达二十年之久,汉宣帝把他视作芒刺在背。他死后,阴谋告发,妻子及家属多人被处死,当时盛传:"威震主者不畜,霍氏之祸萌于骖乘。"这就是"威权震主,祸萌骖乘"一语的出典。

宇文护的情况有所不同。他在西魏时任大将军、司空,继宇文泰执掌朝政,拥立宇文觉,建立北周,自任大冢宰,专断朝政,废宇文觉,另立宇文毓,又立宇文邕(周武帝)。最终被宇文邕处死,原因就是"威权震主"。

张居正联想到霍光和宇文护的下场,不免有些惶恐,深感"高位不可以久居,大权不可以久窃"。就在万历八年(1580)三月,他向皇帝提出"乞休"请求,在恳切的言辞中蕴含的,既是一种政治姿态,也是一种自谋策略。

皇帝没有回音,两天后他再次上疏"乞休",流露了虽然身居高位却忧心忡忡的心境:"惴惴之心无一日不临于渊谷。"——每天都如临深渊如履薄冰。既然皇上不同意"乞休",不得不稍加变通:只是请假,并非辞职,国家如有大事,皇上一旦召唤,朝闻命而夕就道。

神宗有点犹豫了,以他的早熟和敏感,不可能不曾意识到张先生的"威权震主",也并非不想早日亲操政柄,只是如此重大的人事更动他做不了主,得请示自己的母亲。出乎意料的是,慈圣皇太后的态度很坚决,执意挽留张先生,对儿子说了这样一段话:

> 与张先生说,各项典礼虽是修举,内外一切政务尔尚未能裁决,边事尤为紧要。张先生受先帝付托,岂忍言去!待辅尔到三十岁,那时再作商量。先生今后再不必兴此念。

皇太后如此明白无误地下达"懿旨",是没有商量余地的,使得神宗颇为尴尬,在母后眼里自己还是一个孩子,没有裁决政务的能力。所谓"辅尔到三十岁"云云,似乎意味着张先生一日不死,亲政便一日无望。

物极必反,神宗对张先生由敬畏至怨恨的转变,这是一个重要的契机。对于张居正而言,既然皇太后已经发话,今后不必再兴"乞休"的念头,只得继续惴惴不安地勉力支撑。他在给亲家——

刑部尚书王之诰的信中透露了这种心情：

> 弟薄德厚享，日夕栗栗，惧颠踬至遗及耳。顷者乞归，实
> 揣分虞危，万非得已。且欲因而启主上以新政，期君臣于有
> 终。乃不克如愿，而委任愈笃，负载愈重，羸弱之躯终不知所
> 税驾矣，奈何，奈何！

"骑虎难下"的无奈心情溢于言表。在他权势最显赫，事业最鼎盛
的时候，担心中途颠踬，并非矫情。果然，在他死后遭到了报复。
问题的要害就在于"威权震主，祸萌骖乘"。

《明神宗实录》的纂修官洞察了这一点，他们给张居正写的"盖
棺论定"还算平直公允，一方面肯定他的功绩："海内肃清，四夷詟
服，太仓粟可支数年，闾寺（太仆寺）积金至四百余万。成君德，抑
近幸，严考成，综名实，清邮传，核地亩，询经济之才也"；另一方面
也指出他的过失，尽管过不掩功，也足以使他陷入无法摆脱的
困境：

> 偏衷多忌，小器易盈，钳制言官，倚信佞幸，方其怙宠夺情
> 时，本根已断矣。威权震主，祸萌骖乘。何怪乎身死未几，而
> 戮辱随之。识者谓：居正功在社稷，过在身家。

最后一句话尤其值得注意："居正功在社稷，过在身家。"这实在是
一个难以理解的矛盾，关键在于皇帝对他由宠信到反感的转变，根
源就是"威权震主，祸萌骖乘"。任何独裁者都不能容忍首席大臣
"威权震主"，这就铸成了他的悲剧。悲剧的表现形式是"功在社

稷,过在身家",关于这一点,海瑞说得很深刻:"居正工于谋国,拙于谋身。"

为什么"功在社稷"的人会"过在身家"? 因为他"工于谋国,拙于谋身"。万历时期担任礼部尚书、内阁大学士的于慎行对此有入木三分的辨析:

> 万历初年,江陵(张居正)用事,与冯珰(冯保)相倚,共操大权,于君德挟持不为无益。惟凭借太后,携持人主,束缚钤制,不得伸缩。主上圣明,虽在冲龄,心已默忌,故祸机一发不可收。世徒以江陵摧抑言官、操切政体为致祸之端,以夺情起复、二子及第为得罪之本,固皆有之,而非其所以败也。江陵之所以败,惟操弄之权钤制太过耳。

所谓"操弄之权钤制太过",是对皇帝而言的,讲得直白一点,就是"威权震主"。帝制时代,"威权震主"的必然结局,一定是"祸萌骖乘"。

明神宗为了打压"威权震主"的张居正,制造了一场冤案,留给他的子孙去平反。天启二年(1622),明熹宗给张居正恢复原官,给予祭葬礼仪,张府房产没有变卖的一并发还。崇祯三年(1630),明思宗恢复张居正后人的官荫与诰命。时人评论道:王朝走向末路时,皇帝"抚髀思江陵而后知,得庸相百,不若得救时相一也"。人们有感于此,在江陵张居正故宅题诗抒怀:

> 恩怨尽时方论定,
> 封疆危日见才难。

第七讲
耶稣会士与西学东渐

地理大发现后的全球化进程,不仅表现在经济上,而且表现在文化上。以耶稣会为代表的教会向世界各地派出传教士,在传教布道的同时,传播文艺复兴以来的欧洲科学文化。晚明时期进入中国的耶稣会士,通过澳门这个中西经济文化交流的窗口,为中国人带来了耳目一新的天主教教义的同时,也带来了西方先进的科学技术与文化,使得中国在文化上融入世界。这样的西学东渐,耶稣会士功不可没。以往中国的政治界、学术界由于众所周知的原因,对他们的否定性评价是不客观不公正的。这种倾向的余波,至今仍未完全消失,这也使得本课题的学术价值具有了现实意义。

一 耶稣会士的东来:利玛窦的前辈

欧洲在文艺复兴的后期发生了与它相呼应的宗教改革,文艺复兴与宗教改革有着内在的密切联系。两者都是破坏 14 至 15 世纪现存秩序的个人主义强大潮流的产物;两者都有着类似的经济背景——资本主义的发展和资产阶级社会的形成;两者都有着回归早期根源的性质,一个是回到希腊、罗马的文学艺术成就,另一个是回到《圣经》和早期基督教教义。

如果没有耶稣会士的活动,天主教改革不可能像已经发生的那样彻底、成功。

耶稣会的创始人是巴斯克地方一个西班牙贵族——依纳爵·德·罗耀拉(1491—1556)。1534 年,他在一群虔诚教徒的帮助下,创立了耶稣会。《耶稣会章程》指出:罗马教皇无论是现在还是将来命令我们去办任何旨在净化灵魂和宣扬教义的事情,我们一定去执行,决不欺诈和推诿。得到教皇庇护三世批准的耶稣会,是 16 世纪宗教狂热所产生的最富有战斗性的修行团,也是一个宣誓保卫信仰的战士组织。耶稣会士们并不满足于守卫信仰的阵地,而是致力于把信仰传播到地球的遥远角落:非洲、日本、中国、南北美洲。罗耀拉主张传教要兼顾原则性与灵活性,提倡"入乡随俗",以后进入中国的耶稣会士都遵循他的"入乡随俗"方针,贯彻宽容精神,尊重文化的多样性。这是耶稣会士取得成功的重要原因。

澳门不仅是中外贸易的枢纽港口,而且是中外文化交流的通道,耶稣会士进入中国,几乎无一例外地把这个对外开放的港口作为落脚点。于是乎澳门成了耶稣会向中国传教的基地。1562 年,澳门已有三座简陋的教堂,拥有 500 名天主教徒,隶属于马六甲教区。1567 年,罗马教廷颁布谕旨,成立澳门教区,负责远东地区的传教事务。欧洲的耶稣会士前来中国传教,总是先到澳门,寓居三巴寺(圣保禄教堂),在那里研讨传教的方法、学习中文。耶稣会士认识到,要想把天主教传播到中国,自己必须首先成为"中国人"。第一关就是学习中文。澳门为此提供了条件,他们利用类似于"葡汉辞书"的葡萄牙语和汉语的对照语汇集,以及标注罗马字的"宾主问答私拟",练习会话。

(一) 沙勿略神父:向中国传教的创始者和发起人

第一个来到中国的耶稣会士是方济各·沙勿略(1506—1552),他在罗耀拉精神感召下,参与了创建耶稣会的活动。1540 年,他接受葡萄牙国王的派遣,前往东方传教,两年后抵达印度的果阿,开始了传教生涯。以后他去了马六甲,见到了来自中国的商人,了解有关中国的一些情况,促使他前往日本、中国进行"学术传教"。在日本的传教活动使他领悟到,必须用当地的语言与当地人接触,做到"入乡随俗"。日本人告诉他,他们的老师和宗主是中国人,这使他认识到,要使日本皈依基督,必须首先使中国皈依。因此沙勿略建议东印度群岛的葡萄牙总督委派使节前往中国,他本人作为教廷代表一同前往。由于马六甲的葡萄牙总司令反对派遣大使,沙勿略只得用偷渡的方式进入中国,登上了广东沿海的上川岛。《利玛窦中国札记》(广西师大,2001)写道:

> 上川是一个离中国海岸约 30 海里的荒芜岛屿。当时它是葡萄牙人和中国人贸易点的所在,只有一片用树枝和稻草胡乱搭成的茅屋。沙勿略到这里时,一心想着他的远征,他马上到葡萄牙和中国商人中间去,询问有什么法子可以进入中国的城市。他获悉,通往大陆的每条道路都被警卫封锁和防守着,外国人要登陆是不可能的。事实上,已有极严厉的布告禁止外国人入境,也禁止当地人协助他们这样做。他一点没有被这种威胁所吓倒,但既没有别的方法入境,他就公开表示要用种种办法偷渡,而且一旦入境,就直接投到当地官员那里,宣布他的使命。

他与一位中国商人商量好,送他去大陆。这位商人并未兑现诺言。沙勿略在这个荒凉的小岛上病倒了,得不到药物治疗,又缺乏食物,终于在 1552 年 12 月 3 日病逝于此。虽然他的愿望没有实现,但是把传教重点放在中国的主张,被后继者认同,得以贯彻,赢得了后继者的高度评价。利玛窦称沙勿略是"这次传教的创始者和发起人",他说：

> 最初的想法和实现它的最早的努力都是他的,他的死亡和葬礼导致了传教的最后成功,这一情况证明他对创始者和奠基者的称号是当之无愧的。我们深信,当他向他的同道打开中国的大门时,他从他在天国的地位所成就的事业,远超过他在人间奋斗一生中出于热忱所产生的影响。沙勿略是第一个耶稣会士发觉了这个庞大帝国的无数百姓是具有接受福音真理的资质的,他也是第一个抱有希望在他们当中传播信仰的人。

（二）范礼安神父：中国传教事业之父

被利玛窦誉为"中国传教事业之父"的范礼安（1539—1606），在东方传教 32 年，在中国和日本 11 年，直到 1606 年病逝于澳门，他对中国的传教事业倾注了毕生精力。马拉特斯塔（Edward Malatesta）《范礼安——耶稣会赴华工作的决策人》（澳门文化司署《文化杂志》,21）引述利玛窦《耶稣会进入中国之努力》，回顾向中国介绍天主教义所作的种种努力时首次提到了范礼安。他说，正是范礼安重新恢复了进入中国的努力，而这种努力由于与日俱增的阻力几乎已处于"半放弃"状态。1578 年他首次来到澳门时，就深知"中国是个秩序井然的高贵而伟大的王国，相信这样一个聪隽而勤劳的民族决不会将懂得其语言和文化的有教养的耶稣会士拒之门外的"。于是范礼安决定指派若干神父到澳门学习中文。

这样才有罗明坚与利玛窦的到来。

在罗明坚与利玛窦的配合下,范礼安完成了《圣方济各·沙勿略传》,它的第三章题目叫作"论中国奇迹",强调中国是一个"文明之邦",有着与西方文明完全不同的文化,是西方文化以前所不知道的:

> 中国可说是与东方其他王国都不一样,它还要超过它们;这是整个东方最重要最丰富的事物,它在若干方面,例如富饶、完美方面,都非常与欧洲接近,在许多方面犹有过之。

他列举了七大优越之处:1. 它是单独一个国王统治的领土最辽阔的国家;2. 它是人口最多的国家;3. 全世界没有哪个国家比它更富饶更丰衣足食;4. 物产之丰富似乎没有哪个国家可以相比;5. 似乎没有哪个地区比得上中国山川壮丽、国泰民安;6. 居民是世界上最勤劳的;7. 中国在已发现的国家中是最和平、治理得最好的国家。他也指出,要把耶稣基督的信仰引入中国绝非轻而易举,因为"大门关得紧紧的,对于上帝的一切也闭目塞听,那些官吏根本不肯同外国人有任何交往,它们对一切国家都极为藐视"。

正如西比斯(Joseph Sebes)《利玛窦的前辈》(澳门文化司署《文化杂志》,21)所说,范礼安是一个以开放思想看待每一样事物的人。当他初到印度时,就决定尽可能去了解每一样关于中国的事情。他在写给耶稣会大主教的信中指出,进入中国的方法要与其他国家有所不同。他相信,中国人尊重学问,而且愿意用明智的方式聆听任何陈述,这一点可以用来打开他们的心扉。据此,他认为,所有派往中国传道的人,都必须学会读写和讲中国语言,以及熟悉中国文化和风俗习惯。他把罗明坚、利玛窦派往中国,并且派遣麦安东、孟三德、石方西等神父以及中国修士黄明沙、钟鸣仁去协助罗明坚、利玛窦。

(三)罗明坚神父:中国传教事业的实际开创者

1578年,罗明坚被派往果阿,开始传教士生涯;次年前往澳门。这时范礼安已经去了日本,行前指示罗明坚,为传教事业做艰苦的准备工作。罗明坚满腔热忱地开展工作,埋头学习中文,用中文编写传教书籍:《天主十诫》《圣贤花絮》《信条》《要理问答》等。在两名中国译员的帮助下,把儒家四书之一的《大学》翻译成拉丁文。为了打开局面,他每年两次随同参加广州交易会的葡萄牙商人进入广州。1582年,驻节肇庆的两广总督陈瑞召见澳门的耶稣会士,商谈他们的传教请求。罗明坚和巴范济前往肇庆,为了获得好感,它们把教士服饰换成中国和尚的服饰。经过两次挫折后,终于获得两广总督的批准,可以在肇庆建造教堂和住宅。毫无疑问,这是一个巨大的突破。利玛窦把这一突破称为"向中国人传教的开始",他说:

> 像这样一种突如其来的转变,只能归之于上帝的恩典,而不能归之于人类的功绩。我们丝毫不认为它是我们的成就……就在最近,总督本人还在公开文件中不赞成我们的事业,毫不含糊,而且本地的长官甚至不愿看见神父。但上帝是无可否认的,上帝管辖着时间和时刻,上帝自古以来就规定了这个民族要接受他的光明。

1582 年 9 月,罗明坚和利玛窦在中国使者的护送下,从澳门前往肇庆。耶稣会士在中国的传教工作,由澳门阶段进入肇庆阶段,是一个划时代的转折。在肇庆期间,罗明坚在利玛窦的协助下,把写了四年之久的《天主圣教实录》,在广州印刷出版。这是西方传教士第一部用中文宣讲教义的著作,借用了一些儒家至理名言,适应中华文明的价值观念、道德规范。

1588 年,范礼安派遣罗明坚到罗马去汇报传教情况,并请求教皇派遣正式传道团到中国。由于教皇的去世,此事未能列入议事日程。罗明坚因为健康状况不佳,再也不能回到中国,1607 年在家乡与世长辞。

二 利玛窦神父的"本土化"传教活动

利玛窦(1552—1610)出生于意大利马塞拉塔城时,正是沙勿略去世的那一年。1568 年,他前往罗马大学学习法律,兼修天文、数学、哲学、神学,师从著名数学家克拉维斯攻读欧几里得几何学、物理学、天体力学、地图学和机械学。有了这些学养,他日后才有可能把这些学科的代表作翻译成中文。在此期间,他加入了耶稣会,在耶稣会神学家的指导下,学会了如何解释教义,为以后出色的传教奠定了基础。1577 年,他成为印度耶稣会传道团成员,次年前往果阿,在圣保禄学院任教,1580 年成为神父。1582 年,他应范礼安之召来到澳门,次年,他和罗明坚成功地在广东肇庆站稳脚跟。从此再未离开中国,为中国传教事业贡献了他的一生。

利玛窦在中国传教活动成功的关键在于，努力使天主教本土化，把天主教教义与中国儒家学说相结合，谓之"合儒""补儒""趋儒"，尽量中国化。他一度剃去头发穿上僧服，以后接受瞿太素的建议，脱去僧服，换上儒服。为了"本土化"，他不惜修改教规，默认祖先崇拜，以《圣经》附会"四书五经"，博得中国士大夫的好感与尊敬。他了解士大夫在中国社会的地位与影响，要得到他们的认可，自己必须首先熟悉儒学。在肇庆、韶州逗留的十五年里，他埋头钻研儒家经典，流畅地背诵，令士大夫惊讶万分，尊称他为"西儒利氏"。

方豪《明末清初天主教比附儒家学说之研究》(《台湾大学文史哲学报》，11)对此有精深的分析：一个宗教，要从发源地传播到其他新地区去，如果它不仅希望能在新地区吸收愚夫愚妇，并且也希望获得新地区知识分子的信仰，以便在新地区生根，然后发荣滋长，那么，它必须先吸收当地的文化，迎合当地人的思想、风俗、习惯；第一步也是最重要的一步，是借重当地人最敬仰的一位或几位先哲的言论，以证实新传入的教义和他们先辈的遗训、固有的文化是可以融会贯通的，是可以接受的，甚至于还可以发扬光大他们原有的文化遗产，那就更受新传教区人民的欢迎了。

方豪引证了许多利玛窦"比附儒家"的自白，其中尤为坦诚恳切的，莫过于《复虞铨部书》(给吏部官员虞淳熙的复信)。在这封信中，利玛窦明确表示，他之所以崇儒，是因为儒家合于天主教。他身体力行，从生活方式、观念表述方式、道德规范、礼仪四个方面，推行天主教的本土化；接受中国人的礼节、饮食以及服饰打扮；利用中国古典著作中的"上帝"，和"天主"划上等号；尊敬孔子，允许祭祀祖先与孔子。

利玛窦的第一本中文著作《交友论》，把西洋名贤的交友格言翻译成中文，介绍给中国人，把天主教教义引入儒家人伦领域。最早结识他的瞿太素在《大西域利公友论序》中，对此赞誉有加："以我华文，译彼师授，此心此理，若合契符。"他的另一位朋友冯应京《刻〈交友论〉序》也说，"视西泰子（引者按：西泰子指利玛窦）迢遥山海，以交友为务"，"而益信东海西海此心此理同也"。

利玛窦花了近十年时间用中文撰写的《天主实义》，毫无疑问是一本宣扬天主教教义的著作，据他自己所说，其宗旨是"首先它证明了只有一个上帝，他创造了和治理着万物"。但是利玛窦注意到与儒家思想的协调，特别援引儒家经典中的字句，论证西方的"天主"就是中国的"上帝"，说："吾天主，乃古经书所称上帝。"他把基督概念中的"爱"与儒家的"仁"等同，说"仁"的意思可以这样表达：爱上帝重于爱其他事物，爱别人如爱自己。他解释把天主教教义与儒家学说相比附的目的在于："八万里而来，交友请益，但求人与我同，岂愿我与人异！"

这种求同存异的态度，获得了中国士大夫赞许。冯应京为《天主实义》所写的序言，高度赞扬道："是书也，历引吾六经之语，以证其实，而深诋谭空之误。"徐光启也说，他读了《天主实义》，没有发现天主教与儒学有任何抵触之处："百千万言中，求一语不合忠孝大旨，求一语无益于人心世道者，竟不可得。"

显然，利玛窦没有向儒家道德体系中的伦理亲情挑战，恰恰相反，他主张利用天主教教义来完善儒家思想。徐光启把这种做法概括为"易佛补儒"，意思是取代佛教的偶像崇拜，完善士大夫的行为准则。利玛窦的传道证明，他确确实实是"道"的诠释者，不过这是基督之"道"，使他成为崇拜偶像的和尚的敌手。他对儒教却不加挑剔,反而赞扬,尤其是他们的伟大的哲学家孔夫子。他习惯于穿着儒服到处走动,这对于一个外国人是非同寻常的事,因而得到士大夫赞许和敬仰,其传教活动也因此获得瞿太素、冯应京、徐光启、李之藻、杨廷筠等知名人士的热烈响应,先后受洗皈依耶稣基督;也因此而得到沈一贯、曹于汴、冯琦、李戴等官僚的支持,使他能够破天荒地进入北京,并且在北京建立教堂,直至病逝于此。

《利玛窦中国札记》详细描述了进入北京的情况。利玛窦沿运河北上,在临清得到税关太监马堂同意,答应为他将进京朝见皇帝呈献贡品之事报告皇帝。

万历二十八年十二月五日(1601年1月8日)明神宗批阅了马堂的奏疏及所附贡品清单,问道:"那座钟在哪里? 我说,那座自鸣钟在哪里?"近侍太监答道:"陛下还没有给太监马堂的信回话,外国人怎么能够未经陛下许可就进入皇城呢?"于是明神宗便在马堂的奏疏上批示:"方物解进,(利)玛窦伴送入京。"半个月后,利玛窦经由天津进入北京,三天后向明神宗提交"奏疏"并进献贡品。这份"奏疏"经过吏科给事中曹于汴的润饰,格式和语气完全是中国式的:

大西洋陪臣利玛窦谨献土物于皇帝陛下:

臣本国遥远,从来贡献不通,逖闻天朝之声教文物,窃愿沾被余溉,终身为氓,始为不虚此生。因此辞离本国,航海远来,时历三年,路经三万余里,始达广东。语言未通,有同暗哑,因僦居而习华文,淹留于肇庆、韶州府,垂十五年,颇知中国古先圣人之学,于经籍略能记诵,而通其诣。乃复越岭,由江西至南京,又淹留五年。伏念堂堂天朝且招徕四夷,遂奋志努力,径趋阙庭。谨以天主像一幅、天主母像二幅、天主经一

254

本、珍珠镶嵌十字架一座、报时钟二架、《万国图志》一册、西琴
一张,奉献于御前。

明神宗的反应如何,明朝官方文献没有记录,《利玛窦中国札
记》却说得很具体:"当皇帝看到耶稣受难十字架时,他惊奇地站在
那里高声说道:'这才是活神仙。'尽管这是中国人一句陈词老调,
他却无意中说出了真相。这个名词在中国至今仍用于耶稣受难十
字架,而从那时起,神父们就被称为给皇帝带来了活神仙的人。"

他还说,几天之后,皇帝派人向神父们询问有关欧洲的每一件
事情:风俗、土地的肥沃、建筑、宝石、婚丧,以及欧洲的帝王们。
受皇帝指派的太监向神父们学习操作自鸣钟的三天时间还没有过
去,皇帝就迫不及待地命令把钟搬到他那里去。皇帝一直把这个
小钟放在自己面前,喜欢听它鸣时。皇帝陛下不仅对新奇的自鸣
钟着迷,还想看看其他礼品,也想看看送礼的异国人。然而他不敢
破坏规矩,并未召见神父们,而是派画师去画神父的等身像,把画
像拿给他看。由于皇帝对耶稣会士的好感,利玛窦等人受到了身
居高位的太监的宴请和拜访。

明神宗不但拒绝了礼部要求驱逐传教士的请求,而且还允许
他们在北京居留。利玛窦写了一份奏疏,希望皇帝在京城内拨给
他们一个安居之所,皇帝虽然没有书面批复,却让太监口头通知利
玛窦,可以放心地住在京城,以后还可以每四个月领到一笔津贴。

皇帝的宽容态度,影响了高级官僚,为利玛窦在北京居留和传
教提供方便。经过刑部尚书萧大亨介绍,利玛窦结识了新任礼部
尚书冯琦。管理外国人是礼部的职责,冯琦批准了耶稣会士在京
城的合法身份,消除了任何干扰之忧,他还下令,把皇帝批准的米

粮与补助金按规定发给他们。吏部尚书李戴也成为利玛窦的好朋友，两人经常讨论对来世的畏惧和希望。几年之后，利玛窦把他与冯琦、李戴的谈话写成一本书——《畸人十篇》。

利玛窦的成功，不仅为他在北京传教，而且为他传播西方科学文化，创造了极佳的条件。

1610年5月3日，外出访客返回教堂的利玛窦，头痛得厉害，他病倒了。熊三拔神父到他的卧室去探望，只见他正在扪心自问：是巴不得工作就此结束，去和上帝同乐呢？还是撇下传教团、神父和修士们，而遗恨终生呢？

人们给他请来了京城首屈一指的名医，诊断为轻度的时疫，开了一剂汤药。然而病情丝毫不见好转。神父们又请来六位名医会诊，依然不见起色。5月8日，他向熊三拔神父举行忏悔仪式，回顾一生。5月9日，神父们拿来临终圣餐，他挣扎着起床，跪下来接受，尽情倾诉，涕泪俱下。5月10日晚上，他清醒过来，要求为他举行临终"圣油礼"，和教友们一起祈福。他留给世界的最后一句话：我为你们敞开功德之门，但也有艰苦和磨难。次日，他端坐在床上，面容安详地亲吻十字架和耶稣会创始人罗耀拉的画像，慢慢闭上了眼睛，似乎陷入了沉思，又似乎熟睡了一般。就这样，他把自己的灵魂交还了造物主。

这就是利玛窦离开人世的时间：1610年5月11日晚上7点。1552年10月6日出生的他，享年五十八岁。

丧礼举行了四天，前来吊唁的人络绎不绝，异口同声地赞扬他的圣洁。天主教徒画家游文辉为他画了像。后来，这幅画像带回罗马，和罗耀拉、沙勿略的画像一起，在耶稣会教堂供人们瞻仰。

在教友们的申请和高官的支持下，明神宗赏赐他一块坟地，人们在平则门外的二里沟修建了颇有气派的墓园。为信仰献身的科学家传教士利玛窦,长眠在故国万里之外的中国大地,真正成为一个名副其实的"世界公民"。至今我们仍可在北京三塔寺看到利玛窦墓,墓碑保存完好;他所创建的天主教堂也巍然屹立在原址。每一个来到这里瞻仰的人们,缅怀这段中西文化交流佳话,永远不会忘记一个名字:Matteo Ricci。

三 西方科学文化的传播

利玛窦在中国传教的成功,固然得益于"本土化"策略,但更重要的是在传教的同时带来了欧洲的先进科学文化,令当时的知识阶层耳目一新。西学的魅力深深吸引一批正在探求新知识的士大夫们,短短几年中掀起了"西学东渐"的高潮。无怪乎西方学者把利玛窦称为"科学家传教士"。瑞尔(Ian Rae)《寻找文化的契合点——论早期天主教在中国的传教方式》(澳门文化司署《文化杂志》,21)写道:

> 关于耶稣会传教士的历史一直有一种说法,即传教士是靠他们所掌握的西方科学和数学才取得最初的立足点的。的确,早期的耶稣会传教士,特别是利玛窦神父,敏锐地看到中国人的数学知识虽然并不落后,但却未能将其应用在诸如天文学这样的领域。不过,耶稣会传教士确实希望唤起中国人对欧洲科学的兴趣,并借此发展其传教活动。

利玛窦进入中国结识的知识界名流瞿太素，就是因为深深折服于科学而皈依天主教。《利玛窦中国札记》多次提到瞿太素，都强调他对于科学的关注：

> 在结识之初，瞿太素并不泄露他的主要兴趣是搞炼金术……但他们每天交往的结果倒使他放弃了这种邪术，而把他的天才用于严肃和高尚的科学研究。他从研究算学开始……接着从事研习丁先生（引者按：即克拉维斯）的地球仪和欧几里得的原理，即欧氏的第一书。然后他学习绘制各种日晷的图案，准确地表示时辰，并用几何法则测量物体的高度……大家都已知道，这个雄心勃勃的贵人是一位欧洲教士的学生。欧洲的信仰和科学始终是他所谈论的和崇拜的对象。

当然利玛窦毕竟不是专职的科学家，因此他写信给罗马，希望派遣一二名"好的天文学家"来中国，但是杳无音信。后来利玛窦和徐光启、李之藻翻译西方的数学著作时，发现"他们（指徐、李）所掌握的数学知识远比他所懂得的丰富很多"，使他们的合作非常完满。利玛窦为中国人打开了通向西方科学的大门，功不可没，以至于可以说，如果没有利玛窦，就不可能造就晚明时代众多中国科学家以及灿烂的科学成就。

(一)《山海舆地全图》与《坤舆万国全图》

利玛窦在肇庆时期，最有影响的科学创举是把欧洲的地理学和世界地图首次介绍给中国人。《利玛窦中国札记》对此有详细的描述。他在肇庆教堂接待室的墙上,挂着一幅用欧洲文字标注的世界全图。"有学识的中国人啧啧称羡它,当他们得知它是整个世界的全图和说明时,他们很愿意看到一幅用中文标注的同样的地图",因为"他们对整个世界是什么样子一无所知"。地方长官请利玛窦在译员的帮助下,把他的地图译为中文。结果就出现了一幅《山海舆地全图》:"新图的比例比原图大,从而留有更多的地方去写比我们自己的文字更大的中国字,还加上了新的注释。"

当他到了南京时,在准备献给皇帝的礼品中,就有这幅地图。南京礼部尚书王忠铭对此感到十分惊讶,利玛窦这样描写王忠铭的观感:"有一个大木版,上面刻着世界地图,附有利玛窦神父用中文写的简略说明。尚书非常高兴地观看了这幅世界地图,使他感到惊讶的是他能看到在这样一个小小的表面上雕刻出广阔的世界,包括那么多新国家的名称和它们的习俗一览。"王忠铭从镇江知府那里得来这样一幅地图,在苏州请匠人镌刻在石碑上,并且为此写了一篇序文。可见当时中国人对利玛窦带来的西方地理学新观念充满好奇,极为欢迎。

利玛窦在中国居留的二十八年中,绘制了多种世界地图,其中影响最大,流传最广的是万历三十年(1602)由李之藻为之刊印的《坤舆万国全图》。李之藻一向喜爱地理,曾经绘制中国十五省地图,当他看到利玛窦的世界地图时,才知道天下之大,便雇工刊印了六幅,有一人多高,比原图更加清晰。

《坤舆万国全图》据说有四种正统版本、十种以上仿本和摹本,流传极广。它对于中国人世界观的改变居功至伟,打破了中国传统的"天圆地方"观念,让人们了解到中国只是地球的一小部分,大大拓展了士大夫的眼界。为了让"中央之国"的天朝子民能够接受这种世界观,利玛窦作了一些迁就,把子午线向西移动170度,使得中国的位置从边缘移到中央,正如《利玛窦中国札记》所说:

> 他们认为天是圆的,但地是方的,他们深信他们的国家就在它的中央。他们不喜欢我们把中国推到东方一角上的地理概念。他们不能理解那种证实大地是球形、由陆地和海洋所组成的说法,而且球体的本性就是无头无尾的。利玛窦因此不得不改变他的设计,他抹去了福岛的第一条子午线,在地图两边留下一道边,使中国正好出现在中央。这更符合他们的想法,使得他们十分高兴而且满意。

目前中国出版的世界地图仍然保持着中国在世界中央这种独特样子,就是当年利玛窦发明的权宜之计,想不到沿用了几百年而不改,与其他国家的世界地图截然不同。

(二)《几何原本》

利玛窦早年在罗马学院曾经师从克拉维斯学习欧几里得几何,来到中国后把它介绍给中国人。徐光启有志与利玛窦合作翻译欧几里得几何学,利玛窦告诉他,除非有突出天分的学者,没有人能承担这项任务并坚持到底。经过日复一日的勤奋学习,长时间聆听利玛窦的讲述,徐光启已能够用优美的中文写出他所学到的一切。

一年后,署名为"利玛窦口译、徐光启笔受"的《几何原本》出版。徐光启为此书写了两篇序言。一篇是《译几何原本引》，以利玛窦的名义撰写的，介绍了原著作者，并且赞扬了丁先生（克拉维斯）对原著所作的阐述，以及他的说明和注释。另一篇是《刻几何原本序》，徐光启说，学习此书，可以"祛其浮气，练其精心"，"次其定法，发其巧思"，"百年之后必人人习之"。《利玛窦中国札记》写道：

> 这本书大受中国人的推崇，而且对于他们修订历法起了重大的作用。为了更好地理解这本书，有很多人都到利玛窦神父那里，也有很多人到徐保禄（光启）那里求学。在老师的指导之下，他们和欧洲人一样很快就接受了欧洲的科学方法，对于较为精致的演证表现出一种心智的敏捷。

据今人研究，利玛窦和徐光启翻译的《几何原本》，并非古希腊学者欧几里得的原本，而是利玛窦的老师克拉维斯的注释本。前六卷讲述了平面几何的主要内容，是欧几里得几何学的基础和核心，基本上可以自成体系，西方也有多种文字的六卷本流传。因此利玛窦主张只翻译前六卷已经足够，是有道理的。

《几何原本》在中国的影响超出了几何学本身，让中国人看到了科学理论的真正代表作，看到了一种科学思维方式，以及它的实际用途，诸如测量天地、测天候、制器、建筑、机械制造、绘制地图等。果然不出徐光启所料，此后很长时期内，《几何原本》一版再版，成为一本经典著作。利玛窦和徐光启首创的几何术语，如点、线、直线、曲线、平面、四边形、平行线、直角、钝角等，一直沿用至今。

(三)《同文算指》与《圜容较义》

和翻译《几何原本》的方式一样,《同文算指》也是"利玛窦口译、李之藻笔受"的。此书系统介绍欧洲笔算的代表作——克拉维斯的《实用数学》,介绍西方的笔算技法,包括加减乘除直至开方,并附有习题。李之藻在序言中谈到翻译此书的缘起:

> 往游金台,遇西儒利玛窦先生,精言天道,旁及算指,其术不假操觚,第资毛颖,喜其便于日用,退食译之,久而成帙。加减乘除总亦不殊中土,至于奇零分合特自玄畅,多昔贤未发之旨。盈缩勾股,开方测圜,旧法最难,新译弥捷。

强调了该书算法的"玄畅"与"弥捷"。徐光启为该书所写序言也强调了这一点:"大率与旧术同者,旧所弗及也;与旧术异者,则旧所未之有也。"

《利玛窦中国札记》对李之藻充满了赞扬的语气:"他掌握了丁先生(克拉维斯)所写的几何学教科书的大部分内容,学会了使用星盘并为自己使用而制作了一具,它运转得极其精确……后来在把丁先生的《实用数学》从拉丁文译为中文时,李良(即李之藻)证明对利玛窦神父是一个大帮助,在这部译作中,原著没有一个细节是被遗漏的。"

如果说《同文算指》是一本实用的算术书,那么利玛窦与李之藻合译的《圜容较义》则是一本数学理论著作,一本比较图形的几何学专著,探讨的主题是几何学中的圆。在该书序言中,李之藻表述了这样一个原理:在相同边长的各种图形中,圆形的面积最大:"试取同周一形,以相参考,等边之形必巨于不等边形,多边之形必巨于少边之形。最多边者,圜也;最等边者,亦圜也。"因此圜(圆)能包容宇宙万物。

(四)《远西奇器图说》与《泰西水法》

由耶稣会士邓玉函和中国学者王徵合作翻译的《远西奇器图说》,是一部力学与机械学专著。他们两人的合作,与利玛窦和徐光启、利玛窦和李之藻的合作相似:邓玉函口授、王徵译绘,配合相得益彰。

方豪《王徵之事迹及其输入西洋学术之贡献》(《方豪六十自定稿》,台湾学生书局,1969)指出:邓玉函通晓医学、哲学、数学、生物学及矿物学,除本国语言德语外,精通英语、法语、葡语,以及犹太、迦尔代、拉丁、希腊等古文字,是明末来华耶稣会士中学问最渊博者。王徵在翻译《远西奇器图说》之前,就喜欢制造器械,他的"自制诸器"有:自行车、自转磨、轮壶(自鸣钟)、代耕(又称木牛)、连弩、活动兵轮、活动檑木、活揭竿等。他接触耶稣会士后,加入天主教,把教义精华归结为"畏天爱人",身体力行。

王徵在该书的自序中说,他从耶稣会士那里看到西洋的奇器图说不下千百余种,构思之精妙,令他大开眼界:

> 其器多用小力转大重,或使升高,或令行远,或资修筑,或运刍饷,或便泄注,或上下舫舶,或预防灾祲,或潜御物害,或自春自解,或生响生风,诸奇妙器无不备具。有用人力物力者,有用风力水力者,有用轮盘,有用关栻,有用空虚,有即用重为力者。种种妙用,令人心花开爽。

由此看到了当时欧洲物理学、力学和机械学所达到的高度,促使他花大力气,参考十八种参考书,把此书译成中文。

《泰西水法》是耶稣会士熊三拔和徐光启合作编译的农田水利与水利机械专著,李之藻把它收入天主教丛书《天学初函》中,徐光启的《农政全书》收入了它的前四卷。徐光启在此书序言中说,利玛窦曾经对他说:"所见中土土地人民,声名礼乐实海内冠冕,而其民顾多贫乏,一遇水旱则有道殣,国计亦诎焉,何也?"他认为症结在于农田水利,为了解决这个问题,他推荐熊三拔讲解这方面的知识,由徐光启把它整理成书——《泰西水法》,介绍欧洲的水利机械:龙尾车(螺旋式提水车)、玉衡车、恒升车(利用吸水管和活塞的提水唧筒),这样一些轻巧而高效的机械,向中国人展示了螺旋原理、液压技术的具体应用。

(五)《崇祯历书》

中国人自古以来就关心宇宙形态、地球在天空的位置,以及它与其他天体的关系。古人相信天象与人世间的政事是相互影响的,天象会干预人间,人事也会感应上天,因此天文学的研究一直不曾间断,修订历法在每一个朝代都是一件大事。明朝使用的大统历,是对元朝的授时历稍加改动而成的,由于推算日蚀、月蚀多次不准,朝廷上下主张修改历法的呼声日益高涨。

利玛窦对天文历法素有研究,曾向有关部门提议参加修改历法的工作,未获批准。万历三十八年(1610)利玛窦逝世以后,礼部推荐徐光启、李之藻"同译西法",协助改历,但并未付诸实施。到了崇祯二年(1629)七月,朝廷才任命礼部侍郎徐光启督修历法。徐光启和李之藻对天文学有深刻的了解,确定改历的方针是以西方历法为基础,聘请耶稣会士龙华民、邓玉函等人参加工作。遗憾的是,李之藻从杭州抵京不久病故,随后邓玉函也病故,徐光启推荐耶稣会士汤若望、罗雅谷进入历局工作。

设于宣武门内天主堂东侧的历局,在徐光启主持下,历时五年,终于完成了一百三十七卷的《崇祯历书》,全书分为十一部,即:法原、法数、法算、法器、会通、日躔、恒星、日离、日月交会、五纬星、五星交会。严格地说,它其实是为了改革历法而编撰的一部丛书,其历史意义在于,第一次向中国人介绍第谷的《论新天象》《新编天文学初阶》,托勒密的《大综合论》,哥白尼的《天体运行论》,开普勒的《论火星的运动》等西方天文学著作。为了进行大规模测算,还根据欧洲数学家的研究成果,编译了《大测》《割圆八线表》《测量全义》。徐光启请耶稣会士翻译罗马教廷颁布的格里高利历,由钦天监把它与中国历法加以比较,吸收先进的部分,删除中国历法不符合实际运行的部分。

《崇祯历书》编成后还来不及刊印,明朝就灭亡了。清朝初年,朝廷任命汤若望主持钦天监工作,并且要他删改《崇祯历书》,以《西洋新历法》的书名刊印出版。毋庸置疑,这部历法还有局限性,例如依然认为日蚀、月蚀是"无形之灾",不承认天体的自转等。不过平心而论,在当时的中国,引进欧洲先进的天文学,毕竟是一大进步,因此《崇祯历书》的意义已经越出了历法修改的本身,标志着中国传统天文学的转型,开启了中国人认识宇宙的新时代。

(六) 其他

西方哲学著作也在此时被译介给中国人,例如李之藻与耶稣会士傅汎际合作翻译的《寰有诠》(亚里士多德的《谈天》),耶稣会士安文思翻译的托马斯·阿奎那的《超性学要》等。其中尤以"傅汎际译义、李之藻达词"的《名理探》影响最为深远,他介绍了亚里士多德的《逻辑学》,首次把西方逻辑学引入中国。后世通行的逻辑学术语,诸如"概念""判断""推理""演绎""归纳"等,其源盖出于此。

难能可贵的是,耶稣会士曾经多次回国募集图书,带到中国。1614年耶稣会士金尼阁返回罗马教廷述职,成功地募集到教皇保罗五世捐赠的500多册图书,加上他与同伴邓玉函在欧洲各国收集到的约计7000册图书,1618年由金尼阁和另外22名耶稣会士护送回中国。这批图书后来通过各种途径流布于中国各地,其中不少被译成中文,向中国人传播西方的科学、文化、宗教。这批图书的一部分被北京北堂图书馆收藏,现在仍然可以在国家图书馆看到它们的身影。这些西方古籍被圈内人士称为"摇篮本",从它们身上缅怀几百年前那一段中西交流的佳话,别有一番滋味在心头。

四 放眼看世界的先进中国人

伴随耶稣会士传教活动而来的西方科学文化,为长期封闭的中华帝国吹进一股清新的空气,让人们接触到以前闻所未闻的新思想、新事物,一些敏感的先进知识分子把耶稣会士看作自己的朋友,通过他们,放眼看世界,汲取新的精神食粮,逐渐改变了世界观和价值观。这种变化对于中国的影响,无论如何估价都不会过分。

（一）瞿太素

瞿太素，名如夔，苏州府常熟县人，父亲是礼部侍郎、翰林院学士。他虽然家学渊远，却不愿走传统的科举仕途的老路，四处漂泊来到广东。在肇庆和韶州，他开始结识利玛窦，两人一见如故。《利玛窦中国札记》专门有一章写到他，标题就是《瞿太素》：

> 他请求利玛窦收他当学生，第二天他邀请老师在他的家里吃饭，送给他绸料为礼……在结识之初，瞿太素并不泄露他的主要兴趣是搞炼金术……但他们每天交往的结果倒使他放弃了这种邪术，而把他的天才用于严肃和高尚的科学研究。他从研究算学开始……接着从事研习丁先生的地球仪和欧几里得的原理，即欧氏的第一书。然后他学习绘制各种日晷的图案，准确地表示时辰，并用几何法则测量物体的高度。

这些学习使瞿太素发生了巨大的变化，以至于当地的老百姓都知道，瞿太素这个雄心勃勃的人"是一位欧洲教士的学生。欧洲的信仰和科学始终是他所谈论的和崇拜的对象。在韶州和他浪迹的任何地方，他无休无止地赞扬和评论欧洲的事物"。

教学相长，瞿太素也为利玛窦的传教策略指明了方向。他向利玛窦指出，天主教要在中国发展，必须首先符合儒家传统熏陶出来的士大夫的眼光，因此建议利玛窦放弃以前的和尚装扮，改穿儒生服饰。这个建议的价值，正如沈定平《明清之际中西文化交流史》（商务，2007）所说，"标志着利玛窦的传教路线在适应占统治地位的儒家思想方面，迈出了决定性的一步"。

虽然瞿太素是最早结识利玛窦的中国人，但是他皈依天主教却比较晚。利玛窦谈到他不能入教的原因时指出两点：其一是他娶妾并生了两个儿子，其二是他对偶像崇拜情有独钟。这两点都有悖于天主教教义。在左右摇摆之后，他痛下决心：和他的小妾正式结婚，把家里的全部偶像以及印刷的刻版和有关书籍都送到教堂付之一炬。

1605年3月16日"圣母领报节"那天，瞿太素皈依天主教，接受洗礼，教名依纳爵。为了表明自己的诚意，他写了一篇洋洋洒洒的信仰声明：

> 几年前，我有幸遇到由泰西远来的真理大师利玛窦和郭居静以及助手钟鸣仁修士。他们是最初告诉我神明的奥秘的人……我谨保证从我接受洗涤灵魂每一种玷污的洗礼之日起，我将把残存在我头脑里的对于伪神和环绕着它的不合理的教义的信仰彻底扫除干净。我还保证在我的思想和愿望中，决不有意识地卑鄙地追求不适当的炫耀个人的那种愿望，也不追求世俗的虚荣以及任何其他虚假而危险的诱惑。

应该说，瞿太素皈依天主教并不仅仅是一个改变宗教信仰的问题，而是随着对西方科学技术的深入了解，逐渐改变了对西方文明的认识，反映了当时先进知识分子对于"西学东渐"的积极反应。《利玛窦中国札记》写道：

> 瞿太素对（利玛窦）神父经常是滔滔不绝加以赞美，还补充说明他所带给中国的科学知识以及他是怎样开阔了知识界的眼界的，在他到来之前他们的眼界一直是封闭的。根据瞿

太素的说法,这就是他为什么如此之受人欢迎,为什么大家都想见他并愿和他在一起的原因。

当然,在"西学东渐"过程中影响更为巨大的,毫无疑问是被誉为"明末天主教三柱石"的徐光启、李之藻、杨廷筠。

(二) 徐光启

徐光启,字子先,号玄扈,松江府上海县人,万历二十五年(1597)在选拔举人的乡试中名列第一,七年以后成为进士,由庶吉士历任检讨、赞善等职。出生于一个变革时代,又在上海这个经济文化发达的地区,使他具有强烈的追求新学的愿望,万历十六年他来到对外交流最前沿的广东,希望接触耶稣会士,在韶州终于达成心愿,会见了耶稣会士郭居静,进入教堂礼拜天主。参加乡试三年后,他在南京会见了向往已久的利玛窦,对他的传教思想十分欣赏,认为天主教可以"补儒易佛",然而他并没有在利玛窦手下受洗入教。又三年后,他再度来到南京,利玛窦已经去了北京,他跟随耶稣会士罗如望学习天主教教义,接受洗礼,正式成为天主教徒,教名保禄。关于这些情况,利玛窦有详细的记叙:

> 他是一个可以期待成大器的人,上天注定了要他美饰这个初生的教会……他是一名出色的知识分子,天资美好,秉性善良。作为士大夫一派中的一员,他特别期望知道的是他们特别保持沉默的事,那就是有关来生和灵魂不朽的确切知识。中国人中无论哪个教派都不完全否定这种不朽。他在偶像崇拜者的怪诞幻想中曾听到许多关于天上的光荣与幸福的事,

但是他的敏捷的思想却只能是找到真理方休……1603年,他因事返回南京,并拜会了罗如望神父。他进屋时在圣母像前礼拜,而且在首次听到一些基督教的原理后,马上就决定信仰天主教。那一整天直到很晚,他一直安静地思索着基督教信仰的主要条文。他把基督教教义的一份纲要(《天主教要》),还有利玛窦神父教义问答(《天主实义》)的一个抄本带回家去……他非常喜爱这两部书,以至他通宵读它们,第二天回去以前,他已经记住了整本的教义纲要。他请罗如望神父尽可能地给他解释某几段,因为他必须在年底以前回家,而他想要在动身前领洗。

他抵达北京后,立即与利玛窦联系,并共进晚餐。此后两人友谊与日俱增,徐光启如饥似渴地向利玛窦学习西方科学知识,使他成为一个精通西学的官僚。万斯同《明史》卷三五六徐光启传写道:"光启初好声律,善楷隶,及西洋人利玛窦入都,光启首从之学,天文、历算、火器尽其术,遂遍及兵机、屯田、盐荚、水利诸要务,为经世之学。"

他的仕途生涯虽然有些挫折,但还算官运亨通,崇祯三年(1630)由礼部左侍郎升任礼部尚书,崇祯五年以本官兼任东阁大学士入参机务,以后又以文渊阁大学士追加太子太保头衔。原本可以大展宏图,但毕竟已到暮年,力不从心了,正如万斯同所说:"光启雅负经济才,有志用世,及是柄用,而年已老,且周延儒、温体仁专政,亦不能有所建白。明年九月卒于官,赠少保,谥文定。"

他可能是当时担任官职最高的天主教徒,在以后的三十多年中,他多次运用自己的财富、才智和政治影响,支持并推动天主教活动,正如利玛窦所言,他成为天主教在中国的"柱石"。

他在大庭广众中回答天主教律法基础的提问,用了四个字来概括:"易佛补儒。"后来他在《泰西水法》的序言中再次重申这一观点:"余尝谓其教必可以补儒易佛。"利玛窦逝世后,龙华民神父接替主教职务,主持中国教区工作。龙华民背弃利玛窦宽容的传教方针,多次撰文指出:中国典籍中的上帝(天神)并不是《圣经》中的天主(上帝)的对应词。造成混乱,引发了万历四十四年(1616)的"南京教案",官方宣布禁止天主教。徐光启挺身而出,写《辨学章疏》护教:

> 彼国教人皆务修身以事上主,闻中国圣贤之教,亦皆修身事天,理相符合,是以辛苦艰难履危蹈险,来相印证。欲使人人为善,以称上天爱人之意。其说以昭事上帝为宗本,以保救身灵为切要,以忠孝慈爱为工夫,以迁善改过为入门,以忏悔涤除为进修……真可以补益王化,左右儒术,救正佛法者也。

徐光启的"易佛补儒",强调"查究世事,研求根本","开拓自身,尊崇天国",促使他致力于探求西方科学。他在与耶稣会士的交往中认识到,"修身事天"的西学是"国家致盛治,保太平"之策。徐光启之所以成为一个科学家,和他成为一个天主教徒以及对于天主教教义的信仰,是密不可分的。或许可以这样说,如果没有耶稣会士,没有天主教,就不可能有科学家徐光启。

裴化行《利玛窦神父传》写到徐光启皈依天主教,给予高度评价:

> 就在这时,未来的阁老保禄·徐光启确定不移地归属于

教会，以后他成为全中国最大的光明。中国理想中最合乎人情、最高度平衡的一切绝妙地集于他一身，至今也无人不折服（《天主教月刊》1933年为纪念他逝世一百周年用汉语出版的专号，刊载了许多表示这一崇敬心情的文章）。事实上，当我们静观"这位伟大的政治家，看见他位极人臣而始终保持谦逊平易，在比我们困难得多的条件下不懈地运用其影响为基督、为教会服务的时候"，我们不禁联想到大致与他同时代的那个人——英国人文主义最纯净光辉之一，即圣托马斯·莫尔。

他还深带感情地说："就是在这种相当混乱的情况下，利玛窦率人数不多的弟子（其中以后崭露头角的是保禄·徐光启），英勇无畏地继续其促成西方基督教文明和远东儒教文明之间文化伦理接近起来的工作，其深度、强度和影响，现今的史家才开始予以正确估价。"这样的正确估价，在几十年后的今天，不但没有过时，而且显得愈发彰显了。

（三）李之藻

李之藻，字振之，又字我存，号淳庵居士，杭州府仁和县人，万历二十六年（1598）进士，历任南京工部员外郎、南京太仆寺少卿。他在历史上的影响，并不是在工部、太仆寺的政绩，而是通过耶稣会士潜心学习和介绍西方科学知识。

在进士及第的第二年，李之藻就开始和利玛窦交往，深深折服于他的人格魅力，服膺于天主教教义，与徐光启、杨廷筠并称明末天主教三柱石，是实至名归的。他在西学方面的贡献引人注目：编译天主教第一部丛书《天学初函》，刊刻利玛窦的《坤舆万国全图》，与利玛窦合作翻译《同文算指》《圜容较义》，与熊三拔合作翻译《简平仪说》，与傅汎际合作翻译《名理探》《寰有诠》等。《杭州府志》为他立传时，没有把他归入"仕绩"一类，而是归入"畴人"一类，也就是说，不把他当作有政绩的官僚，而是把他当作有专长的学者来看待。该书这样介绍他的业绩：

> 之藻从西洋人利玛窦游，始以西法为宗。时大统法浸疏，礼部奏之藻精心历理，可与西洋人庞迪我、熊三拔等同译西洋法，备参订修改。未几，召至京，参预历事。（万历）四十一年，之藻已改衔南京太仆少卿，奏上西洋法，荐（庞）迪我、（熊）三拔及龙华民、阳玛诺等，言其所论天文历数有中国昔贤所未及者……崇祯二年七月，诏与礼部尚书徐光启同修新法……盖自之藻创其说，光启等继之，欧罗巴之秘尽泄矣。

方豪《明末清初天主教比附儒家学说之研究》说，"西学传入我国，徐、李并称始祖"，是言之成理的。

万历三十五年（1607），李之藻为汪孟朴重刻《天主实义》所写的序言，对利玛窦赞不绝口："利先生学术一本事天，谭天之所以为天甚晰……彼其梯航琛挚，自古不与中国相通，初不闻有所谓羲、文、周、孔之教，故其为说亦初不袭吾濂、洛、关、闽之解，而特于知天事天大旨，乃与经传所纪如券斯合。"他在刻印《天学初函》的题辞中说，天主教的"天学"，"不脱六经之旨"。看得出来，李之藻对天主教是十分虔诚的，但是，经过了整整九年，直到利玛窦去世前两个月，他才在北京受洗，正式成为天主教徒。

他非常欣赏利玛窦身上科学和美德的完美结合。他探求"永恒不变之法",通过有关天体的数字和计算,通过认同"东方之海"与"西方之海"具有相同的精神和本性,心甘情愿接受这个永恒的万能的"天主"。

在李之藻眼中,利玛窦不远万里甘冒各种风险来到中国,不企求任何回报,实在是一位"异人""智人",也是一位"博闻与韬术之人"。他崇拜真理反对谬说,勤奋读书,过目成诵,懂得玄学、天文学、地理学、数学。在利玛窦的感召下,他在公务繁忙之余,从事天文、数学著作的翻译出版工作。

他的奋斗伴随着《天学初函》的出版达到顶峰。该书收录了当时在中国印刷的所有西学著作,它的"理编"以《天主实义》为首,主要是有关天主教教义的著作九种(附录一种);它的"器编"以《几何原本》为首,主要是有关自然科学的著作十一种,包括《泰西水法》《远西奇器图说》《天文略》等。谈到编辑此书的缘起时,他回忆说,当利玛窦的地图出版之时,他认为那是"万世不可易之法",而且那些经纬度与天宇轨径相对应,他甚至花了一年时间来计算器形合乎"理",并且把地图上的事物与中国有关大千世界分为多极的古训联系起来。他感兴趣的是科学,亦即"天学",因此他在"天学"的题目下,把科学著作和宗教汇合成一部巨著。

李之藻在"西学东渐"中的贡献,不仅在当时的科学史上,而且在思想史上,都留下了深远的影响。正如裴化行《利玛窦神父传》所说:"没有他,17世纪末、18世纪初诸如顾炎武、阎若璩等等大学者就无从发展思想。"

(四)杨廷筠

在明末天主教三柱石中,杨廷筠的知名度是最低的,《杭州府志》为他立传，只有寥寥数行：

> 杨廷筠，字作坚，仁和人，万历二十年进士，知湖广安福县，擢御史。巡太仓时，中旨取太仓库金三十五万，廷筠持不可。及出按江西，以三吴民重困榷税，上《减榷疏》。迁按察副使，复以河南副使迁顺天府丞。会魏忠贤用事，遂乞归。

只字不提他与天主教以及西学的关系，令人费解。

杨廷筠与李之藻是同乡挚友，关系密切，然而两人接受西学的心路历程截然不同。杨氏有深厚的儒学、佛学修养，使他难以超脱。沈定平《明清之际中西文化交流史》说："最能反映李、杨二人在学术志趣和素养上的差别，从而影响到他们接受西学的不同方式的，莫过于杨廷筠专注于'形而上'的伦理道德宗教领域，希望从阐明人生性命的真谛和克己自律的道德实践中，重塑儒家的传统价值，以达到匡时救世的目的，充分显示了一个道学家的本色。而李之藻则在恪遵儒家价值观的前提下，更多地关心'形而下'的具体实用之学，关心传统科学技术的现状和发展，俨然博物家的胸怀。"

万历三十年（1602），杨廷筠在北京会见利玛窦，讨论"名理"问题，似乎谈得很投机，大有称兄道弟的趋势。但是，他对利玛窦所谈的西方数学一窍不通，利玛窦也认为他没有徐光启、李之藻那样"聪明了达"。

万历三十九年（1611），李之藻因为"丁忧"回到杭州。杨廷筠在吊唁李父时遇见了郭居静、金尼阁，表示非常乐意与他们探讨宗教的奥妙。在与两位神父的探讨中，他消除了对天主教的疑虑，下定决心抛开一切事务,潜心探索"天学"的基本原理。当他大彻大悟之后,表示愿意接受天主教的洗礼,金尼阁神父没有答应,因为他除了妻子还有侍妾,有悖于天主教教义。杨廷筠按照教规,毅然放弃了侍妾,终于在这一年领洗,成为天主教徒,教名弥格尔。此后,他撰写了阐述天主教教义的书籍《代疑编》《代疑续编》《圣水记言》《鹗鸾不并鸣说》《西释辨明》《广放生说》等。

在《代疑编》中,他主张儒者不必把天主教看作异端,在"畏天命""事上帝"方面,天主教教义与儒家学说是一致的。他为耶稣会士庞迪我著作《七克》撰写序言,着重阐明天主教教义与儒家学说是"脉脉相符"的。在为耶稣会士艾儒略的著作所写的序言中,他认为传统的"天学"几近晦暗,利玛窦等耶稣会士带来的西学能使"天学"重放光芒。

杨廷筠在担任官职时期,意识到王朝体制的危机,使他成为一个开明派的官僚,因而被魏忠贤的亲信列入《东林党人榜》予以整肃,导致他的罢官。隐居乡里时期,他阅读《华严经》《金刚经》《法华经》《维摩经》《无量寿经》,来排遣官场的失意。在耶稣会士和李之藻的影响下,他最终放弃佛教,成为一个虔诚的天主教徒,幡然批判佛教,引起反天主教阵营的全力攻击。由于他主张儒道佛三教的宇宙原理与天主教基本一致,被反天主教阵营攻击为背叛传统思想的行为;而在天主教阵营内部,则被指摘为天主教信仰的异端,因而杨廷筠的思想非常值得深入探究。

除了瞿太素、徐光启、李之藻、杨廷筠,还有李贽、邹元标、冯应京、冯琦、方以智等,一批先进的中国人开始关注世界,发出与传统截然不同的声音。种种迹象表明,一个启蒙时代已经悄然来临了。

第八讲
1590 年代的朝鲜战争

十六世纪末的东北亚是一个是非之地,中国、日本、朝鲜三国之间的关系错综复杂,最终激化为兵戎相见的战争。

万历二十年至二十六年(1592—1598),日本统治者丰臣秀吉发动了两次侵略朝鲜的战争,持续七年之久。

由于立场的不同,各方对这场战争的称呼截然不同。日本方面称为"文禄、庆长之役"(按:文禄、庆长是日本的年号),也有日本学者直呼为"朝鲜侵略"的。

朝鲜方面则称为"壬辰、丁酉之倭乱"(按:壬辰即1592年,丁酉即1597年),强调的是本国军民如何抗击倭乱直至取得胜利。

而明朝皇帝应朝鲜国王请求,出兵援助,把这场战争称为"东征御倭援朝"。例如:茅瑞征《万历三大征》定位为"东征";张廷玉奉敕纂修的《明史》则称之为"御倭""救朝鲜";谷应泰《明史纪事本末》写这场战争的始末,题目是"援朝鲜"。

一　丰臣秀吉的"大东亚构想"与朝鲜战争的爆发

1583年,出身寒微的丰臣秀吉被天皇任命为关白(辅佐大臣),赐姓丰臣,经过多年的战争,统一全国之后,有了野心勃勃的"大东亚构想",第一步就是吞并朝鲜。根据日本学者的研究,丰臣秀吉侵略朝鲜的目的,不仅要吞并朝鲜,更想染指中国,也就是所谓"假道入明",进占大陆,以实现其"大东亚构想"。铃木良一的论文《秀吉的"朝鲜征伐"》(《历史学研究》,155),援引"前田家所藏文书",

披露了丰臣秀吉在天正二十年(1592)五月十八日的一封信,其中提及构建以北京为首都的"大东亚帝国"梦想,现在已为众所周知。

丰臣秀吉,中国史籍称他为平秀吉。《皇明从信录》万历二十年(1592)五月条,对他有这样的介绍:"倭酋关白平秀吉,起人奴,篡立以枭,杰雄六十六州,善用兵。"谷应泰《明史纪事本末》写到"神宗万历二十年五月倭酋平秀吉寇朝鲜"时,对他的介绍较为详细:

> 平秀吉者,萨摩州人仆也。始以鱼贩卧树下,有山城州倭渠名信长,居关白职位,出猎遇(平秀)吉,欲杀之,吉善辩,信长收令养马,名曰木下人。信长赐与田地,于是为信长画策,遂夺二十余州。会信长为其参谋阿奇支刺杀,吉乃统信长兵,诛阿奇支,遂居关白之位,因号关白,以诱劫降六十六州。

就是这样一个为明朝士大夫所蔑视的人,一时间把东北亚搅得不得安宁。

在日本学者看来,丰臣秀吉企图以朝鲜为跳板征服明朝的构想,客观背景是东亚局势的变化导致明朝国际地位的低落,主观背景则是丰臣秀吉统一全国后出现的战争体制。

丰臣秀吉出任"关白"后,在公文中的署名,经常用假名(日文字母)书写"てんか",这个词意味着"殿下",也兼具"天下"的意思,妄想成为世界的统治者。中田易直《近世对外关系史研究》(吉川弘文,1984)指出:丰臣秀吉在推进国内统一的过程中,已经显示出强硬的威胁外交倾向。1592年的"唐入"("假道入明"的同义词),是其吞并全世界计划的一部分。他敦促吕宋岛"入贡"的文书，反映了这种外交性格，其中说："自壮岁领国家，不历十年，而不遗弹丸之地，域中悉统一也。遥之三韩、琉球，远邦异域款塞来享。今也欲出征大明国，盖非吾所为，天所授也。"后来攻占了朝鲜王京后，他提出二十五条"大陆经略计划"，要点是：把天皇的驻地移行至北京，天皇拟由后阳成天皇的皇子良仁亲王或皇弟智仁亲王出任；丰臣秀吉自己则拟移驻明贸易港口——宁波。

这些事情现在看来似乎荒诞不经，却是当年丰臣秀吉的真实思想，侵略朝鲜的战争就是在这种思想指导下发动的。

1592年，丰臣秀吉派遣小西行长、加藤清正、黑田长政等将领，率领二十万大军出征朝鲜。日本军队的具体兵力配置，径直称为"征明军力编制"。

四月十三日，日军在朝鲜釜山登陆，从釜山分兵三路向王京（汉城）进袭：中路小西行长，东路加藤清正，西路黑田长政。据朝鲜柳成龙《惩毖录》记载，当时形势十分严峻，在天下太平二百年以后，突遇战争，君臣束手无策，百姓逃亡山谷，守土者望风迎降。

釜山登陆二十天后，日军就攻陷了王京，两名王子成为俘虏，国王仓惶逃往开城。日军迫近开城，国王渡过大同江，逃往平壤。朝鲜的八大行政区——即所谓"八道"，几乎全部沦陷。朝鲜国王李昖向明朝皇帝求援的使节陆续奔走于道。关于这一形势，《皇明从信录》写道：

> 西夏方用兵（引者按：指平定宁夏叛乱），而倭大入朝鲜，数告急。朝鲜即古高丽，与辽接壤修贡谨与，地延袤六千里，三都八道，饶庶有华风。然承平久，懦不习战，其王李昖湎于酒……朝鲜釜山去日本对马岛不远，向有倭户流寓，往来互

市,通婚姻。因闻朝鲜弛备,于四月间分遣巨酋行长、清正、义智,妖僧玄苏、宗逸等,拥舟师数百艘,猝陷庆尚道,逼釜山镇。五月,潜渡临津,掠开城,分陷丰、德诸郡。朝鲜望风溃,王仓卒弃王京,令次子珲摄国事,奔平壤。已,复走义州,愿内属。倭遂渡大同江,绕出平壤西界。是时,朝鲜八道几尽没,王子就俘,倭旦暮渡鸭绿(江),则螫且中于辽,请援之使趾相错也。

李光涛《朝鲜"壬辰倭祸"酿衅史事》(《历史语言研究所集刊》,40)对此有这样的评论:"丰臣秀吉事先已明示动兵日期,作为试探朝鲜态度之计,可噬则噬,可止则止。然而朝鲜方面犹欲苟冀无事,唯以迁就弥缝为国策,而曰'勿致生衅',这样的措置,直与睡熟了一般。因而丰臣秀吉愈加生心,知道朝鲜易与,于是乃为一决定之辞曰:'是何异断睡人之头乎?'由这一句话,可见其时的朝鲜不免有些处置失策了。"

五月上旬,辽东巡抚郝杰向兵部报告朝鲜的紧急情况,他说:"据朝鲜国王咨称,本年四月十三日,有倭船四百余只,从大洋挂蓬,直犯朝鲜,围金鱼山镇地方,本镇将领等督兵交战,贼势方炽,镇城外人家尽被焚烧。"兵部当即向皇帝奏报,皇帝朱翊钧下达圣旨:"这倭报紧急,你部里即便马上差人,于辽东、山东沿海省直等处,着督抚镇道等官,严加操练,整饬防御,毋致疏虞。"

对于突如其来的形势剧变,明朝的官员颇为疑惑不解,甚至怀疑其中有诈。朝鲜《李朝宣宗实录》的记载就透露了这样的信息:

> 壬辰五月戊子,时变起仓卒,讹言传播辽左,煽言朝鲜与日本连结,诡言被兵,国王与本国猛士避入北道,以他人为假

王，托言被兵，实为日本向导。流闻于上国，朝廷疑信相半。兵部尚书石星密谕辽东，遣崔世臣、林世禄等，以探审贼情为名，实欲驰至平壤，请与国王相会，审其真伪而归。

崔世臣、林世禄抵达平壤，在"行宫"受到国王的接见，并作了解释——"寡人失守宗祧，奔避至此"。然而明朝方面依然将信将疑。《宣宗实录》写道：

盖是时天朝闻我国与倭通信之事，且因浙江人误闻贡驴（于日本）等语，不知其为倭之买去而诈言其受贡也，方疑我国之折而为倭。及闻关白秀吉大起兵侵攻朝鲜，以为我国之向导。继闻都城陷没之言，兵部尚书石星问我国使臣："你国乃天下强兵处，何以旬日之内王京遂陷乎？"

石星为了解除这种疑虑，招募了三名义士——徐一贯、黄应阳、夏时，到朝鲜刺探真相。不久，朝鲜国王接见了三名义士，对他们说："小邦再活之命，全系于三大人，请拜以别。"他还说："愿天朝速来救济，且三大人与石爷（石星）处，以所见言之，速为来救。"

这种疑虑并非空穴来风。北岛万次的论文《壬辰倭乱期的朝鲜和明》（《亚细亚之中的日本史〔2〕·外交和战争》，东大，1992）就有这样的说法：1590年11月，丰臣秀吉在"聚乐第"接见朝鲜通信使一行。他们是国王派来祝贺丰臣秀吉统一全国大业的，丰臣秀吉则想把他们当作"服属"使节，让他们带回的"答书"中，明确提出要朝鲜国王充当"征明向导"。丰臣秀吉想通过各种途径，阴谋席卷琉球、朝鲜，吞并中国。明朝的上层官员把这个"倭奴入犯"计划报告给皇帝。明朝方面确认了丰臣秀吉"征明计划"的真实性,加固了沿海的防务。

小西行长攻占平壤后,不再向北挺进。日军不再北进的原因,首先是日本海军的失利。当时朝鲜海军在李舜臣指挥下,在巨济岛玉浦冲之战、闲山岛之战大败日军。李舜臣的龟甲船威力强大,它是用铁甲包装的战船,前后左右布满火炮,横冲直撞,行动自如,日本军舰一遇上龟甲船立即粉身碎骨。其次是朝鲜各地义兵蜂起,保家卫国,义无反顾。庆尚道、忠清道、全罗道、京畿道等地的官吏、军人、学者,纷纷组织义兵,抗击入侵的日军,使得日军深感兵力不足,捉襟见肘。

二 明神宗的决策:东征御倭援朝

明神宗根据朝鲜使节的报告,得知朝鲜国王处境危险——"存没未保",向兵部发出指示:"朝鲜危急,请益援兵,你部里看议了来说。王来,可择一善地居之。"尽管有一些传闻,神宗朱翊钧还是决定,接受朝鲜国王的请求,东征御倭援朝,接纳朝鲜国王避难。

兵部对敌情估计过低,仅仅派"游击"(中级军官的职称)史儒率领少量兵马前往朝鲜。由于不熟悉地理,又遭连日淫雨,史儒兵败阵亡。副总兵祖承训随后统兵三千前往增援,又遭败绩,祖承训只身逃回。

初战失利的消息传到北京,朝野震动。神宗皇帝决定采取大动作,任命兵部侍郎宋应昌为蓟州、保定、辽东等处"备倭经略",任命正在宁夏平定叛乱的总兵李如松为"提督蓟辽保定山东军务"，命令他"克期东征"。

宋应昌受命后，立即去山海关整军备战，声称平日讲求一字阵法，需要士兵一万，战车三百六十辆，火炮七万二千门，弓弩二万七千副，毡牌各二千面，弩箭数百万支，火药铅子及轰雷、地雷、石子、神球、火龙、火枪等，要求兵部拨给钱粮，制造备用。狮子大开口，流露难以掩饰的怯敌情绪。御史郭实弹劾宋应昌出任经略不称职。宋应昌乐得顺水推舟，请求辞职。这一下激怒了皇帝，严词谴责宋、郭二人：

> 宋应昌已奉命经略，只为郭实一言，遂畏避不肯前去，沿海边务责成何人？浮言反重于朝命，国纪何在？倭报已紧，宋应昌可即日择行。九卿科道依违观望，今亦不必会议。郭实怀私妄奏，阻挠国事，着降极边杂职用。再有渎扰的，一并究治。

神宗所说的"依违观望"者，首当其冲的就是兵部尚书石星。

掌握军事大权的石星，对于"东征"没有信心，寄希望于谈判，美其名曰"招抚"，因此，派遣精通日语的沈惟敬，冒用"游击将军"头衔前往平壤探听虚实。关于此事的来龙去脉，沈德符《万历野获编》如是说：

> 沈惟敬，浙之平湖人，本名家支属，少年曾从军，及见甲寅倭事。后贫落，入京师，好烧炼，与方士及无赖辈游。石司马（兵部尚书石星）妾父袁姓者，亦嗜炉火（烧炼），因与沈善。会

285

有温州人沈嘉旺从倭逃归,自鬻于沈……且云关白(丰臣秀吉)无他意,始求贡中国,为朝鲜所遏,以故举兵,不过折柬可致……司马(石星)大喜,立题授神机三营游击将军。

沈惟敬受命前往朝鲜,表面上是"宣谕倭营",实际上是去和平谈判的。

在平壤城北降福山下,他与小西行长会谈,小西诡称:"天朝幸按兵不动,我亦不久当还,当以大同江为界,平壤以西尽归朝鲜。"于是双方达成休战五十天的"协议"。沈惟敬返回后向兵部作了汇报。朝廷官员议论后,以为倭寇欺诈多变,不可相信,我军利于速战速决,催促宋应昌立即带兵出征。

宋应昌实在不是一个恰当的人选。文秉《定陵注略》对他有一段描述,很能说明问题:

> 宋应昌有口才,酷好术数,为山东巡抚时,倭寇朝鲜,警报旁午。守(宋应昌)檄登、莱两府收鸡蛋数万。或问何用?曰:"倭寇舟来,我以鸡蛋掷之,舟滑站立不住,悉成擒矣。"远近闻者大笑。兰溪(赵志皋)在政府,独奇之,擢为兵部侍郎,总督征倭军务。又有方士张君就者,挟变幻小术,守(宋应昌)延至幕中。既至辽东,则索民间桌二百张叠加高数丈,张披发持剑立桌上,施符演法,号于众曰:"三日后当有天兵十万助我灭倭。"次夜,张潜入娼家宿,与一武弁争,抉其目负伤遁去,宋(应昌)大沮丧,复谬言:"我有神术,当令倭酋自缚来降。"呜呼,朝廷纵乏人,奈何令此辈当一面,亵中国之威灵,而取外夷之轻侮哉!

286

其实石星也不是兵部尚书的合适人选。当时"倭警告急",有人向石星献策:可征用江南沙船沙兵。兵部武选司员外伍袁萃向石星道明真相:"所谓沙船者,乃太仓、崇明等捕鱼之具。所谓沙兵,非兵也,即捕鱼之人耳。只能于海滨行驶,不入海洋,不习水战,将焉用之?"希望石星取消此议,石星说,已经得到圣旨批准了,怎么可以中止? 后来石星果然征集到一百多艘沙船,全都破烂不堪,随船的二千"兵员",都是市井乌合之众。石星居然任命一名游击率领这批沙船沙兵出征,行至天津外海,遇上大风,船多倾覆,那名游击溺水丧命。对于石星的此类荒唐举动,当时人感叹道:"朝廷以虚声集事,每每如此!"

在这种情况下,东征只能寄托于李如松了。十二月,戎马倥偬的他从宁夏赶来,履任蓟州、辽东、保定、山东等处军务提督之职。他是辽东名将李成梁之子,从小跟随父亲征战,深谙兵机韬略,又熟悉朝鲜情势。朝廷任命他为东征提督,是最佳人选。为了激励李如松所部的士气,皇帝特发十万两银子犒赏,并且宣布重悬赏格,以期战则必胜。

此前沈惟敬已同小西行长和谈,朝鲜国王颇有微词:"小邦(朝鲜)与贼(日本)有万世必报之仇,前日坚守五十日之约,以待天兵(明朝军队),今反有意许和,以堂堂天朝,岂和小丑讲和乎!"沈惟敬依然我行我素,继续与小西行长会谈。李如松接到沈惟敬的报告:小西行长愿意接受"封贡",请求退至平壤以西,以大同江为界。李如松不相信这种谎言,怒斥沈惟敬"险邪",要把他处死。参谋李应试从旁劝说,不妨将计就计,出奇兵偷袭。兵不厌诈,一向骁勇善战的李如松,这番要尝试一下智取的谋略。他派沈惟敬先去平壤,与小西行长约定:李提督即将抵达平壤附近的肃宁馆,举行"封贡"大典。

万历二十一年(1593)正月初四日,李如松率部到达肃宁馆,小西行长派遣部将前来迎接"封使",李如松突然喝令拿下,捉住三人,其余将领逃脱。小西行长闻讯大吃一惊,问沈惟敬:这大概是翻译没有把意思转达明白吧?随即再派亲信小西飞随沈惟敬前往说明。正月初六日,李如松率军抵达平壤城下,小西行长派部下夹道迎接,自己在风月楼观望。明朝军队怀疑其中有诈,没有进城,一场决战不可避免。

正月初八日黎明,激战爆发。茅瑞征《万历三大征》这样描写道:

> 倭炮矢如雨,军稍却,李将军手戮一人,我师气齐,奋声震天。倭方轻南面为丽兵,承训等乃卸装露明盔甲,倭急分兵拒堵。李将军已督杨元等从小西门先登,李如柏等从大西门入,火药并发,毒烟蔽空。方酣战时,吴惟忠中铅洞胸,血殷踵,犹奋呼督战。而李将军坐骑毙于炮,易马驰堕堑,鼻端出火,麾兵愈进。我师无不一当百,前队贸首,后劲已踵,突舞于堞。倭遂气夺宵遁。

日军先是退保风月楼,半夜时分,小西行长渡过大同江,退保龙山。

李如松初战告捷,给朝廷的战报称:"斩获倭(首)级一千五百有余,烧死六千有余,出城外落水淹死五千有余。"明军乘胜追击,一气收复开城、黄海、京畿、江源四道,日军退守王京(汉城)。

取胜后的李如松显然有点轻敌,贸然率领轻骑向碧蹄馆进发,一月二十七日的碧蹄馆之战,遭到败绩,退回临津江南岸。此次战败,明军锐气受挫,李如松在奏疏中向皇帝感叹:"众寡不敌,臣病甚,请以他人代其任。"经略宋应昌本来就倾向于议和,便根据沈惟敬的建议,向小西行长送去兵部的照会:"汝等果能涤志湔非,尽还朝鲜故土,并还两王嗣及陪臣等,归报关白,上章谢罪,本部即当奏题,封尔关白为日本国王。"并且派游击周宏谟与沈惟敬前去谈判。

四月八日,双方在汉城府龙山谈判,达成四点协议:

1. 返还先前加藤清正俘虏的朝鲜王子;

2. 日军从王京汉城撤往釜山浦;

3. 布阵于汉城的明军,在日军撤出汉城的同时撤退;

4. 明朝派遣使节赴日本讲和。

四月十八日,日军放弃汉城南撤,退保釜山,汉江以南千余里朝鲜故土得以恢复。根据协议,明朝讲和使节谢用梓、徐一贯抵达日本北九州的名护屋,谒见丰臣秀吉。六月二十八日,丰臣秀吉提出议和七项条件:

1. 迎接明朝皇帝之女备为日本天皇之妃;

2. 两国年来因间隙而断绝的勘合贸易应予恢复;

3. 明朝大臣与日本大名之间交换通好不变之誓词;

4. 朝鲜一分为二,北部四道及京城返还朝鲜,南部四道给与日本;

5. 以朝鲜王子及大臣一二人作为人质送往日本;

6. 归还去年俘虏的朝鲜王子;

7. 朝鲜大臣向日本提出誓词。

明朝使节提出三项条件:

1. 返还朝鲜全部领土;

2. 朝鲜王子归国;

3. 丰臣秀吉谢罪。

九月间,日本方面请求"封贡"。所谓"封贡",有"封"与"贡"两层意思,"封"就是册封日本国王,"贡"就是开通朝贡贸易。朝廷的态度仍然不肯松动,通知宋应昌,不宜允许"封贡"。一向主张"封贡"的宋应昌上疏申辩。积极支持宋应昌的兵部尚书石星也上疏申辩:"近日议论愈多,观听愈淆,其势必至尽没将士血战之劳,大陷经略叵测之谋,臣之狗马愚衷,亦且死不瞑目。"皇帝对于两人的奏疏明确表态:"朕以大信受降,岂追既往!可传谕宋应昌严备,劝彼归岛,上表称臣,永为属国,仍免入贡。"

兵部职方司主事曾伟芳向皇帝提议:为今之计,宜朝鲜自为守,吊死问孤,练兵积粟,其国王可令其"退闲",另立光海君,或"令众建王族"。皇帝对他所说"宜朝鲜自为守"表示赞许,至于更换国王一事则以为不可。几天后,神宗皇帝致函朝鲜国王,就此次战争向朝鲜国王表明态度:

> 尔国虽介海中,传祚最久……乃近者倭奴一入,而王城不守,原野暴骨,庙社为墟。追思丧败之因,岂尽适然之故!或言王偷玩细娱,信惑群小,不恤民命,不修军实,启侮诲盗,已非一朝,而臣下未有言者。前车既覆,后车不可不戒哉!惠徼福于尔祖,及我师战胜之威,俾王之君臣父子相保,岂不甚幸。第不知王新从播越之余,归见黍离之故宫,烧残之丘陇,与素服郊迎之士众,噬脐疾首,何以为心?改弦易辙,何以为计?朕之视王,虽称外藩,然朝聘礼文之外,原无烦王一兵一役。今日之事,止以大义发愤,哀存式微,固非王之责德于朕也。大兵且撤,王今自还国而治之,尺寸之土,朕无与焉。其可更

以越国救援为常事，使尔国恃之而不设备，则处堂厝火，行复自及。猝有他变，朕不能为王谋矣。

这是神宗朱翊钧对十几天前朝鲜国王"上表谢贺"的答词，虽然以天朝对外藩的"敕书"形式发出，不乏居高临下的口气，但内容并不盛气凌人，而是希望国王好自为之，并且表示了从朝鲜撤军之意。十二月，他下达命令：大兵尽撤。要求蓟辽总督顾养谦代替宋应昌赴朝鲜料理撤兵事宜，蓟镇防务暂令顺天巡抚代理。

三　关于"封贡"之议

是否同意日本的"封贡"请求，朝廷一时议论不决。万历二十二年(1594)四月初六日，蓟辽总督、朝鲜经略顾养谦上疏，主张"封"与"贡"，要么一并允许，要么一并拒绝。皇帝要兵部会同九卿科道官员议论此事。议论的结果，多数官员都反对"封贡"，御史杨绍程的意见最为尖锐，他援引历史经验指出，永乐时一朝贡，渐不如约，窥探内地，频入寇掠；至嘉靖晚年，东南沿海受祸更烈，都是"封贡"带来的祸害。因此他主张尽快停止和议，敦促朝鲜练兵防守，我军撤还境上静观形势变化。

在众多反对"封贡"的声音中，福建巡抚许孚远的议论最有力度，也最有针对性，与一般迂腐官僚的夜郎自大截然不同。两年前他接受兵部尚书石星的秘密使命，派遣官员装扮成商人，乘坐商船前往日本"打探倭情"，根据这些情报，在万历二十二年五月六日写

成《请计处倭酋疏》,上报朝廷。这份奏疏着重分析了"倭酋"丰臣秀吉的情况:

> 此酋起于厮役,由丙戌(1586)到今,不七八年,而篡夺国柄,诈降诸岛,絷其子弟,臣其父兄,不可谓无奸雄之智。兴兵朝鲜,席卷数道。非我皇上赫焉震怒,命将东征,则朝鲜君臣几于尽为俘虏,不可谓无攻伐之谋。整造战舰以数千计,征兵诸州以数十万计,皆曩时所未有,日夜图度,思得一逞,不可谓无窥中国之心。

这个怀有"窥中国之心"的"奸雄",也有他色厉内荏的另一面,许孚远继续说:

> 倭酋倡乱,惟在平秀吉一人,诸州酋长多面降而心异,中间有可以义感者,有可以利诱者。秀吉原无亲戚子弟、股肱心膂之人,倘得非常奇士密往图之,五间俱起,神秘莫测,则不倾兵戈而元凶可擒,一获元凶,倭乱顿弭。

有鉴于此,他对于经略、总督大臣轻信沈惟敬之流的一面之词,错误估计形势,颇为不满。他的结论是:以"封贡"求和是靠不住的,"议者多谓封贡不成,倭必大举入寇,不知秀吉妄图情形久著,封贡亦来,不封贡亦来,特迟速之间耳"。

内阁首辅王锡爵十分关心此事,看到他的奏疏,表明自己的观点:"倭酋请封,廷论不决。适此中侦探倭情还报,因以转闻阙下,具体事理详在疏中。(许)孚远本属疆吏,非不欲借权变羁縻之说

292

稍缓兵防,偷安在此。顾念国家事体关系甚重,不容规避而无言。且此事行之,脱有后患,悔之无及。"正如日本学者三木聪的论文《福建巡抚许孚远的谋略》(高知大学《人文科学研究》,4)所说:许孚远反对"封贡"的主张在朝廷中发生了影响,但是主张"封贡"的势力依然不可小觑。

万历二十二年(1594)八月,总督顾养谦向皇帝提出了"封贡"的具体方案:册封丰臣秀吉为日本国王,恢复宁波的朝贡贸易,请皇上派遣使节,宣谕小西行长率军归国,"便于封贡如约"。神宗皇帝对此举棋不定,后来接到朝鲜国王的书信——请求"允许封贡,以保危邦",才明确指示兵部:"倭使求款,国体自尊,宜暂縻之。"看来他是不得已而批准"封贡"方案,因为朝鲜国王请求用封贡来"保危邦"。

一向主张"封贡"的兵部尚书石星,接到圣旨,一面大谈"封贡"的好处,一面加紧快办。他派兵部官员前往辽阳,伴送日方使节小西飞前来北京;同时派遣兵部官员前往朝鲜釜山,要小西行长作好准备,一俟封事既定,立即从釜山撤退。小西飞抵达北京后,明朝官员向他提出"封贡"的三个条件:从朝鲜撤军,册封而不朝贡,发誓不再进犯朝鲜。小西飞表示接受,"封贡"之议便由此敲定。

神宗皇帝委任临淮侯李宗城为正使,都指挥杨方亨为副使,由沈惟敬陪同,前往日本,册封丰臣秀吉。明朝皇帝册封丰臣秀吉的诏书写道:

> 维尔日本,远隔鲸涛,昔尝受爵于先朝,中乃自携于声教。尔平秀吉能统其众,慕义成风,始假道于朝鲜,未能具达,继归命于阙下,备见真诚。驰信使以上表章,于属藩为之代请,恭

顺如此,朕心嘉之。兹特遣后军都督府署都督金事李宗城、五军营右副将署都督金事杨方亨,封以日本国王,锡以冠服、金印、诰命……

出乎意料的是,正使李宗城从釜山抵达对马岛后,突然逃亡。关于此事,《石匮书·神宗本纪》写道:"万历二十四年正月,东封使李宗城至对马岛,太守义智进美女行帐,李宗城留恋,无意渡海。复诳以倭酋凶悍,谋刺使臣,宗城惧,弃玺书,奔庆州,副使杨方亨闻于朝。"朝廷不得不把副使杨方亨升为正使,随员沈惟敬升为副使。一行人等九月一日在大阪城会见丰臣秀吉。在隆重举行的仪式上,丰臣秀吉接受了册封诰命书、日本国王金印及明朝冠服。

赖山阳《日本外史》扬言,在宣读诰命敕谕时,丰臣秀吉被激怒,立即脱去冕服,抛到地上,并且把册封文书撕裂。这是出于政治目的对历史事实的歪曲。其实这份文书至今仍保存得相当完好,丝毫没有撕破的痕迹。西嶋定生《中国古代国家和东亚世界》(东大,1983)说,万历帝的诰命现藏于大阪市立博物馆,敕谕现藏于宫内厅书陵部。诰命是册封的辞令,敕谕是讲和条件的具体指示,记载了赏赐丰臣秀吉的金印、冠服,以及赐予陪臣们的官职、物品,最后还附记赐予国王冠服的目录。这些珍贵的原物至今仍保存在京都市的妙法院。

次日,丰臣秀吉身穿明朝冠服,在大阪城设宴招待明朝使节。看起来一切都很顺利。其实这中间有册封使节着意的渲染,据许重熙《嘉靖以来注略》记载,册封日本正使杨方亨的《直陈封事始末》,其中就有不少夸张:"九月至大阪,秀吉受封之时,委行五拜三叩头礼,呼万岁。次日至寓,称感戴天恩。"又比如说,沈惟敬为了证明丰臣秀吉表示"恭顺"之意，在日本买了许多物品，诡称是"日本国王丰臣秀吉相赠付物"，送给朝廷要员，还伪造了丰臣秀吉的"谢恩表"，企图制造"封事"很成功的假象。

然而，事情并未朝预想的目标发展，日军也没有从朝鲜撤退。丰臣秀吉借口朝鲜未按谈判七条办事，准备再次对朝鲜发动进攻。万历二十四年十二月初四日蓟辽总督孙矿、辽东巡抚李化龙接到情报，向朝廷报告：日本"密谋大举"。但是并未引起朝廷的注意。

万历二十五年（1597）正月，使臣杨方亨一行回到釜山。神宗接到兵部转来的报告，给兵部发去一道谕旨："览奏，日本受封，册使回到釜山，恭顺之诚殊可嘉尚。但釜山余兵尚未尽撤，既非原议，而两国之疑终未尽释。你部便行文与日本国王，着他撤还釜兵，以全大信。又行文与朝鲜国王，着他即差陪臣以修交好，毋彼此再生嫌隙。"他未免把外交事务看得太简单化了，以为册封之后日本便会撤军，以为只要朝鲜做些让步便不至于刀兵相见。

二月，杨方亨向朝廷报告出使经过。他在《直陈封事始末》提及丰臣秀吉向沈惟敬埋怨，朝鲜派来低级别官员带来土绸作为礼物，说道："若不思二子三大臣三都八道，悉遵天朝约付还，今以卑官微物来贺，辱小邦耶？辱天朝耶？"杨方亨对沈惟敬说了一段意味深长的话："封日本原为朝鲜，得陇望蜀，岂在朝鲜礼文而已哉！封事恐终无成。"随即向朝廷揭发"沈惟敬辱国及石星弥缝罪状"。

对于此事，已经退休在家的前任内阁首辅申时行颇有异议，在回忆录《杂记》中说：

> 朝鲜能自守，则吾助之兵粮，以示恤小之仁，或告谕日本使之罢兵则可耳。已闻朝廷遣人谕倭，倭将各引还釜山，以王

京及虏王子归朝鲜，诡云欲入贡天朝，为朝鲜所遏，故兴兵伐之。于是封贡之议起矣。庙堂若有主持，许其封而却其贡，即彼遣使来当令辽东抚臣审实代奏而后许封；待其表文既至，而后遣使，乃不失体。今小西飞乃（小西）行长一书记耳，本兵（兵部尚书）乃撤营兵夹道陈列而迎之，请驾御午门城楼引见，亦甚亵矣。闻京师百官军民无不愤恨，而本兵扬扬自以为得策也。本兵自遣其仆往探视之，竟不得命，而讹言四起。使臣且踉跄奔还，不惟误国且辱国，可为扼腕长太息也。

申时行言之有理，可谓旁观者清。

事实上，在围绕"封事"的讲和交涉期间，日军仍驻扎于全罗、庆尚一带的海岸线，把釜山作为武器、弹药、粮食的兵站基地。"讲和交涉"为日军提供了充足的备战时间，明朝最高当局却浑然不知。

四　战端再起和它的戏剧性结局

正如许孚远所预料的那样，以"封贡"求和是靠不住的："封贡亦来，不封贡亦来，特迟速之间耳。"也如王锡爵所说："此事之行，脱有后患，悔之无及。"丰臣秀吉接受册封之后不久，就发动了第二次侵朝战争。

万历二十五年（1597）正月十五日，辽东副总兵马栋向朝廷报告：有倭将清正带领倭兵船二百余艘，已于十四日到朝鲜海岸，在机张营驻扎，兵力不下两万。朝鲜陪臣——刑曹官员郑其远向明朝"痛哭求援"。神宗皇帝下令廷臣"会议倭情"，决定对策。言官徐成楚上疏，一方面指出"倭情紧急"：倭将清正率领兵船二百余艘，丰茂守等率领兵船六十余艘，到达朝鲜西生浦等处，后续的倭船还在络绎不绝地过海而来；另一方面抨击"奸臣党庇天听"，掩盖事实真相——诡称"只为礼文缺典"（册封礼仪不够周全）引发此次"兵端"的胡言乱语，反驳道："世岂有兴师十万，浮海数千里，争一繁文缛节"的咄咄怪事！

至此神宗才恍然大悟，"封事"已经失败，但是使臣与兵部还在掩盖真相，遂下令将兵部尚书石星、蓟辽总督孙鑛革职查办。由于石星在"封事"上失职，神宗给刑部发去一道谕旨："倭奴狂逞，掠占属国，窥犯内地，皆前兵部尚书石星陷贼酿患，欺君误国，以致今日，戕我将士，扰我武臣，好生可恶不忠！着锦衣卫拿去法司，从重议罪来说。"不久，石星被处死刑，妻子发配烟瘴地面永戍。石星的悲剧在于，稍有小才而对外交国防所知甚少，对这场战争始终缺乏信心，一味投机取巧。正如冈野昌子所说，以兵部侍郎宋应昌为经略，以"市井无赖"沈惟敬为游击，确立石星—宋应昌—沈惟敬路线，用表面上的整军备战来掩盖暗中进行的"和平折冲"，是导致明朝处于被动的根本原因。

三月，神宗任命兵部侍郎邢玠以兵部尚书衔出任总督，山东右参政都御史杨镐出任经略，总兵麻贵出任提督，杨汝南、丁应泰出任赞画，东征援朝。杨镐还未动身，先陈十事，比如请令朝鲜官民运输粮食，以此作为授官赎罪的条件，乡吏丁夫也可以据此免役，以及朝鲜君臣隐藏储蓄不提供军饷，可以治其罪。夏燮《明通鉴》痛斥杨镐"苟且"，也批评了庙堂的无能：

《三编发明》曰：命将出师，必先量敌虑胜，成竹在胸，而后可以刻期奏捷。前此李如松等师出无功，已有明验。乃当撤兵之后，复命征倭，而所任者一庸懦无能之杨镐，不量其事之能济与否，轻率前驱。知彼知己之谓何？观镐所陈奏事，皆苟且，竟若助兵供饷全有恃于朝鲜者。以中国而征一倭，必借助于外藩之众，即使克捷，已伤国体……庙堂既无长策，择帅又非其人，而欲憺威海峤，何可得耶！

此次丰臣秀吉征发的侵朝军队，大多从长门岛等地调来，总数达十二万，其中精锐部队有：加藤清正一万二千，小西行长一万，岛津义弘一万，毛利辉元二万。而明朝援军，最初预定七万，实际最多时才四万，"封贡"时期不过二万。待到丰臣秀吉发动第二次战争，明朝方面认识到日本野心勃勃，朝鲜危亡必将危及中国，必须采取长期作战的战时体制，兵力明显增加，据《明实录》记载，水陆军共计九万，据《宣祖实录》记载，明军有十一万人。不过这些都是万历二十六年（1598）的情况，第二次战争的初期并没有达到这一水平。

日军以优势兵力直指闲山、南原等地。战争是在通向全罗道的巨济岛（庆尚道）开始的。

小西行长、岛津义弘汇集了水陆军团，击溃了元均率领的朝鲜水军。守卫南原城的明将杨元和朝将李福男，吸取了以往败于日本铁炮队的教训，围筑了深壕与高屏。日军则把附近的杂草和水稻割下来，埋入壕内，攻进了南原城。

攻占了南原城后，日军在全罗道泗州、庆尚道蔚山构筑阵地。岛津义弘在老的泗州城外构筑新的泗州城，是与铁炮队相配合的日本式城堡，挫败了向这里进攻的中朝联军。总督邢玠向皇帝大叹苦经：朝鲜南原、全州已经沦陷，倭寇势力甚大，该国官民纷纷逃散，渐遗空城，不但不助我兵，不供我饷，而且把粮食烧毁，切断我军咽喉，反戈内向。

就在这种艰难形势下，邢玠率军抵达平壤，进军王京（汉城）。据朝鲜人赵庆男《乱中杂录》记载，当时的战况相当惨烈：

> 丁酉九月六日，天将副总兵解生等，大败贼众于稷山金岛坪，清正等退遁，流下岭南。初，杨镐在平壤，闻贼兵已逼畿甸，日夜驰到京城，令本国设浮桥铜雀津，先送副总兵解生、参将杨登山……等兵数万，迎战于湖西之境。解生到金岛坪，巡审用武之便，分兵三协，为左右掩杀之计。陈愚忠自全州撤退，贼兵跟追，上（国王）夜泣于经略（杨镐），慰解曰：倘官军不利，主君官眷可相救活。即与麻贵领大军启行，至水原下寨，遣兵于葛院，埋伏于芥川上下，以为后援。贼兵自全州天安直向京城。五日黎明，田秋福向洪庆院，先锋已至金岛坪。天兵左协出柳浦，右协发灵通，大军直从坦途。锣响三成，喊声四起，连放大炮，万旗齐颤，铁马云腾，枪剑奋飞，驰突乱砍，贼尸遍野。一日六合，贼势披靡……翌日平明，贼兵齐放连炮，张鹤翼以进，白刃交挥，杀气连天，奇形异状，惊惑人眼。天兵应炮突起，铁鞭之下，贼不措手，合战未几，贼兵败遁，向木川清州而走。

这一仗加藤清正损兵折将相当惨重，日本方面称此番入朝经历三大战役：平壤、幸州、金岛坪。金岛坪之战即稷山之战，可见此役对日本影响之大。

十二月，经略杨镐、提督麻贵由王京进至庆州，二十三日攻占蔚山，大败日将加藤清正。李光涛《明人援韩与杨镐蔚山之役》（《历史语言研究所集刊》，41）对此有详尽的记叙：二十三日丑时，明军从庆州分三路前进。黎明，左路军前锋直捣蔚山，佯攻北面，斩首五百余级，生擒倭将一名，交代加藤清正在西浦。城外日军营帐全部焚毁，残余部队遁入城内。杨镐与麻贵赶到战场，察看斩获的首级以及牛马器械。

麻贵派遣差官从蔚山赶往王京报捷，国王在便殿召见差官，说："诸大人为小邦亲冒矢石，大功垂成，不胜感激，天兵无乃多伤乎？"差官说："二十三日巳时，天兵破清正别营，其夜清正自西生来入蔚山，天兵方围岛山攻打，而贼在高阜，我军在卑处，故死伤颇多。二十三四日之战，只麻周两千总中丸而死，军兵死者不满三十人。倭贼之从水路来者，为天兵所赶，翻船淹死者数千云。"

李光涛引用朝鲜史料后评论道："朝鲜君臣乃至额手相庆，认为清正不难成擒矣。孰知天不欲灭倭，譬如大兵进围蔚山别堡之所谓岛山，凡十余日，而倭众正困于饥渴交迫，清正且一再至欲拔剑自裁。不意天忽大雨，以解其危；更兼倭援大至，当此之际，杨镐仓卒撤军，结果反为倭兵所乘，不利而退。"

在北京的神宗皇帝也得到了捷报，下达了嘉奖令："东征再捷，此皆总督运筹，抚镇奋勇，以致将士争先效劳，有此奇捷，朕心嘉悦。杨镐亲冒矢石，忠尤可嘉。邢玠赏银一百两，杨镐、麻贵各八十两，再发太仆寺马价银五万两，犒赏将士。"颇具讽刺意味的是，不久就传来了兵败的消息。这就是《明史·杨镐传》所说，明军在岛山围攻十昼夜无法奏效，反遭日军包围，杨镐率先逃跑，所部顿时溃散。

蔚山之役以后,明军于万历二十六年(1598)正月全部撤退至王京。随军的赞画丁应泰弹劾杨镐"丧师党欺",神宗下令将杨镐革职听勘;阁臣张位因为推荐杨镐有误,遭到牵连,受到罢官处分。

朝鲜战争陷入了相持阶段。

天有不测风云,人有旦夕祸福。从日本传来丰臣秀吉于七月九日死去的消息,日军士气顿时低落,阵脚大乱。

据说,丰臣秀吉的死讯是严格保密的,五大老、五奉行向在朝鲜的大名们发去撤退的指令。但是,必须向明朝提出撤退的名分,作为掩饰的幌子,譬如以朝鲜王子作为人质,朝鲜每年向日本缴纳各种租税。

明朝和朝鲜似乎隐约刺探到了丰臣秀吉的死讯,对日本的"名分"不予理会,乘机追击撤退的日军。指挥追击的水军将领李舜臣,阻断了小西行长所部的退路。釜山和蔚山的日军撤退之后,小西行长和岛津义弘的部队成了殿后。邢玠抓住战机,派总兵刘綎、董一元、麻贵分兵三路出击。日军各部无心恋战,纷纷渡海东归。战火终于熄灭。

然而,在当时人看来,这场战争胜之不武,有不少负面评论,许重熙《嘉靖以来注略》反映得比较集中,一则曰:

> 万历二十六年十一月,倭将各统兵归国。时平秀吉已于七月九日死,诸酋久有归志。邢玠敛军中数万金贿诸酋,随之渡海,求秀吉之子永结和好,诸酋欣然扬帆,同日南去。经理万世德自六月受命(引者按:代替杨镐),迁延不敢前,比闻倭

退,兼程驰至王京,会同邢玠奏捷,遣三百人分送三酋渡海,而三酋亦遣百人送(邢)玠渡鸭绿江。

再则曰:随邢玠、杨镐东征的赞画丁应泰,上疏谴责邢玠等,"假官赍贿,随倭渡海,并无战功,伪奏肤功"。言官徐观澜也弹劾内阁首辅沈一贯、兵部尚书萧大亨、总督邢玠、经略万世德为"四凶","党和卖国"。并且揭露:"师中积蠹,阃外虚文,弊端种种。"沈一贯利用职权,以"回籍调理"的名义,把徐观澜罢官。随即史科给事中陈继春弹劾丁应泰"神奸党祸卖国"。

邢玠奏称监军御史陈效为丁应泰所逼,身死异域。当初,陈效曾发誓:倘若包庇同年杨镐,则不生还。待到丁应泰弹劾奏疏一出,他就说:"吾为群丑所误,官何足论,奈不讳于名简何!"到了南京,会见万世德,"与万世德对坐,举茶遽仆,顷刻死"。一时间是非莫辨。许重熙引用董其昌的评论表明自己的观点:

董其昌云:倭以平秀吉之死,因而惰归,非战之功也。(丁)应泰以(邢)玠为赂倭,科臣即以应泰为党倭,岂为笃论?而应泰以此永废,可惜矣!(邢)玠谓(陈)效之死为应泰所逼,不胜愤懑,以激皇怒可耳,夫御史气吞郎署,岂受应泰凌轹!即言观理,是非自见。

万历二十七年(1599)三月,皇帝朱翊钧命令征倭总兵麻贵、陈璘、董一元班师回朝;任命李承训提督水陆官军,以"防海御倭总兵官"名义驻扎朝鲜;周于德移镇山东,出任"备倭总兵官"。四月十五日,皇帝破例来到午门城楼,接受朝贺,把平秀正等六十一名俘虏当

场正法。闰四月初八,皇帝向全国发布诏书,说明此次东征的缘由:

> 属者东夷小丑平秀吉,猥以下隶,敢发难端……(朝鲜)君臣逋亡,人民离散,驰章告急,请兵往援。朕念朝鲜称臣世顺,适遭困厄,岂宜坐视! 若使弱者不扶,谁其怀德;强者逃罚,谁其畏威! 况东方乃肩背之藩,则此贼亦门庭之寇,遏阻定乱,在予一人。于是少命偏师,第加薄伐……于戏,我国家仁恩浩荡,恭顺者无困不援;义武奋扬,跳梁者虽强必戮。

天朝大国居高临下的口气,"少命偏师,第加薄伐"的得意,溢于言表。倘如董其昌所说,"倭以平秀吉之死,因而惰归,非战之功也",再来看这道诏书的措辞,未免有些滑稽。

如果丰臣秀吉不死,这场战争或许还会进行下去。《皇明从信录》关于此次战争,有这样的评论:

> ……倭虽六十六州,实止中国一大省,征输猝难,取给航海运粮,风不利,俟粟支一年,有进无退……我以楼船横海之师,四将军二十六偏裨,费金钱数百万,竟收功一死关白。天方赞我,倭小丑何能为? 一时文武大吏几贪天功矣……

该书的"外史氏曰"写得更加意味深长:

> 今称倭强大与虏敌,然倭以海为穴,弃险争衡上国,于势不顺,而智多出于蚕食,往啮朝鲜。中朝经略数岁,讫不得要领……

反映了晚明人士对此次战争的看法，既说"倭小丑何能为"，又说"费金钱数百万，竟收功一死关白"，看似自相矛盾，恰是现实的写照。在天朝大国眼里，蕞尔小邦小丑跳梁，何足挂齿！一旦短兵相接，才知道对手厉害——"经略数岁，讫不得要领"。

但是，在班师回朝之后的庆贺声中，人们看到的是一个论功行赏的圆满结局：邢玠晋升为太子太保，荫一子锦衣卫世袭；万世德晋升为都察院右副都御史，荫一子入国子监；麻贵晋升为右都督；杨镐以原官叙用，等等。对此，《明史纪事本末》的编者谷应泰不无讥刺地议论道：

> 沈惟敬以市井而衔皇命，李宗城以淫贪而充正使，以至风月候节之绐，壶觞好会之诈，邢玠飞捷之书，杨镐冒功之举，罔上行私，损威失重。煌煌天朝举动如此，毋怪荒裔之不宾也。向非关白贯恶病亡，诸倭扬帆解散，则七年之间，丧师十余万，糜金数千镒，善后之策茫无津涯，律之国宪，其何以辞！而乃贪天之功，幸邀爵赏，衣绯横玉，任子赠官，不亦恧乎！

显然，谷应泰的批评不仅针对邢玠、杨镐的"罔上行私"，而且对于"煌煌天朝举动如此"，也有所微词。谷应泰虽然生于明末，但是编此书时已是清朝初年，因此无所顾忌地把这一切归咎于神宗皇帝："用兵之初，神宗气自甚锐，锐则期其速济，故不欲核其真；用兵之久，神宗忧自甚深，深则幸其成功，故不欲明其伪。卒之忠言者落职，欺君者冒功，而所遭逢异矣！"

乾隆时刊行的《明史》，没有谷应泰那么锋芒毕露，在《日本传》中的议论却很有独到眼光：

秀吉死，诸倭扬帆尽归，朝鲜患亦平。然自关白（秀吉）侵东国，前后七载，丧师数十万，糜饷数百万，中朝与朝鲜迄无胜算。至关白死，兵祸始休，诸倭亦皆退守岛巢，东南稍有安枕之日矣。秀吉凡再传而亡。终明之世，通倭之禁甚严，间巷小民至指倭相詈骂，甚以嚇其小儿女云。

看来，清初以降，人们对于这一历史事件的观点依然不变——"糜饷数百万，中朝与朝鲜迄无胜算。至关白死，兵祸始休"。在民间百姓中，留下了既憎恶又恐惧的阴影——"指倭相詈骂，甚以嚇其小儿女"。

如今来评价这场战争，实在是一言难尽。

第九讲
东林书院：质疑旧说追究真相

晚明史上轰动一时的东林书院,创建于万历三十二年(1604),禁毁于天启五年(1625),只存在了短短的二十一年,却在当时社会激起了巨大的反响,成为社会关注的焦点。慕名而来的士人把它视为求学问道的圣地,正如书院的主讲者高攀龙在《东林论学语》中所说:"读书、会友、静坐,三者缺一不可。"但是,当时及后世的一些人,出于不同的目的,把这个以研究儒家经典为宗旨的民办学校卷入朋党之争,高度政治化,说它"结党",说它"遥执朝政";到了当代学者的笔下,这个书院再一次被高度政治化,把它描绘成一个"政治团体",一个"议论政治的讲坛"。

本人对此种观点不敢恭维,于2001年发表了《东林非党论》(《复旦学报》,2001:1)、《东林书院的实态分析——"东林党"论质疑》(《中国社会科学》,2001:2),对此提出异议,引来了一些学者的驳难,他们坚定不移地认为"东林党"就是一个"党"。有的说:"东林党之'党',实际是处于中国传统'朋党'之党到现代政党的过渡阶段的'党'。"有的说:"东林党已经越出传统'朋党'范畴,传递出向近代政党转化的信息。"用如此现代化的方法来解读四百年前的历史,令人感到匪夷所思,因此我愿意重申己见,以期引起争鸣。

一 "虚和闲止,不关世事":东林书院的实态分析

晚明文坛盟主钱谦益,少年时代曾经跟随父亲到东林书院拜访顾宪成,以后又和顾氏的两个儿子与淳、与沐交游,对东林书院

有深切了解。他在晚年所写的《顾端文公淑人朱氏墓志铭》中，感慨系之地说："今老矣，白首屏废，实与东林党论相终始。"在他心目中，顾端文公"为人虚和闲止，不关世事，凝尘委衣，危坐终日"。牧斋先生所说"虚和闲止，不关世事"，堪称东林书院创办者顾宪成的真实写照。

万历二十二年(1594)，吏部验封司员外郎(从五品)顾宪成，因为议论"三王并封"，认为内阁首辅王锡爵是"顺上旨"，而没有"担当"。以后又因推举官员而与王锡爵意见抵牾，"廷推阁臣"时，顾宪成荐举已经致仕的大学士王家屏。这一系列事件，既得罪了王锡爵，也必然"忤帝意"，被革职为民，回到家乡常州府无锡县。其弟顾允成、朋友高攀龙也先后脱离官场回到无锡。

说来也很有意思，顾允成和兄长的政见惊人相似，官居礼部主事(正六品)的顾允成，不满"三王并封"，偕同僚张纳陛、岳元声联合上疏劝谏，谴责阁臣张位、王锡爵，被贬官为光州判官，一怒之下，索性向皇帝请长假，回老家去了。

另一个无锡同乡高攀龙也是如此。侍郎赵用贤、御史李世达遭人诋毁而罢官，舆论多归咎于阁臣王锡爵，官居行人司行人(正八品)的高攀龙奋然上疏：近见朝廷之上善类摈斥一空，除了赵用贤、李世达，还有顾允成、薛敷教、于孔兼等人，致使正人扼腕，曲士弹冠。所说的"曲士"，直指"谀谄"的官员杨应宿。神宗皇帝各打五十大板，杨应宿降两级，高攀龙贬官为揭阳县添注典史。不久，高攀龙请假归去，开始了"家居垂三十年"的读书教学生涯。

同样的政治命运，把三个无锡人聚集在一起，远离喧嚣的政治，聚精会神讲论学问之道。

万历二十五年(1597)，仰慕顾、高三先生道德学问的士人纷纷前来顾氏兄弟简陋的"同人堂",听他们讲学。顾宪成希望有一个理想的讲学场所,有意恢复宋儒杨时的东林书院,他多次凭吊杨时书院旧址,慨然说:"其在斯乎?"高攀龙指着杨时书院旧址对顾允成说:"叔时(顾宪成号叔时)常欲购一读书处,偕同志切磨其中,此地乃造化所,留以待叔时也。"

时机终于出现了。

万历三十年(1602),常州知府欧阳东凤重建常州龙城书院成功;万历三十二年顾宪成得到了常州府、无锡县当局的同意,在杨时书院旧址修缮了杨时的祠堂,又重建了精舍,这就是日后名噪一时的东林书院。

由于顾氏兄弟和高攀龙诸君子学问博大精深,新建的东林书院声誉日隆,康熙《东林书院志》写道:"上自名公卿,下迨布衣,莫不虚己悚神,执经以听,东南讲学之盛遂甲天下。"

顾宪成希望把这一盛况载入史册,嘱托刘元珍编纂《东林志》。万历四十二年(1614)《东林志》完稿,顾宪成已于两年前去世。此书还未付梓,刘元珍也英年早逝。

清初,无锡人严毅在刘元珍《东林志》稿本的基础上编成《东林书院志》,于康熙八年(1669)出版。天启五年(1625)东林书院被毁,康熙三十二年重建,高廷珍等人为了重现东林书院昔日风采,又编成洋洋二十二卷的《东林书院志》,雍正十一年(1733)出版。这就为后人研究东林书院保留了宝贵的资料。

笔者细细拜读这些志书,所获得的印象,与先前学术界流行的说法颇有出入。一言以蔽之,把一个以讲习儒家经典为宗旨的学校误解为一个政治团体或议论政治的讲坛,实在令人难以信服。

在顾宪成、高攀龙主持下的东林书院的运作实态,并非如此,特申论如下。

第一,东林书院的办学宗旨,意在正本清源,弘扬孔孟以来的儒学正统。

在顾宪成看来,"书院以广友朋之丽泽,则学脉系焉"。他对风靡一时的阳明心学颇多微词,意欲拨乱反正,回归程朱理学,以继承正统学脉为己任。

顾宪成对王阳明倡言"求诸心而得,虽其言之非出于孔子者,亦不敢以为非也;求诸心而不得,虽其言之出于孔子者,亦不敢以为是也",作出这样的评价:"阳明得力处在此,而其未尽处亦在此";"其势必至自专自用,凭恃聪明,轻侮先圣,注脚六经,高谈阔论,无复忌惮"。

高攀龙在肯定王阳明"扫荡廓清之功"的同时,也着意强调王门后学的种种弊端,说道:"夫学者谁不学孔子,自阳明先生提挈良知以来,扫荡廓清之功大矣,然后之袭其学者既非先生百年一出之人豪,又非先生万死一生之学力,往往掠其便以济其私,人人自谓得孔子真面目,而不知愈失其真精神。"

有鉴于此,顾宪成为东林书院制定的院规,开宗明义便提出,以朱熹白鹿洞书院的院规为依归:"朱子白鹿洞规至矣尽矣,士希贤,贤希圣,举不出此矣。东林之会惟是相与讲明而服行之,又何加焉!"由此出发,东林书院的院规强调"四要""二惑""九益"(或"九损")。所谓"四要",一要知本,二要立志,三要尊经,四要审几。所谓"二惑",指的是"迂阔高远"与"学顾躬行"。所谓"九益",指的是为圣为贤、广联同志、指视森严、整肃习气、寻师觅友、广见博闻、按既往筹将来、责我愈重、自树方真。

值得注意的是"四要"的第一条"知本",或曰"识性",是针对阳

312

明心学强调顿悟而言的："窃见迩时论学率以悟为宗,吾不得而非之也。徐而察之,往往有如所谓以亲义别序信为土苴,以学问思辨行为桎梏,一切藐而不事者,则又不得而是之也。"

再看"四要"的第三条"尊经":"尊经云何? 经,常道也。孔子表章六经,程朱表章四书,凡以昭往示来,维世教觉人心,为天下留此常道也。"这也是针对王门后学"束书不观,游谈无根"而发的。他制定的院规(即"东林会约")写道:

> 若厌其平淡,别生新奇以见超,是曰穿凿;或畏其方严,文之圆转以自便,是曰矫诬;又或寻行数墨,习而不知其味,是曰玩物;或胶柱鼓瑟,泥而不知其变,是曰执方;至乃枵腹高心,目空千古,一则曰何必读书,然后为学,一则曰六经注我,我注六经,即孔子大圣一腔苦心,程朱大儒穷年毕力,都付诸东流已耳。

由此可见,东林书院的宗旨在于正本清源,使得士人们了解孔孟以来的儒学正统,不为异端邪说所迷惑。

第二,东林书院的讲学内容是儒家经典"四书",名闻遐迩的东林讲会(无论大会还是小会)的主题也是"四书"。

顾宪成、高攀龙在东林书院讲学的讲义,在《东林书院志》中有详细的摘要,称为"东林商语""东林论学语"。由此人们可以看到东林书院的日常功课,以及他们关心和议论的焦点,并不在政治,而是学术。金奋飞的博士论文《明末东林书院多维透视(1604—1626)》(复旦大学,2006),第一章《东林书院众生相:书院日常生活述略》,把它概括为读书、静坐、会友,是深知其中三昧的。

东林书院最为人们津津乐道的,是越出围墙面向社会的东林讲会——每年一次大会(或春或秋)与每月一次小会(十四日至十六日)。届时,吴越及其他各地的文人学士纷至沓来,盛况空前,影响巨大。以往学者以为这是政治性集会,主题是"议论朝政,品评人物"。其实不然。按照顾宪成的本意,是想把孔孟程朱的学问发扬光大,他说:

> 自古未有关门闭户独自做成的圣贤,自古圣贤未有离群绝类、孤立无与的学问。所以然者何?这道理是个极精细的物事,须用大家商量方可下手;这学问是个极重极大的勾当,须用大家帮扶方可得手。故学者惟其无志于道则亦已耳,幸而有志于道,定然寻几个好朋友,并胆同心,细细参求,细细理会。未知的要与剖明,已知的要与印证;未能的要与体验,已能的要与保持。如此而讲,如此而习……于是怠者起,断者联,生者熟,相渐相摩,不觉日进而光大矣!于是群一乡之善士讲习,即一乡之善皆收而为吾之善,而精深充满乎一乡矣;群一国之善士讲习,即一国之善皆收而为吾之善,而精神充满乎一国矣;群天下之善士讲习,即天下之善皆收而为吾之善,而精神充满乎天下矣。

如此而已,大家聚集在一起是为了取长补短,研讨"道理"与"学问",使每个人的道德学问有所长进,并把它推广到整个社会。

人们最为关注的是,每次大会或小会究竟议论些什么呢?请看"东林会约"的规定:"每会推一人为主,主说四书一章,此外,有问则问,有商量则商量。凡在会中,各虚怀以听,即有所见,须俟两下讲论已毕,更端呈请,不必搅乱。"

很显然,书院中人聚在一起并不是议论政治,而是在读"四书"谈体会,由一人主讲,然后讨论,互相切磋。顾宪成在为其弟顾允成所写的小传中说:"(东林书院)每岁一大会,每月一小会,弟进而讲于堂,持论侃侃,远必称孔孟,近必称周程,有为新奇险怪之说者,辄愀然改容,辞而却之。"

东林书院的讲会究竟讲些什么?看来以往人们似乎有点误解,其实它的学问色彩、复古色彩极为浓厚——"远必称孔孟,近必称周程"。据《东林书院志》记载,它的讲会严格遵循古代的礼仪程式:"每岁春秋仲丁,燕居堂行释菜礼,龟山祠行祭礼,即于是是讲学始。"亲身经历东林讲会的杭州人胡嘉胤回忆道:万历三十七年(1609)八月十九日,吴子往邀请他参加东林讲会。这次讲会由顾宪成担任"会主",高攀龙、刘元珍辅佐,吴子往、胡嘉胤二人和另一位"楚籍方士"作为客人,分列东西而坐。讲会的情况是这样的:

> 坐定,泾阳先生(顾宪成)讲《孟子》首章,析义利之旨。自是互相送难,及尽心天命诸义。讲罢,一人从东席趋下,正立揖,出所书魏庄渠先生"励学语"读一过,闻者悚然。罢会,设鸡黍供客,酒行数巡,各散去。微言久绝。

万历四十年(1612)顾宪成去世后,书院由高攀龙主持,依然保持这种风格。天启元年(1621)高攀龙北上赴京,书院由吴桂森(觐华)主持,完全遵照顾、高定下的规矩,再次重申"东林会约",特别强调以下两点:

一点是"笃力行以宗教",讲的是:"宗教者,奉泾阳(顾宪成)、启新(钱一本)、景逸(高攀龙)三先生之教,宗而主之也。盖东林之教源本程朱,以穷理致知,以居敬存养,三先生用几十年苦功而得之于性命之微,修悟之法,参究已极精,辨析已极透,定于一尊,所以嘉惠后学者至径至切。"

另一点是"课实功以穷经",讲的是:"先生所以揭尊经也,顾其书既浩博,其理更渊微,若非实下功夫,勤以习之,精以讲之,不能闯其藩篱,何从窥其壶奥?今须积年累岁立会讲诵,先《易》《尚书》,渐次《诗经》……期于必遍,使贯串于胸中,则出必为名世,处必为真儒。"

由此可见,东林书院的宗旨从顾宪成、高攀龙到吴桂森是一以贯之的。

第三,东林书院的讲义是对儒家训条的阐释。

记录顾宪成在东林书院讲学内容的"东林商语"(万历三十二年至三十六年),通篇都是谈论学习《论语》《孟子》的心得,例如:"人生天地间,日子不是胡乱度的,屋不是胡乱住的,饭不是胡乱吃的,朋友不是胡乱搭的,话不是胡乱说的,事不是胡乱做的。这个心极灵极妙,不是胡乱丢在一边的。"又如:"盖学之多歧,千万不等,而总其大都只有两端,高则空寂,卑则功利。"再如:"博文是开拓功夫,约礼是收敛功夫,只此两言括尽入道窍门。"涉及的无非是道德学问、修身养性之类。

记录高攀龙讲学内容的"东林论学语",基调和顾宪成毫无二致,不过形式略有不同。高氏模仿《朱子语类》的样子,针对别人提出的问题,在回答中阐明自己研读儒家经典的体会。例如:"学问并无别法,只依圣贤成法做去,只是体贴得上身来,虽是圣贤之言行,即我之言行矣……故学问不贵空谈而贵实行也。"又如:"当今之世乃扰攘之秋,只可闭门潜修,若要在世路上走,必须一双好眼睛,虽杀身也要成得一个仁才好,不然徒死无益,直如草木耳。"

高攀龙的这些讲义,字句比顾宪成略显锋芒,不过还是围绕做学问做人展开的,是对"修齐治平"的儒家训条的阐述。他对东林书院的讲会规定了一个高标准,他称为"正格",也就是"学者锻炼的大火候"。他说:"吾人终日孤居独处,虽云学问,未经锻炼,临此大会方血战。是时,大家俱有一个收敛贴身意思,其中或有所疑,各呈所见,商量印证,方有益也。不然,会时单讲几章书义,只是故事而已,虽有所闻,亦不过长得些闻见,还不是会之正格。"

第四,"他们是一支重整道德的十字军,但不是一个改革政治的士大夫团体"。

顾宪成、高攀龙诸君子罢官下野,回归乡里,以创办书院来寄托心志,只谈学问不问政治,是对政治绝望之后的无奈选择。

万历三十六年(1608)十月二十一日,顾宪成接到圣旨"顾宪成起升南京光禄寺少卿添注"后,毫不犹豫地写了辞呈,一则说"目昏耳聋,老态尽见,不足效驰驱备鞭策";再则说"入山唯恐不深,入林唯恐不密,恝然置安危理乱于不问,以自便其身,图臣之所,大耻也"。话是反着说的,意思仍是不想再过问政治。这可以从他给挚友李三才的信中窥知端倪,他吐露了不想再度出山的内心——专心致志办好东林书院,悠游于林间水下。他说:

> 东林之社是弟书生腐肠未断处,幸一二同志并不我弃,欣然其事,相与日切月磨于其中。年来声气之孚渐多应求,庶几可冀三益补辑桑榆,无虚此生。一旦委而弃之,既有所不忍。凭轼而观,时局千难万难,必大才如丈(指李三才),卓识如丈,

全副精神如丈,方有旋转之望。如弟仅可于林间水下藏拙耳。

这并非自谦,亦非客套话,实在是当时真实心态的流露。

在东林书院时期,他常对游人说:"弟向来筑室枯里中,日出而起,日中而食,日入而寝,其意以诗书为仇,文字为赘,门以外黑白事寂置不问。"看来他早已把自己看作一个"桃花源人"了,竟然如此形容道:"予抱疴泾曲,日坐卧斗室中,酬应都罢,几如桃花源人,不复闻人间事。"

高攀龙也是如此。他在给老师赵南星的几封信中,一再流露只做闲人不问时事的心境,说道:"龙今年自东林会期外,即入山闭关,以学问宜静,以衰年宜静,此时山中人不一味静默非学也矣";"世局如此,总无开口处,总无着心处,落得做个闲人,自家性命自家受用而已";"奉老师之命,不敢言时事,亦不忍言也"。

钱一本也是如此。《毗陵人物记》说他,"归里杜门绝迹,不入公府……生平无他玩好,终日兀坐,手不停披,尤潜心易学,钻研卦象"。纪晓岚这样评述他:"东林方盛之时,(钱)一本虽与顾宪成分主讲席,然潜心经学,罕谈朝政,不甚与天下争是非,故亦不甚为天下所指目。"

顾允成也是如此:"好以静,每日兀坐一室,不问户外事";"参验身心,究极性命之学"。

与东林书院关系密切,然后被列入"东林党籍"的冯从吾,为关中书院订立章程,公然规定:"会期讲论,毋及朝廷利害、边报差除;毋及官长贤否、政事得失;毋及个人家门私事与众人所作过失,及词讼请托等事,亵狎戏谑等语。其言当以纲常伦理为主,其书以四书五经、性理通鉴、小学、近思录为主。"在冯从吾看来,"绝口不谈时事",是一种"美俗"。

东林君子们以如此心态主持书院,当然要把"莫谈国事"当作院规。顾宪成制定的院规有这样一条:"比昵狎玩,鄙也;党同伐异,僻也;假公行私,贼也。或评有司短长,或议乡井曲直,或诉自己不平,浮也;或谈暧昧不明及琐屑不雅、怪诞不经之事,妄也。"明确告诫书院同仁不得"评有司短长","议乡井曲直"。吴桂森继承了这一规矩,更加鲜明地强调这样的院规:

一是"绝议论以乐时",被当作"今日第一时宜"郑重其事地提出来,说的是:"学问二字原不尚议论,维昔先贤间出清议以扶持世道,盖时或使然,万非得已。如吾侪闭户人也,原隔霄壤,幸逢盛世圣天子当阳,登用必贞良,宣布必惠泽,何缘更有游乡之论……自今谈经论道之外,凡朝廷之上,郡邑之间是非得失,一切有闻不谈,有问不对,一味勤修学业,以期不负雍熙,是为今日第一时宜也。"

二是"屏俗梦以尽分",被当作"今日第一禁戒"再次提醒,说的是:"夫布衣聚会,既无马腹之鞭,居肆讲求岂堪蝇营之听!故愿会中一切是非曲直、嚣陵强弱之言,不以闻此席。凡夫飞书、揭帖、说单、诉辩之纸,不以入此门……若云将来解纷善应之方,请详规中处事接物之旨,诚以此端不杜,则取嫉、取怨、兴谤、兴尤,流弊叵测。先生(顾宪成)九损中已先点破,今宜更加谨慎,以安素位,是为今日第一禁戒也。"

这样看来,以往风行一时的说法——东林书院"讲习之余往往讽议朝政,裁量人物"云云,似乎令人难以置信了。

那么,究竟应该怎样看待东林书院呢?台湾学者林丽月《明末东林派的几个政治观念》(《台湾师范大学历史学报》,1983:11)引用美国学者 Charles O. Hucker 的精辟论断:"明末东林运动的失败,代表传统儒家价值观念与现实恶劣政治势力斗争的一个典型,他们是一支重整道德的十字军,但不是一个改革政治的士大夫团体。"在我看来,这是近几十年来关于东林书院的最准确的定位。

值得注意的是,他的论述主体是"东林运动",这似乎是海外学者的一个共识,他们在论述这一段历史时,大多不用"东林党",而用"东林运动"。比如,黄仁宇在《剑桥中国明代史》中,写"东林书院和朋党之争",就用这样的提法:"开创东林运动的人""东林运动的成员"。韩国汉城大学教授吴金成也有类似提法:"以东林书院为中心的讲学运动即东林运动。"

所谓重整道德,广义地说,可以包含两个层次:在朝为官时,整顿君臣的政治道德;在野为民时,整顿士人的学术道德。高攀龙对此有一个极好的说明:"自古治天下者,未有不以教化为先务,而教化之污隆则学术之邪正,为之所系非小也。是以圣帝明王必务表彰正学,使天下晓然知所趋,截然有所守,而后上无异数,下无异习,道德可一,风俗可同,贤才出而治化昌矣。"

顾、高诸君子从官场退居林下,在东林书院讲学之后,便不再企求重整君臣之道,而倾全力于重整学术之道。简括地说,那就是:通过讲学活动纠正弥漫于社会的王学流弊。

这种精神在东林书院中成为一股潮流,正如华允谊《东林续志序》所说:"嘉隆以降,则学术盖多歧矣。姚江(王阳明)扫除格致,单揭良知,其说深入人心髓,而程朱正脉几处闰位。于是顾端文(宪成)、高忠宪(攀龙)两先生倡复书院,阐绎而救正之。"康熙《东林书院志》的编者严瑴也这样说:"文成(王阳明)倡学姚江,以致良知为宗,而或又疑其流于禅,则亦惟端文、忠宪二先生克辨,故端文曰小心,忠宪曰真知、实践,皆凛凛劼毖于儒释朱陆几微异同之间,是功在学术。"华、严二氏的概括是精当的,准确地反映了当时的实际状况。

不妨看看顾、高二人是如何看待重整学术道德的。

顾宪成说:"弘(治)正(德)以前,天下之尊朱子也,甚于尊孔子,究也率流而拘,而人厌之,于是乎激而为王子。正(德)嘉(靖)以后,天下之尊王子也,甚于尊孔子,究也率流而狂,而人亦厌之,于是乎转而思朱子。"有鉴于此,他要在学术上拨乱反正,来拯救这个世界。他说:"士之号为有志者,未有不匦匦于救世者也。夫苟匦匦于救世,则其所为必与世殊,是故世之所余矫之以不足,世之所不足矫之以有余。"而救世的手段就是"相期于道德"。

这种道德的重整,正是东林书院全部活动的出发点与归宿点。他在《东林会约》中直截了当地说:"窃见迩时论学率以悟为宗,吾不得而非之也。徐而察之,往往有如所谓以亲义别序信为土苴,以学问思辨行为桎梏,一切藐而不事者,则又不得而是之也。识者忧其然,思为救正。"

高攀龙主持东林书院时,对于重整学术道德的观点,和顾宪成是完全一致的。他说:"国朝自弘(治)正(德)以前天下之学出于一;自嘉靖以来,天下之学出于二。出于一,宗朱子也;出于二,王文成公之学行也。"在他看来,王学自有其功绩,但流弊不小,王阳明自己也意识到"有流入空虚为脱落新奇之论"。到了王学末流则弊端更甚,突出表现在两个方面:一是"益以虚见为实悟,任情为率性";二是"始也扫闻见以明心耳,究且任心而废学,于是乎诗书礼乐轻,而士鲜实悟;始也扫善恶以空念耳,究且任空而废行,于是乎名节忠义轻,而士鲜实修"。

他认为王阳明在教导弟子时,"未加谨严","未免有放松处",

因此他和顾宪成一样,重视儒家正统学脉,他在为刘元珍《东林志》写序时,特别强调东林书院在继承学脉上的使命:"故东林在而龟山先生(杨时)在,龟山先生在而闽洛夫子(程朱)在,闽洛夫子在而先圣(孔孟)在。神,一也,一着而无不着。"很显然,在他心目中,东林书院是致力于净化道德,澄心去妄的。

东林书院的谦谦君子们,以澄澈明净的心境,来对待他们视为灵魂寄托的学问功夫,以一种近乎宗教般虔诚的态度来对待讲学。正如吴桂森所说:"宗教者,奉泾阳、启新、景逸三先生之教,宗而主之也。"说他们是"一支重整道德的十字军",实在是再恰当不过了。

二 顾宪成与李三才:东林书院如何成为"东林党"

李三才是万历年间官僚队伍中少见的干才,万历二十七年(1599),他以都察院左佥都御史的头衔出任漕运总督、凤阳巡抚,由于政绩卓著,于同年升任户部尚书、都察院左副都御史。此时适逢内阁缺员需要增补,不少人看好李三才,推荐他入阁。当时朝廷大臣中派系林立,互相倾轧,为权力而争斗不绝。李三才这种既有才干又有声望的人选,显然不受某些阁部大臣的欢迎,于是策划了一场诋毁李三才的运动。

工部屯田司郎中邵辅忠首先向皇帝呈上奏疏,弹劾李三才:"借道学以为名,依贤豪以立脚,或无端而流涕,或无故而感慨,使天下士靡然从风。乘机躁进者愿依其幕下,感时忧世者误入其套中。一时只知有三才,不知有陛下,主势上孤,党与日甚。其意不过扫空词林,则必借才于外;打尽当路,则必抢选及身。"用心极为险恶地说"一时只知有三才,不知有陛下",企图激怒龙颜,置李三才于死地。更为阴险的是,他用"借道学以为名""党与日甚"之类的词句,影射他与东林书院的顾宪成"结党"。

浙江道御史徐兆魁立即与之一唱一和,邵说"一时只知有三才,不知有陛下",徐说"但知有三才,不复知有朝廷"。他在奏疏中特别强调李三才"结党行私","年来是非日以混淆,攻讦莫之底止,主盟挑衅,三才乃其戎首"。字里行间直指李三才是这个"党"的魁首。

李三才为了表明心迹,主动向皇帝请求辞去官职,杜门谢罪。然而对他的攻击仍不罢休,刘时俊、刘国缙、乔应甲、王绍徽、徐绍吉、周永春、姚宗文、朱一桂、李瑾、刘邦俊、王万祚等人,接二连三地上疏弹劾李三才,朝廷上下一片乌烟瘴气。

这时发生了一桩出乎意料的事件,使得事态趋于复杂化。

书生气十足的顾宪成,对于挚友李三才遭到如此不公正的围攻深感忧虑,居然一反"桃花源人"的常态,写信给内阁辅臣叶向高、吏部尚书孙丕扬,为李三才辩护:"三才至廉至淡漠,勤学力行,为古醇儒,当行勘以服诸臣心。"他的本意是希望两位实权人物能够秉公处理此事,还李三才一个公道。问题在于,不知道出于何种目的,这些私人信件居然被公开化了,宣大巡抚吴亮把它抄录下来,附在邸报(官方新闻纸)中,送达各衙门。一时间,舆论为之哗然。

私人信件转化为政治文件,一下子被攻击李三才"结党"的人抓住了把柄:顾宪成以一个下野官僚的身份,插手朝廷政务,表明东林书院企图"遥执朝政"。顾宪成原本想声援李三才,这一下帮了倒忙,使得他更加被动,而且把东林书院也拉进了政治斗争的漩涡。这不能不说是顾宪成晚年最大的失着。

他也不是没有料到这种做法可能会带来负面影响,实在是出于对李三才人品的敬仰,冒险出此下策。他们二人之间早就相识相知,政见略同,互相以挚友相期许。此前他写信给李三才,谈到他婉拒南京光禄寺少卿的任命的原因时,向老朋友吐露心声:"凡此种种都是实境、实事、实话,在他人前犹半含半吐,惟丈(指李三才)前不敢一毫不倾尽。"足见他们的关系非同一般。鉴于"时局千难万难",他寄希望于李三才:"必大才如丈,卓识如丈,全副精神如丈,方有旋转之望。"由此人们不难悟出他写信给叶向高、孙丕扬的缘由。

关于这个缘由,他在给友人的信中再次谈及,坦率地道出自己挺身救李三才的原因:

> 漕抚(李三才)当风波汹涌之时,毅然出而挺身担荷,至于外犯权相、内犯权阉(引者按:指李三才反对矿税太监之事),死生祸福系之呼吸,并不少顾,既历无限崎岖,幸而事定。旁观者遂群起而求,多吹索抨弹,不遗余力。又受无限摧挫,始借其力以纾患,卒致其罪以快仇,不亦伤乎!漕抚尝简不肖曰:"吾辈只合有事方出来,无事便归。"痛哉斯言,堪令千古英雄流涕,不肖独何心而忍默默。

出于敬仰,他决心打破沉默,仿效老朋友的作风——"当风波汹涌之时,毅然出而挺身担荷"。当然他也预料有风险:"明知其必不能胜多口也,明知狂言一出,必且更滋多口也,夫亦日聊以尽此一念而已。"

及至后来事态扩大到不可收拾时,他才意识到写信给阁部大臣之举大为不妥:"去岁救李淮抚书,委是出位,随为弟忏过而亦悔且恨,重自惩无。"当他看到李三才处境岌岌可危时,写信给他,要他加意提防,不要锋芒毕露:"窃见足下任事太勇,忤时太深,疾恶太严,行法太果,分别太明,兼之辖及七省,酬应太烦,延接太泛,而又信心太过,口语太直,礼貌太简,行迹太略,固知前后左右在在俱有伏戒,亦恐嗷笑令居种种可为罪案,检点消融,得不加意乎!"以后看到形势急转直下,形势对李三才愈来愈不利时,又去信劝他立即引退:"足下可以去矣,不可以留矣。去也可以速矣,不可以缓矣。"

然而政治斗争不以顾宪成的善良愿望为转移,不但救不了李三才,他自己和东林书院也因而受到了牵连,一些别有用心的人把李三才与顾宪成、东林书院一并称为"东林党"。《明史·孙丕扬传》说:

> 先是,南北言官群击李三才、王元翰,连及里居顾宪成,谓之"东林党"。而祭酒汤宾尹、谕德顾天埈各收召朋徒,干预时政,谓之"宣党""昆党",以宾尹宣城人、天埈昆山人也。御史徐兆魁、乔应甲、刘国缙、郑继芳、刘光复、房壮丽,给事中王绍徽、朱一桂、姚宗文、徐绍吉、周永春辈,则力排东林,与宾尹、天埈声势相倚,大臣多畏避之。

这就是东林书院被称为"东林党"的由来。

礼部主事丁元荐对此有深刻的分析：这种门户之争可以追索到沈一贯的"浙党"，以后沈一贯把衣钵传授给顾天埈、汤宾尹，王绍徽、乔应甲之流是他们的外援，顾宪成给叶、孙的信件为他们提供了口实。丁元荐在一篇奏疏中写道："诸奸思为一网计，而苦于无隙，借顾宪成之书以发难，借孙丕扬以为名，一二年间飞矢集于中林，骇机遍于原野，士大夫咸嚣嚣有不欲自安其位之意，而又惴惴有不能各安其位之意。"明末吴应箕《东林事略本末》也有类似看法：

> 惟恐辛亥之察大不利于群小，于是以东林为网，以淮抚秦党为目，结成一大案网，无人不推入其中。而察前先发以自保者，则有王绍徽、郑继芳、刘国缙、金明时、南中、钱策、刘时俊若而人；察后谋翻者，则有秦聚奎、朱一桂、乔应甲、徐兆魁、周永春、姚宗文、张凤彩、彭维城、孙绍吉、陶子顾、马从龙、王三善……高节若而人。所赖主铨诸贤拼却一官，力结此局，而小人之怨愈逞，君子之身愈危。

所谓"辛亥之察"，就是万历三十九年（1611）考察京官之事。顾宪成的书信与辛亥京察碰巧纠缠在一起，局面愈加复杂化。

给事中朱一桂、御史徐兆魁借题发挥，声称："顾宪成讲学东林，遥执朝政，结淮抚李三才，倾动一时，孙丕扬、汤兆京、丁元荐角胜附和，京察尽归党人。"此处所谓"党人"，就是指"东林党人"，一个以讲学为宗旨的东林书院，在宵小之徒的叫嚣下终于成了一个"党"。

御史徐兆魁的表现最为恶劣，多次上疏诋毁东林，万历三十九年五月初,他写了长篇奏疏,耸人听闻地说:"今日天下大势尽归东林矣……东林之势益张,而结淮抚胁秦,并结诸得力权要,互相引重,略无忌惮。今顾宪成等身虽不离山林,而飞书走使充斥长安,驰骛各省,欲令朝廷黜陟予夺之权尽归其操纵。"完全是罔顾事实的信口开河。不特此也,他还讽刺先贤杨时虽是程门高弟,晚年却失足于蔡,以影射李三才不过是蔡京之流,用心十分险恶。为了搞臭东林,他不顾监察官员的身份,肆意捏造事实,罗织东林书院罪状——"挟制有司,凭陵乡曲",每一条都离奇得令人难以相信,比如:

——"浒市(引者按:即浒墅关)有小河,货舟往来如织,东林专其税为书院费,而榷关者不敢问,每关使至东林,辄以书招之,即不来亦须送银二三百两,助修书院乃已。"

——"凡东林讲学所至,主从每百余人,该县必先锦厨传戒,执事伺于境,迎于郊,馆毂程席之需非二百金上下不能办。"

——"会讲中必杂以时事,讲毕立刊为讲章,传播远近。讲章内各邑之行事有与之左者,必速该图,其令乃得安。不然淮抚与别书院訾声至矣。"

——"海内徽人最雄于货,黄正宾系徽人,诸财豪见其气势如此,咸挽首听令,不难麾多金以应正宾不时之需,淮抚、东林不独小可经营悉凭正宾力,即图大拜,正宾亦每引为己任云。"

这种信口雌黄的造谣引起正直人士的反感,光禄寺丞吴炯上疏为顾宪成和东林书院辩诬：

——针对东林书院在浒墅关近旁小河收税一节，他反驳道："小河即在大关之旁，阔止五尺，有桥高三尺，货舟不能过，惟小空船可过，以省伺候开关就晷刻，从来无税。"

——针对东林书院胁迫浒墅关官员送银"助修书院"一节，他反驳道："东林之会期有定，皆里居缙绅与青衿子弟，不招自来者，未尝招人，亦绝无送银之关使。况书院小屋数椽修复已久，本无厚费，何暇助工？"

——针对东林讲会向县衙勒索巨额赞助一节，他反驳道："缙绅赴会固非一人，然俱二三仆驾小船，并无侈张舟从者，有则共鄙之。不受县官下程，不领县官一茶。主会者捐资自办，日中腥素四碗，至晚腥素六碗，俱四人一桌，费亦不多。"

——针对东林书院议论时事，并且把自己的观点强加于各县一节，他反驳道："会中之规，每日轮客一位，讲书一章，互相问难，青衿皆得质所疑，讲毕，童子歌诗一章，遂散。举座无哗，并不谈时事。即民风土俗与会友家常之事，亦置不言，奚关各邑之行事？"

吴炯摆事实讲道理，把徐兆魁的谎言驳得体无完肤。

人们常说邪不压正，现实中却经常是正不胜邪，谤议依然声势汹汹。李三才本着息事宁人的态度，接连向皇帝提出辞呈，接连提了十五次，才得到皇帝批准。宵小之徒唯恐他东山再起，非置他于死地不肯罢休，抓住他在家乡通州"盗用皇木营建私第"之事，大做文章。

先是由汤宾尹的至亲密友、河南道御史刘光复出面揭发此事，继而由工部署部事右侍郎林如楚以主管官员身份予以证实。万历四十三年（1615）正月二十二日，林如楚遵照皇帝的旨意，会同科道官员前往通州通惠河湾李三才住宅查勘。结果是令人惊讶的：李三才私宅确系盗用皇宫木材，占用皇木厂地基，而且"崔巍广大，势甚铺张"，据此，皇帝下旨由三法司会审定案。

事情闹到这个地步，李三才被扣上了"欺君蔑法"的帽子，声名狼藉，政敌仍穷追不休。户科给事中官应震借题发挥，攻击李三才"大奸大贪，今古罕俪，往宵小党护，交口清流……今三才败露极矣"，随即由此牵连东林书院，声称"东林理学，强半虚名"。

李三才在狼狈不堪时，还不忘为东林书院辩白，他向皇帝上疏，希望消解党祸以安天下。奏疏这样写道：

> 今奸党仇正之报，不过两端：曰东林，曰淮抚。何以谓之？东林者乃光禄寺少卿顾宪成讲学东南之所也，宪成忠贞绝世，行义格天，继往开来，希贤希圣。而从之游者，如高攀龙、姜士昌、钱一本、刘元珍、安希范、于玉立、黄正宾、乐元声、薛敷教等，皆研习性命，检束身心，亭亭表表，高世之彦也。异哉，此东林也，何负于国家哉？今不稽其操履，不问其才品，偶曰东林也，便行屏斥，顺人者以此恣行其奸，谗人者以此横逞其口。

从字里行间不难看出，李三才虽然被人诽谤与顾宪成"结党"，但他自己始终不以东林人士自居，而以第三者身份为东林书院辩诬。在他看来，东林是东林，淮抚是淮抚，两者不可混为一谈。事实上，他与东林书院并无组织方面的关系，也从未参加东林书院的任何活动。

政治斗争令人防不胜防，那些自己"结党"的人往往反诬别人

"结党",所谓"东林党"便是这种人的宣传产物。到了天启年间（1621—1627）阉党专政时，这种政治宣传登峰造极。魏忠贤的亲信王绍徽仿照《水浒传》中梁山一百零八将的座次，编了《东林点将录》，公然把李三才列为"东林党"的第一号人物——"开山元帅托塔天王南京户部尚书李三才"。

对于历史上屡见不鲜的朋党之争，以及党争中出现的咄咄怪事，或可一笑置之。遗憾的是，某些当代史家竟然对《东林点将录》信以为真，把李三才看作"东林党"的领袖，把他的施政业绩看作"东林党"主张政治改革的一个例证，实在令人啼笑皆非。

三　东林非党论

我发表过题为《东林非党论》的文章，引起了不小的反响，报刊上介绍时，冠以"东林党不是党"的标题，人们以为非常异议可怪。

其实，"东林非党"并不是我的发明，清初学者毛奇龄就曾经说过："东林非党也，有抗东林者，而党始名然。"明末学者吴应箕也着力论证过此点："东林者，门户之别名也。门户者，又朋党之别号，夫小人欲空其国，必加之以朋党。"很显然，"东林党"这个称呼是它的敌人，即所谓"抗东林者"的那些"小人"，强加于它的一种蔑称——为人所不齿的"朋党"。

奇怪的是，后世的学者不加细察，把"东林党"看作一个褒义词。在以往某些学者心目中，东林书院就是"东林党"，似乎是无需证明的问题。前些年出版的《中国历史大辞典》，"东林党"条如此写道:"东林党——明后期以江南士大夫为主的政治团体。万历中,无锡人顾宪成革职还乡,与同乡高攀龙及武进人钱一本等在无锡东林书院讲学,评论时政。不少朝臣遥相应和,失意士大夫闻风趋附。时人谓之东林党。"把"东林党"作为东林书院的同义词,是颇值得质疑的。

"党"这个字的含义,在现今人们的话语体系中,几乎成了"政党"的同义语,这是现代政治的特有现象。中国古代并无政党可言,史书中常见的"党",都不是政党之"党",例如东汉的"党锢之祸",唐的"牛党""李党",北宋的"元祐党人",南宋的"伪学逆党",等等,毫无例外的都是朋党,或被对立面诬蔑为朋党。汉字的特性往往一字多义,在《辞海》中,"党"这个字的释义多达六项,既有政党之意,也有朋党之意。现代人对"党"字的直觉印象往往侧重于前者,而忽略后者,或者把两者混为一谈。

在英文中政党的"党"是 parties,朋党的"党"是 factions,区分得一清二楚,不至于把朋党混淆为政党。《剑桥中国隋唐史》写到"牛李党争"时,特别指出两者的差别,非常有意思,不妨细细琢磨一下:

> (牛党、李党)这种派别不论在当时或在后世历史记载中都被称为"党"(factions),但决不是我们今天意义上政党中的"党"(parties)。九世纪唐朝的党不是基于经济的、明确纲领和纪律的集团,它只是政治人物们的松散结合体,产生于难以确认的复杂的个人关系网络。唐代的朋党不像今天的政党那样根据政见的不同来吸收成员,它没有很强的核心结构;它的成员的属性也不固定……中国的政治理论通常都认为,如果

准许在朝廷结成朋党（朋党乃是广泛的政治活动的必然结果），那么，人们所期待的能实现长治久安的道德和社会秩序便要可悲地受到损害……"党"这个字表示道德败坏，它对指控者和被指控者都有威力，都可能遭到贬谪。

这种论述对于中国学者而言，是别开生面的，极富启发意义。

毫无疑问，所谓"东林党"的"党"，也是朋党的"党"（factions），而不是政党的"党"（parties）。那么，东林书院的顾宪成、高攀龙等人是不是会自称为朋党呢？绝无此种可能，朋党是一个贬义词，无论在朝官员，还是在野人士，都不会自称为朋党，东林书院的君子们当然不会自称为"东林党"。这个道理很简单，孔子在《论语》中曾经提到君子的道德标准："群而不党。"以继承并发扬孔孟之道为己任的东林君子对此是深信不疑的，在他们看来，"结党""有党"是正直人士所不齿的，绝不可能自诬。

事实表明，东林书院被称为"东林党"，是政敌们强加于它的。以《万历十五年》闻名遐迩的黄仁宇，在《剑桥中国明代史》中，写到"东林书院和朋党之争"这一节时，明确指出："东林党不是这个用语的现代意义的政治党派。翻译为'党派'的'党'字有贬义，在意义上更接近诸如'派系'、'宗派'或'帮伙'一类的词。成员的身份没有固定的标准：开始时，'党人'从他们的敌人那里得到这个称号。"言简意赅，显示了深刻的历史洞察力。

西方学者对中国古代朋党政治的分析是独具只眼的，或许是旁观者清吧！然而这样的视角长期以来被人们忽略了，不少人习惯于把东林书院看作是一个政党，看作一个有着共同纲领的政治改革家组织。更加令人难以理解的是，有些学者认为，在东林书院建立以前就已经有"东林党"了。

众所周知,东林书院建立于万历三十二年(1604),在此之前,既然没有东林书院,那么何来"东林党"呢?

几十年来研究东林党与复社成就卓著的日本学者小野和子,在其名著《明季党社考》(同朋舍,1996)的第一章,开宗明义第一句话就是:"东林党是在万历十年代至二十年代围绕国本论的激烈政争中形成的。"著有《晚明东林党议》一书的王天有,在其论文《东林党和张居正——兼论东林党的发端》中认为,"东林党发端于癸巳(万历二十一年)京察"。

所谓"癸巳京察",指的是万历二十一年,吏部考功司主事顾宪成与吏部考功司郎中赵南星,协助吏部尚书孙鑨"大计京官","秉公澄汰",结果遭到反对派的强烈抨击,斥责为"吏部专权结党",赵南星因此被贬官。顾宪成与同僚李复阳上疏为赵南星辩护:"南星一意奉公,不以情庇,不以势挠,庶几少挽颓风以报皇上,而竟不免于罪……倘始终以为专权结党,乞将臣等一并罢斥,无令南星独蒙其责。"很显然,此时的"党",只是"吏部专权结党",与东林毫不相干,因为其时东林书院还未出世,根本谈不上"东林"二字。

当然,进一步深究的话,或许连"吏部专权结党"云云,也难以成立。当时人已经有这样的看法。万历二十三年(1595)三月,给事中杨恂在一份奏疏中对"吏部专权结党"的说法表示异议,他说:考察和选拔官员原本是吏部的职掌,为什么近来炮制出"吏部专权"的说法?目的是为了蛊惑皇上的"圣听","及皇上信其言,而有疑于吏部,然后内托圣意,外委廷推",于是乎把吏部架空,使京察流于形式。

他还说:言官原本是朝廷的耳目,纠察弹劾官员是它的职掌,为什么近来炮制出"朋党之说"？目的是激怒皇上的"圣心"，"及皇上行其潜而怒移于言官，然后假托天威，肆行胸臆，非显斥于正言直指之时，必阴中于迁除建白之际"，然后还要说言官"结党"，他感叹道："如是而谓党在言官乎？不在言官乎？言者非党，而创诬之曰党。"十分深刻地揭示了当时政坛的歪风邪气：为了整垮对手，最有效的手段就是把对手诬蔑为"党"。

日本学者城井隆志的论文《关于明末的一个反东林派势力——围绕顾天埈》(《山根幸夫教授退休纪念·明代史论丛》，汲古书院，1990)，发前人所未发，用实证研究表明，万历中后期的所谓"党争"，都围绕着内阁权力而展开，并无明显的营垒观念，分化改组时时进行。这与天启年间(1621—1627)魏忠贤专政时期，为了打击异己势力，把反对"阉党"的官员一概称为"东林党"的状况，截然不同。以往史家过分强调东林与反东林的斗争，把"昆党""宣党""齐党""楚党""浙党"树立为"东林党"的对立面，事实并非如此。

万历三十年代后半期，汤宾尹、顾天埈被称为"宣党""昆党"，顾天埈、李腾芳又有"顾党""李党"之称。这种"党"，很难从组织形态上予以认定，充其量不过是政客之间互相攻击时，给对方扣上的大帽子而已。

翰林院出身的顾天埈、李腾芳试图竞争进入内阁，另一派政客极力阻击。万历三十七年(1609)二月，南京户科给事中段然弹劾顾天埈，奏疏的题目骇人听闻："外贼将除内贼阴擅，谨陈辨奸续论，以锄元凶以延国祚事"，祭出"内贼""元凶"之类的撒手铜，目的无非是阻止顾天埈"逼近揆地之区"，粉碎他进入内阁的图谋。与此同时，李腾芳公开扬言，愿意和顾天埈引为同志，"顾天埈被诋，臣义不待独留",乞求皇上把他和顾天埈一并罢黜。给事中刘时俊、御史汪怀德指责顾、李二人"神奸暗弄机关,眩鼓国是,垂涎揆鼎",影射他们觊觎内阁权位。顾天埈在反驳段然的攻击时指出,去年郑振先曾经上过一份"直发古今第一权奸"的奏疏,弹劾阁臣朱赓,对沈一贯、朱赓、李廷机、王锡爵等阁臣擅权有所不满。由于他和郑振先"同乡有交",因而受到牵连。

有意思的是,顾宪成对郑振先的奏疏非常欣赏,认为是对于当权派的"顶门一针",赞誉他是"吾辈于林壑间复增一畏友"。按照党同伐异的标准,既然郑振先是顾天埈的"同志"(郑振先有言:"臣与〔顾〕天埈同志"),毫无疑问应该是"昆党"的成员;顾宪成既然宣称郑振先是他的"畏友",也应列入"昆党",岂非天大的笑话!

事实上,以往人们都把沈一贯"浙党"、汤宾尹"宣党"、顾天埈"昆党",一概视作"东林党"的对立面,细细看来,这种说法不是形而上学,就是不着边际。阁臣叶向高认为,顾天埈、郑振先攻击朱赓、李廷机,并非结党,而是"旦夕望大拜","皆自为计",道出了当时政坛纷争的本质。

其实,东林书院诸君子是"群而不党"的。也许有人会说,东林人士自己也说"吾党",作何解释?不妨稍加辨析于下。

顾宪成在为东林书院制订院规时,主张学贵躬行,反对迂阔高远的学问,说道:"此其不必惑者也,不当惑而惑,昧也;不必惑而惑,懦也。协而破之,是在吾党。"

高攀龙说:"吾党聚首数十年,所讲习者六籍(按:即六经)之遗言,所绍明者钱、顾两先生之遗绪,非寻常征逐交也。"

钱一本说:"吾党不乏有心人,至推有眼者,须首季时(按:顾允成别号季时)也。"

诸如此类的话语还有一些,意思大体差不多。他们所说的"吾党",与清末民初革命党人所说的"吾党",绝对不是同义语,更不能按照当代人的语言习惯,从字面意义上理解为"我们党"或"我党",究其本意,应是吾辈志同道合者之谓。

　　当时人冯从吾革职回到家乡长安,应友人邀请建立关中书院。关中书院同人秦可贞为冯从吾《关中会约》作跋,其中写道:"此关中会约也,何述焉?季侍御冯仲好(按:冯从吾字仲好)先生雅意而述之,以诏吾党也,盖吾党宝庆之会未有也,自仲好倡之,会有定期,约有定款。"此处所说的"吾党",与顾、高、钱所说的"吾党"是一个意思,即吾辈、朋辈之意。谓予不信,请看韩愈诗《山石》云:

　　　嗟哉吾党二三子,
　　　安得至老不更归。

韩愈所说的"吾党",便是它的本义(朋辈)的最佳诠释,绝不至于理解为韩愈参加过什么"党"。

　　由此可见,东林书院并不是"党",是不言自明的。即使出现了顾宪成致阁部大臣的信件,涉及当朝敏感问题,也不足以证明东林书院是在"结党"。叶向高再度出山后,针对朱童蒙诬陷邹元标、冯从吾创办首善书院是"结党"行为,反驳道:"如以讲学为结党,则世之结党者岂尽讲学之人?若欲结党,何待讲学!"可谓一语中的。

　　真正把"东林党"作为组织形式加以坐实的,是魏忠贤之流。天启初年,出现了"众正盈朝"的局面,正直人士包括与东林书院有关的人士,回到政坛,与魏忠贤为首的"阉党"展开殊死较量。魏忠贤之流把凡是反对"阉党"专政的人,一概诬蔑为"东林党",把原本子虚乌有的"东林党"构建成一个组织实体,开出黑名单,不管他与东林有没有关系,一个不剩地予以清除。黑名单最为臭名昭著的就是《东林点将录》和《东林党人榜》。

天启五年(1625)八月,时任都察院左都御史(不久升任吏部尚书)的王绍徽,仰承魏忠贤的旨意,编了一份黑名单——《东林点将录》,仿照《水浒传》梁山泊一百零八将的名号,"编东林一百八人为点将录,献之,令按名黜汰,以是益为(魏)忠贤所喜"。此人秉性卑劣,据无名氏《遣愁集》说:"王绍徽为魏忠贤干儿,官至吏部尚书,进退一人,必禀命于(魏)忠贤,时称'王媳妇'。尝造《点将录》献之忠贤,忠贤阅其书叹曰:'王尚书妩媚如闺人,笔挟风霜乃尔,真吾家之珍也。'"之所以博得魏忠贤的喜欢,原因是他把李三才、叶向高列为"东林党"的一二号人物,一个相当于晁盖——"开山元帅托塔天王南京户部尚书李三才";一个相当于宋江——"天魁星及时雨大学士叶向高"。

把李三才、叶向高作为"东林党"的领袖,并非王绍徽首创。万历四十二年(1614),"楚党"头目、户科给事中官应震就曾经扬言:东林书院"外资李三才,内借叶向高"。请看他的描述:"十数年来,一二不肖恃讲学之名,号召徒党,外资气魄于李三才,内借威福于叶向高,其附之则生羽毛,其不附之则成疮疣。"

御史卢承钦感到仅仅整肃一百零八人还太少,再炮制一个三百零九人的黑名单——《东林党人榜》,完全仿照《元祐党籍碑》的做法。

北宋末年,大权在握的蔡京,把司马光、文彦博、吕公著等反对"新法"的官员一百二十人,诬蔑为"元祐奸党",又把元符年间主张恢复"旧法"的官员一并列入"奸党",共计三百零九人。这份名单,由宋徽宗亲笔书写后,刻石立碑,就是臭名昭彰的《元祐党籍碑》,成为蔡京打击异己,进行政治迫害的武器。

卢承钦如法炮制,《东林党人榜》也是三百零九人,于天启五年(1625)十二月以皇帝谕旨的形式向全国公布。

文秉《先拨志始》说:"御史卢承钦疏参曹珍、董应举、李遇知,因历举东林自顾宪成、李三才、赵南星而外,如王图、高攀龙等谓之副帅,曹于汴、汤兆京、史记事、魏大中、袁化中等谓之前锋,李朴、贺朗、沈正宗、丁元荐谓之敢死军人,孙丕扬、邹元标谓之土木魔神,宜将一切党人不论曾否处分,俱将姓名罪状刊刻成书,榜示天下。人皆谓:此书何异'元祐党碑'。"这份名单,不但把早已去世的顾宪成、顾允成兄弟列入其中,而且把一些毫不相干的现任官员如鹿继善、吕维祺、范景文等一概网罗在内,甚至还胡乱混入一些"阉党"分子。《明史·阉党传》收有卢承钦的小传,其主要事迹就是编了这本《东林党人榜》,"请以党人姓名罪状榜示海内,(魏)忠贤大喜,敕所司刊籍,凡党人已罪未罪者,悉编名其中"。

后世史家对官应震、王绍徽、卢承钦的说法信以为真,随声附和,似乎"东林党"真是一个声势浩大的组织,尤其是把李三才、叶向高看作"东林党"的领袖,是很成问题的。至少有两点值得检讨。

其一,把李三才列为"东林党"的魁首,表面看来似乎顺理成章,因为早就有人说李三才"一入其党"了。但是李三才本人始终没有承认自己是东林的一员,多次声明,东林是东林,李三才是李三才,两者不可混为一谈。至于叶向高被列为"东林党"的魁首,即使按照当时的标准来衡量,也极为牵强附会。叶向高万历三十五年(1607)进入内阁,到万历四十一年出任内阁首辅,一直位于朱赓、李廷机之下。朱赓、李廷机推行没有沈一贯的沈一贯路线,叶向高在内阁基本上附和朱、李,正如他自己所说:"金老(朱赓)杜门日久,惟与李生(李廷机)朝夕周旋,凡事相与经划,有疑事重事,则受成于金老,忧国奉公,彼此所同,甚相洽也。"在出任内阁首辅后,他还时时向里居的沈一贯请示政务,看不出他们之间有什么政见分歧。按照当时流行的朋党论,沈一贯的"浙党"是与"东林"对立的。我们固然不必说叶向高是"浙党"的中坚,但他不反对"浙党"是毫无疑问的。

其二,如果说李三才是"东林党"的第一号人物,叶向高是"东林党"的第二号人物,那么按照党同伐异的原则,他们二人理应密切配合,当李三才呼声甚高时,叶向高何以不大力支持,援引李三才入阁,营造一个"东林内阁"呢? 当李三才遭到邵辅忠、徐兆魁等攻击时,身为"东林党"第二号人物的叶向高何以不大力保住第一号人物李三才? 当李三才迫于压力多次请求辞职时,叶向高却多次请求皇上予以照准,而不是挽留呢? 顾宪成写信给叶向高、孙丕扬,被反对派称为"遥执朝政"。如果叶向高果然是"东林党"的魁首,完全可以通过他来贯彻"东林党"的方针,顾宪成何必用此种方式"遥执朝政"呢?

问题在于,魏忠贤看不惯叶向高这个元老重臣。天启元年(1621),叶向高再次出任内阁首辅,处境微妙,尽量不偏不倚,正如《明史·叶向高传》所说:"(叶)向高为人光明忠厚,有德量,好扶植善类,再入相,事冲主,不能謇直于神宗时。"杨涟弹劾魏忠贤二十四条罪状,他很不以为然:"事且决裂,深以为非。"此后朝廷大臣接二连三弹劾魏忠贤,有人劝叶向高利用内阁首辅的权力,除掉魏忠贤,他断然拒绝,认为只有他出面调停,才可以避免大祸,向皇帝上疏称:"(魏)忠贤勤劳,朝廷宠待厚,盛满难居,宜解事权,听归私第,保全终始。"企图让魏忠贤放弃权力,体面地下台。

　　魏忠贤早就对叶向高"动即掣肘"有所不满,此事更加深了对他的不满,碍于他是元老重臣,不好轻易下手,只得不断施加压力,迫使他自己提出辞职。在"阉党"分子看来,叶向高企图要魏忠贤罢官,当然要把他列入《东林党人榜》和《东林点将录》,当然要把他封为"东林党"的魁首,尽管他们也知道叶向高和东林人士存在巨大的分歧。研究这段历史的学者,也把叶向高看作"东林党"的魁首,岂不是曲解了这段历史和这个人物了吗?

第十讲
魏忠贤阉党专政

万历四十八年(1620)七月二十二日,神宗皇帝朱翊钧去世,八月初一日,皇太子朱常洛继位,即光宗,改元泰昌。

在宫廷内部权力斗争阴影下坎坷成长的朱常洛,长期受到压抑而谨小慎微。登上皇位,对于他既是机遇又是挑战。父皇晚年为疾病困扰,很少临朝听政,中央政府几乎处于瘫痪境地。接手这个烂摊子,他力图摆脱困境,日理万机,事必躬亲。自幼羸弱多病,成年后又沉迷于酒色,一旦超负荷运转,身体难以承受。父皇的遗孀郑贵妃,颇有政治野心,希望自己的儿子朱常洵能够取而代之,不怀好意地送来一批美女,供朱常洛享用。每天退朝后的夜宴,宫女奏乐,翩翩起舞,就寝时,龙床上常常是两名美女轮流"御幸"。朱常洛终于病倒了。

心坏叵测的郑贵妃指使亲信——司礼监秉笔太监兼掌御药房太监崔文昇,让朱常洛服用通利药——大黄,致使病情加剧,一昼夜腹泻三四十次,进入虚脱状态。郑贵妃又指使崔文昇,让朱常洛服用号称仙丹的"红丸"。九月初一日,朱常洛一命呜呼。这位光宗皇帝,在位仅仅一个月,这就是明朝历史上犹如昙花一现的泰昌朝。

郑贵妃原本指望乘机为儿子朱常洵谋取帝位,却没有成功。朱常洛临死前决定自己的长子朱由校继位,九月初六日,朱由校仓促即位,是为熹宗皇帝,改元天启。

虚度十六岁的朱由校,由于父亲连遭厄运,没有可能受到"豫教"——执政前的系统训练,学识才干比父亲大为逊色。明清史专家孟森说,朱由校是一个"至愚至昧之童蒙"。传记文学专家朱东润说得更加彻底:朱由校是朱常洛的"文盲儿子","一字不识,不知国事"。难道他是一个白痴?

其实倒也未必。他是一个心灵手巧的人,最大的爱好就是做木匠、泥水匠。李逊之《三朝野记》这样描写他:除了喜欢骑马看戏,还酷爱盖房子,亲操斧头锯子,加工木材,技艺之精湛,能工巧匠都望尘莫及。当时宫内太监刘若愚的《酌中志》说得更为具体:他制作了一种以水为动力的大型玩具,构思与造型都精美无比:

> 用大木桶、大铜缸之类,凿孔创机,启闭灌输,或涌泻如喷珠,或溅流如瀑布,或使伏机于下,借水力冲拥圆木球如核桃大者,于水涌之,大小盘旋宛转,随高随下,久而不堕。视为戏笑,皆出人意表。逆贤(魏忠贤)、客氏(朱由校乳母)喝彩赞美之:天纵聪明,非人力也。圣性又好盖房,凡自操斧锯凿削,即巧工不能及也。

看来此人的手艺果然了得,但是皇帝毕竟不是手艺人可以胜任的,他做皇帝极不称职——典型的玩物丧志。每当他埋头制造器物时,斧凿刀削,衣冠不整,任何人不得窥视,只有一二亲信太监例外,那就是司礼监掌印太监王体乾、司礼监秉笔太监兼东厂总督魏忠贤。他们二人深知皇上的癖性,专门在他专心致志干手艺活时,从旁报告紧急公文,请求指示。朱由校继续干他的手艺活,不耐烦地说:"你们用心去行,我已知道了。"他就是这样心甘情愿听任大权旁落。王体乾虽然地位在魏忠贤之上,却听命于魏忠贤,昏庸的皇帝为魏忠贤专擅朝政大开方便之门。

一 市井无赖如何登上权力巅峰?

魏忠贤,北直隶河间府肃宁县(今属河北省)人。关于他的生年,佚名《梼杌闲评》有个说法:他生于隆庆二年(1568),那一年是戊辰年,所以小名叫作"辰生",长大以后,大名叫作"进忠"。

关于他的家庭出身,有两种说法。其一是与魏忠贤同时代的太监刘若愚所写的《酌中志》,说魏忠贤的父亲叫魏志敏,母亲刘氏,都在当地务农。其二是明末出版的《梼杌闲评》,说魏忠贤的父亲魏丑驴,母亲侯一娘,都是耍杂技的艺人,侯一娘有一个情夫魏云卿,是一个戏子,两人私通,生下了这个小名叫辰生的孩子。

那么这两种说法究竟哪一种较为可信呢?要找到确切的证据比较困难,正史上对魏忠贤入宫前的记载非常少,他发迹后对自己早年的事迹讳莫如深。刘若愚是"阉党"分子,他的《酌中志》写到魏忠贤的家庭出身,可能是根据魏忠贤自己的叙述,带有掩饰的成分。《梼杌闲评》是演义,其中不少是民间传闻,却颇有可信度。这一点,只要和其他野史加以比较,便可以明白。明末朱长祚《玉镜新谭》写道:

> 肃宁人魏忠贤,初名进忠,市井一无赖耳。形质丰伟,言辞佞利,目不识丁,性多狡诈。然有胆气,日务樗蒲(引者按:意为赌博)为计,家无担石而一掷百万。若起歌曲弦索、弹棋蹴鞠,事事胜人,里中少年竞相与狎。迷恋青楼翠袖之间,落魄无行,依人醉醒,不问妻子饔飧韦布(引者按:意为吃饭穿衣),游手好闲以穷日月。

从这一段话可以看到,此人长得一表人才,高大伟岸,能说会道,聪明伶俐,唱歌奏乐,下棋踢球,样样胜人一筹。这也可从谷应泰《明史纪事本末》得到旁证:

魏忠贤初名进忠,河间肃宁人也。少黠慧无籍,好酒善啖,喜驰马,能右手执弓左手骰弦,射多奇中。目不识丁,然亦有胆力,能决断,顾猜狠自用,喜事尚谀。

这样的人,不可能出于老实巴交的农民魏志敏与刘氏夫妇家庭,只有戏子魏云卿与杂耍艺人侯一娘才培养得出。何况,"市井无赖"乃商业街市的产物,不可能存在于穷乡僻壤。

他十几岁的时候,父母给他成了家,妻子姓冯,不久生下一个女儿。正如朱长祚所说,此人不务正业,沉迷于赌场与青楼之间,只顾自己吃喝嫖赌,不顾家里妻子女儿的生活。倾家荡产以后,他逼着母亲改嫁给一个姓李的男人,自己也由魏进忠一变而为李进忠,妻子受不了折磨,改嫁他乡,女儿卖给了人家做童养媳。走投无路之际,他想到了进宫去当阉宦。

他的家乡肃宁本是个出阉宦的地方,但是宫里招收阉宦,有一定的程序,从十几岁的少年中选拔。像他这样已经结婚生子的成年人,不符合选拔条件。于是他想到了私自阉割的途径,这样做不但违反《大明律》,而且风险极大。"有胆气"的他,铤而走险,私自阉割,出血过多昏死过去,幸好被附近庙里的和尚发现,紧急救治,才捡回了一条命。

正是无巧不成书,让他遇上了第一个恩人——司礼监秉笔太监兼东厂总督孙暹。当时的大太监都在宫外备有私宅,孙暹把他带到自己的私宅去当差。由于魏忠贤仪表堂堂,又能说会道,便把他带进宫里去了。当然是从阉宦的最底层做起,当一个"小火者",在宫里面洒扫、打杂。

所谓"小火者"之"小",是指地位低下,并非年龄小,其实当时他已经二十多岁了。这是有史料为证的,《明史纪事本末》写到他"因而自宫",后面紧接着有这样一句:"万历十七年,隶司礼监掌东厂太监孙暹。"他生于隆庆二年(1568),到万历十七年(1589),按照传统计算方法,应该是二十二岁左右。

虽然是"小火者",毕竟是司礼监秉笔太监孙暹名下的人,与同门的太监徐应元、赵进教成为酒肉朋友。市井无赖的经历,使他精通江湖黑道那一套,擅长逢迎拍马,谄媚上司,因而得到了第二个恩人马谦的赏识,把他推荐到宫中十大库房之一的"甲字库"去当差。甲字库保管布匹、染料、中草药之类,是一个肥缺,在那里当差,比"小火者"自然阔气多了,使他有足够的钱财去巴结太监的上层人物。

这时,他结识了第三个恩人魏朝。魏朝隶属于司礼监太监王安的名下,是太子朱常洛和他的儿子朱由校的近侍太监,朱常洛当上皇帝以后,提升他为乾清宫管事太监。魏忠贤看中了魏朝的权势,与他结拜兄弟,魏朝虽然官阶高,年龄却比魏忠贤小,只能屈居弟弟,宫中称呼他们为"大魏"(魏忠贤)、"小魏"(魏朝),两人的关系非同一般。通过魏朝的推荐,魏忠贤被破格提拔为朱由校生母王才人的典膳太监。王才人死后,他又成为朱由校庶母李选侍的近侍太监。由于这样的关系,使他有机会接近朱由校,成为朱由校可以信赖的心腹。

万斯同《明史·宦官传》说:

> 熹宗与生母王才人无典膳者,忠贤因王安门下魏朝荐以入,益市珍果美馔及玩好物,献熹宗,导之宴游,得其欢,遂与(魏)朝淫于熹宗之乳媪客氏。及熹宗立,忠贤、客氏始有宠,

而未敢放肆,乃一意奉王安,结(魏)朝为兄弟。

谷应泰《明史纪事本末》说:

> 时熹宗为皇太孙,忠贤谨事之,导之宴游,甚得皇太孙欢
> 心。孝和王后(王才人),太孙生母也,忠贤夤入宫,办膳,其介
> 绍引进者魏朝。(魏)朝故属太监王安名下,(王)安素刚正,主
> 持一宫事。魏朝日誉忠贤,(王)安善视之。

由此可见,这个人确实是"有胆力,能决断"的脚色,巴结上日
后的皇位继承人的近侍太监魏朝,由魏朝介绍,成为朱由校生母的
典膳太监、庶母的近侍太监,从而成为朱由校的亲信。也是由于魏
朝的不断夸奖,终于得到刚直不阿的大内总管王安的赏识,使他在
宫内初步确立了地位。

为了登上权力的巅峰,他看准了朱由校的乳母客氏,在她身上
下功夫。

这个客氏,实在是一个不简单的女人。她姓客,名巴巴,一名
印月,原本是保定府定兴县人侯巴儿(又名侯二)之妻,十八岁时生
下儿子侯国兴,即被选入宫,充任朱由校的乳母。此人妖艳淫荡,
在充任乳母的同时,与近侍太监魏朝私下结为"对食"。

所谓"对食",从字面上来看,是面对面进餐,结成饮食伙伴关
系,是宫中特殊环境中形成的畸形现象,大批宫女到了婚嫁年龄却
不能谈婚论嫁,只能与阉割过的男人结为伴侣,可以说是一种非典
型夫妻关系。客氏与魏朝"对食",就是这种关系。

通过魏朝的介绍,魏忠贤结识了客氏。一来二去,客氏对他油

然心生好感,见这个"大魏"高大伟岸而又伶牙俐齿,于是喜新厌旧,和魏忠贤结成了"对食"关系。《明史·魏忠贤传》写道:"长孙(朱由校)乳媪曰客氏,素私侍(魏)朝,所谓'对食'者也。及(魏)忠贤入,又通焉,客氏遂薄(魏)朝而爱忠贤,两人深相结。"魏忠贤之所以要从结拜兄弟那里抢过客氏,和她"对食",并非仅仅追求非典型夫妻关系,而是有更大的政治野心,企图凭借皇帝乳母的阶梯,继续向上爬,直至登上权力巅峰。对于客氏而言,她既看重"对食",又想在太监中寻求一个靠山,使自己在宫中立于不败之地,魏忠贤正是一个合适的人选。两人各有所求,所以会"深相结"。

当然,客氏不会不明白,作为乳母,在宫中居留的时间不可能很长,为了长期留在朱由校的身边,必须俘获他的心,甚至不惜乱伦。根据抱阳生《甲申朝事纪略》的记载,朱由校大婚之前,客氏已经"先邀上淫宠"。乳母虽然不是生母,毕竟也是"母","邀上淫宠"岂非乱伦!然而她的目的因此而达到,朱由校登上皇帝宝座不过十天,就加封客氏为"奉圣夫人",出入形影不离。到了朱由校大婚之后,张氏为皇后、王氏为良妃、段氏为纯妃,身边有了三个年轻女子,时相过从,引起客氏的不悦,朱由校不得不用重赏抚慰,宠幸较前更甚。

天启元年(1621)五月册封皇后张氏,六月初,朱由校就要礼部给奉圣夫人客氏"加恩",礼部感到棘手,找了一个借口回复皇帝:"奉圣夫人客氏无例可加恩典。"朱由校立即驳回:"加恩既云无例,尔部所存是何典故?所载累朝常例备写来看。并此亦无,只是典章不存,不是无例。"迫于皇帝的压力,礼部只得遵旨回复:"遵照皇祖戴夫人余氏"的先例,她的儿子加封为锦衣卫指挥使,她的丈夫也赠与官衔给予诰命。

从各种迹象看来,客氏在宫中享受了"准皇后"的待遇,皇后有金印,她也有金印,是由黄金二百两铸造的。她的居所在大内的咸安宫,服侍的宦官、宫女有数百人;在宫外还有一所豪华的私宅。她前往自己的私宅,用八抬大轿,大批内侍、宫女前呼后拥,清尘除道,行人回避肃静,避让不及立遭棍笞。到了私宅,在大厅升堂登座,从管事太监到近侍太监挨次叩头,高呼:"老祖太太千岁!"

老祖太太千岁,何等的显赫!俨然以"熹宗八母"之一自居。每逢她的生日,皇帝朱由校亲自前往祝贺,升座劝酒。每天早晨她前往皇帝的住所乾清宫,侍从的排场不亚于皇帝,身穿蟒袍玉带的内侍们排队扈从。夜晚回到自己的咸安宫,随从内侍宫女提着香炉,焚烧沉香、龙涎香,氤氲缭绕;纱灯、角灯、红蜡、黄炬、亮子,照耀得如同白昼。清澈悠长的呼殿之声,响彻几里之外,"拟于警跸"——仿佛皇帝回宫一般。

魏忠贤和这样一位权势显赫的老祖太太千岁结为"对食","两人深相结",无疑是得到了向上爬的阶梯。为了窃权,他千方百计巴结客氏,花费五百两银子办了一桌六十道菜肴的宴席,邀她同欢。客氏也有自己的打算,她毕竟是乳母,随时都有可能被赶出宫,想巩固在宫里的地位,必须有人帮助。两人一拍即合,沆瀣一气,关系非同一般。

为了登上权力巅峰,必须扫除两个障碍,也就是权力与地位在他之上的太监:魏朝和王安。这两个人都对他有恩,他却恩将仇报。

首先除掉的是他的结拜兄弟魏朝。据刘若愚《酌中志》记载,情节颇为离奇:朱由校即位几个月后的某个夜晚,服侍皇上入睡以后,客氏和魏忠贤在乾清宫暖阁寻欢作乐,恰巧被酩酊大醉的魏朝撞见,"小魏"和"大魏"拳脚相加,骂声大作,不但惊醒了皇帝,还惊动了司礼监秉笔太监王安等人,把"大魏""小魏"押到皇帝面前听候处分。皇帝朱由校早已对客氏"对食"二魏有所耳闻,便征求客氏意见,客氏毫不犹豫地选择了"大魏","小魏"心有不甘,苦苦哀求客氏,顶头上司王安怒气难耐,打了魏朝几个耳光,革去了他的乾清宫管事太监职务,勒令到兵仗局当差。魏忠贤得胜以后并没有罢休,假传圣旨,把魏朝发配到凤阳去看守皇陵。魏朝不服气,半途逃跑,被魏忠贤抓住把柄,以违抗圣旨处死。谷应泰《明史纪事本末》说:"(魏忠贤)自是得专客氏,而尾大不掉之患成焉。"

除掉了魏朝之后,他又把矛头对准了王安。王安对魏忠贤一向颇有好感,在二魏大闹乾清宫事件中,站在了魏忠贤一边。但是在魏忠贤看来,这位三朝元老是他登上权力巅峰的最大障碍,非除掉不可。表面上他对王安毕恭毕敬,一见面就撩衣叩头,非呼不应,非问不答。天启元年(1621)五月,熹宗任命王安为司礼监掌印太监,王安写了辞呈婉谢。客氏一面劝熹宗接受他的辞呈,一面与魏忠贤密谋策划如何弄死王安。魏忠贤还有点顾虑,客氏说:"尔我孰若西李?而欲遗患耶!"这是指前不久王安挺身迫使李选侍"移宫"之事,客氏至今心有余悸。魏忠贤于是唆使给事中霍维华弹劾王安,随即矫旨,把王安贬为"南海子净军"。并且把遭到王安惩处的太监刘朝释放出狱,充任南海子提督,借用他的报复情绪,置王安于死地。这手借刀杀人之计十分恶毒,王安果然死于刘朝之手,身首异处,尸体喂狗。

此后,魏忠贤和客氏向皇帝建议,任命王体乾为司礼监掌印太监,他自己升任司礼监秉笔太监兼任东厂总督,终于登上了权力的巅峰。

明朝太监机构庞大,可以与外朝的中央政府相比拟,有十二监、四司、八局,以司礼监地位最高,它的第一把手是掌印太监,副手是秉笔太监,其职责是代替皇帝处理公文,必须是有相当文化学识的人才能担任。魏忠贤是一个目不识丁的文盲,担任司礼监秉笔太监实在是破例之举,之所以能够破例,客氏起了很大的作用。《明史·魏忠贤传》说:"忠贤不识字,例不当入司礼(监),以客氏故,得之。"客、魏二人关系之密切,由此可见一斑。

夏允彝在《幸存录》中说:"客氏者,熹庙之乳母,而与魏忠贤私为夫妇者也。上(熹宗)于庶务皆不问,宫中惟魏忠贤与客氏为政。"与夏允彝同时代的宋起凤《稗说》也有类似的说法:"魏(忠贤)虽腐余,势未尽,又挟房中术以媚,得客(氏)欢。"计六奇《明季北略》说:魏、客二人配合默契,"忠贤告假,则客氏居内;客氏告假,则忠贤留中"。朱长祚《玉镜新谭》如此描述当时的情况:

> (魏忠贤)随侍熹宗,服劳善事,小心翼翼,于是熹宗……喜逾诸常侍。内有客氏保护起居,旦夕不相离;外有忠贤曲意逢迎,巧会旨趣,客氏亦悦之。客氏即后封奉圣夫人者,时偕相佐,寝食在侧……熹宗登大宝,加封近御诸人,而忠贤素所宠信,气指颐使,骤列大珰。且倚客氏,表里为奸,事权一旦把握矣。

毫无疑问,魏忠贤和客氏之所以能够专权乱政,根子还是昏庸的熹宗皇帝朱由校,正如《明史·魏忠贤传》所说:"客氏淫而狠,忠贤不知书,颇强记,猜忍、阴毒、好谀。帝深信任此两人,两人势益张。"朱由校破格提升他为司礼监秉笔太监兼任东厂总督,他的官衔有一长串，皇帝的正式公文中写的是"总督东厂官旗办事、提督礼仪房、兼管惜薪司内府治用库印务、司礼监秉笔太监"。声势显赫以后，他恢复自己的原姓，熹宗亲自给他改名为"忠贤"，于是先前的李进忠一变而为魏忠贤。皇帝不仅对他宠信有加，而且还分外礼让，在圣旨中常常说"朕与厂臣"如何如何，所谓"厂臣"指的就是东厂总督魏忠贤，皇帝把他与自己相提并论，平起平坐。

二 阉党的"五虎""五彪""十狗""十孩儿""四十孙"

所谓阉党，其实并不是什么"党"，而是天启年间以魏忠贤为首的黑恶势力集团，或者说是宵小之徒结成的帮派。张岱《石匮书》的"逆党列传总论"，谈到阉党时说："余谓人至不幸生而为此时之人，不可概责其入党，但当于入党之中，分别其甚与不甚。"一句话中两次提到"入党"，此处的"入党"，是加入黑恶帮派的意思，所以他认为是"不幸"。

魏忠贤这个太监头子掌控宫廷内外大权，利用皇帝的昏庸，颐指气使，不可一世，结帮拉派。《明史·魏忠贤传》对阉党有一个解说：

> 当此之时，内外大权一归忠贤，内竖（太监）自王体乾等外，又有李朝钦、王朝辅、孙进、王国泰、梁栋等三十余人，为左右拥护。外廷文臣则崔呈秀、田吉、吴淳夫、李夔龙、倪文焕，主谋议，号"五虎"；武臣则田尔耕、许显纯、孙云鹤、杨寰、崔应

元,主杀戮,号"五彪"。又吏部尚书周应秋、太仆少卿曹钦程等,号"十狗"。又有"十孩儿""四十孙"之号。而为呈秀辈门下者又不可数计。自内阁、六部至四方总督、巡抚,遍置死党。

这个"死党",就是人们所说的阉党。

《明史》专门立传的阉党骨干分子,有几十个,不妨拈出其中几个臭名昭彰的干将,稍加展示。

先看《明史·宦官传》。在魏忠贤之后,有王体乾、李永贞、涂文辅,把他们定性为"忠贤党",可以看作阉党的核心部分。

王体乾是昌平人,"柔佞深险",天启初年,由尚膳监太监升任司礼监秉笔太监,王安推辞司礼监掌印太监,王体乾"急谋于客、魏",获得了这个职位,随即协助魏忠贤,置王安于死地。此后"一意附忠贤,为之尽力。故事,司礼掌印者位东厂上,体乾避忠贤,独处其下,故忠贤一无所忌"。杨涟弹劾魏忠贤二十四条罪状的奏疏呈送皇帝,熹宗命王体乾朗读,他竟然把奏疏中的"紧要语"略去不读,掩盖真相。熹宗当即下旨把杨涟逮入锦衣卫镇抚司诏狱。魏忠贤不识字,无法代替皇帝票拟谕旨,王体乾伙同李永贞等人,"为之谋主,遇票红文书及改票,动请御笔,体乾独奏,忠贤默然"。

李永贞是通州人,万历年间成为内侍,由于犯法,被羁押十八年,光宗即位,得以释放。魏忠贤掌权后,引用其党羽诸栋、史宾等为"秉笔"。李永贞成为诸栋的幕僚,和魏忠贤"掌班"刘荣结为生死之交。诸栋死后,善于逢迎的李永贞得到魏忠贤赏识,由文书房太监晋升为司礼监秉笔太监。从此,与王体乾、涂文辅,"共为忠贤心腹,凡章奏入,永贞等先钤识款要,白忠贤议行"。崔呈秀进献的黑名单,李永贞等人置于袖中,"遇有处分,则争出册告曰:'此某录

354

中人也。'故无得免者"。

涂文辅，起初担任客氏之子侯国兴的教师，《宦官传》写道："谄附忠贤，由司礼秉笔历掌御马监，总督太仓、节慎二库，夺宁安大长公主第为廨署，曰户工总部，驺从常数百人，部郎以下皆庭参，势焰出群阉上。"

再看《明史·阉党传》，榜上有名的都是外廷掌握大权的高官：顾秉谦、魏广微、崔呈秀、吴淳夫、刘志选、梁梦环、曹钦程、石三畏、王绍徽、周应秋、霍维华、徐大化、阎鸣泰、贾继春、田尔耕、许显纯等，可以看作阉党的主体部分。

顾秉谦是苏州府昆山县人，万历二十三年（1595）进士，天启元年（1621）晋升为礼部尚书。天启元年熹宗大婚以后，乳母已没有继续留在宫中的理由，在舆论的压力下，熹宗被迫下旨：乳母客氏出宫。居然一夜寝食不安，第二天反悔食言，把客氏召回宫中，并且不准廷臣再对客氏说三道四。御史周宗建首先进谏："天子成言有同儿戏，法宫禁地仅类民家，圣朝举动有乖，内外防闲尽废。"次年，给事中郭巩弹劾魏忠贤："魏进忠者目不识一丁，而陛下假之嚬笑，日与相亲，一切用人行政堕于其说，东西易向而不知，邪正颠倒而不觉。况内廷之借端与外廷之投合，互相扶同，离间之渐将起于蝇营，谗构之衅必生于长舌。"刚刚由进士出任翰林院修撰的文震孟也上疏弹劾魏忠贤把持朝政，皇帝上朝犹如"傀儡登场"。在这种形势之下，魏忠贤感到如要专擅朝政，必须在外廷大臣中物色党羽，顾秉谦、魏广微率先投靠。《阉党传》写道："（天启）二年，魏忠贤用事，言官周宗建等首劾之，忠贤谋结外廷诸臣，（顾）秉谦及魏广微率先谄附，霍维华、孙杰之徒从而和之。"天启三年，魏忠贤把顾秉谦、魏广微、朱国祯、朱延禧拉入内阁。次年,内阁首辅叶向高以及阁员韩爌、朱国祯陆续离去,顾秉谦为了当上首辅,带着儿子去拜见魏忠贤,谄媚道:我本想当您的养子,恐怕您不喜欢我这个白头儿子(他比魏忠贤大十八岁),请您认我的儿子为孙子吧!于是乎顺利地当上了内阁首辅。

魏广微是大名府南乐县人,兵部侍郎魏允贞之子,万历三十三年(1605)进士,累官至南京礼部侍郎。以自己与魏忠贤同乡同姓受到器重,干脆与他认为"同宗",自居为亲信。吴应箕《两朝剥复录》指出:起先专横的魏忠贤还有点忌惮内阁,自从魏广微投靠后,就肆无忌惮地利用内阁攻击外廷大臣,阉党气焰嚣张,毒遍海内。赵南星与其父魏允贞友善,见此情景,浩然感叹:"见泉(魏允贞别号见泉)无子!"意思是见泉老兄白养了这个儿子。魏广微听了恨如刺骨,更加死心塌地听命于魏忠贤。《阉党传》写道:"杨涟之劾忠贤二十四罪也,忠贤惧,嘱(魏)广微为调旨,一如忠贤意。而(顾)秉谦以(杨)涟疏有'门生宰相'语,怒甚。……忠贤得内阁为羽翼,势益张。(顾)秉谦、(魏)广微亦曲奉忠贤若奴役……自(顾)秉谦、(魏)广微当国,政归(魏)忠贤。其后入阁者黄立极、施凤来、张瑞图之属,皆依媚取容,名丽逆案。"

官职低于顾秉谦、魏广微的崔呈秀,在阉党中的地位却在顾、魏之上,名列魏忠贤的"五虎"之首,绝非偶然。崔呈秀是顺天府蓟州人,万历四十一年(1613)进士,天启初年(1621)擢为御史,巡按淮扬,贪赃枉法,中饱私囊。天启四年,都察院左都御史高攀龙查办其贪污罪状,吏部尚书赵南星主张处以流放罪,皇帝下诏:"革职候勘。"崔呈秀惊恐万状,连夜奔走魏忠贤住所,叩头乞哀,诡称高攀龙、赵南星都是东林人士,"挟私排陷",反复叩头,痛哭流涕,乞求魏忠贤收他为养子。当时魏忠贤正遭到廷臣接二连三的弹劾，愤恨不已，正想从外廷找一个帮凶，决意收下这个"养子"。崔呈秀果然不负所望，每当魏忠贤到外朝，崔呈秀必定与他密谋策划。《阉党传》写道："寻督三殿工，（魏）忠贤以阅工故，日至外朝，（崔）呈秀必屏人密语以间，进《同志》诸录，皆东林党人。又进《天鉴录》，皆不附东林者，令（魏）忠贤凭以黜陟，善类为之一空。暮夜乞怜者，莫不缘（崔）呈秀以进，蝇集蚁附，其门如市。"崔呈秀的《同志录》《天鉴录》深得魏忠贤欢心，万斯同《明史·奸臣传》说："忠贤阅之，喜曰：'崔家爱我，替我出气报仇也。'"因此之故，崔呈秀官运亨通，升任兵部尚书，兼任都察院左都御史，一手掌控军权与监察权，"出入煊赫，势倾朝野"，与工部尚书吴淳夫、兵部尚书田吉、太常卿倪文焕、都察院左副都御史李夔龙并称阉党"五虎"。

吴淳夫是福建晋江人，万历三十八年（1610）进士，通过崔呈秀的引荐，与倪文焕、田吉、李夔龙一起，成为魏忠贤的养子。一年中六次升迁，官至工部尚书。

倪文焕，南直隶江都人，由行人擢至御史，一次误打皇城卫兵，遭到太监纠弹，惊惶地向崔呈秀求救。通过崔呈秀的引荐，成为魏忠贤的鹰犬。接连攻击兵部侍郎李邦华、御史李日宣、吏部员外郎周顺昌与林梓桥、户部侍郎孙居相、御史夏之令等数十人，轻者革职，重者拷打致死。

田吉是北直隶故城县人，万历三十八年（1610）廷试时作弊，以县佐录用。以后经过补考，由知县逐步晋升为太常少卿、太常卿，随即擢至兵部尚书，升迁之快实属罕见，无怪乎《阉党传》要慨叹："诸逆党超擢，未有如（田）吉者。"

李夔龙是福建南安人，由进士历任吏部主事，遭弹劾而罢官。

天启五年(1625)通过崔呈秀的门路官复原职,一心秉承崔呈秀指示,"引用邪人,以媚忠贤",不断加官晋级,由太常少卿升为都察院左佥都御史,再升为左副都御史。

所谓"五彪",都是一些武官,充当魏忠贤杀戮异己分子的打手。为首的是田尔耕。他的祖父田乐曾任兵部尚书,凭借祖荫进入锦衣卫,步步升迁,官至左都督(武官一品)。天启四年(1624)顶替骆思恭掌管锦衣卫。《阉党传》写道:"狡黠阴贼,与魏良卿(魏忠贤之侄)为莫逆交。魏忠贤斥逐东林,数兴大狱,田尔耕广布侦卒,罗织平人,锻炼严酷,入狱者率不得出。宵人希进者,多缘以达于忠贤,良卿复左右之,言无不纳,朝士辐辏其门。魏广微亦与缔姻。时有'大儿田尔耕'之谣。又与许显纯、崔应元、杨寰、孙云鹤有'五彪'之号。"

"五彪"中位于田尔耕之下的是许显纯。他是驸马都尉许从诚的孙子,天启四年(1624)顶替刘侨掌管锦衣卫的杀人机构镇抚司,对魏忠贤唯命是从。《阉党传》写道:"(许)显纯略晓文墨,性残酷,大狱频兴,毒刑锻炼。杨涟、左光斗、周顺昌、黄尊素、王之寀、夏之令等十余人,皆死其手。诸人供状,皆显纯自为之。每谳鞫,忠贤必遣人坐其后,谓之听记。其人偶不至,即袖手不敢问。"

许显纯之下有锦衣卫指挥使崔应元、东厂理刑官孙云鹤、锦衣卫东司理刑官杨寰,凡是许显纯杀人,都由崔应元、孙云鹤、杨寰共同操办。

名列"十狗"之首的是周应秋,镇江府金坛人,万历中进士,官至工部侍郎。《明史》说他"生平无持操",是毫不为过的。得到魏忠贤的赏识,官运亨通,由南京刑部左侍郎,一跃而为刑部添注尚书,再跃而为都察院左都御史。他得知魏良卿喜欢吃猪蹄,每次魏良卿造访,他就命厨师烧猪蹄,魏良卿大为欢心,因而博得了"煨蹄总宪"的绰号。天启六年(1626)七月,顶替王绍徽成为吏部尚书,为魏忠贤排斥异己不遗余力,《阉党传》写道:"(周应秋)与文选郎李夔龙鬻官分贿,清流未尽逐者,(周)应秋毛举细故,削夺无虚日。(魏)忠贤门下有'十狗',(周)应秋其首也。"

名列"十狗"之一的曹钦程,江西德化人,得中进士后出任吴江知县,贪赃枉法,声名狼藉。通过座主冯铨的关系,拜魏忠贤为养父,因而成为他的"十狗"之一。《阉党传》写道:"(曹)钦程于群小中尤无耻,日夜走(魏)忠贤门,卑谄无所不至,同类颇羞称之。(曹)钦程顾骄众人,以(魏)忠贤亲己。给事中吴国华劾之,(魏)忠贤怒,除(吴)国华名,(曹)钦程益得志。"由于品行过于卑劣,连魏忠贤也难以忍受,斥为害群之马,把他革职。临别前,他向魏忠贤顿首致谢,说道:"君臣之义已绝,父子之恩难忘。"痛哭流涕而去。由此可见,在阉党分子心目中,他们与魏忠贤的关系,情同父子,义若君臣。

不必再一一列举"十孩儿""四十孙",阉党是个什么东西,已经昭然若揭。当然,阉党分子并不止这些。崇祯二年(1629)清查"阉党逆案",公布的"钦定逆案"名单,有"首逆同谋"六人,"交结近侍"十九人,"交结近侍次等"十一人,"逆孽军犯"三十五人,"诌附拥戴军犯"十五人,"交结近侍又次等"一百二十八人,"祠颂"四十四人,共计二百五十八人。如果加上漏网分子五十七人,则共计三百一十五人。

张岱《石匮书》的"逆党列传总论",认为应该对阉党分子区别情况分别对待。他说:"魏忠贤一手障天,以泰山压卵之势,逆之者辄糜,人当其时,一由正道,则死辱随之。智士达人如欲苟全性命,虽刚介之性,亦不得不出于委蛇,而况彼伊阿龊龊者乎!"又说:"余谓人至不幸生而为此时之人,不可概责其入党,但当于入党之中,分别其甚与不甚。如虎彪之以杀人媚人,赞导之以并尊耦帝,刘志选之欲动摇中宫,徐大化之欲兴起大狱,颂美者唯恐其不为天子,祠祝者妄拟其即是圣人,则是同一入党之人,而党之中又有此数等之人,则尤可痛恨者也。"

天启四年(1624)以后的政坛,从内宫到外朝,从中央到地方,从内阁、六部到各省总督、巡抚,阉党分子已经盘根错节,称之为阉党专政,毫不为过。

三 "六君子之狱"与"七君子之狱"

天启四年(1624)六月,都察院左副都御史杨涟大义凛然地挺身而出,向皇帝进呈长篇奏疏,弹劾魏忠贤二十四大罪,掀起了声势汹涌的"倒魏"风潮。

古代有这样一句民间谚语:"直如弦,死道边;曲如钩,封公侯。"反映了两种官僚的不同处世哲学所带来的不同后果:刚直不阿,敢于直言极谏的人,往往死得很惨;趋炎附势,善于拍马溜须的人,往往飞黄腾达。于是乎,那些精明的官僚,为了保住乌纱帽,曲阿附世,不敢讲真话,假话连绵不绝,官场风气因此腐败不堪。然而,士大夫的精英分子一向把气节看得高于一切,宁为玉碎,不为瓦全。因此,"直如弦,死道边",每个朝代都不乏其人,成为历史的一抹亮色。

杨涟,字文孺,号大洪,湖广应山人,万历三十五年(1607)进士,出任常熟知县,清正廉明,被荐举为"廉吏第一"。升任都察院左副都御史以后,以敢于抨击黑恶势力而闻名于政坛。《明史》称赞他"为人磊落,负奇节",这七个字的评语,他是当之无愧的。阉党分子炮制的黑名单——《东林点将录》,给他的名号是"天勇星大刀手都御史杨涟"。在阉党分子心目中,杨涟实在厉害,是一个冲锋陷阵的"大刀手"。

杨涟果然是一个"大刀手",明知山有虎,偏向虎山行,舍得一身剐,敢把魏忠贤拉下马。他的弹劾奏疏尖锐泼辣,无所顾忌,指责魏忠贤倚仗皇帝的宠幸,作威作福,专权乱政,希望皇帝立即查办。为此,他列举了二十四条罪状,以其中任何一条都可以置魏忠贤于死地,例如:

——假传圣旨,三五成群勒逼喧嚷,致使朝堂成为喧闹的集市,败坏了祖宗二百余年的政体;

——不容正直大臣立足于朝廷,指使亲信在朝堂上喧嚷侮辱,交构诬陷,迫使他们罢官而去;对于柔媚善附的小人,则破格起用;凡是赞成他的就是好人,反对他的就是坏人;

——一手操纵朝廷头等大事——增补内阁成员,排斥先进分子,安插亲信,形成"门生宰相"的局面;

——勾结奉圣夫人客氏,害死皇后所生长子,假传圣旨,勒令怀孕的妃子自尽,致使皇上无嗣绝后;

——东厂原本用来侦查奸细、缉拿人犯,魏忠贤利用它来扰民,假公济私,陷害忠良,网络密布,官民偶有片言只语,立即逮捕,比当年权阉汪直的西厂有过之而无不及;

——祖宗法度规定,宫内不许驻扎军队,原有深意。魏忠贤擅自在宫内组建称为"内操"的军队，由亲信党羽操纵，究竟意欲何为？

——近日魏忠贤前往涿州进香，一路上骑兵簇拥如云，蟒袍玉带的官僚在后追随，警跸传呼，清尘垫道，人们误以为皇上驾临。魏忠贤把自己看作什么人？

在奏疏的最后，杨涟写下了这样的警句："掖廷之内知有忠贤，不知有陛下；都城之内知有忠贤，不知有皇上。即大小臣工，积重之所移，积势之所趋，亦不觉其不知有皇上，而只知有忠贤……伏念皇上天纵聪明，春秋鼎盛，生杀予夺岂不可以自主，何为受制幺麿小丑？"希望皇帝立即把魏忠贤就地正法，把客氏驱逐出宫。

杨涟的奏疏呈进后，色厉内荏的魏忠贤感到恐惧，赶紧请求内阁大学士韩爌帮忙缓解。吴应箕《两朝剥复录》记录了两人的对话。

魏忠贤低声下气地说："非公不能辑众，幸留意。"老资格的韩爌不卑不亢地回应："我不能也，孽自尔作，尔自解之。"万斯同《明史·宦官传》提供了更多的细节："（杨涟）疏入，忠贤颇惧，求解于辅臣韩爌，爌不应。忠贤直趋帝所泣诉辞职，客氏从旁力争，数以语激帝。体乾、永贞诸阉复唱和怂恿之，帝懵然不能辨也，反降旨慰谕忠贤。而涟疏次日下，被切责。"所谓"涟疏次日下"，是因为魏忠贤深知这份奏疏的分量，本想扣留，诡称皇帝"留中"。内阁首辅叶向高等人一再提请"并发参议"，才不得不于次日转发内阁，上面的朱批谕旨这样写道：

> 朕自即位以来，日夕兢兢，谨守祖宗成法，惟恐失望，凡事
> 申明旧典……一切政事朕所亲裁，未从旁落。至于中宫、皇贵

妃事情，宫壶严密，况无指实，外廷何以透知？内言毒害中宫、忌贵妃皇子等语，凭臆结祸，是欲屏逐左右，使朕孤立于上，岂是忠爱？杨涟被论回籍，超擢今官，自当尽职酬恩，何乃寻端沽直！本欲逐款穷究，念时方多事，朝端不宜纷扰，姑置不问。以后大小各官务要修职，不得随声附和。

这道谕旨不但没有谴责魏忠贤，反而指责杨涟"寻端沽直"。虽然是朱批，却非皇帝亲笔，而是出于魏广微之手，万斯同《明史·奸臣传》写道："左副都御史杨涟劾忠贤二十四罪，忠贤颇惧，乞辅臣韩爌为之地，爌不从，乃令广微调旨。涟疏中有'门生宰相'语，广微谓其侵己，恨之，遂先下忠贤辞厂疏，备极温谕。"魏广微在关键时刻帮了魏忠贤大忙，正如吴应箕《两朝剥复录》所说："魏忠贤虽横，犹惮外廷，自广微合，遂借外廷以攻外，燎原之势于是乎不可复弭耳。"魏广微票拟的这道温谕着意强调皇帝大权从未旁落，宫中后妃事情全是凭空臆造，杨涟此举目的在于"使朕孤立于上"，严令官员们"不得随声附和"。

但是，是非自有公论，人们偏偏要"随声附和"。

杨涟的奏疏道出了正直人士的心声，引起强烈的共鸣，吴应箕《留都见闻录》说："甲子七月，南京传杨大洪劾魏忠贤二十四大罪疏，几于家抄户诵。是时，忠义之气鼓畅一时。"他的大无畏精神鼓舞了正直官员的斗志，掀起了声势浩大的声讨魏忠贤的浪潮。他们之中有六科的魏大中、许誉卿、朱大典、陈奇瑜、杨维新等；有都察院的袁化中、周宗建、李应升、房壮丽、黄尊素等；有六部等衙门的赵彦、翁正春、朱卿相、胡世赏、邹维涟、陈道亨等，"先后申疏，或专或合，无不危悚激切"，接二连三地弹劾魏忠贤，支持杨涟。

如此严峻的形势,把内阁首辅叶向高推上了风口浪尖。天启元年(1621),他再度出任内阁首辅以来,处境微妙,尽力不偏不倚。《明史·叶向高传》说:"向高为人光明忠厚,有德量,好扶植善类。再入相,事冲主,不能謇直如神宗时。"确实,他已经不再"謇直",面对杨涟等人的弹劾,他一再为魏忠贤辩护,对缪昌期说:"大洪(杨涟)这疏,亦太容易。彼(魏忠贤)其人于上(皇上)前,时有匡正……恐大洪疏行,难再得此小心谨慎之人在上左右。"

在他看来,魏忠贤在皇帝身边是小心谨慎的,经常对朝政有所匡正。因此他对于杨涟等人的弹劾很不以为然:"事且决裂,深以为非。"既然已成事实,他的选择是"意在调护,以免缙绅之祸"。有人劝他利用内阁首辅的权力除掉魏忠贤,他坚决反对,认为只有出面调停,才能避免大祸。因为日前皇帝曾对他说:"举朝哄然,殊非国体,卿等与廷臣不同,宜急调剂,释诸臣之疑。"

叶向高把复杂的政治斗争看得太简单了,既然皇帝要他"调剂",化解矛盾,最好的办法莫过于让魏忠贤体面地下台,于是向皇帝建议:

> 皇上诚念魏忠贤,当求所以保全之……而今日保全忠贤之计,莫如听其所请,且归私第,远势避嫌,以安中外之心……中外之心安,则忠贤亦安。

这简直是异想天开,魏忠贤是何等脚色,岂肯"远势避嫌"!企图以魏忠贤让步来换取调停弥缝的主张,大大地激怒了魏忠贤。这是叶向高意料不及的,他自以为是"出面调停",给魏忠贤减压,反而吃力不讨好,不免惶恐起来。

为了解脱自己的责任，他公然扬言，这份密揭（秘密奏疏）并非出于他的本意，而是门人缪昌期"逼我为之"。然而此说难以令魏忠贤相信，况且他早已对叶向高"动即掣肘"有所不满，前几天内阁辅臣魏广微就向他献策："必去叶向高而后可。"处境岌岌可危的叶向高自知再也无法立足，接连提交了二十三份辞职奏疏，才得以体面地离开这个是非之地。

在魏广微的策划下，杨涟、左光斗、魏大中、高攀龙、赵南星等正直官员，陆续被罢官、革职，内阁、六部、都察院等部门，几乎全部落入阉党控制之下。魏忠贤以为时机成熟，终于大开杀戒，先有"六君子之狱"。

天启五年(1625)三月底，锦衣卫镇抚司许显纯，严刑拷打汪文言，扳诬杨镐、熊廷弼公行贿赂，魏忠贤以皇帝圣旨名义，逮捕杨涟、左光斗、袁化中、魏大中、周朝瑞、顾大章，打出的幌子是："一并究问追赃。"表面上是追究贿赂，其实是打击报复。

许显纯遵照魏忠贤的旨意，借口"追赃"，对六君子严刑逼供，无所不用其极。杨涟遭受残酷折磨，皮开肉绽，牙齿全部脱落，依然坚贞不屈。魏忠贤不断命令许显纯严厉"追比"，并且要五天报告一次。许显纯见严刑逼供毫无作用，想把难题推给刑部，遭到魏忠贤严词训斥，不得不加重刑罚，用铜锤敲断肋骨，再用土囊压身，最后索性用大铁钉打入头颅，把杨涟活活折磨致死。凶手许显纯公然向朝廷报告：杨涟"病故"。

杨涟在狱中留下的绝笔，是一个刚直不阿官员的最后呼声：

> 涟以痴心报国，不惜身家，久付七尺于不问矣……不意身一入都，侦逻满目，即发一揭亦不可得……生死顷刻，犹冀缓

死杖下，见天有日。乃就本司不时追赃，限限狠打。此岂皇上
如天之意，国家慎刑之典，祖宗待臣之礼？不过仇我者立追我
性命耳。

他至死还认为皇上是好的，严刑拷打并非"皇上如天之意"，是"仇
我者立追我性命"。为了表明心迹，他写了血书，对抨击权奸引来
杀身之祸无怨无悔，视死如归。

从杨涟之死可以看到"六君子之狱"的真相，其他诸君子无一
例外，都被迫害致死。左光斗被押解到锦衣卫镇抚司诏狱后，受到
许显纯的严刑拷问，身受重伤。他的门生史可法化装潜入狱中探
望，左光斗已经"面目焦烂"，难以辨认，左膝以下筋骨全部断裂。
他与杨涟同一天死于狱中。魏大中遭受镇抚司的酷刑后，死前身
体已经溃烂，布满蛆虫，腐烂得不成形了。袁化中、周朝瑞、顾大章
也先后死于狱中。

所谓"七君子之狱"，是魏忠贤按照黑名单镇压异己势力的
既定步骤，用"欺君蔑旨"的口实，把支持杨涟的周起元、周宗建、
缪昌期、高攀龙、李应升、黄尊素、周顺昌逮捕入狱，严刑拷打
致死。

最值得注意的是，锦衣卫官兵前往苏州逮捕周顺昌时，激起公
愤，酿成一场民变。

周顺昌为人刚方贞介，嫉恶如仇，巡抚周起元得罪魏忠贤而革
职，他写信相送，无所避讳地斥责权奸魏忠贤；魏大中被锦衣卫逮
捕，押解途中经过苏州，他为之饯行，并且答应把自己的女儿许配
给魏大中的孙子，还买了船为他远送。锦衣卫的校尉企图阻止，他
怒目圆睁大声喊道：你们不知道世间还有不怕死的男子吗？回去

告诉魏忠贤，我就是原吏部郎中周顺昌。

天启六年(1626)三月十五日，锦衣卫缇骑奉命到苏州逮捕周顺昌，向周家敲诈勒索，威胁说：倘若不从，那么押解途中性命难保。周顺昌一向为官清廉，据姚希孟说："(周)顺昌贫彻骨，以吏部郎归，敝庐数椽而已。然小民冤抑未伸，并水旱征徭之事，必力请于当事，穷交寒畯，游扬援引，不惜齿颊，士民深德之。"

令人敬仰的正人君子遭到邪恶势力迫害、勒索，苏州市民怒不可遏，商人之子严佩韦上街高呼：要救周吏部的，跟我走！他的朋友与之相呼应，一时间自发跟从的人已经上万。锦衣卫官员原定于三月十八日"开读"圣旨，逮捕周顺昌。届时，鸣不平的市民数十万上街示威游行，几乎倾城出动，手执香烛，烟涨蔽天，喊冤之声响彻全城。示威的人群来到锦衣卫官兵下榻的衙门，喊声震天。周顺昌恐怕发生意外，再三请求人群解散，人群不为所动。巡抚毛一鹭和巡按徐吉闻讯赶到，人群蜂拥而入，诸生杨廷枢、文震亨等对巡抚、巡按说："周铨部清忠端亮，誉望久归，一旦触忤权珰，遂下诏狱，百姓怨痛，万心若一。明公为天子重臣，何以慰汹汹之众，使无崩解之患？"正在交谈之际，忽听得一名官员高喊：囚犯何在，速速逮捕，上报东厂。众人听到"东厂"二字，更加气愤，严佩韦、杨念如、沈扬、周文元、马杰上前殴打这名官员，群情激愤。姚希孟《开读本末》记录了当时的场景：

> 忽如山崩潮涌，堵然而登，攀栏折楯，直前奋击，诸缇骑皆抱头窜，或升斗栱，或匿厕中，或以荆芥自蔽。众搜捕之，皆搏颡乞命，终无一免者。有蹴以屐齿，齿入其脑立毙……其逾墙出者，外人复痛棰之。

这次民众暴动,当时称为"苏州民变"。魏忠贤闻讯后,一面命令逮捕带头闹事的严佩韦等人,一面命令立即把周顺昌秘密押解来京。

周顺昌被关入镇抚司诏狱后,受到许显纯严刑拷打,用铜锤打落他的牙齿,问道:还骂魏上公吗?周顺昌把满口鲜血喷向许显纯,骂得更加厉害。天启六年(1626)六月十七日夜里,他被狱卒杀害于狱中。镇抚司的报告轻描淡写地说:"犯人周顺昌病故。"

另一个值得注意的是黄宗羲的父亲黄尊素。

天启四年(1624)二月,他上疏议论时政的十大失误,在奏疏末尾用影射的笔法写道:"今阿保重于赵尧,禁旅近于唐末,萧墙之忧惨于敌国。廷无谋幄,边无折冲,当国者昧安危之机,误国者护耻败之局,不于此时进贤退不肖,而疾刚方正直之士如仇雠,陛下独不为社稷计乎!"魏忠贤看了这份奏疏,大为恼怒,本欲廷杖,由于阁臣韩爌极力辩护,才改为剥夺俸禄一年。杨涟弹劾魏忠贤二十四大罪后,黄尊素奋起响应,上疏抨击魏忠贤:

> 天下有政归于近幸,威势旁移,而世界清明者乎?天下有中外汹汹,无不欲食其肉,而可置之左右者乎?……今忠贤不法状,廷臣已发露无遗,陛下若不早断,彼形见势穷,复何顾忌!忠贤必不肯收其已纵之缰,而尽涤其肠胃,忠贤之私人必不肯收回已往之棹,而默消其冰山。始犹与士大夫为仇,继将以至尊为注。

谆谆告诫皇上及时了断,惩处魏忠贤,否则的话,自身恐怕沦为权奸的赌注。这样的忠言,皇帝哪里听得进去!

天启五年(1625)春,魏忠贤指使亲信曹钦程诬蔑黄尊素"专击善类","助高攀龙、魏大中虐焰",把他罢官;次年五月,又把他逮捕入狱。许显纯与崔应元对他严刑拷问,拷问的细节,当时人有这样的记录:"一夹棍,一百杠,一拶百念,审打六十棍,坐赃二千八百两,三日一比(比即四十棍)。"严刑拷打的结果,黄尊素身无完肤,血肉淋漓,最终死于狱中。临死前,他留下遗诗一首:

> 正气长流海岳仇,浩然一往复何求。
> 十年世路无工拙,一片刚肠总祸尤。
> 麟凤涂穷悲此际,燕鹦声杂值金秋。
> 钱塘有浪胥门泪,惟取忠魂泣镯镂。

"六君子之狱"与"七君子之狱",显示了阉党专政的厉害,而这种专政是得到皇帝认可的。天启六年(1626)十月,皇帝谕旨宣布:"卿等可传示厂卫、都察院、五城巡捕缉事衙门,广布军番,确加体访……细细严审,必要穷究到底,根鞫造谋主使之人,明正典刑。"京城内外人心惶惶,朱长祚《玉镜新谭》写道:

> (魏忠贤)威福日甚,鹰犬日众,四方孔道,民间无敢偶语者。驿使停骖,即卧榻间无一敢提魏字者。身在京华,僮仆往来无敢带一家书者。去国诸臣典衣觅骑,萧条狼狈,全无士气。而一经削夺,门无敢谒,郊无敢饯者。虽师生戚友之谊,亦荡然扫绝,重足而立,道路以目。凡衣冠士庶,相见之间,皆缄默不敢吐半言,即寒温套语,问询起居,并忘之矣,唯长揖拱手而已,其婚丧宴亦不敢设矣。

描绘了难以想象的恐怖景象：人人自危，互相提防，噤若寒蝉，在京人士不敢写家书，师生戚友之谊荡然无存，人们相见，不敢讲一句话，打躬作揖而过，甚至婚丧宴请也从生活中消失了。这是一个随时随地都可能家破人亡的年代，人们只能低声下气地苟且偷生。

四　魏忠贤个人崇拜运动

中国历史上宦官专权屡见不鲜，然而晚明的阉党专政却有着独特之处，大大小小的官僚们上演了一幕幕个人崇拜的丑剧。个人崇拜是偶像崇拜的延伸，在专制时代并不罕见，奇怪的是，个人崇拜的对象并非皇帝，而是太监，从而映照出那个畸形时代的众生相，把畸形政治的丑恶，把无良官僚的劣根性，毫无遮掩地曝露在光天化日之下。

个人崇拜的标志性事件，就是全国各地掀起的为魏忠贤建造"生祠"的政治运动。中国自古就有祖先崇拜的传统，建造祠堂祭祀死去的祖先。为活着的人建造祠堂，称为"生祠"，则闻所未闻，显然它和祭祀祖先无关，纯粹是一种政治行为，崇拜者与被崇拜者有各自的政治企图。

生祠运动的始作俑者是浙江巡抚潘如桢。天启六年（1626）闰六月初二日，他向皇帝建议，应该为功德无量的魏忠贤建立生祠。奏疏中说：东厂魏忠贤心思勤奋，体谅国家，心中念念不忘抚恤人民，由于他的德政，浙江延续百年的陋习积弊完全消除，生活在这块土地上的人民，"莫不途歌巷舞"，"欣欣相告"，一致请求为他建立生祠,向他祝福。明眼人一看便知,把阉党专政的恐怖景象,涂抹成"途歌巷舞"的大好形势,是颠倒黑白的鬼话。

然而,这却是魏忠贤求之不得的大礼,正中下怀。于是体现他的意志的"圣旨"下达了:

> 据奏,魏忠贤心勤为国,念切恤民,悯两浙连岁之灾伤,蠲百年相沿之铺垫。宜从众请,用建生祠。着于地方营造,以垂不朽。

皇帝还特地为生祠题写匾额,上面居然是"普德"两字,把魏忠贤视为道德的楷模,以明白无误的姿态为生祠运动推波助澜。于是乎,潘如桢在杭州的关帝庙和岳飞庙之间,建造了第一座魏忠贤生祠。

这个先例一开,善于钻营的官僚们敏锐地觉察到魏忠贤与皇帝的态度高度一致,于是趋之若鹜,唯恐落后,纷纷在各地为魏忠贤建造生祠。一时间形成一场政治运动,有人策划,有人造势,有人出钱,有人献房,一片乌烟瘴气。

应天巡抚毛一鹭在苏州虎丘建造生祠,蓟辽总督阎鸣泰分别在蓟州、密云、昌平、通州、涿州、河间、保定等地建造生祠,宣大总督张朴在宣府、大同建造生祠,山西巡抚曹尔桢在五台山建造生祠,工部郎中曾国桢把生祠造到了卢沟桥边上,京城巡视御史黄宪卿把生祠造到了宣武门外,顺天知府李春茂则把生祠造到了宣武门内,孝陵卫指挥李志才把生祠造在南京孝陵(明太祖陵墓)前,河道总督薛茂相把生祠造在凤阳皇陵(明太祖父母陵墓)前。如此这般,短短一年中一共建造了魏忠贤生祠四十处,妖风甚嚣尘上。

那些热衷于建造生祠的官僚,把魏忠贤当作一个偶像,顶礼膜拜唯恐不及,当然并非出于内心的虔诚,而是出于政治功利考量,以此来博得恩宠,谋取仕途升迁。于是一幕幕跳大神般的活剧轮番上演,光怪陆离,令人眼花缭乱。蓟辽总督阎鸣泰就是一个典型,他写给皇帝的奏疏堪称一篇奇文:

> 人心之依归,即天心之向顺,恭照厂臣魏忠贤安内攘外,举贤任能,捐金捐俸,恤军恤民,非但学识纲常之际犹萃其全,且于兵农礼乐之司共济其盛,治平绩著,覆载量弘。

一个擅权乱政的政治小丑,居然被他描绘成罕见的圣贤,德才兼备的政治家。皇帝十分认同他的看法,为生祠题写的匾额是"广恩"二字,用来嘉奖广布恩泽的魏忠贤。蓟州生祠建成之际,阎鸣泰举行了一场声势浩大的仪式,迎接魏忠贤的"喜容"(泥塑木雕的偶像)进入生祠。大小官员对"喜容"五拜三叩头,和迎接皇帝一模一样。兵备副使耿如杞看到魏忠贤的"喜容"一副帝王相——"垂旒执笏",颇有反感,只作了一个长揖,没有跪拜。在场的巡抚刘诏打了小报告,魏忠贤立即命令锦衣卫把耿如杞逮捕入狱。由此可见,阎鸣泰之流的表演,魏忠贤是喜闻乐见的,在他的纵容之下,个人崇拜运动愈发趋于癫狂。

请看天津巡抚黄运泰的表演。他精心策划的迎接"喜容"进入生祠的仪式,隆重的程度超过蓟州。据当时人记录,"喜容"有仪仗队前导,如同迎接皇帝的规格,一行人等五拜三叩头,行礼如仪。待到"喜容"在生祠中安置妥当,黄运泰率领文武官员来到丹墀下,整齐排列,再度五拜三叩头。然后黄运泰到"喜容"前献词表忠心,口称某年某月某事蒙九千岁(阉党分子对魏忠贤的尊称)扶植,叩头谢；又某年某月蒙九千岁提拔，叩头谢。致辞完毕，退回原位，再行五拜三叩头礼。一行人等表忠心完毕，再排班五拜三叩头。旁观者都累得汗流浃背，黄运泰却洋洋得意。

令人感兴趣的是，这批官僚顶礼膜拜的"喜容"是什么模样呢？用通俗的说法，它有点像庙里的"泥菩萨"。当然他并非"菩萨"，而是一副帝王相，垂旒执笏，头戴冠冕，身穿袍服，眼耳口鼻手足宛如一个活人，发髻处有一个空穴，可以安插四时花朵，腹中充满金玉珠宝。人为地把一个活人偶像化、神圣化，供奉起来，竟然是这般模样，颇令人发噱。在"喜容"两旁，悬挂着鎏金的对联，当然是无以复加的褒奖之词，例如：

> 至圣至神，中乾坤而立极；
>
> 乃文乃武，同日月以长明。

这些人硬要把一个政治小丑吹捧成"至圣至神"，如同乾坤日月一般，可见对于魏忠贤的个人崇拜已经走火入魔了。

更有甚者，不知从哪里冒出一个无聊文人——国子监生（国立大学学生）陆万龄，献媚唯恐落后，居然向皇帝建议，以魏忠贤配祀孔子，以魏忠贤之父配祀孔子之父，并且在国子监西侧建造魏忠贤生祠。理由是：魏忠贤铲除东林党，犹如孔子杀少正卯；魏忠贤编《三朝要典》，犹如孔子笔削《春秋》。一个尊奉孔子为"大成至圣先师"的读书人，竟然要让文盲阉竖和儒学大师一起配祀孔子，岂不是斯文扫地，辱没先师！

不独此也，有的大臣竟然甘冒天下之大不韪，劝他登上皇帝宝座。李逊之《三朝野记》说："疏语皆扬诩赞叹，几同劝进；旨亦骈语相答,称颂唯恐不至。"说的是朝廷上下一片疯狂,大臣的奏疏充斥着为魏忠贤歌功颂德的词句,"几同劝进"——几乎有劝他登上皇位之势;而以皇帝名义发出的圣旨,也是"称颂惟恐不至"。在"圣旨"中,常常可以看到如此这般的词句:"赖厂臣(魏忠贤)秘授神略""赖厂臣赤心忠计""厂臣殚心筹划""赖厂臣干国精忠""赖厂臣一腔忠诚"云云。总而言之,在皇帝心目中,魏忠贤所做的一切都是绝对正确的,无可争议的。

在一派聒噪声中,皇帝对魏忠贤的嘉奖封拜也与日俱进,逐步升级:

——"魏忠贤勤慎奉公,清廉厉操……荫弟侄一人,与做锦衣卫都督佥事";

——"魏忠贤预发不轨之深谋,大挫积年之强虏……特封忠贤侄太子太保,左都督魏良卿(魏忠贤之侄)为肃宁伯(后晋升为肃宁侯)"。

魏忠贤自己的头衔当然也在节节高升,从元臣、上公(尚公)、殿爷、祖爷,发展到千岁、九千岁。耿如杞说:昨抚院与副总兵来见魏忠贤,"俱五拜三叩头,显呼'千岁'"。贾继春说:"询知恶党之呼魏忠贤也,除崔呈秀直呼为亲父外,其余皆以'九千岁'呼之者。"把一个太监头子称呼为"千岁""九千岁",是颇有僭越嫌疑的,然而魏忠贤还不满意,因而有些人干脆叫他"九千九百岁"。吕毖《明朝小史》写道:"太监魏忠贤,举朝阿谀顺指者俱拜为干父,行五拜三叩头礼,口呼'九千九百岁爷爷'。"

"九千九百岁爷爷",距离"万岁爷爷"仅一步之遥,多么离奇古怪的头衔!如痴如狂的顶礼膜拜者,未必不知道魏忠贤的底细,未必不知道这个吃喝嫖赌无所不为的市井流氓,凭借阴谋权术登上权力的巅峰。这种崇拜,并非敬仰他的道德品行,而是崇拜他手中的权力,是别有所图的政治投机。

毫无疑问,这样疯狂的举动,如果没有皇帝的默认,是不可思议的。倘若熹宗朱由校不是在天启七年(1627)死去,魏忠贤个人崇拜运动,将会发展到何种地步,恐怕难以预料。

五　朱由检:"不动声色逐元凶处奸党"

天启七年(1627)八月二十二日,熹宗皇帝朱由校在乾清宫懋德殿逝世,年仅二十三岁。八月二十四日,朱由检以"兄终弟及"的名义继承皇位,在皇极殿举行即位仪式。两天后,朱由检颁布即位诏书,改年号为崇祯。

朱由检即位以后,首先遇到的棘手问题,就是如何对待专擅朝政、气焰嚣张的魏忠贤和客氏。如果听之任之,放任魏、客继续为非作歹,那么他只能当一个傀儡皇帝,这是刚毅自强的他所不能容忍的。但是,当时阉党势力在朝廷内外盘根错节,操之过急的话,局势将不可收拾。必须等待恰当的时机,一举捣毁。

魏忠贤和客氏不是一般的脚色,一个以"九千九百岁"自居,一个以"老祖太太千岁"自居,宫内宫外布满了亲信党羽,内外呼应。对付他们,要讲究一点权谋术数。朱由检以大智若愚的姿态,一如先帝那样,继续优容魏、客,对于大臣弹劾魏、客及其党羽的奏疏,一概置之不理,给他们造成一种错觉。魏、客之流似乎感到这种平静有点反常,仿佛于无声处听惊雷,惶惶不可终日。为了试探虚实,他们主动出招。

九月初一日,魏忠贤率先向皇帝提出辞去东厂总督职务。朱由检不予批准。九月初三日,客氏请求从宫中迁回私宅,朱由检同意了。这显然是把魏、客二人分开的重要一步,又不露痕迹,因为她是以先帝的乳母兼保姆的身份留居宫中的,先帝已死,客氏已经没有任何理由留在宫中了。出宫的这一天,客氏五更起身,身穿丧服前往先帝灵堂祭奠,打开黄龙绸缎包袱,把朱由校幼年时的胎发、痘痂以及历年剪下的头发、指甲,付之一炬,痛哭而去。客氏对朱由校的复杂情感,随着"老祖太太千岁"的失落,一并从哭声中宣泄而出。客氏出宫名正言顺,不带任何处分的意味,但对于魏忠贤和阉党而言,无疑是一记闷棍。

由于巴结魏、客而破格升任司礼监掌印太监的王体乾,预感到事态的严重性,于次日向皇帝请求辞职。朱由检出于全局考虑,没有批准,他深知魏、王之间二位一体的关系,暂不触动王体乾,也就稳住了魏忠贤。

敏感的大臣们还是察觉到了政治空气的微妙变化,开始试探性地弹劾阉党骨干分子。

都察院右都御史杨所修弹劾兵部尚书崔呈秀、工部尚书李养德、太仆寺少卿陈殷、延绥巡抚朱童蒙等人,理由颇为奇特:崔、李、陈、朱等人父母过世,都因为先帝"夺情"而留任,有悖于"以孝治天下"的准则,请求皇帝批准他们辞去官职,回乡守孝。明眼人一看便知,"醉翁之意不在酒",企图用一种金蝉脱壳的手法,让这些阉党骨干分子逍遥法外。朱由检没有上当,反而谴责杨所修"率意轻诋"。崔呈秀、李养德、周应秋毕竟心虚,陆续请求罢官,朱由检一概不同意,下达谕旨,表示安慰和挽留。

皇帝的这种态度,令老奸巨猾的魏忠贤如堕五里雾中。为了进一步试探虚实,他请人代写了一篇奏疏——《久抱建祠之愧疏》,请求停止为他建造生祠的活动。朱由检经过深思熟虑,谨慎地批示了一句话:各地要建而未建之生祠一概停止。措辞十分微妙,只是宣布停止,没有对此定性,似乎对魏忠贤生祠事件采取既往不咎的态度。

但是,魏忠贤隐隐约约感觉到,危机随时都可能到来,为了化解危机,必须"丢车保帅"。

阉党骨干分子御史杨维垣心领神会,把兵部尚书崔呈秀作为替罪羊推到幕前,说他"立志卑污,居身秽浊",企图把人们对阉党专政的不满情绪全部转移到崔呈秀身上。这种欲盖弥彰的手法,在奏疏的末尾露出了马脚:杨维垣千方百计为魏忠贤评功摆好:"孜孜竭力,任劳任怨。"唯一的缺点就是没有看清崔呈秀的面目,听任他为所欲为。

这种拙劣伎俩当然瞒不过朱由检的眼睛,他却佯装不知,连"车"也不让"丢",下达谕旨,谴责杨维垣毫无根据地轻率诋毁崔呈秀,考虑到朕刚刚登极,理应"优容言路",故而对杨维垣不加追究。杨维垣得寸进尺,五天后再次上疏弹劾崔呈秀,基调依然是"丢车保帅",不过这次的侧重点有所不同,致力于划清崔呈秀与魏忠贤的界限。他说:不了解情况的人以为崔呈秀是有功于魏忠贤的第一号人物,其实不然,崔呈秀对于魏忠贤不但毫无益处,反而受他连累。两人截然不同:魏忠贤"公",而崔呈秀"私";魏忠贤"不爱钱",而崔呈秀"贪";魏忠贤"为国为民",而崔呈秀"恃权纳贿"。

朱由检面对这种情况,将计就计,既然崔呈秀的罪状已经暴露无遗,对他加以惩处,无疑是斩断魏忠贤左右手的第一步,随即下达谕旨：免去崔呈秀兵部尚书、都察院左都御史两项重要职务。这一招起到了意想不到的效果，正直官员看到魏忠贤手下掌握军事权与监察权的亲信罢官，敏感地察觉到，皇帝决心铲除阉党的方针已经初露端倪，引发揭发魏忠贤罪状的高潮到来。

首先弹劾魏忠贤的是工部主事陆澄源，他揭发了这样三点：1. 魏忠贤得到的恩宠超过了开国元勋，亲信布满了朝廷各个部门，到处都有他的干儿义子；2. 先帝在谕旨中常常归功于"厂臣"，魏忠贤居然安之若素，大臣的奏疏都不敢书写他的名字，败坏了"君前臣名"的礼制；3. 对他顶礼膜拜的生祠遍布海内，把他推崇为周公、孔子一样的圣贤。这些话句句打中要害，可以算作崇祯初年对魏忠贤的第一次讨伐，海内有识之士莫不想望陆澄源的风采。皇帝的表态却十分谨慎，不但没有归罪魏忠贤，反而谴责陆澄源"言之不当"。为什么呢？他要等待政治气温的逐步升高。

两天之后，兵部主事钱元悫弹劾魏忠贤，直截了当地指出，崔呈秀之所以贪赃枉法，又肆无忌惮，就是因为有魏忠贤这个靠山。如今崔呈秀虽已离去，而魏忠贤还在，这叫作"根株未尽"。他把这个目不识丁的野心家归入历史上的奸臣行列，与赵高、王莽、董卓并列。钱元悫敢于直言，对皇帝迟迟不对魏忠贤下手有所不满，说他是顾虑先帝"付托之恩"，恐怕"割股伤肌"。朱由检并没有被激怒，依然在静观事态的发展。

三天后，刑部员外郎史恭盛继续弹劾魏忠贤，用五个排比句揭发他的罪状：举天下之廉耻渐灭尽，举天下之元气剥削尽，举天下之官方紊乱尽，举天下之生灵鱼肉尽，举天下之物力消耗尽。罪状如此严重，仍然稳坐泰山，位高权重，岂非咄咄怪事！皇帝还是没有表态。魏忠贤忐忑不安的心情似乎有所平复，以为皇帝果真念及先帝的"付托",不敢对他下手,居然到皇帝面前哭诉一番,企图近距离察言观色。孰料皇帝一点不动声色,察看不到什么异样。

隔了一天,国子监生钱嘉征上疏揭发魏忠贤十大罪状:把皇帝当作傀儡,蔑视皇后,操纵兵权,无视明朝皇室列祖列宗,克扣分封在各地的藩王俸禄,不尊重古代圣贤,官爵赏赐大肆泛滥,把边将的战功据为己有,剥削民众,开后门通路子。这个太学生的奏疏写得十分深刻,行文纵横恣肆,鞭辟入里。他在上疏之前慷慨激昂地说:虎狼要吃人,即使赤手空拳也应拼搏。朝廷上下没有人敢出来斗争,我这个草莽小民出来斗争,如果忠臣义士能够响应,死而无憾! 朱彝尊在《静志居诗话》中说,这是东汉、南宋太学生抨击朝政以来,难得一见的高风亮节。

皇帝看了这道奏疏,击节赞赏,向魏忠贤摊牌的时机成熟了,当即召见魏忠贤,命他听太监朗读钱嘉征的奏疏:

> 天无二日,而阿附诸臣凡有封章必先关白忠贤,至颂夸功德必以上配先帝,及奉谕旨必曰"朕与厂臣",从来有此奏体否?
>
> 高皇帝垂训,中涓(宦官)不畜干预国政。盖鉴前代之失,垂后来之戒……乃忠贤军国重事一手障天,立杖之马必叱,吠尧之犬必庸。荼毒缙绅,株连士类,凡钱谷衙门、边腹重地、漕运咽喉,多置腹心,意欲何为?

魏忠贤听了对他罪状的指控,惊惶失措,从皇帝那里告辞出来,急忙去找他的密友——先前的信王府太监徐应元,请他出谋划策。徐应元给他出了一个主意:赶快辞去东厂总督的职务,暂避锋芒。

天启七年(1627)十月二十七日,魏忠贤向皇帝提出了"引疾辞爵"的辞呈。皇帝的圣旨很快下达,只有简单的一句话:"许太监魏忠贤引疾辞爵。"既然是你自己主动提出辞职,朕当然尊重你的意愿。鉴于魏忠贤的势力在京城盘根错节,让他继续留在京城必定后患无穷,皇帝于十一月初一日下达圣旨,勒令魏忠贤到凤阳去看管皇陵(朱元璋父母的陵墓),并向下发去一道敕文,表明拨乱反正,促成"维新之治"的决心,明确宣布以下三点:

　　第一,遭到魏忠贤迫害的人士,一律平反昭雪,应该褒奖的立即褒奖,应该抚恤的立即抚恤,应该起用的立即起用;

　　第二,下令拆毁魏忠贤的生祠,折价变卖,充作边防军饷;

　　第三,公布魏忠贤的罪状:"逞私植党""怙恶作奸""盗弄国柄""擅作威福""窥攘名器"等,本当千刀万剐,念及先帝还未下葬,免除死刑,暂时安置凤阳,全部财产充公,弟侄充军边疆。

　　魏忠贤躲过一死,本该有所收敛,然而本性难改,离开京城时,依然摆出威风凛凛的架势,俨然昔日"九千九百岁"模样,前呼后拥的卫队、随从押着四十辆大车,呼啸而去。朱长祚《玉镜新谭》提到这一情节时说,魏忠贤"意气扬扬,雄心未已"。

　　皇帝显然被这种嚣张气焰激怒了,立即向兵部发去谕旨:逆恶魏忠贤,本当处死,以平息民愤,姑且从轻发配凤阳。岂料他不思悔改,竟敢以私家武装随从护送,势如叛乱,命令锦衣卫当即派官兵前去逮捕,所有随从人员一律拘押,不得纵容!

　　魏忠贤一行经由良乡、涿州、新城、任丘、河间、献县,十一月初六抵达阜城县南关,在旅店中过夜。他已得到密报,皇帝派来逮捕他的官兵很快到来,自知必死无疑,长吁短叹,坐立不安。半夜时分,悬梁自尽。他的贴身侍奉太监李朝钦从梦中惊醒,一看主子已死,随即自缢殉葬。

魏忠贤这个河间府肃宁县的市井无赖,暴发荣耀了若干年以后,居然死在老家南面几十里的阜城县,是他自己无论如何料不到的。这个权势显赫的恶贼,如此戏剧性的下场,成为当时的头号新闻,人们用各种方式加以渲染,无名氏的《挂枝儿》小曲就是其中之一。据说,在魏忠贤上吊之前,从京城来的白面书生在旅馆外面唱了一首《挂枝儿》小曲,为他催命:

......

想当初,势倾朝,谁人不敬?

九卿称晚辈,宰相谒私衙。

如今势去时衰也,零落如飘草。

城楼上,鼓四敲,星移斗转。

思量起,当日里,蟒玉朝天。

如今别龙楼,辞凤阁,凄凄孤馆。

鸡声茅店月,月影草桥烟。

真个目断长途也,一望一回远。

闹攘攘,人催起,五更天气。

正寒冬,风凛冽,霜拂征衣。

更何人,效殷勤,寒温彼此。

随行的是寒月影,吆喝的是马声嘶。

似这般荒凉也,真个不如死。

清初史家计六奇《明季北略》记录了这首《挂枝儿》,写下了这样的评语:"时白某在外厢唱彻五更,形其昔时豪势,今日凄凉,言言讥刺。忠贤闻之,益凄闷,遂与李朝钦缢死。"

在与魏忠贤的较量中,朱由检显示了胆识、魄力与韬略,引来明末清初文人学士一片喝彩。夏允彝《幸存录》说:"烈皇帝不动声色,逐元凶,处奸党,旁无一人之助,而神明自运。"文秉《烈皇小识》说:"肘腋巨奸,不动声色,潜移默夺,非天纵英武,何以有此!"确实如此,即位不到三个月,朱由检就干净利落地除掉了元凶巨奸,真是不同凡响。

魏忠贤已死,阉党的土崩瓦解是指日可待的。号称"五虎"之首的崔呈秀,在蓟州老家得知皇帝命三法司(刑部、大理寺、都察院)对他进行审查,自知难逃一死,在家中摆了豪奢的"送终宴",然后上吊而死。

就在崔呈秀畏罪自杀六天之后,太监奉命逮捕客氏,严刑审讯,当即活活打死。她的儿子侯国兴和魏忠贤的侄子魏良卿一并处死,其余亲属充军边疆。

但是,阉党的"五虎""五彪""十狗""十孩儿""四十孙"之类,已成盘根错节之势,如果不对他们进行政治清算,今后的"维新之治"便是一句空话。朱由检决定进行一场清查阉党逆案的运动,从天启七年(1627)十一月一直持续到崇祯二年(1629)三月。

崇祯二年三月十九日,皇帝用谕旨的形式公布"钦定逆案"名单。除首恶魏忠贤、客氏已经明正典刑,其余阉党分子按照罪状分别惩处。

"首逆同谋"六人:兵部尚书崔呈秀,宁国公魏良卿,锦衣卫指挥使侯国兴,太监李永贞、李朝钦、刘若愚,按照"大逆"律减等,一律拟斩;

"交结近侍"十九人:提督操江右佥都御史刘志选,太仆寺署事御史梁梦环、倪文焕,兵部尚书田吉,蓟辽总督兵部尚书兼右副都御史刘诏,太仆寺少卿孙如洌、曹钦程,大理寺副许志吉,刑部尚书薛贞,工部尚书吴淳夫,右副都御史李夔龙,丰城侯李承祚,国子监生陆万龄,锦衣卫左都督田尔耕、许显纯,锦衣卫同知崔应元、张体乾,锦衣卫右都督孙云鹤、杨寰等,按照"交结近侍奸党"律,一律论斩;

"交结近侍次等"十一人:大学士魏广微,工部尚书徐大化,吏部尚书周应秋,兵部尚书霍维华,御史张讷,总督尚书阎鸣泰,太仆寺少卿李鲁生,右副都御史杨维垣,南京兵部右侍郎潘汝桢,昌平都督郭钦,孝陵太监李之才等,按照"交结近侍奸党"律减等,发配边疆充军;

"交结近侍又次等"一百二十八人:内阁大学士冯铨、顾秉谦、张瑞图、来宗道,户部尚书郭允厚,工部尚书薛凤翔,太仆寺少卿李蕃,户部尚书张我续,工部尚书孙杰,延绥巡抚朱童蒙,工部尚书杨梦衮,右都御史李春茂,吏部尚书王绍徽,左都御史曹思诚,光禄寺卿阮大铖,漕运户部尚书李精白等,判处"削籍";内阁大学士黄立极、施凤来、杨景辰,吏部尚书房壮丽,督师辽东兵部尚书王之臣等,判处"冠带闲住"。

喧嚣一时的阉党,至此终于土崩瓦解,烟消云散。颇具反讽意味的是,整个崇祯一代,乃至南明时期,阉党余孽依然上蹿下跳,企图推翻"逆案"。可见"除恶务尽"谈何容易!

第十一讲
安内与攘外的两难选择

崇祯十七年(1644)三月十七日,李自成的东路部队进至高碑店,西路部队进至西直门外,开始炮轰北京城墙。

紫禁城内,早朝依然照例进行,皇帝和大臣们相对哭泣,手足无措。有的说,应当起用"阉党逆案"中遭到严惩的官员;有的说,应当进封总兵刘泽清为"东安伯",激励他来"勤王"。崇祯皇帝朱由检知道这些都是马后炮,不予理睬,低头在御案上写了十二个字,让站在旁边的司礼监太监王之心看了一下,随即抹去。据说,其中六个字是"文臣个个可杀",在皇帝心目中,朝政就坏在这帮文臣手中。

中午时分,农民军开始攻打平则门、彰义门、西直门。守卫这三处城门的所谓"三大营",其实是一些老弱残兵和太监,毫无战斗力;精锐部队都在长城沿线。面对像潮水般涌来的身穿黄色衣甲的农民军,守城军不时向外放炮,却没有炮弹,只有一阵硝烟和一声空响,敷衍塞责而已。谈判破裂以后,李自成下令全线攻城。守城太监曹化淳按照事先拟定的"开门迎贼"公约,首先打开彰义门投降;少顷,德胜门、平则门也随之打开,北京外城不攻而下。

朱由检向阁臣们询问情况,阁臣们的回答是自欺欺人的话:陛下洪福齐天,不必顾虑,万一不测,臣等决心巷战,誓死不负国家。所谓"誓死""巷战"云云,当然是骗人的大话。当农民军向内城进攻时,守卫宣武门的太监王相尧,守卫正阳门的兵部尚书张缙彦,守卫齐化门的成国公朱纯臣等,也按照"开门迎贼"公约,不约而同地打开城门投降。整个过程当中,根本没有发生什么"巷战"。三月十八日夜里,农民军控制了整个内城,离紫禁城只有一步之遥了。

朱由检在心腹太监王承恩陪同下,登上煤山(景山)瞭望,确信内城已经陷落,返回乾清宫布置善后事宜,他要在自己殉国前,命令家属先殉国。三月十八日后半夜,亦即十九日子时,他和王承恩一起在煤山寿星亭附近的大树下,上吊自尽,告别了"皇祖爷"——太祖高皇帝打下的天下。他的死意味着明朝的灭亡。

如此看来,大明王朝是因为没有处理好"安内"而灭亡于"内乱",并非没有处理好"攘外"而灭亡于"外患"。后来清军入关进京,灭亡的是李自成的大顺政权。清朝摄政王多尔衮给史可法的信中说,他们是"报尔君父之仇,彰我朝廷之德","国家之抚定燕都,乃得之于闯贼(指李自成),非取之于明朝也"。

把明朝最高当局关于"安内"与"攘外"的两难选择,置于这样的背景下考察,庶几更接近于历史的真相。

一 洪承畴督剿西北,卢象升督剿东南

崇祯初年,陕西的黄土高坡上民变蜂起,高举造反大旗的义军,搅得地方当局人仰马翻。朝廷上下惊呼"流贼猖獗",陕西三边总督武之望害怕承担渎职的罪名,畏罪自杀。一时间陕西成为一个火药桶,官僚们视为畏途,没有一个愿意继任武之望留下的空缺。吏部会推都察院右佥都御史杨鹤出任陕西三边总督。

杨鹤一向清慎自持,但不懂军事,他可以成为一名出色的御史,却难以成为称职的战时总督。皇帝要他总督陕西三边军务,是用其所短,弃其所长。况且,他抵达陕西不久,适逢"己巳之变"——崇祯二年(1629)满洲军队越过长城逼近北京,陕西三边的驻军奉命"勤王",保卫北京,因此杨鹤手下几乎无兵可调,成了一个光杆总督。他别无选择,只能对"流寇"采取招抚而不是围剿。由于陕西连年灾荒,接受招抚的"流寇"根本无法安置,不断出现"候抚候叛"的现象,官员们纷纷指责杨鹤主抚不主剿,导致局面难以收拾。杨鹤的结局是一幕悲剧,革职之后,遣戍江西袁州,崇祯八年死于袁州戍所。

洪承畴接替杨鹤出任陕西三边总督,他抛弃招抚政策,专心武力围剿。洪承畴,字彦演,号亨九,福建泉州南安县人,万历四十四年(1616)进士,天启七年(1627)调任陕西督粮道参议,崇祯三年(1630)提升为延绥巡抚。他和杨鹤一样都是进士出身的文官,但对于"流寇"的态度截然不同,主剿而不主抚。

王左挂、王嘉胤、点灯子(赵四儿)等义军主力,先后死于洪承畴之手,引起了皇帝的注意,任命他以兵部右侍郎兼都察院右佥都御史的头衔,出任陕西三边总督。他上任以后,对境内的义军,如可天飞、郝临庵、不沾泥、混天猴、白广恩、薛红旗、一字王、独行狼等,全面出击。先后击毙义军首领任喇嘛(任守正)、刘黄莺(刘彦举)、燕青(张汝金)、黄巢(高应昌)、张飞(张文朝)、雕翎箭(李文举)、张千总(张成顺)、八豹(雷进槐)、许大狼(许林)、黑煞神(张宠)、红狼(李荣)、王副将(王君亮)、雷横(许得柱)、滚山猴(张汝栽)、飞豹(齐一正)、黑虎(刘万友)、巡山虎(张万寅)、宋江(王中孝)等。

老谋深算的洪承畴鉴于部分造反武装力量已经渡过黄河进入山西,与陕西巡抚练国事、延绥巡抚陈奇瑜、陕西巡按张应星商议,决定精选官兵三千五百,由骁勇善战的临洮总兵曹文诏率领,进入山西,配合晋中官兵围剿。当时进入山西的各路义军有:紫金梁

（王自用）、蝎子块（拓养坤）、老回回（马光玉）、一字王（刘小山）、撞塌天（刘国能）、过天星（惠登相）、西营八大王（张献忠）、不沾泥（张存孟）、八队闯将（李自成）、曹操（罗汝才）等，号称三十六营，二十万之众。

为了摆脱围剿，张妙手、撞塌天、满天飞、闯将等贿赂京营总兵王朴，监军太监杨进朝、卢九德急于邀功，贸然答应"招抚"。义军各部各自购置装备，暗中准备强渡黄河，突破官军的包围。

崇祯六年（1633）十一月底，山西垣曲与河南济源之间黄河河身最狭窄的关阳、长泉附近的渑池一带，竟然一反常态，结冰如坚石，使得十几万义军得以从容渡河突围。这就是明末震惊一时的"渑池渡"。它的战略意义在于，义军由山西进入河南大地，给官军的围剿增加了难度。正如谈迁《国榷》所说，此后，罗汝才进入湖广，邢红狼横行于河南，惠登相进入陕西，李自成挺进汉中，他们由合而分，把战火延烧到中原腹地。郑濂《豫变纪略》如此叙述当时的态势："自是而西入商洛，南向宛洛，东窥瀍涧，势如疮痍，溃裂四出，每支四千人为部，遇官军犹不敢战，转头就走，弃妇女囊装以饵之。官军利其获，不追杀，但稍稍斩首，足以赴郡县报功而已。贼乃徐徐引去，出没险阻。"他的结论是："贼势日众而不可扑灭。"

京营总兵王朴与监军太监杨进朝、卢九德寄希望于招抚，重蹈杨鹤的覆辙，后果是严重的。没有料到，一年以后，朝廷寄予厚望的五省总督陈奇瑜再次重蹈覆辙，在兴安州南面黄洋河上游的车箱峡，妄想不战而屈人之兵，轻信李自成等部的诈降，让十万之众得以摆脱困境，走出栈道，陕西再次陷入一片混乱之中。

崇祯八年（1635）正月十五日，张献忠、老回回、扫地王、太平王等几股农民军，突然进入凤阳城内，引起朝野震动。

凤阳是明朝开国皇帝朱元璋的发祥之地，皇陵所在，号称中都，与南北两京遥遥相对，设置中都留守司，又是漕运总督的驻地，战略地位非常重要。义军看准了这一点，发动突然袭击，意在突破官军的包围圈。

义军进入凤阳后，焚烧皇陵享殿以及衙门公廨，据后来调查，一共烧毁留守司、巡抚、巡按、知府衙门五百九十四间，烧毁鼓楼、龙兴寺六十七间，民房二万二千六百五十二间，杀死官军三千多人。这就是所谓"流氛震惊皇陵"事件。朱由检如丧考妣，深刻反省如何把"安内"摆上首要位置。

为了破解这一难题，朱由检下令，任命兵部左侍郎兼都察院右佥都御史卢象升为中原五省总理，指挥直隶、河南、山东、四川、湖广五省军队，与西北五省总督洪承畴协同围剿农民军。原则上，洪承畴督剿西北，卢象升督剿东南，一旦河南形势吃紧，洪承畴由陕西前往河南，配合卢象升；如果陕西形势吃紧，卢象升进入潼关，配合洪承畴，联手扫荡。一个五省总督，一个五省总理，都以能征善战而著称，皇帝的意图是要他们南北东西夹击，以求一举荡平中原"流寇"。而洪、卢二人深知形势严峻，都不敢贸然立下军令状，因为朝廷在"安内"与"攘外"究竟孰轻孰重的抉择上，始终举棋不定。

正当他们扫荡中原"流寇"之际，崇祯九年（1636）六月底，满洲军队突破长城要塞喜峰口，七月初三日，北京戒严，朝廷紧急征调各路将领保卫北京。正在湖广郧西征战的卢象升突然接到皇帝的调令，要他出任宣大山西总督，负责长城沿线的防务，把他的职责由"安内"改变为"攘外"。他留下的五省总理的空缺由兵部右侍郎王家桢顶替。在交割之际，他不仅为自己近一年任期内的仓皇拮据感慨系之，也为新任五省总理王家桢苦于无应手之兵而顾虑不已。

皇帝的这一调动,反映了他在"安内"与"攘外"的两难选择中,犹豫不决,在加强北方边防的同时,忽略了中原的潜在危机。《明史·卢象升传》说,卢象升既行,"贼遂大逞,骎骎乎不可复制矣"。意思是说,被他追赶得疲于奔命的农民军,获得了喘息之机,可以大展身手,形势很快就难以控制了。而卢象升在宣大总督任上却无所施展,空怀壮志。更为严重的是,卢象升的调离,使得"东西夹剿"的局面不复存在,洪承畴也孤掌难鸣了。

二　杨嗣昌:"必先安内方可攘外"

此次北京戒严,兵部尚书张凤翼受到追究,畏罪自杀。由谁继任兵部尚书?朱由检环顾廷臣,没有一个通晓军事的干才,于是想起前任宣大总督——丁忧在家的杨嗣昌,绕过内阁和吏部,径直由自己下旨,用"夺情起复"的形式,起用正在为亡父杨鹤守孝的杨嗣昌,立即出任兵部尚书。

杨嗣昌,字文弱,号子微,万历三十八年(1610)进士,崇祯七年(1634)以兵部右侍郎兼都察院右佥都御史头衔,总督宣大山西军务,赴任以后,六次上疏陈述边防事宜,皇帝感到"异才可用"。不久,父亲杨鹤去世,他丁忧回乡,又遭继母之丧,长期在家守孝。接到皇帝"夺情起复"的圣旨,他三次恳辞未果,于崇祯十年三月遵旨抵京。

杨嗣昌居丧期间,以读书消闲,对历史上的攘外与安内掌故了如指掌。他一向工于笔札,富有辩才,皇帝召见时,侃侃而谈,与以往兵部尚书在皇帝面前木讷卑微的样子截然不同。朱由检拍案叫绝,叹道:"恨用卿晚!"

皇帝的赏识令杨嗣昌感恩戴德,几天之内接连呈上奏疏,陈述关于治国平天下的真知灼见。这些奏疏都收集在他的文集——《杨文弱先生集》中,例如《犬马十年遇主疏》《敬陈安内第一要务疏》。他提出了摆脱内外交困的方针,概括为三条:

第一,必须先安内,然后才能攘外;

第二,必须先足食,然后才能足兵;

第三,必须先保民,然后才能荡寇。

这三点是他的施政纲领,以后提出的建议,都是围绕着这个纲领展开的。

最引人注目的当然是"攘外必先安内"的方针。这其实是一个传统话题,远的且不说,张居正在谈到"固邦本"时就曾说过,"欲攘外者必先安内"。不过此时此刻杨嗣昌郑重其事地提出这一点,并非重复张居正的套话,而有着现实的针对性。崇祯二年(1629)与崇祯九年,满洲军队两次南下所构成的外患,与流寇驰骋中原大地的内忧,两者之间究竟孰轻孰重、孰先孰后?是国家战略无法回避的大事,也是兵部尚书决策的重要依据。

仔细考察明末的历史,就会发现,对于处于内外交困之中的朝廷而言,"安内"与"攘外"确实是一个两难选择。正如《流寇长编》的作者在"自叙"中所说:"京陵迫于边塞,才动风尘,便成大恐。而敌兵岁至,寇锋日竞,守外则失内,击内则失外。其欲款外以专内者,举朝谯呵,使不得毕其语。"大臣们并非不知道"攘外"与"安内"两线作战绝不是上策,但谁都不敢提倡与清军议和,集中兵力对付内乱。这个僵局被杨嗣昌打破了。

他从皇帝圣旨中提及"安边荡寇"四字谈起，皇上似乎以为安边第一，荡寇次之，他认为，必先安内然后方可攘外。然后细细剖析：天下大势譬如人身，京师是头脑，宣大、蓟辽等边防重镇是肩臂，黄河以南大江以北的中原大地是腹心。现在的形势是，边境烽火出现在肩臂之外，乘之甚急；流寇祸乱在腹心之内，中之甚深。外患固然不可缓图，内忧更不容忽视，因为它流毒于腹心，如果听任脏腑溃烂，精血日就枯干，徒有肩臂又有何用？所以说，必先安内方可攘外，并非看轻攘外，正因为攘外至急，才不得不先安内。

如今的读者，如果不受以往先入之见束缚，设身处地从明朝的视角观察时局，那么杨嗣昌所说的攘外必先安内方针，实在是当时唯一可取的选择，也是当时有识之士的共识。

早在一年之前，兵科都给事中颜继祖就向皇帝提出六项当务之急：一是劝廉须养廉，二是足食宜足兵，三是灭奴先灭寇，四是赈食先赈耕，五是安民勿扰民，六是遴才贵因才。其中二、三、五项与杨嗣昌所说的三大方针有惊人的相似之处。他所说的"灭奴先灭寇"（所谓"奴"指的是满洲，所谓"寇"指的是流寇），与杨嗣昌所说的"必先安内方可攘外"，是一个意思。不过皇帝当时的关注点并不在此，从皇帝的批示中可以看到，他关心的恰恰是一、四、六项，即养廉、赈耕、因才。也许颜继祖在谈"灭奴先灭寇"时，过于空洞不着边际，没有引起皇帝的重视。杨嗣昌则不然，为了证明他的方略，他特地把崇祯十年（1637）三月兵科抄出湖南长沙举人黄吉的一份奏疏推荐给皇上。黄吉在奏疏中明确主张攘外必先安内，他说：

臣观今全盛之天下,而拮据难支者,实惟外侮与内讧耳。然昔人云:戎虏不足为中国之大患,而其动也,恒必乘内之虚,使有备在我,则制御自易。况今时之虏因寇之衅而踏暇也,则弭寇为防虏之要着;今时之寇或因民之离而张焰也,安民为弭寇之要着;今时之民因财之削而生心也,则理财为安民之要着;今时之财因人之滥而覆㑽也,则用人为理财之要着。

他特别强调:"弭寇为防虏之要着","安民为弭寇之要着","民心将内变,而外患益不可弭"。杨嗣昌读了之后击节叫好:"不意黄吉一书生能发其覆也"。黄吉的奏疏可以作为理解杨嗣昌关于攘外必先安内主张的一个注脚。

为此,杨嗣昌提出了"四正六隅十面张网"策略。所谓"四正",就是陕西、河南、湖广、凤阳四个正面战场,以围剿为主防御为辅。所谓"六隅",就是延绥、山西、山东、应天、江西、四川六个侧面战场,以防御为主围剿为辅。把"四正"与"六隅"加起来,便是"十面张网"。假如流寇在陕西,那么陕西、四川、湖广、河南、延绥、山西的军队必须共同张网,六面合围,五省总理入关和五省总督联合围剿。假如流寇在河南,那么河南、湖广、凤阳、应天、山西、山东的军队必须共同张网,六面合围,总督出关和总理联合围剿。总之,总督、总理是随敌剿杀,各地巡抚四面合围,不论主战场在哪里,都要围成一个罗网,目的是尽快消灭流寇。皇帝对于杨嗣昌如此周到缜密的战略方案非常欣赏,赞许道:只有你才能够办得到。

杨嗣昌显得信心十足,向皇帝保证:下三个月死功夫,了结"十年不结之局",不过是皇上赫然震怒之间的事情。

此后的情况也确实如此。崇祯十年十二月张献忠兵败后,在湖广谷城接受五省总理熊文灿的招抚。崇祯十一年(1638)六月，李自成在五省总督洪承畴的追击下，在潼关南原全军覆没，他与刘宗敏、田见秀等十八人逃亡商洛山中。

眼看"十年不结之局"似乎真的可以了结。然而问题没有那么简单，关键在于皇帝的态度发生了变化。

崇祯十一年(1638)五月初三，朱由检在中极殿召见大臣，道出了他的担忧："剿兵难撤，敌国生心。"再次提出如何兼顾安内与攘外的问题。

兵部尚书杨嗣昌一如既往地主张"必先安内方可攘外"，他列举历史上的典故来证明自己的观点。其一是，东汉初年，为了稳定国内局势，皇帝力排众议，接受五官中郎将耿国的建议，与匈奴单于议和，实现北方边境安宁。其二是，北宋初年，出师北伐，征讨北汉、契丹，连遭败绩，宰相张齐贤向皇帝建议：先本而后末，安内方可攘外。杨嗣昌提出这些历史典故，意图十分明显，主张与清(崇祯九年，后金改国号为大清)议和，争取时间全力"安内"。在他的授意下，辽东巡抚方一藻、总督太监高起潜秘密与清当局和谈。

此事引起了轩然大波，一些官员激烈反对议和，指责杨嗣昌忠孝两亏。皇帝虽然支持杨嗣昌，却没有明确表态，方一藻、高起潜不敢自作主张，明朝和清的议和尝试就此不了了之。皇太极早已声明在先，如果议和不成，"夏秋必有举动"。果然，到了九月间，清军从长城墙子岭、青山口南下。不久，北京戒严，朝廷征调正在平定内乱的洪承畴、孙传庭率军保卫北京，反映了朱由检在安内与攘外的两难选择中始终摇摆不定，犹豫不决。他的这种态度导致杨嗣昌精心策划的"四正六隅十面张网"的战略宣告不攻自破。假如他能够果断地支持杨嗣昌与清议和，倾全力于"安内"，那么以后的形势也许不至于如此难以收拾。

　　一场震惊朝野的"攘外"战争持续了半年,崇祯十二年(1639)三月,清军从青山口出长城北归,终于了结。皇帝心有余悸,命令洪承畴率领的陕西精锐之师继续留在蓟辽边境。陕西巡抚孙传庭向皇帝建议,把陕西精锐之师调回原地,继续围剿流寇。皇帝不但没有采纳,反而心生疑忌,催促他出任保定总督。孙传庭以耳聋为借口请辞,激怒了皇帝,把他逮捕入狱。这种草率之举后果严重,造成中原战场兵力空虚,给张献忠、李自成的重新崛起提供了有利条件。

　　崇祯十一年年底,在商洛山中收拾残部的李自成,带了十几名随从,赶往谷城去会见张献忠。这两位同乡战友,目前处境迥异,友情尚存。张献忠设宴款待,酒过三巡,他拍拍李自成的背,戏言道:李兄,何不随我而降,还仆仆奔走干嘛? 李自成仰面大笑,连说:不可,不可。此时此地,两人心照不宣,李自成知道张献忠在谷城是伪降,不过是权宜之计,否则的话,决不会冒失前来自投罗网。张献忠明知李自成决不会随他而降,开个玩笑而已,随后接济他一批武器马匹,让他重整旗鼓,日后也好遥相声援。当时谷城县的士绅目睹了这场"双雄会",眼看着李自成从容离去,埋怨熊文灿无能,没有命令张献忠生擒李自成,将功赎罪。这种埋怨,是不明底细的空话,张献忠并非真降,当然不可能"缚闯自效"。

　　张献忠任用秀才潘独鳌、徐以显为谋士,讲解孙吴兵法,打造三眼枪、狼牙棒,埋伏连弩,操练团营方阵、左右营法,日夜策划有朝一日重举义旗。谷城知县阮之钿目睹这一切,心中焦急,又无力干预,只好苦口婆心劝说,要他真心归降,何必自蹈不义。遭到张献忠一顿痛骂,忧愤成疾,蜗居家中,从此不理政事。湖广巡按余应桂写信给熊文灿,提醒他:张献忠必反,要先下手为强。熊文灿反而弹劾余应桂"破坏抚局"。左良玉也看出张献忠"反迹大露",多次催促熊文灿发兵镇压。熊文灿搪塞说:他虽怀二心,但尚未开衅;你虽敢战斗,但部众未集,贸然出击,其他受抚各部必然作出反应,得不偿失。

崇祯十二年(1639)五月初六,张献忠在谷城再度起义,摧毁城墙,抢劫仓库,释放囚犯,打得熊文灿措手不及。在商洛山中的李自成获悉张献忠在谷城起兵的消息,立即召集部众前往会合,旋即分手。此后,张献忠进入四川,李自成进入河南,"安内"形势顿时趋于严峻。八月二十五日,皇帝决定派杨嗣昌出任五省总理,代替已经逮捕入狱的熊文灿,去收拾"安内"的残局。

杨嗣昌以内阁大学士的身份前往湖广督师,得到皇帝的亲笔谕旨:"速荡妖氛,救民水火。"俨然钦差大臣,地方总督、巡抚、总兵都听从指挥,副将、参将以下军官不听调度,可以用尚方宝剑先斩后奏。临行之前,皇帝还赏赐亲笔诗句:

> 盐梅今暂作干城,
> 上将威严细柳营。
> 一扫寇氛从此靖,
> 还期教养遂民生。

看得出来,皇帝似乎又把"安内"置于头等重要的地位。然而,缺少了洪承畴、孙传庭的陕西劲旅,仅仅依靠左良玉一支主力,要想"一扫寇氛",几乎是不可能的。所以杨嗣昌这位督师大学士,权力再大,也无能为力。玛瑙山大捷以后,在与张献忠的较量中,再也没有打过像样的胜仗。

杨嗣昌束手无策，采用分化瓦解的手段，扬言赦免罗汝才，凡是投降者可以授予官职，唯独张献忠不予赦免，到处张贴布告："有能擒斩张献忠者，赏银万两。"具有讽刺意味的是，几天以后，在他的督师行营衙门内，出现了张献忠的传单，上面写着："有斩阁部（杨嗣昌）来者，赏银三钱。"杨嗣昌吓出一身冷汗，怀疑左右布满了间谍。

此一时也彼一时也，督师大臣先前的威风已经荡然无存，一再向皇帝大叹苦经。一方面埋怨蜀兵脆弱，蜀将愚蠢到了无以复加的地步；另一方面声称流寇已经练成"至精至悍必死不降"的作风，"无生之路，有死之心，拼死恶斗"。先前的锐气已经不见踪影，皇帝要他"戴罪自赎"，他回答说，下属将领个个都是酒囊饭袋，只有他一个人在苦苦操心，已经无济于事。

张献忠的战术是"以走致敌"，运用得十分成功，半年之内几乎跑遍大半个四川，杨嗣昌在后面苦苦追赶，累得上气不接下气。张献忠用打油诗讽刺他：

> 前有邵巡抚，常来团转舞。
>
> 后有廖参军，不战随我行。
>
> 好个杨阁部，离我三天路。

杨嗣昌的尾随战术终于露出了危机。

李自成在河南横扫千里，正如郑濂《豫变纪略》所说，李自成如同出山老虎，再也无法制服了。崇祯十四年（1641）正月，李自成攻占洛阳，处死福王朱常洵，把福王的肉和鹿肉一起炖煮，在西关周公庙前举行一场"福禄宴"。当朝皇帝的叔父落得如此下场,朝野为之震动。

二月初五,张献忠的部队以迅雷不及掩耳之势,出川东进,拿下杨嗣昌的督师衙门所在地——襄阳,俘虏襄王朱翊铭,押至西门城楼处死,同时处死的还有王室成员四十三人。

事态的发展大大出乎杨嗣昌的预料。他以为襄阳防守严密,不足为虑,把注意力集中于张献忠的行踪,张从陆路出川东进,他则由水路沿江而下,想赶在他前面堵截。没有料到,当他赶到夷陵时,洛阳、襄阳陷落,福王、襄王被杀的凶闻接踵而至,这是对他最为致命的打击:今后无脸再见皇上。原本有病的身体,遭受如此严重的惊吓,从此饮食不进;到了沙市徐家园,已经卧病不起,一切大事都交给监军万元吉代理,派人催促家属赶来诀别。万元吉问他:病情如何?为何不报告皇上?杨嗣昌只吐出了两个字:不敢!

崇祯十四年(1641)三月初一,杨嗣昌病死于沙市徐家园,终年五十四岁。关于他的死,后人众说纷纭,有的说自缢而死,有的说服毒而死,都是传闻之词。其实他早已病重,再遭福、襄二王被杀的惊吓,终于不治,即使华佗再世,也难以起死回生,何用上吊服毒?他的儿子杨山松、监军万元吉说他病死,是可信的。"四正六隅十面张网"的"安内"战略,随着杨嗣昌的死,宣告破灭。

三 "灭寇雪耻"成泡影

崇祯十二年(1639)正月,朱由检任命洪承畴为蓟辽总督,给他的头衔是：钦差总督蓟辽等处军务兼理粮饷、太子太保、兵部尚书兼都察院右副都御史，看起来十分显赫，却是"降四级戴罪住俸"留用，显然带有戴罪立功的性质，目的在于激励这名帅才再立新功。为什么要把"安内"战场屡建功勋的大帅调往蓟辽边防呢？看来在皇帝的天平上，"攘外"再次超越了"安内"，即使清军撤退后，他也始终不同意让洪承畴和他的陕西精锐部队返回中原，充分流露了这种心态。

崇祯十三年(1640)四月十三日，朱由检为此召开了御前会议，向大臣们说出了近来的忧虑：清军围困锦州已经半月，诸位有何对策？并且把亲笔书写的"灭寇雪耻"条幅向众人传示。但是大臣们并无高见，究竟是同时把守宁远和山海关，以及蓟辽和宣大东西两线，还是集中力量把守其中一线？究竟是稳固防守，还是主动出击？究竟是采取持久作战的方针，还是速战速决的方针？都没有得到充分的检讨。五月，为了"灭寇雪耻"，朱由检命令洪承畴率领全部主力部队，出山海关北上，解锦州之围。

君命难违，洪承畴率领玉田总兵曹变蛟、蓟州总兵白广恩、宁远总兵吴三桂、广宁前屯卫总兵王廷臣等，抵达宁远。在视察了松山等要塞后，洪承畴认为兵力太少，请求朝廷把宣府总兵杨国柱、大同总兵王朴、密云总兵唐通、山海关总兵马可等调至自己麾下。于是乎，北方边防的精锐部队几乎全部聚集于宁远前线，总共十三万兵力，在锦州、松山、塔山、杏山一线，摆开决战的架势。此举带有极大的冒险性，一旦失利，那么从山海关至蓟州、宣府一线就难以防守；而且中原战场再无机动兵力可调，"安内"形势吃紧，必定顾此失彼。

清军方面的战略意图是"围点打援"，围困锦州，引诱明军主力，在锦州外围打一场歼灭战。久经沙场的洪承畴当然了如指掌，所以对战略决战采取谨慎态度，主张打一场持久战，不必急于贸然救援锦州。坚守锦州的总兵祖大寿，虽然被围困五个月，仍然信心十足，特地派遣士兵出城，向洪承畴传话：城内粮食可支持半年，希望洪承畴用车营步步紧逼，不要轻易交战。可谓英雄所见略同。

然而朝廷的决策层却希望早日"灭寇雪耻"，兵部尚书陈新甲向皇帝提交了"十可忧十可议"的报告，对形势持悲观态度，匆忙策划了速战速决的方案，主张全面主动出击。朱由检没有作出决定，把它转交洪承畴与前线将领研究。洪承畴果断地否定了这个方案，朱由检表示同意。但是兵部尚书陈新甲固执己见，派往前线的兵部官员张若麒与他一唱一和，向皇帝送去一份秘密报告，鼓吹速战速决。朱由检经不住陈新甲、张若麒的再三鼓动，从支持持久战一变而为支持速决战，当即下达秘密指令，要洪承畴迅速全面出击。迫于朝廷的压力，洪承畴不得已放弃持久作战的上策，转而采取速战速决的下策。

崇祯十四年(1641)七月二十六日，洪承畴誓师，二十八日下令进军，把粮草囤积在杏山与塔山之间，自己率领主力进抵松山。松山正是清军"围点打援"的主战场，无异于自投罗网。虽然洪承畴立即命令抢占制高点——乳峰山，分兵二路割裂清军，建立车营与木城，却无法摆脱被动挨打的局面。

清军统帅多尔衮把情况报告皇太极，皇太极立即日夜兼程赶往松山，亲自指挥此次战役。明朝方面有骑兵四万、步兵九万，号称十三万之众，已经被清军团团围困。皇太极围困锦州的本意就在于"围点打援"，见洪承畴已经上钩，迅速把松山与杏山、塔山之间的通道全部切断，使得松山陷入粮草断绝、孤立无援的境地，达到不战而屈人之兵的目的。这一招果然厉害，当即引起明朝八路总兵的恐慌,一心只想如何突围。

洪承畴为了稳定军心,召开军事会议,鼓励将领们说:敌军新旧交替,包围并不牢固,我军如果迅速出击,解围在此一举。从各地调来的那些总兵,考虑的是如何保存自己的实力,不愿拼死一战,借口粮草断绝,纷纷建议退回宁远"就饷"。原先竭力鼓吹速战速决的张若麒,这时也惊惶失措,主张撤退。他说:松山的粮食不足三日,敌军不但围困锦州,而且围困松山,各路将领既然主张退回宁远"就饷",似乎可以应允。

洪承畴想力挽狂澜,苦苦劝说各路将领:守也死,退也死,只有拼死一战才有生路。我决意孤注一掷,希望各位努力配合。然而事与愿违,当他目送众将领走出指挥部不久,总兵王朴率先逃跑,引起连锁反应,其他总兵争先恐后逃跑,骑兵步兵互相践踏,丢盔弃甲,狼狈不堪。半路上又遭到清军伏击,损失惨重。数万大军如此不战而溃,实在是奇耻大辱。

只有洪承畴与总兵曹变蛟、王廷柱以及巡抚丘民仰率领一万人马困守松山。朱由检接到不战而败的消息,要洪承畴死守,等待援兵。同时下令征调水师八千前往松山、杏山海口,以壮声势;命令吴三桂、白广恩、李辅明等总兵收拾残部,再度北上杏山、塔山。但是各路将领都畏首畏尾,不愿增援松山,一味作壁上观。

松山内无粮草,外无救兵,岌岌可危。一向叱咤风云的洪承畴,从不畏惧任何对手,从来没有一个对手能够使他陷于如此尴尬的处境。皇帝要他"极力死守",然而此时此际"死守"已经毫无意义,因为不会有援军到来,不可能绝地大反击,所谓"死守",不过是束手待毙而已。崇祯十五年(1642)三月,他的副将夏承德叛变,投降清军,使得洪承畴连壮烈牺牲的机会也丧失了。与他的同僚卢象升、孙传庭相比,他的下场没有他们二人那样壮怀激烈,显得有些窝囊——叛将夏承德把他当作献给清军的见面礼。

松山陷落,对于誓死坚守锦州的祖大寿是一个致命的打击,断绝了最后的一线希望,无可奈何地献城投降。

清军并没有发动大规模的攻坚战,就轻而易举地拿下松山、锦州,然后又顺势拿下了塔山、杏山,明朝方面丧失了宁远以北大片疆域。不独如此,这一战役成为一个转折点,此后明朝在东北再无能力主动出击,只能被动防守。

这样令人难堪的失败,这样没有战略头脑的失败,京城内外、朝野上下大为震惊。

此次会战,明、清双方兵力不相上下,胜负难以预料,至少不至于败得如此难看。痛定思痛,言官们纷纷上疏弹劾罪魁祸首张若麒和他的后台陈新甲。御史米寿图说得最为尖锐:洪承畴孤军远出,关系到关外的存亡与京师的安危,张若麒本应与洪总督商议万全之计,相机破敌,使关外八城得以安宁,十万大军得以保全,缓解朝廷的忧虑。但是贼臣张若麒攘臂奋袂,挟兵部之势,收总督之权,胡乱指挥,致使三军只知有张兵部,不知有洪总督。三尺童子都知道,催战必败,张若麒一味催战,把国家大事看作儿戏。他的内心,不过企图侥幸一搏,胜利则功劳归于自己,失败则嫁祸于人。张若麒丢失封疆,得罪国家,应当立即斩首,以谢天下。

现代历史学家也有同样的看法。李光涛的论文《洪承畴援辽始末》(《大陆杂志》,12:12)写道:清人围关外锦州,总督洪承畴出关援锦,与清人战于松山,八镇援兵同时崩溃。其致败原因,则咎在明廷之催战,非关洪氏之偾事。洪氏出关御敌,志愿本自不凡。洪氏制敌之办法,主张持重,与早年熊廷弼、袁崇焕二人同一见解,以守为战。然而其时轻举妄动之明季，因昧于时机，不能尊重洪氏之意见，唯欲以侥幸取胜。同时洪氏又因受制于不知兵之监军张若麒，于是军中但知有张兵部，不知有洪总督。因之洪氏不能自主，致有松山之败。

因为这样的缘故，人们对洪承畴是寄予同情的。松山陷落的消息传来，朝廷上下误以为洪承畴被清军杀死，已经"殉节"了。关于"殉节"的兵部塘报煞有介事地说：从锦州逃亡的人对吴三桂说，清军把他押往锦州城北无极王营盘处死；还说"洪总督临砍时，只求速死"。朱由检看了这份塘报，用朱笔写了这样的批示："洪承畴节烈弥笃，即着该督抚再一确察，速与优旌，以慰幽忠。"

令人啼笑皆非的是，洪承畴并非"节烈弥笃"，他经不住皇太极再三劝降，终于失节。但是由于消息不灵通，以讹传讹，以致酿成人还活着，却被当作烈士看待的笑话。李光涛分析其中的原因：皇帝待洪氏不薄，朝廷君臣上下对他都以"忠烈"相期许，宁可信其有，不愿信其无。一直到明朝灭亡，洪氏的生死都没有定论，因此他的妻儿得以安然无恙，可谓不幸中之万幸。

与此适成反讽，洪承畴在清朝征服南明的战争中，充当了急先锋，立下汗马功劳，然而清朝当局还是把他贬为"贰臣"，作为朝秦暮楚的失节大臣而载入史册。

四　陈新甲：秘密议和的替罪羊

崇祯十四年年底，松山、锦州形势越来越吃紧，内阁辅臣谢陞与同僚商议：我军已经精疲力竭，与清军议和，争取时间，有助于剿灭流寇。同僚们觉得言之有理，决定由兵部尚书陈新甲出面，旁敲侧击地向皇上提出议和的主张。

崇祯十五年(1642)正月初一，朱由检接受大臣朝贺完毕，召见内阁辅臣周延儒、贺逢圣、张四知、谢陞、魏照乘、陈演，以及兵部尚书陈新甲等人。陈新甲抓住难得的机会，向皇帝提出与清军议和的主张。

在当时的话语体系中，为了显示天朝大国的体面，"议和"被表述成"款建虏"。所谓"款"，带有恩惠的意思；所谓"建虏"，是对清朝的前身建州女真的蔑称。陈新甲唯恐触怒皇帝，连"款建虏"三个字也不敢提，迂回曲折地说：松山、锦州两城被困已久，又派不出援军，唯一的办法只有"用间"。这话听起来很别扭，所谓"间"，有离间的意思，陈新甲的"用间"并非离间清军，而是"款建虏"的委婉表达方式。

朱由检的回应，出乎大臣们的预料，他说得很干脆：城池被围困已有半年，一丝一毫都无法接济，还有什么可乘之"间"？接着说出了一句极有分量的话："可款则款，不妨便宜行事。"意思很明显，可以议和就议和，你们看着办吧。这是他第一次明确表态可以与清朝议和，当即询问大臣们有什么意见。内阁首辅周延儒老奸巨猾，一言不发，只听得谢陞说了一句话："彼果许款，款亦可恃。"意思是，清军如果同意议和，那么议和是值得尝试的。

议和之事，就这样在朝廷最高层敲定了。根据李清《三垣笔记》的说法，皇帝对于"安内"与"攘外"态度的转变，终于促成了此事。李清《三垣笔记》写道：

> 宁锦之溃，北边精锐几尽，而中州寇祸正张，上意亦欲以

> 金币姑缓北兵,专力平寇,谢辅陞与陈司马新甲主之。

请注意,这里最为关键的是这样一句话:"上意亦欲以金币姑缓北兵,专力平寇。"皇帝的意思十分明显,试图用割地赔款的妥协方式,缓解东北边防的压力,腾出手来全力平定流寇。内阁辅臣谢陞、兵部尚书陈新甲摸透了皇上的意图,才提出议和的主张,并且付诸实施。

为了防止舆论干扰,议和必须秘密进行。既然皇帝已经表态——"不妨便宜行事",具体操办此事的兵部尚书陈新甲,立即派出兵部官员马绍瑜以二品官衔,去执行这一秘密使命。正月初七,马绍瑜一行快马加鞭赶到宁远,与清军统帅济尔哈朗接洽。清方以为马绍瑜没有可以凭信的文件证明他的授权,要求提供皇帝的敕书。等到马绍瑜收到敕书,已是三月,松山、锦州早已陷落了。四月底,清军攻陷塔山,派遣士兵护送马绍瑜一行前往沈阳。清朝方面并不盛气凌人,为了给谈判营造平静气氛,暂时停止对宁远的进攻,退兵三十里。

经过几轮谈判,马绍瑜带着皇太极的国书返回宁远。这份国书是以双方对等的口气书写的,抬头是"大清国皇帝致书明国皇帝",追述了双方发生武装冲突的经过,以及皇太极即位以来版图的不断扩大,于是改国号为大清,年号崇德。还说:我军每次进入你的国境,攻城略地,你仍愿意和好,看来是为了亿兆生灵考虑。如果两国诚心和好,从今以后,宿怨尽释,何必计较尊卑之别!然后,提出了换取和平的条件:

1. 贵国每年馈赠黄金一万两,白银一百万两,我国则馈赠人参一千斤,貂皮一千张;

2. 以宁远双树堡中间黄土岭为贵国边界,以塔山为我国边界,中间地带为两国互通贸易区域。

马绍瑜把这个谈判结果报告顶头上司陈新甲,陈新甲当即奏报皇帝。看来,"以金币姑缓北兵,专力平寇"的预案似乎可以实现了。

这次谈判是秘密进行的,只有少数高级官僚知道内情,皇帝再三关照不得泄密,以免受到舆论的干扰。根据朝鲜《李朝实录》的记载,当时在沈阳的朝鲜官员也只是风闻此事,无法确证,可见双方都是严守秘密的。不料,百密必有一疏。陈新甲收到马绍瑜的信件,看过以后,放在书桌上。他的手下以为是一份普通的塘报,随手交给塘报官抄录,发表于邸报(政府新闻公报)上。朝廷的最高机密,竟然如此粗心大意地泄漏,引起了轩然大波。

泄密的马绍瑜信件写的是最为敏感的议和条件。他在信中报告讨价还价的经过:原先对方索要黄金三十万两、白银二百万两,后来允许减少到黄金一万两、白银一百万两;并且威胁说,如果不答应,立即发兵,你们的损失岂止此数!

这样的消息在邸报上一经曝光,举国为之哗然,以为是丧权辱国,奇耻大辱。声讨兵部尚书陈新甲的舆论,一浪高过一浪。负责监察兵部的兵科给事中方士亮追究陈新甲的责任,责问道:消息究竟是真是假? 如果是假的,兵部不应该用假消息来惑乱人心;如果是真的,那么陈新甲"主和辱国",罪不可恕。陈新甲无法回应,朝廷上下顿时沸沸扬扬,以为有损天朝大国的威望,纷纷指责陈新甲:堂堂天朝何必如此屈膝求和!

在这种紧要关头,内阁首辅周延儒理应挺身而出,说明情况,为朝廷承担责任。老奸巨猾的周延儒没有这样的责任心。整个事情的始末,他一清二楚,皇帝授意陈新甲"可款则款,不妨便宜从事",意图是"以金币姑缓北兵,专力平寇"。但是他自始至终都不表态,正如李清《三垣笔记》所说:"周辅延儒亦欲安享其成,成则分功,败不及祸。"如今舆论汹涌,他考虑的是个人得失,而不是国家利益。如果附和舆论,反对议和,势必得罪皇帝;如果分析安内与攘外的利弊,主张议和,必定成为舆论的箭垛。权衡再三,他依然采取沉默的对策,缄口不言。

内阁首辅不肯为朝廷分担责任,那么皇帝是否挺身而出呢?不是他亲口授意陈新甲"可款则款,不妨便宜行事"的吗?理应承担责任。然而朱由检也不敢冒天下之大不韪,讲清楚"可款则款"目的在于"以金币姑缓北兵,专力平寇",而是对沸沸扬扬的舆论不置可否。

既然皇帝、内阁都不肯承担责任,唯一的出路,便是兵部尚书陈新甲承担全部责任,挽回朝廷的颜面。但是陈新甲缺乏这样的大局观,不愿意当替罪羊。当言官方士亮第一个出来弹劾陈新甲时,皇帝恼怒得很,把奏疏压下,不予理睬,严厉地指责陈新甲,其意图不言自明,暗示陈新甲主动承担责任,顾全大局。

也许是陈新甲没有领会皇帝的意图,也许自以为是按照皇上旨意与清议和,有恃无恐,误以为言官们不明真相,一旦说明真相,就不会追究他的责任了。为此,他写了洋洋洒洒的申辩书,和盘托出议和事件的始末,大量引用皇帝关于议和的"圣谕",向人们表明,他并非自作主张,而是奉命办事。陈新甲一向聪明干练,酷似杨嗣昌。可惜聪明过头,透露了朝廷的最高机密——皇帝主张议和,使得事情再也无法转圜,终于把自己推上了绝路。

朱由检原本以为,只要陈新甲承担责任,不过给他个革职了事,大事化小小事化了。没有想到他竟敢和盘托出,透过于君,实在忍无可忍,七月二十九日,下令逮捕陈新甲。此时此际,陈新甲才意识到自己的失策,为了挽回必死无疑的下场,嘱咐家人贿赂主张处死陈新甲的言官。受到重贿的言官立即改变口风,奔走于刑部侍郎徐石骐处,极力主张陈新甲必不可杀。主持部务的刑部左侍郎徐石骐,非常明白皇帝的心意,陈新甲非死不可,否则此事难以了结。不但不接受言官们的游说,反而大义凛然地列举陈新甲的罪状,以为非死不可。他的理由是冠冕堂皇的:

> 《春秋》之义,人臣无境外之交。战款二策,古来通用,然未有身在朝廷,不告君父而专擅便宜者,辱国欺侮,莫此为甚。

徐石骐是一个拘泥于传统政治伦理的古板官僚,自以为讲得振振有词,却并不知道事情的内幕,所谓"不告君父而专擅便宜"云云,实乃无稽之谈。这一点皇帝也明白,如此批复道:"陈新甲失事重大,法无可宽,但引律尚属未确,可另行复拟即奏。"徐石骐心领神会,不再提"专擅议款"之事,另外罗列罪状,指责他在担任兵部尚书期间,指挥不当,导致四座边城陷落,七十二座内地城池遭到涂炭,七名藩王受到屠戮,是从来没有的"奇祸",按照"失误军机"罪,应当处斩。朱由检立即批准。

诚然,陈新甲在中原战场和辽东战场的指挥中,确有重大失误,但不足以构成死罪,置他于死地的恰恰是遵旨议和引来的政治风波。陈新甲不愿意成为替罪羊,最终还是无可奈何地当作替罪羊被处死。

这一事件的最大的受害者,并非陈新甲,而是朱由检,从此他再也不敢与清朝议和,在"攘外"与"安内"的两难选择中,再也找不到"以金币姑缓北兵,专力平寇"的机会了。

五 王朝的末路:出征、南迁、勤王

崇祯十六年年底,攻占西安的李自成,十分清楚地表明他的意图,向东攻占北京,取明朝而代之。十二月二十三日,他向山西各地发布一道檄文,喊出"嗟尔明朝,大数已尽"的口号。三晋大地,风声鹤唳,守军望风披靡。

崇祯十七年(1644)正月初一,李自成在西安称王,国号大顺,年号永昌,意味着把崇祯十七年改为大顺永昌元年,正式表明要和明朝分庭抗礼,改朝换代。

正月初三,李自成决定长驱直入,兵分两路进军北京。一路由李自成、刘宗敏率领,由平阳攻打太原、宁武、大同、阳和、宣府、居庸关;另一路由刘芳亮率领,沿黄河北岸攻打怀庆、潞安、卫辉、彰德、大名、保定,对北京形成夹击之势。李自成把精锐部队布置在北路,自己亲自指挥,从大同、宣府、居庸关直捣北京。这一线是长城要塞,精兵强将云集。李自成的战略方针是,在京城外围消灭明朝的有生力量,一旦兵临城下,明朝再无援军可以征调,拿下北京有如探囊取物。刘芳亮一路只是迂回佯攻,起到牵制作用,与北路遥相呼应。

明朝遗老吴伟业在《绥寇纪略》谈及这一点,颇为感慨:李自成已经攻破太原,假如越过太行山,经过真定、保定,可以直接进攻北京，为什么要去攻打宁武关、雁门关？那是因为宣府、大同聚集了全国的精兵，如果从真定、保定攻打北京，宣府、大同的精兵必定回援北京。因此仅仅派出偏师进入河北，集中主力越过宁武关、雁门关，攻打大同、宣府，把这两镇的精兵歼灭后，转而进攻居庸关，届时明朝已无"勤王之师"可调，北京便陷于孤立无援的境地。吴伟业说得一点也不错。

不可思议的是，战略重镇的守军，竟然不堪一击，一触即溃。李自成的军队正月二十三日攻下平阳，二月初二进至汾州，二月初八攻下太原，随即从太原北上，进攻宁武关，大同总兵姜瓖拒绝增援宁武关，向农民军投降，宁武关、大同陷落。三月初六，农民军进至阳和，副总兵姜瑄投降。三月十三日，农民军进至宣府，巡抚朱之冯、总兵王承胤投降，宣府不战而下。

朝廷方面的反应如何？难道就这样听任"大数已尽"，无所作为吗？

崇祯十七年(1644)正月初九，兵部收到李自成送来的文书，通告：三月初十大军抵达北京城下，双方展开决战。这种公然宣告，极具挑衅性，流露了稳操胜券的勃勃雄心。一国之主朱由检却心急如焚，连续几天茶饭不思。上朝时向大臣们吐露了心里话："朕非亡国之君，事事乃亡国之象，祖宗栉风沐雨之天下，一朝失之，将何面目见于地下？朕愿督师，以决一战，即身死沙场亦所不顾，但死不瞑目。"说罢，痛哭流涕，愤然责问大臣：行事如此，朝廷外面没有人力挽狂澜，怎么办呢？

大臣们一听皇上打算亲自督师，决一死战，不敢怠慢，内阁首辅陈演抢先表态，愿意代帝出征。朱由检不假思索，一口回绝：南方人难以胜任。内阁次辅魏藻德、蒋德璟、丘瑜、范景文、方岳贡、先后请求代帝出征,皇帝一概不同意。这时,去年十一月与方岳贡一起入阁的李建泰发言:皇上如此忧愤,臣子怎么敢不贡献自己的力量。臣是山西人,愿意用自己的财产作为军饷,请求带兵出征。朱由检大喜过望,当即表示,亲自在京郊为他饯行,彰显"代帝出征"的威仪。

正月二十六日,"代帝出征"仪式隆重举行,先是驸马都尉万玮祭告太庙,然后皇帝来到大殿,举行"遣将礼",当场手书"代朕亲征"四个大字,把象征权力的节钺和尚方宝剑,一并赏赐给李建泰。然后一行人等乘车来到正阳门城楼,皇帝亲自主持饯行宴会。宴会过后,李建泰带上红花,披上红色斗篷,在一片鼓乐声中启程。

如此隆重的出征仪式,寄托了皇帝的厚望,李建泰真的能够力挽狂澜吗?非也。他根本不想去冒险,借口古代兵法,每天行军不超过三十里。进士程源鼓动他,赶快前往太原收拾人心,并且出示了平阳、太原的守备方略。他置之不理,根本不想冒着风险前往太原。他是山西曲沃人,原本想打着"代帝出征"的幌子,去挽救自己富甲一方的财产。可是,当他从保定向真定进发,还没有望到山西大地时,曲沃已经陷落,原本的设想落空,再也无心西进,一直徘徊在北京南面,观望形势,敷衍了事。

李建泰的下场极不光彩。二月二十三日,刘芳亮指挥的农民军打下真定,他逃往保定。三月十三日,刘芳亮包围保定城,他宣布投降,当了俘虏。他后来担任大顺政权的丞相之职;李自成从北京撤退后,他又和谢陞、冯铨等明朝高官一起投降清朝,成为清朝的内院学士。看来这个身长七尺,满脸胡须的山西大汉,竟然是贪生怕死之徒,为了活命,见风使舵,朝秦暮楚,没有一点风骨气节可言。朱由检派这种人"代帝出征",还指望他"早荡妖氛""旋师奏凯"，岂非白日做梦！

"代帝出征"化作泡影，北京岌岌可危，为了躲避锋芒，于是乎有了"南迁之议"的出笼。

首先提出"南迁之议"的不是别人，正是皇帝朱由检自己。那还是在周延儒担任内阁首辅时，他和周延儒秘密商量"南迁"——把首都迁往南京。懿安皇后（天启皇后张氏）得到这一消息，告诉了周皇后，并且表示坚决反对之意。朱由检大为恼怒，由于懿安皇后守口如瓶，查不出个所以然；他对懿安皇后极其尊重，视同母后，此事也就不了了之。

再次提起"南迁"的是太子身边的官员——左中允李明睿。崇祯十七年（1644）正月初三，皇帝召见他，询问"御寇急务"。李明睿说：流寇已经逼近京畿，到了危急存亡关头，不可不从长计议，只有"南迁"才是唯一缓解当务之急的对策。朱由检早有此意，向他详细询问"南迁"具体事宜。一场秘密谈话，持续到深夜二更时分，可见双方都有诚意。平心而论，在当时情况下，"南迁"似乎是摆脱困境唯一可供选择的方案。长江中游有左良玉十万大军，下游又有江北四镇（四个总兵）的军队扼守长江天堑，南京比北京安全得多，维持半壁江山的可能性是存在的。问题在于，"南迁"意味着放弃宗庙陵寝，难以启口，必须由内阁、六部的重臣出来力排众议，形成朝廷一致的共识。

不久李明睿公开上疏，建议"南迁"。他说：如果皇帝"南迁"，京营兵可以护驾，沿途可以招募数十万士兵，山东的一些王府，以及凤阳的中都可以驻跸，南京的大臣史可法等可以寄托大事，建立中兴大业。朱由检把这份奏疏交给内阁讨论。内阁首辅陈演反对

"南迁"，示意兵科给事中光时亨出面，驳斥李明睿的"邪说"，声色俱厉地扬言：不杀李明睿，不足以安定民心。朱由检对光时亨的意见很是反感，当面训斥道："光时亨阻朕南迁，本应处斩，姑饶这遭。"态度十分坚决，但是阁部大臣都不表态。

二月二十七日，朱由检鉴于形势危急，在文华殿召开御前会议，讨论战守事宜。都察院左都御史李邦华支持李明睿的"南迁"方案，考虑到朝廷重臣的顾虑，他提出了一个过渡方案——由太子"监抚南京"，留下一条退路，维系民众的希望。李明睿一如既往，极力主张皇上亲自南迁。陈演是坚决反对"南迁"的，故意向外界透露信息，鼓动言官猛烈抨击"南迁"主张。

在强大的舆论压力下，朱由检的立场发生了急剧的变化，作出了和他的本意大相径庭的决定：死守北京。他的理由是：如果朕单独而去，宗庙社稷怎么办？陵寝怎么办？京师百万生灵怎么办？国君与社稷同生死，是道义的正统。有的大臣劝说，让太子"南迁"，延续国祚。他反驳道：朕经营天下十几年，尚且无济于事，太子这样的哥儿孩子家，做得了什么事？

朱由检在"南迁"问题上前后判若两人，实在是身不由己，阻力太大了，关键是以内阁首辅陈演为首的大臣极力反对。在罢免陈演的前一天，朱由检对他说了一句意味深长的话："朕不要做，先生偏要做；朕要做，先生偏不要做。"所谓"朕要做，先生偏不要做"的事，就是"南迁"。继任的首辅魏藻德更加老奸巨猾，采取明哲保身态度，对"南迁"不置可否。当巩永固、项煜再次提议"南迁"时，他都在场，始终一言不发，用沉默表示委婉的否定。朱由检感到孤立无援，在龙椅上耸身舒足，仰天长叹。据戴笠《流寇长编》说，周皇后倾向于南迁，由于无法成行，遗憾地说："南中我家里甚可居，惜政府无有力持之者。"一语道出当时窘境。

明朝灭亡后,遗老遗少们提起这段往事,无不唏嘘感叹。计六奇《明季北略》在回答"南迁得失如何"时写道:

> 当(李)自成逾秦入晋,势已破竹,惟南迁一策,或可稍延岁月。而光时亨以为邪说,其事遂寝,天下恨之……且先帝身殉社稷,假令(光)时亨骂贼而死,虽不足以赎陷君之罪,尚可稍白始志之靡他,而竟躬先从贼,虽寸磔,亦何以谢帝于地下乎?是守国之说乃欲借孤注以邀名,而非所以忠君也。(李)邦华以身殉国,是南迁之议乃所以爱君,而非以避死也。

计六奇对光时亨的抨击,对李邦华的赞誉,是无可非议的。无怪乎当时有人怀疑,光时亨反对南迁,是接受了李自成的"密旨",充当内奸。《流寇长编》崇祯十七年二月丁亥条说:"都中人士云:光时亨受闯贼密旨,为高阿那肱,故阻止上行,而先降。"

与"出征""南迁"同时提出的另一个救亡方案是"勤王",也就是调动北方边防军来保卫北京。长期以来在"安内"与"攘外"的两难选择中举棋不定,直到最后关头,朱由检才意识到不"安内"无以"攘外",李自成的威胁远远胜过爱新觉罗。于是痛下决心,把驻扎在山海关、宁远前线的关宁铁骑调来保卫北京。

崇祯十七年(1644)正月十九日,他向大臣们提出征调辽东总兵吴三桂入关的意向,要阁部大臣作出决定。内阁六部大臣意识到问题的严重性:征调吴三桂意味着放弃山海关外大片国土,要承担国土沦丧的责任,在历史上留下骂名,故意推诿不决。

两天之后，朱由检正式给内阁发去一道谕旨，再次强调：征调吴三桂兵马是值得期待的战略步骤，并且批评两天前阁部大臣的消极态度："此等重大军机，应行与否，原应先生每主持担任，未可推诿误事。"在皇帝的紧逼下，内阁首辅陈演百般辩解，借口"一寸山河一寸金"，明确反对征调吴三桂兵马。兵部尚书张缙彦也不愿承担责任，与陈演一唱一和，说得很干脆："（吴）三桂之调不调，视宁远之弃不弃，两言而决。"要皇帝自己决定放弃宁远，才谈得上征调吴三桂之事。

　　既然大臣们都不愿意承担责任，皇帝只得亲自作出决定：放弃宁远，退守山海关。内阁仍然犹豫不决。皇帝再次催促，陈演提议在德政殿召开紧急会议。会上，有几名官员主张放弃宁远，征调吴三桂。内阁大臣提出许多具体问题来刁难：宁远放弃后，山海关如何防守？撤退的军民如何安置？一定要辽东的总督、巡抚、总兵提出实施细则，才可以行动。蓟辽总督王永吉、辽东巡抚黎玉田、总兵吴三桂先后表态支持皇帝的调令，陈演等大臣依旧拖拉敷衍。

　　二月初八，太原陷落，京师震动。蓟辽总督王永吉、顺天巡抚杨鹗联名上疏，提请征调吴三桂保卫京师。朱由检把王、杨的奏疏给阁臣陈演、魏藻德过目，两人相对愕视，一言不发。退出宫来，两人窃窃私语："上有急，故行其计，即事定，而以弃地杀我辈，且奈何？"他们的内心独白是："无故弃地三百里，臣等不敢任其咎。"

　　到了二月二十七日，形势愈来愈严峻，皇帝在文华殿召开紧急会议，讨论"勤王"事宜。大臣们众说纷纭，只有成国公朱纯臣、户部尚书倪元璐、刑部尚书金之俊、吏科都给事中吴麟征、户科给事中孙承泽等主张征调吴三桂。以陈演为首的多数大臣依然认为

"弃地"不是上策。

如此这般议来议去,议而不决,三月初四,朱由检忍无可忍,终于亲自作出决定:加封辽东总兵吴三桂为"平西伯",平贼将军左良玉为"宁南伯",蓟镇总兵唐通为"定西伯",凤(阳)庐(州)总兵黄得功为"靖南伯",总兵刘泽清、刘良佐、高杰提升官衔一级。三月初六,他发布谕旨,放弃宁远,征调吴三桂、王永吉、唐通、刘泽清率兵保卫北京。山东总兵刘泽清近在咫尺,拒绝征调,反而从临清南下;只有唐通带了八千兵马赶到北京。吴三桂接到调令后,姗姗来迟,三月上旬才从宁远率领五十万军民启程,日行数十里,十六日才进入山海关,二十日赶到丰润时,李自成率领的农民军早在前一天进入了北京。

"出征""南迁""勤王"都成泡影,王朝终于走上了末路。三月十八日后半夜,亦即三月十九日子时,朱由检在煤山自缢,以身殉国。

具有讽刺意味的是,坚决反对"南迁""勤王"的陈演、魏藻德之流,口口声声为了江山社稷,可是在李自成入主紫禁城的第二天,立即前往拜谒,表示改换门庭之意。魏藻德恬不知耻地说:臣在内阁三年,皇帝不听我的话,以至于有今日的下场。这种卑劣嘴脸,连李自成也看不下去,训斥道:你受到皇帝重用,应当为社稷而死,为什么偷生?他连忙叩头,称呼李自成为"陛下",说:如果陛下赦免,我一定赤胆忠心相报。李自成根本不屑一顾,命令士兵把他囚禁起来。魏藻德还不死心,透过监狱的窗子向外喊话:如果用我,什么官都可以,为什么拘押我?

三月二十二日,太监在煤山发现了皇帝朱由检的遗体,用门板把他抬下来，与已故的周皇后遗体一起，停放在东华门外茶庵的芦席棚内。太监奉李自成之命，买了两口柳木棺材，把帝后的遗体放进棺材。旁边有两个和尚念经，四五个太监守灵。先前信誓旦旦效忠于皇帝的大臣们，这时竟然摆出另一副面孔，扬鞭策马而过，对帝后的灵枢连看都不看一眼。

与此形成强烈反差的是，那些改换门庭的官员们，正忙着向李自成"劝进"，希望他早日登极称帝。从三月二十三日开始，以陈演为首的旧官僚，一而再再而三地向李自成"劝进"。无怪乎明朝的遗老遗少怀疑，当初陈演、魏藻德、光时亨之流反对"南迁""勤王"，莫非企求王朝末路早日来临，让他们早日改换门庭？

康熙初年，张岱（陶庵）在《石匮书后集》对明思宗朱由检的评价，相当富有感情色彩："古来亡国之君不一，有以酒亡者，以色亡者，以暴虐亡者，以奢侈亡者，以穷兵黩武亡者。嗟我先帝，焦心求治，旰食宵衣，恭俭辛勤，万几无旷，即古之中兴令主无以过之。乃竟以孱苻剧贼，遂至殒身。凡我士民，思及甲申三月之事，未有不痛心呕血，思与我先帝同日死之，之为愈也。"当然，陶庵先生并非一味推崇，指出"先帝"两大失误。一是过分吝啬宫中内帑，导致九边军士数年无饷，何以羁縻天下？二是"焦于求治，刻于理财，渴于用人，骤于行法，以致十七年之天下，三翻四覆，夕改朝更，耳目之前觉有一番变革，向后思之迄无一用"。一言以蔽之，叫作"枉却此十七年之精励"。

乾隆年间在文坛颇有声望的全祖望（谢山）写了一篇《明庄烈帝论》，基调是："庄烈之明察济以忧勤，其不可以谓之亡国之君固也，而性愎而自用，怙前一往，则亦有不能辞亡国之咎者。"他认为，庄烈帝至少在两个方面不能辞其咎：一是听任宦官干政，二是拒绝与清议和。他说:"夫明之所以亡者,非以流贼也,力屈于东,是以祸蔓于西。向使当日者东方修睦,得以专力于萑苻,卢象升、洪承畴、孙传庭三人者,皆平贼已有成效者也……再假之数年,而西方晏然,李张之首枭矣。"谢山先生对于不能坚持攘外必先安内,是耿耿于怀的。

第十二讲
"每于败局算残棋":
　钱谦益的悲剧

钱谦益作为一个文人，在明末清初文坛上享有至高无上的声誉。《清史稿·文苑传》对他是赞誉有加，"博学工词章"，"为文博赡，谙悉朝典，诗尤擅其胜，明季王、李号称复古，文体日下，（钱）谦益起而力振之"。在当时社会，学而优则仕，科举是升官的阶梯，高中进士以后便踏上了仕途。这是每一个士子孜孜以求的目标。但是，并非每一个学问渊博、诗文高超的文人都适合从政、做官，钱谦益就是一个例证。他的政治生涯不断遭受挫折，整个人生演绎了一幕幕悲剧，悲剧的根源就是政治。渴望从政、升官，因为书生气太足而玩不转政治，却被政治所玩弄，直至被政治所抛弃。这无疑是文人从政的悲剧。

综观钱谦益的一生，在明朝四度出任官职，前后加起来不足五年；在南明与清朝担任官职，还不到一年。客观地说，崇祯十七年（1644）以前，他大节无亏；在明清鼎革之际，没有坚持自己的诺言——"永绝仕进之局，进可以收拾晚节，退可以保全残生"，在政治生涯的末端，晚节不保，铸就了悲剧结局。

康熙三年（1664）五月二十四日，缠绵于病榻的钱谦益，走完了悲剧之路。门生归庄《祭钱牧斋先生文》写道："先生素不喜道学，故居家多恣意，不满于舆论，而尤取怨于同宗。"在逆境中的他，秉性如故，死后麻烦不断。尸骨未寒，灵堂犹在，同族中人即来勒索钱财古玩。六月二十八日，夫人柳如是愤而投缳自尽，以殉家难。悲剧之后的另一幕悲剧，恐怕他生前是难以预料的。

更具悲剧意味的是，他身后不断遭到贬损，涌来的都是冷嘲热讽，使他在黄泉之下也不得安宁。

一 从吴晗的《"社会贤达"钱牧斋》谈起

大名鼎鼎的钱谦益,无论是在他所处的明末清初时期,还是后世,都是一个有争议的人物。

在晚明的党争中,他作为东林名士不断遭到"阉党"及其余孽的攻讦;在东林遗孤的心目中,他屈从于马士英,为阉党余孽阮大铖翻案,可谓东林之叛逆;在明朝的遗老遗少心目中,他投降清朝,出任礼部侍郎,是一个没有气节的民族败类;在清朝统治者看来,他朝秦暮楚,左右摇摆,不过是一个没有骨气的"贰臣"而已。到了现代历史学家笔下,他也常遭贬损。1948 年,吴晗在《中国建设》第六卷第五期上,发表了颇有影响的《"社会贤达"钱牧斋》,这篇文章后来收入《读史札记》(三联书店,1956),可见他依然坚信自己的观点。

这篇文章只有开头几句赞扬的话:"就钱牧斋对明初史料的贡献说,我是很推崇这个学者的。二十年前读他的《初学集》、《有学集》、《国初群雄事略》、《太祖实录辨证》诸书,觉得他的学力见解,实在比王弇州(世贞)、朱国祯高。"除了这几十个字,通篇都是讽刺挖苦、嬉笑怒骂的文字,把他说得一无是处:"人品实在差得很,年轻时是浪子,中年是热中的政客,晚年是投清的汉奸,居乡时是土豪劣绅,在朝是贪官污吏,一生翻翻覆覆,没有立场,没有民族气节,除了想作官以外,从没有想到别的。"话语说得过于情绪化、绝对化,不像是在作历史研究:"他的一点儿成就、虚名、享受,全盘建立在对人民剥削的基础上,是一个道地的完全的小人、坏人。"还说,"三百年前,他的名气真大,东林巨子,文坛领袖,斯文宗主,而且还是幕后的牵线人物,只是作官的日子短,在野的年代长,以他当时的声名而论,倒是个'社会贤达'也。"

作者搜罗了不少资料,也搞了一些考证,但是不能和早年的《胡惟庸党案考》的学术水平相提并论,因为作者企图借用历史来影射当时的"社会贤达",不得不牺牲实证史学的原则。在彻底否定他的政治立场和人格品质之后,连他的学问成就也嗤之以鼻了,认为他在学术方面的成就实在有限得很,不足挂齿。所持的逻辑是:"他有机会在内阁读到《昭示奸党录》、《清教录》一类秘本,他有钱能花一千二百两银子买一部宋本《汉书》,以及收藏类似俞本《皇明纪事录》之类的秘笈,有绛云楼那样收藏精博的私人图书馆,从而作点考据工作,实在没有什么了不起。"

如果是学术研究,完全可以平心静气,不必如此意气用事。现在看起来,《"社会贤达"钱牧斋》带有强烈的政治色彩,让史学论文承担政论的任务,最终破坏了论文的严谨性,是令人遗憾的。

关于钱谦益的另一篇有影响的文章,是吉川幸次郎写的《钱谦益与东林——作为政客的钱谦益》。此文开掘出观察钱谦益政治生涯的一个新视角:他一生遭受七次重大挫折,焦点集中于"东林"二字。此文虽然不长,却给读者深刻的启示。

研究一个有争议有污点的人物,要理解他所处的时代,面临的困境,以及他的经历,作出合理的分析。研究者既需要遵循兰克所说的"客观、冷静、无色彩"的原则,也需要对人物有理解之同情。在这点上,吉川幸次郎比吴晗略胜一筹。

我们不妨回顾一下钱谦益的生平与挫折。

钱谦益,字受之,一字牧斋,自称牧斋老人,苏州府常熟县人,生于万历十年(1582)九月二十六日,卒于康熙三年(1664)五月二十四日,享年八十二岁。他出生于一个学问世家,祖父和父亲都是研究《春秋》经学的大家。他写于崇祯元年(1628)的《请诰命事略》对于家史有一个简短的回顾,谈到祖父钱顺时,这样写道:

> 先祖与其弟副使公力学奋励,嘉靖己未(三十八年),会试举《春秋》第一,观政吏部。是冬,奉命饷辽东军,抵家未弥旬而卒。先祖偶傥有大志,不屑为章句小儒,焚膏宿火,讲求天文、律历、河渠、兵、农诸家之学,提纲举要,荟蕞成书,凡百余卷,名曰《资世文钥》,盖《通典》《通考》之流亚也。

祖父英年早逝(年仅三十),父亲钱世扬只有七岁。关于父亲,他这样写道:

> 先君讳世扬,年十二三,能暗记五经、《史记》、《文选》,凡百余万言。世授胡氏《春秋》,收拾旁魄,搜遂疑互,既成,以授学者。学者咸师尊之,从而执经考疑者继于门……先君志节激昂,好谈古忠节奇伟事,每称述杨忠愍(杨继盛)、海忠介(海瑞)诸公,嚼齿奋臂,欲出其间。卒之日,手定其所为古文及所辑《古史谈苑》,藏弄之以畀谦益,且遗之言曰:"必报国恩,以三不朽自励,无以三不幸自狃。"呜呼!谦益其敢忘诸。

这样的家学渊源,造就了钱谦益的才学根底,开拓了一个良好的前程。万历二十六年(1598),十七岁的他成为府学生员,八年

426

后，二十五岁的他得中举人，万历三十八年，二十九岁的他进士及第，而且是一甲第三名（即所谓探花）。能够取得这样好的成绩，钱谦益很感谢老师孙承宗，他说："余举进士，出吾师高扬公门。"崇祯十五年（1642），里居的钱谦益以"门生"的身份为孙承宗写《孙公行状》，洋洋数万言，在他的文集中堪称独一无二。文末写道："谦益壮而登公之门，今老矣，其忍畏势焰，避党仇，自爱一死，以欺天下万世。谨件系排缵，作为行状，以备献于君父，下之史馆，牒请编录，垂之无穷。"

据说，原本他可以高中状元，结果被湖州人韩敬开后门通路子，暗中更换了名次，由一甲第一名落到了一甲第三名。从学识才气而论，韩敬哪里是钱谦益的对手！志在必得的状元被别人拿去，有些失落。更为失落的是，出任翰林院编修仅仅四个月，就因为父亲钱世扬去世，按照朝廷规定的制度，必须丁忧守制服丧二十七个月。不料三年后他并没有"服满起复"，原因与当时的政坛纷争有关。

由于李三才遭到无端的攻击，在东林书院讲学的顾宪成写信给内阁首辅叶向高、吏部尚书孙丕扬，为李三才辩护，结果引来轩然大波，徐兆魁之流声称："顾宪成讲学东林，遥执朝政。"此事与万历三十八年（1610）"大计外官"（考核地方官）、万历三十九年"大计京官"（考察京官）纠缠在一起。万历四十年顾宪成在一片诽谤声中与世长辞，正直人士愈发激起为之辩护洗刷的声浪，于是乎东林派与反东林派之间的朋党之争近乎白热化。与顾宪成关系密切的钱谦益，之所以没有"服满起复"，便与这种政治纷争有关。这一去竟然拖了十年，成为他政治生涯的第一次挫折。

泰昌元年（1620），三十九岁的钱谦益得以还朝，恢复原官。天启元年(1621),他出任浙江主考官,发生了钱千秋科场舞弊案,受到牵连。经过司法部门的审查,此次舞弊案与他无关,但作为主考官"失于察觉",遭到罚俸的处分。这样的事情实在有损于他的名望,次年,他就因病告假,回归故乡常熟。从复出到告归还不到两年,便有了第二次挫折。

天启四年(1624),四十三岁的他再度复出,从翰林院编修升任詹事府少詹事,主要承担《神宗实录》的编纂工作。这虽然是一个处于政坛边缘的清闲职务,但由于他的学识声望,在交往的同道中有不少是东林人士,因此受到魏忠贤为首的"阉党"的排挤。天启五年,时任都察院左都御史(后升任吏部尚书)的王绍徽,秉承魏忠贤的旨意,编制《东林点将录》,仿照《水浒传》中梁山一百零八将,编了东林一百零八人的名单,献给魏忠贤,让他按照名单把这些人逐个罢黜。此人秉性卑劣,据无名氏《遣愁集》说:"王绍徽为魏忠贤干儿,官至吏部尚书,进退一人必禀命于忠贤,时称'王媳妇'。尝造《点将录》献之忠贤,忠贤阅其书叹曰:'王尚书妩媚如阉人,笔挟风霜乃尔,真吾家之珍也。'"看得出魏忠贤最为欣赏的是,王绍徽把那些敢于和自己作对的官员一网打尽,提供了一个黑名单:

开山元帅托塔天王南京户部尚书李三才;

天魁星及时雨大学士叶向高;

天罡星玉麒麟吏部尚书赵南星;

天机星智多星左谕德缪昌期;

天间星入云龙左都御史高攀龙;

地机星神机军师礼部员外郎顾大章;

天煞星黑旋风吏科都给事中魏大中;

天暗星青面兽浙江道御史房可壮；

　　地周星跳涧虎福建道御史周宗建；

　　天勇星大刀手左都御史杨涟；

　　天雄星豹子头左佥都御史左光斗；

　　天巧星浪子左春坊左谕德钱谦益

……

　　就在这一年，魏忠贤大开杀戒，先后有"六君子之狱""七君子之狱"，杨涟、左光斗、袁化中、魏大中、周朝瑞、顾大章，以及周起元、周宗建、缪昌期、高攀龙、李应升、黄尊素、周顺昌等人，被逮捕入狱，严刑折磨。在这种令人恐怖的气氛中，钱谦益仅仅被"革职"而已，已经算是不幸中之大幸。这是第三次挫折。

　　崇祯元年（1628），登上皇位不久的朱由检拨乱反正，严惩魏忠贤及其党羽，清查"阉党逆案"，为遭到迫害的东林诸君子平反昭雪，作为"东林魁首"的钱谦益得以复出，官居礼部右侍郎。鉴于他的资历与声望无人能及，被会推为内阁成员候选人。不料遭到竞争对手温体仁和周延儒的攻击，落得个"革职听勘"的下场。这是第四次挫折。

　　内阁首辅温体仁担心，悠游林下的钱谦益可能东山再起，必欲置之死地而后快，指使常熟人张汉儒诬告钱谦益五十八条罪状。温体仁滥用职权，把钱谦益逮捕至京师，关入监狱。第二年秋天真相大白，得以无罪释放，却并未官复原职，黯然回到家乡常熟。这是第五次挫折。

　　崇祯十七年（1644）三月十九日，闯王李自成进京，皇帝朱由检在煤山自缢，以身殉国。五月十五日，南明弘光小朝廷在南京成立,钱谦益被起用为礼部尚书,成为他政治生涯的高峰。可惜好景不长,第二年五月,清军攻陷南京。在此之前,弘光皇帝、马士英、阮大铖之流抢先逃亡,手下无一兵一卒的留守大臣不得不投降,钱谦益以文班首臣身份迎降,成为政治生涯的一大污点。这是第六次挫折。

清朝统治者看中他的文才与名望,委任他为礼部右侍郎,出任《明史》副总裁。不能杀身成仁,钱谦益受到明朝遗老遗少的非议,也受到自己良心的谴责,担任新朝官职仅仅几个月,便借口养病告假,从北京回到常熟。两年后,因为黄毓祺反清案被捕。鉴于证据不足,被无罪释放,政治前途就此断送。这是第七次挫折。

从上述简要的回顾中可以看到,钱谦益的政治挫折,大多与他的"东林"背景有关。始终处于党争的漩涡之中,是评价这个人物的焦点。

关于顾宪成。钱谦益的父亲钱世扬是顾宪成的同学、朋友,钱谦益十五岁时跟随父亲拜谒顾宪成,日后他回忆道:"余年十五,从先夫子以见于端文(顾宪成),端文命二子与㳜、与沐与之游。今老矣,白首屏废,实与东林党论相终始。"这是一句很要紧的话,他的一生确实"与东林党论相终始",对他的政治生涯产生了深远的影响,既有正面的,也有负面的。

万历三十二年(1604)东林书院创办伊始,他就在书院学习,成为顾宪成、高攀龙的学生。他对顾宪成是推崇备至的,为顾氏文集写的序言这样说:

公之文最著者,铨曹建言疏,以自反规切人主,海内争传之。上娄江救淮抚二书,遏绍述之萌芽,救党祸之滋蔓,人所棘喉薄吻,嗫不敢言者,皆自公发之。公初以吏部郎里居,余幼从先夫子省谒,凝尘蔽席,药囊书签,错互几案,秀羸善病人也。已而侍公于讲席,哀衣缓带,息深而视下,醇然有道者也。及其抗论天下大事,风行水决,英气勃发,不可遏抑如此。

在称颂顾宪成"醇然有道"的同时,也毫不避讳地提及,自己幼年时曾经跟随父亲前往拜谒,后来犹在他的讲席上聆听、受教。他与顾宪成非同一般,"与东林党论相终始",是真实的写照。

崇祯十六年(1643),顾宪成的夫人朱氏病故,他为朱氏写了《顾端文公淑人朱氏墓志铭》,对于老师与师母充满了敬仰:

端文砥柱国论,再起再谪,淑人曰:"夫子犹故书生也,我犹故书生妇也。脱粟补衣,故自若也,吾何患焉。"端文辟讲堂于东林,朋徒歙集,学禁党禁,谣诼汹涌。端文殁,谤焰滋甚。淑人教戒子孙,谨守先业,安以待命。今上即位,党禁乍解,端文首见伸雪。

看得出来,他对于当时的"学禁党禁"中,对顾宪成的谣言和毁谤,是极为不满的;对于崇祯初年的昭雪,是颇为欣喜的。

关于高攀龙。他对另一位老师高攀龙的态度也是如此。崇祯三年(1630),高攀龙平反昭雪后,他的儿子高世儒把亡父安葬于锡山,请钱谦益书写神道碑铭。其中最值得注意的是,钱谦益毫不回避他的"东林"立场,高度赞扬高攀龙与顾宪成在东林书院讲学,激起"海内清名之士"的热烈响应,直言"谦益不肖,附公臭味之末"，因此高攀龙的儿子才会请他撰写这篇《忠宪高公神道碑铭》。

他把顾宪成、高攀龙尊为师辈的同时，也把邹元标、杨涟、缪昌期、李应升引为自己的执友。

关于邹元标。他在《重修维扬书院记》中说："邹忠介公者，余之执友。"这篇写于崇祯十六年（1643）的文章，对于天启年间"讲学之禁"深有感慨：

> 日者讲学之禁尝严矣，盖发作于万历之中，而浸淫于天启之后。迫于今，讲者熄，禁者亦弛，胥天下不复知道学为何事。夫其禁之严也，钩党促数，文网锲急，犹足以耸剔天下精悍之气……是故逆阉之祸，士大夫捐身命以扞之，而士气卒以胜。及其禁之弛也，天下皆镁夷其廉隅……于是朝著无槃水加剑之大臣，疆场多扣头屈膝之大吏，集诟成风，而刑辟不足以禁御。

对于思想禁锢造成的后果——"朝著无槃水加剑之大臣，疆场多扣头屈膝之大吏"，是深恶痛绝的。

关于杨涟。杨涟担任常熟知县时，钱谦益二十六岁，二人一见如故，成为志同道合的畏友。杨涟曾对钱谦益说："吾生平畏友，子与元朴耳。"他在为杨涟所写的墓志铭中回忆这段往事："元朴，陈愚字也。愚于公周旋生死，匿其幼子于庐山，间行过予，谋经纪之事。予方遭党祸，杜门绝迹，相与屏人野哭。"这篇《忠烈杨公墓志铭》是在杨公遭阉党迫害致死八年后，陈愚领着杨公遗孤跋涉数千里登门请求，钱谦益洋溢着感情写出来的：

呜呼！公之死，惨毒万状，暴尸六昼夜，蛆虫穿穴……当其臾椟就徵，自邠抵汴，哭送者数万人，壮士剑客聚而谋篡夺者几千人，所过市集，攀槛车看忠臣，及炷香设祭祝生还者，自豫、冀达荆、吴，绵延万余里……公之忠义激烈，波荡海内，夫岂待志而后著。

　　关于缪昌期。钱谦益把缪昌期看作自己的"同志""同党"，缪公被阉党迫害致死后，他经常捧着他的文章哭泣，感叹道："予两人同里、同馆、同志、同隶党籍，城西之亭，北寺之狱，行且从公而后，何暇以余生游魂理笔札之责乎？"缪昌期曾经在顾宪成家担任塾师，钱谦益十九岁时与缪昌期相识，结为好友。

　　缪昌期本来并非东林的同志，因为与顾宪成有这一段密切交往，逐渐接近东林，所以"朝论遂以东林目公"，他也坦然以东林自居，终于引来杀身之祸。钱谦益有切身体会，对缪公充满了同情之理解。

　　有着这样的"东林"背景，当他在崇祯元年（1628）复出时，被朝野视为"东林魁首"，就是再自然不过的事了，在"枚卜"事件中遭到挫折，也是他自己无法左右的。

二　党争延续与钱谦益"革职听勘"

　　崇祯元年（1628）十一月初三日，吏部根据崇祯皇帝朱由检的指示，草拟了一份增补内阁成员名单，候选人有：吏部左侍郎成基命,礼部右侍郎钱谦益、郑以伟,吏部尚书王永光,都察院左都御史曹于汴,以及李腾芳、孙慎行、何如宠、薛三省、盛以弘等。身为礼部尚书的温体仁不在名单上,颇受皇帝赞许的礼部右侍郎周延儒也没有成为候选人。温体仁和周延儒二人后来是崇祯朝权势显赫的人物,一出场就显示出玩弄权术的手腕非同一般,既然自己不在名单上,一定要把水搅浑,使得名单作废。温体仁决定拿声望最高的钱谦益开刀。

温体仁,字长卿,湖州府乌程县人,万历二十六年(1598)进士,崇祯初年刚刚升任礼部尚书。万斯同《明史·奸臣传》说,温体仁"为人曲谨而猛鸷,机阱甚深",是一个极其厉害的角色。工于心计的温体仁揣测,由于他和周延儒不在名单内,皇帝必然怀疑"廷臣结党"——排挤温、周二人。朱由检的这种心态果然被他揣摩到了,立即迎合帝意,写了《直发盖世神奸疏》,呈送给皇帝。重点是攻击在名单上位居第二的钱谦益,说他在天启元年(1621)出任浙江主考官时,接受考生钱千秋贿赂,属于科场舞弊,不宜成为内阁成员。这一下,在中央政府最高层引起轩然大波。

吏部会推阁员时,周延儒跃跃欲试,觊觎此职,孰料不在会推名单上,耿耿于怀,便和温体仁结成联盟。周延儒,字玉绳,常州府宜兴县人,万历四十一年(1613)会试、殿试都是第一名,是引人注目的政坛新星。朱由检即位后,任命他为礼部右侍郎。会试殿试第一名并非浪得虚名,此人聪明异常,进入政坛后,把聪明才智用在窥探揣摩皇帝心态上,所以多次召对(皇帝单独召见对话)都令朱由检非常满意。周延儒心里有数,一旦列入候选人名单,皇上一定点用。不料意外落选,当然心有不甘,到处散布流言蜚语,说此番会推阁员都是钱谦益的同党一手把持的。皇帝朱由检看到名单中没有周延儒，对这种流言蜚语深信不疑。

温体仁、周延儒之流要把水搅浑，首当其冲的就是钱谦益，突破口是天启元年的科场舞弊案件。

天启元年（1621），钱谦益奉命到浙江省做主考官。与钱谦益有嫌隙的湖州归安人韩敬、嘉兴秀水人沈德符冒用钱谦益的名义，策划科场舞弊。其中有一个名叫钱千秋的考生，买到的"关节"（作弊暗号）是"一朝平步上青天"七个字，要巧妙地把这七个字分别置于每一段文字的结尾，作为暗号，以便考官识别。这并不是什么新发明，而是科场舞弊的惯用伎俩。发榜时，钱千秋果然金榜题名。不巧的是，参与策划、实施舞弊的人分赃不均，把舞弊情节透露了出去。当钱千秋上京准备参加会试时，钱谦益找他核实情况，一问果然事出有因，便主动检举揭发。刑部审讯的结果，假冒钱谦益名义出卖"关节"的徐时敏、金保元发配"烟瘴地面"充军；钱千秋剥夺举人功名，按照法律判处"遣戍"（流放）；至于钱谦益与监考官郑履祥确实不知情，但"失于觉察"，罚三个月俸禄。一场司空见惯的科场舞弊案件就此了结，逐渐被人们遗忘。谁也没有料到，竟然会旧事重提，闹得朝廷上下沸沸扬扬。

大凡旧事重提都有政治目的，温体仁也不例外，他的意图很明显——阻止钱谦益进入内阁。

皇帝朱由检最不能容忍大臣们结党营私，欺君罔上，收到温体仁的奏疏（《直发盖世神奸疏》）后，迅速作出反应，决定次日（十一月初六日）召开御前会议，要温体仁与钱谦益当面对质。其实，他心中早已有了先入为主的结论，就是温体仁所说钱谦益的确"结党欺君"，想狠狠整一下钱谦益，打击廷臣中的朋党习气。

朱由检先在暖阁与内阁大学士李标、钱龙锡以及吏部尚书王永光密谈了一番，然后来到文华殿召开御前会议。于是一场辩论开始了。以下所有对话，全部引用金日升《颂天胪笔》、孙承泽《春明梦余录》的原文，目的是让读者欣赏原汁原味的辩论。请看：

　　朱由检首先叫温体仁出班（出列），问道："卿参奏钱谦益受钱千秋贿，以'一朝平步上青天'为关节，结党欺君之罪，可是实的么？"

　　温体仁答："字字都是实的。"

　　朱由检问："钱千秋事结了不曾？"

　　温体仁答："钱千秋逃了，刑部将金保元、徐时敏问罪，（钱）千秋并不曾到官。"

　　朱由检又问："疏中语'欲卿贰则卿贰'，'欲枚卜则枚卜'，是怎么说？"

　　温体仁答："此番枚卜（指会推阁员），都是钱谦益事体，不曾结案（指钱千秋案件），不该起升，如何起升？ 如今枚卜，不该推他在里面，他就是要枚卜了。"

　　朱由检叫钱谦益出班，问道："温体仁参卿受钱千秋数千金之贿，以'一朝平步上青天'为关节，可是真的么？"

　　钱谦益过于书生气，对温体仁的险恶用心估计不足，未曾交手，先自退却，居然承认"温体仁参臣极当"。说道："臣才品卑下，学问荒疏，滥与会推之列，处非其据，温体仁参臣极当。但钱千秋之事关臣名节，不容不辩。臣于辛酉年（天启元年）典试浙中，与科臣（给事中）暴谦贞矢公矢慎，一时号称得人，初不肯有钱千秋之事。臣到京方闻其事，当时具有疏参他，勘问明白，现有卷案（案卷）在刑部。"

温体仁不待皇帝许可便径自插话,尖锐地逼问:"钱千秋逃了,徐时敏、金保元付过之人提到刑部,如何赖得过?"

不可理解的是,钱谦益竟然放弃正面阐述案件审理的经过,以及自己仅仅是"失于察觉"的结论,一味被动招架,说道:"钱千秋试卷原是真定府推官郑履祥取的上卷,臣为总裁不能遍阅,只看他七篇文字,又看他后场也通,不曾看到结尾七字,一时疏略之罪,臣不能辞。"又说:"不敢多辩,现有刑部卷案。"

朱由检叫刑部尚书乔允升出班作证,乔允升说:"此事在天启二年,三年才到刑部,现有卷案。"

温体仁不承认已经结案,一口咬定:"钱千秋不曾到官(结案)。"

钱谦益则肯定已经结案:"其实到官,岂敢欺皇上。"

朱由检看到他们二人各执一词,命在场官员对此事表态:"据温体仁奏说不曾结(案),据钱谦益奏结(案)了,卿等奏来!"

吏部尚书王永光如实回答:"钱千秋事,臣已经奏过皇上,钱千秋到官结案了。"

吏科都给事中章允儒也作证说:"臣当日待罪在科,曾见过招稿(招供笔录)。"

温体仁仍坚持说:"钱千秋未曾到官……"

朱由检眼见双方争执不下,便命人把礼部卷子及刑部案卷一并取来查看。温体仁没有料到皇帝如此认真,随即补上一句,点明他前日上疏与今日揭发的意图:"会推不与,臣应避嫌引退,不当有言。不忍见皇上孤立于上,是以不得不言。"真是一箭双雕,一方面显得自己并无私利,另一方面让皇上看到自己赤胆忠心——"不忍见皇上孤立于上"。

朱由检看到双方争论的焦点已经明确,只待取来卷子和案卷便可分晓,于是宣布诸臣暂退,自己回到暖阁休息。

这次御前会议的对质,温体仁是主动出击,作了充分的准备,他虽然没有钱谦益学问好名气大,却丝毫不落下风,说话盛气凌人,流利酣畅。他的用意很明显,力图把钱谦益拖进嫌疑犯的泥淖之中,损害他的名誉,使他入阁的可能化作泡影。反观钱谦益,毫无思想准备,自以为此番会推阁员稳操胜券,不料温体仁抖出多年前的一桩丑闻,顿时处于被动招架的境地,他的满腹经纶到了这时竟然变得一无用处。

少顷,朱由检再次进入文华殿,御前会议继续进行。

朱由检问温体仁:"卿参'神奸结党欺君之罪',奸党是谁?"

温体仁回答:"钱谦益之党甚多,臣还不敢尽言。"这是故意卖关子,耸人听闻,把他与钱谦益之间的矛盾,扩大为反对朋党的斗争,来激怒素来厌恶朋党的朱由检。他的话含沙射影指向起草候选人名单的吏部尚书王永光、吏科都给事中章允儒,和钱谦益"结党"。

当朱由检问到"招稿"——钱千秋的招供笔录时,王永光说章允儒知道。吏科都给事中章允儒出班回答,说他确曾见过刑部招稿的刊本,又随口说道:"顷见温体仁有疏参钱谦益,冢臣(吏部尚书王永光)云:'这是我们会推中之人,曾见招稿未?'臣云:'家中偶有一个刊本。'因命人取来与冢臣看。"

"这是我们会推中之人"这句话,被机敏的温体仁抓住把柄,作为"结党"的证据,马上插话提醒皇帝:"可见诸臣在外商议来的。"

其实王永光与章允儒出于职业规范,对候选人资格作例行审查而已,谈不上"在外商议",更谈不上"结党",所以章允儒答辩道:"枚卜大典,诸臣矢公矢慎,天日临之在上,皇上临之在上,臣等何

敢有私？（温）体仁资虽深，望原轻，诸臣不曾推他。如（钱）谦益有
秽迹，何不纠之于枚卜之前？今会推疏（已）上，点与不点，一听上
裁。"章允儒作为六科的首席长官，品级不高，却敢于讲话，会推名
单中之所以没有温体仁，是因为没有大臣提名；如果钱谦益劣迹斑
斑，温体仁为什么不在之前揭发？如今名单已经上报，点谁不点
谁，一切听凭皇上裁断。

温体仁毫不畏缩，立即伶牙俐齿地反驳："科官（章允儒）言，正
见其党（钱）谦益，盖未枚卜之先，不过冷局，参他何用？纠之于此
时，正为皇上慎用人。"他因为自己不在会推名单之中，对主持会推
的王永光、章允儒早已不满，就把他们二人和钱谦益牵扯在一起，
诬蔑为"神奸结党"。

章允儒据理力争："党之一事，从来小人所以陷（害）君子，皆是
这等说。臣犹记得当日魏广微欲逐赵南星、陈于庭于会推吏部尚
书、刑部尚书缺，使魏忠贤加一'党'字，尽行削夺。大抵小人为公
论所不容，将公论之所归者，指之为党。留传至今，为小人害君子
榜样。"这一席话，信口拈来，看似随意，其实含意深刻，暗指温体
仁继承魏忠贤衣钵，企图以"结党"罪名陷害君子。但是他考虑
得不够周全，如果皇帝站在温体仁一边，那么把皇帝置于何地？
岂不影射朱由检类似于他的哥哥朱由校，是听任魏忠贤摆布的
傀儡皇帝。

朱由检绝不是终日昏聩的朱由校，十分机敏，一听含沙射影的
话，勃然大怒，叱责道："胡说！御前奏事，怎这样胡扯？拿了！"皇
帝所说的"拿了"，就是逮捕法办的意思，完全出乎大家的意料，一
时间没有人敢上前把章允儒"拿了"。朱由检厉声喝问："锦衣卫何
在？"在皇帝身边负责警卫事宜的锦衣卫官员一拥而上，把章允儒

押了下去。这一举动,不仅使得文华殿上的空气顿时紧张起来,而且成为御前会议的一个转折点,形势对钱谦益愈来愈不利了。

温体仁看到皇帝光火,抓住有利时机,火上浇油,把辩论聚焦于"神奸结党",说道:"皇上试问冢臣(吏部尚书)王永光,屡奉温旨,何以不出?直待瞿式耜有疏:'完了枚卜大事,然后听其去。'是冢臣去留,皇上不得专主,有此事否?(钱)谦益执中枚卜,先令梁子璠上疏,欲令侍郎张凤翔代行会推。此从来未有之事。"这一段话听上去有一点纠结,说白了,就是攻击钱谦益操纵了枚卜——会推阁员,甚至连吏部尚书的去留都插手干预,证明"神奸结党"确有其事。

朱由检完全接受了温体仁的观点:吏部尚书推举钱谦益是结党营私,责问道:"朕传旨枚卜大典,会推要公,如何推这等人?是公不是公?"

听到皇帝指责会推不公,王永光赶忙出班回答:"从公会推,至于结党,臣实不知。"

河南道掌道御史房可壮支持王永光的说法,出班说:"臣等都是公议。"

朱由检哪里听得进去,当即反驳道:"会推大事,其中推这等人,还说公议!"明显地流露出对吏部和科道官推举钱谦益的不满情绪。

在一旁静观的内阁大学士李标、钱龙锡,对于钱谦益受到温体仁的无端诬陷,皇帝信以为真,实在看不下去,出班插话:"(科场)关节实与钱谦益无干。"

朱由检看了试卷上面的朱笔批语,问道:"批语是谁批的?'中'字是谁写的?"阁臣回答:"是钱谦益写的。"他又问:"既是他写的,如何说不是他?卿等怎么说?"

李、钱两位阁臣辩解说:"据刑部招稿(招供笔录),是光棍骗钱的,(钱)千秋文才原是可'中'的,光棍知道他可'中',所以骗去。"

朱由检责问:"光棍作主考么?光棍'中'他的么?"

李、钱二人的辩解是事实,却显得软弱无力,难以使钱谦益摆脱干系。所以朱由检反驳:"光棍作主考么?光棍'中'他的么?既然他取,如何与他不相干?"阁臣立时语塞。

温体仁看到皇帝站在自己一边,把内阁大臣也牵扯为钱谦益一党,企图堵住他们的嘴。为此他说出了一句打击一大片的话语:"分明满朝都是(钱)谦益一党!"

此人果然"机深刺骨",当天的御前会议,他是有备而来,先是把钱谦益拖进科场舞弊案中,接着指责主持会推阁员的吏部及科道官员与钱谦益"结党",继而又说为钱谦益辩护的内阁大臣也是钱谦益"一党",最后竟然说"满朝都是谦益一党",使得所有站在钱谦益一边的官员一下子陷入尴尬的境地,钱谦益的败局已定。在皇帝看来,钱谦益的事情已经清楚了,不必继续辩论,便对内阁大臣说:"卿等即去与在外文武诸臣从公会议,不可徇私。"

御前会议第二次暂停。

待到会议继续进行时,李、钱二位阁臣向皇帝报告"从公会议"的结论:"钱谦益既有议论,回籍听勘;钱千秋下法司再问。"这样的结论,显然有悖于他们自己先前表明的立场,是为了迎合皇帝旨意,也避免"满朝都是谦益一党"的指责。

朱由检似乎还不满意,特地追问一句:"是公议的么?"

李标回答:"臣等确是公议,臣等共事尧舜之主,如何敢党!"

朱由检淡然回应道:"朕岂敢当尧舜,只愿卿等为皋陶。"

钱龙锡看到皇帝语气有些缓和,想再为会推名单辩解几句:"这所推诸臣,品望不同,也有才品,也有清品。如清品,人说他偏执;有才识学问的,又说他有党。安得人都道好,还望皇上就中点用。"他的用意是很明显的,一方面为钱谦益说句好话:有才识学问,只是因为有人议论他"有党",不得不"回籍听勘";另一方面是希望皇上在已经拟定的名单中点用阁员,目的是不让温体仁、周延儒进入内阁。这种愿望是可以理解的,但过于想当然,没有揣摩透皇帝的心思。

朱由检不仅要惩处钱谦益,而且要彻底否定此次会推阁员的名单,毫不留情面地反驳道:"通关节是有才么?"弄得钱龙锡哑口无言。

朱由检随即要在场的大臣对此事表态。这时礼部右侍郎周延儒出来说话了:"皇上再三问,诸臣不敢奏者,一者惧于天威,二者还是牵于情面。总之,钱千秋一案,关节是真,既有朱卷招案,已经皇上御前详明,关节已有的据,不必又问诸臣。"

朱由检对周延儒这几句话并没有关注,继续顺着自己的思路说:"朕着九卿科道会推,便推这样人。就是会议,今后要公,若会议不公,不如不会议。"

周延儒顺着皇帝的思路又发言了:"大凡会议会推,皇上明旨下九卿科道,以为极公,不知外廷只是相沿故套,原无许多人,只是一两个人把持住了,诸臣都不敢开口,就开口了也不行,徒是言出而祸随。"周延儒揣摩皇帝要否定此次会推的名单,就大谈会推的不公,把会推说得一无是处。一是迎合皇帝所说"若会议不公,不如不会议";二是自己不在会推名单中,如果不推翻这个名单,自己不可能进入内阁。

朱由检听了这几句话,正中下怀。起先他并没有注意下面跪着的是何人,听了此人的发言很有分量,问明了职名,才知道是礼部右侍郎周延儒,便称赞道:"只有这官奏了几句。"所谓"奏了几句",意思是说,只有这位官员讲了几句值得称道的话,周延儒于是成为此次御前会议唯一受到皇帝表扬的人。

温体仁见皇上表扬了周延儒,也想博得皇上的好评,危言耸听地说:"臣孑身孤立,满朝俱是谦益之党,臣疏既出,不惟谦益恨臣,凡谦益之党无不恨臣,臣一身岂能当众怒?臣叨九列之末,不忍见皇上焦劳于上,诸臣皆不以戒慎为念,不得不参,恳乞皇上罢臣归里,以避凶锋。"这分明是在为自己评功摆好,欲进姑退。

朱由检确实对他有好感,安慰道:"既为国锄奸,何必求去。"温体仁如愿以偿,得到了皇上的高度赞扬——"为国锄奸"。这四个字,既是对温体仁的赞扬,也是对钱谦益的彻底否定,把他归入奸臣行列。

听到"为国锄奸"四个字,李标感到有点过分,还想为钱谦益辩护几句:"关节原是与钱谦益不相干,钱千秋原是名士,中得的,只是其人希图侥幸,被人骗了。"顺带为吏科都给事中章允儒说句公道话:"吏科章允儒奏事,言语牵缠,心实无他。他是言官,望皇上宽宥。"

钱龙锡也附和道:"(章)允儒是言官之长,恐言官结舌。"六科给事中是言官,言官的职责就是用言论来行使监察权力,惩处了六科首长——吏科都给事中章允儒,恐怕今后言官不敢仗义执言了。钱龙锡的担忧不是没有道理的。

朱由检全然不顾这些,反唇相讥:"如何结舌?他是吏科,会推是他的事,他岂能辞其责?他是挟私多言,卿等看不出么?"

面对皇上咄咄逼人的反问,钱龙锡不敢再说什么,嗫嚅道:希望皇上优容言官。

朱由检针对"优容言官"的话题,发挥道:"朕有过失,科道官奏来,朕不惮改,只是不可挟私。"

既然皇帝的态度如此坚决,任何为钱谦益辩护的话语都是徒劳的,大臣们无话可说了。静默片刻后,朱由检命跪在下面的大臣起身回班。他自己沉思片刻,拿起朱笔,在内阁起草的查处结论上写下了这样的圣旨:

> 钱谦益关节有据,受贿是实,又且滥及枚卜,有党可知。祖法凛在,朕不敢私,着革了职。九卿科道从公依律会议具奏,不得徇私党比,以取罪责。其钱千秋,着法司严提究问,拟罪具奏。

这场御前会议从白天一直持续到深夜二更时分,终于以钱谦益革职听勘,钱千秋重新提审,会推名单作废而宣告结束。

钱谦益遭到"革职听勘"的处分,感慨系之,写了二十首诗来发泄心中的郁闷。在他的《初学集》中有《十一月初六日召对文华殿旋奉严旨革职待罪感恩述事二十首》,其中之一这样写道:

> 事到抽身悔已迟,
> 每于败局算残棋。
> 都门有客送临贺,
> 廷辨何人是魏其。

杨柳曲中游子老，

车轮枕畔逐臣知。

寒灯冷炕凄凉夜，

不醉何因作酒悲。

既然是"革职听勘"，那么"革职"以后必须"听勘"——重新审查。重新审查的结果，所谓"钱谦益关节有据，受贿是实"云云，查无实据，参与审查的官员一致坚持原判——钱谦益失于觉察，并未参与舞弊接受贿赂。可见温体仁对钱谦益的攻击是站不住脚的。然而皇帝作出的"革职"处分，是不可能推翻的，此案也就不了了之。

三 "丁丑之狱"与温体仁的垮台

案件可以不了了之，舆论却难以平息。人们普遍认为，这次事件由温体仁策划于先，周延儒煽风于后，皇帝轻信谗言，未加细察，处理不公，引起舆论的不满。

御史黄宗昌写了奏疏给皇帝，弹劾温体仁，说他自己热衷于枚卜，想进入内阁，因此就用"结党"二字来破解不利于他的公论，并且预设陷阱，来钳制今后对他的批评。

御史毛羽健也写了奏疏，就此次御前会议表示异议：以前诸臣应邀参加御前会议，个个都扬眉吐气，以为是奇遇；如今听说御前会议，个个都攒眉蹙额，视为畏途。以至于会推阁员这样的枚卜盛事，搞得互相竞争，互相诋毁，因为一个人而毁了这个制度。这是奸党从中捣乱，制造祸端，而让诸臣代为受罪。有鉴于此，他郑重其事指出："党"这个字尤其不可以乱用，今日拨乱反正，朝廷既然不能用"阉党"的那些奸臣，势必起用遭到"阉党"排斥打击的忠良，如果以为今日联袂登进共襄太平的忠良之士，是为了"相党"而来，那么势必重演天启年间诸臣的"相党"而去。诸臣有什么地方辜负国家？一个人高喊"结党"，就怀疑"举朝结党"，株连蔓引，岂不是一网打尽！

御史王相说得更为直白：温体仁企图用"结党"二字堵塞言官的嘴巴，为今后申救钱谦益者预先扣上"结党"的大帽子。按照这种逻辑，不救钱谦益，不攻温体仁者，岂不成了"温体仁党"？由此可见，温体仁说"结党"，群臣无党而变为有党。假使此次会推名单有温体仁，他未必会突然插入科场舞弊的旧案。为他考虑，既然不在会推名单上，只有辞职才可以谢天下。王相的一席话，把温体仁的"满朝都是谦益一党"的诳语驳得体无完肤。

温体仁人品卑劣，人所共知，御史毛九华揭了他的老底：在家乡用低价强买木材，遭到商人诉讼，由于贿赂了魏忠贤的帮凶崔呈秀才免于追究。阉党分子在杭州为魏忠贤建造生祠，他率先写诗为魏忠贤歌功颂德，有"明德鼎馨"之类词句。

天启年间，魏忠贤专擅朝政，阉党分子横行一时，东林人士几乎都遭到整肃清洗，钱谦益成了硕果仅存的东林代表人物。崇祯元年（1628），清查"阉党逆案"，把阉党分子几乎一网打尽，然而还有一些漏网人员，时时企图翻案。因此，人们不能不怀疑，温体仁打击钱谦益，是否意味着阉党余孽的反扑？这一点钱谦益自己是深有体会的，他在写给皇帝的《剖明关节始末以祈圣鉴以明臣节

疏》中,说得很清楚:

> 当逆珰用事,以臣为杨涟、赵南星之党,矫旨削夺,亦借关
> 节为辞。皇上既扶拭而召用臣矣。体仁所掇拾者,逆珰之余
> 唾也。皇上所昭雪者,逆珰之旧案也。

他所说的"体仁所掇拾者,逆珰之余唾也",一语中的,击中
要害,温体仁继承的正是魏忠贤"逆珰之余唾"。万斯同说,钱龙
锡主持对"阉党逆案"的审理,阉党余孽为了报复,借袁崇焕案件
牵连钱龙锡,再由钱龙锡罗织其他大臣,幕后操纵者正是周延
儒、温体仁。他在《明史·奸臣传》中写道:"初,魏崔逆案,辅臣
钱龙锡主之。袁崇焕之狱起,言路谋借崇焕以报龙锡,因龙锡以
罗及诸臣,则延儒、体仁主之。"钱谦益说温体仁掇拾"逆珰之余
唾",并没有冤枉他。

这实在是令人费解的问题。朱由检即位伊始,就发布政令,要
内阁、六部、都察院的大臣清查"阉党逆案",彻底清查形形色色的
阉党分子,根据各人的罪状加以惩处,显示了他的胆识、魄力,受到
后人高度评价。夏允彝《幸存录》说:"烈皇帝(即朱由检)不动声
色,逐元凶,处奸党,旁无一人之助,而神明自运。"对魏忠贤和阉党
深恶痛绝的朱由检,为什么对阉党余孽温体仁情有独钟?不久就
把他拉入内阁,又升任内阁首辅,宠信达十年之久。

当时人百思不得其解,于是乎京城出现了这样的政治谣言:
"崇祯皇帝遭瘟了。"借用"瘟"与"温"谐音,暗指温体仁,意思是,崇
祯皇帝受温体仁蒙蔽,如同遭瘟一般。无独有偶,北京另一则谣
言,也在"瘟""温"二字上做文章,不过话说得更加尖刻:

内阁翻成妓馆,

乌归王巴箧片,

总是遭瘟。

所谓"乌归"谐音乌龟,指的是乌程籍归安县人温体仁;所谓"王巴"谐音王八,指的是四川巴县人王应熊;所谓"箧片",指的是听命于温体仁的阁僚吴宗达。这样一些乌龟王八组成的内阁,简直如同妓院一样,毫无操守可言,所以说"内阁翻成妓馆","总是遭瘟"的不是别人,而是崇祯皇帝。

在晚明人士的心目中,温体仁专门与东林人士作对,是阉党余孽的一丘之貉,看来是有一些道理的。清初历史学家万斯同、全祖望认为,东林人士的对立面,万历时代是以沈一贯为首的"浙党";天启时代是以魏忠贤、崔呈秀为首的"阉党";"阉党"消灭以后的崇祯时代,有温体仁、薛国观之流;南明弘光时代,则有马士英、阮大铖之流。温体仁出于沈一贯门下,东林人士对他没有好感,他也担心在权力斗争中东林人士对他的威胁,于是推行"没有魏忠贤的魏忠贤路线",从打击钱谦益开始,继而打击钱龙锡、许誉卿、文震孟、郑鄤,都是出于同样的目的。

却说钱谦益罢官回到故里常熟,"闲住"了七年,温体仁仍不放过他,必欲置之死地而后快,正如文秉《烈皇小识》所说:"乌程(温体仁)衔恨虞山(钱谦益),必杀之而后快。"这个"曲谨而猛鸷"的政客什么手段都使得出来,崇祯十年(1637),他暗中收买常熟县衙门的师爷张汉儒,要他诬告钱谦益在乡里作恶多端。张汉儒不愧为刀笔讼棍,告御状的"疏稿"写得十分厉害,罗列了五十八条罪状,几乎都是凭空捏造的。诸如：侵占地方钱粮，勒索地方大户，强占官地营造商店，霸占湖面强迫渔民缴纳"常例"，强奸良人妻女，出卖生员功名，霸占盐场利益，勾结外国进行走私贸易，等等。一个革职官员，在地方上居然有如此大的能量，为所欲为，岂非咄咄怪事！

其中有一条说："恶钱谦益、瞿式耜每遇抚按、提学、司道、知府、推官、知县，要紧衙门结交，必先托心腹，推用其门生故旧，宣言考选可以力保，以致关说事情，动以千万，灵应如神。稍有不遂者，无不立致之死。小民之冤无处申诉，富家之祸无地可容。"

另一条说："恶钱谦益、瞿式耜见本县有东西两湖（华荡、华汇），关系民间水利，霸截立桩，上书'礼部右堂钱府''户科瞿衙'字样，渔船网户俱纳常例，佃田小民投献常规，每岁诈银七百余两，二十年来诈银一万四千余两，地方切齿，通县公愤。"

诸如此类，一看便知是无端捏造，违背常理，破绽百出。当时钱谦益、瞿式耜被温体仁整得声誉扫地，罢官回乡，哪里还有什么权力，可以"把持朝政""操生杀之权"？这个张汉儒，《明史》里称为"常熟奸民"，再老奸巨猾，也没有胆量和钱谦益、瞿式耜叫板，背后一定有后台。这个后台就是权势显赫的内阁首辅温体仁。这几乎是当时人的一致看法。请看：

——文秉《烈皇小识》说："常熟陈履谦巨奸也，特为（温体仁）献策，唆使张汉儒参虞山（钱谦益）。"

——王夫之《永历实录》说："（张汉儒）诬（瞿）式耜与（钱）谦益结为死友，侵国帑、谤朝廷、危社稷，乌程（温体仁）阴使之。"

——《明史·瞿式耜传》说："常熟奸民张汉儒希（温）体仁指，讦（钱）谦益、（瞿）式耜贪肆不法，（温）体仁主之，下法司逮治。"

由此看来，钱谦益所写的《丁丑狱志》所说，大体可信。收于《牧斋初学集》的《丁丑狱志》这样写道：

> 乌程（温体仁）以阁讼逐余，既大拜，未尝顷刻忘杀余也。邑子陈履谦负罪逃入长安（北京），召奸人张汉儒、王藩与谋曰："杀钱以应乌程（温体仁）之募，富贵可立致也。"（张）汉儒遂上书告余，并及瞿给事式耜。

钱谦益被逮捕入狱后，巡抚张国维、巡按路振飞接连上疏，为钱谦益鸣冤。钱谦益在狱中写了两份奏疏，为自己申辩。一份奏疏写道：

> 今日奸棍凿空诬奏，骤干圣怒，犹不忍即戮，而付之所司，此我皇上天地父母之深仁也。（温）体仁从旁睨视，则亦已矣，又从而下石焉者，何也？

他指出，张汉儒的诬告是受温体仁幕后操纵的：

> 汉儒之疏，体仁自言无与。然汉儒诬臣多赃，体仁亦曰贿赂；汉儒诬臣广布，体仁亦言合算，何其异口而同喙也？……体仁曰举朝皆谦益之党，汉儒亦曰把持党局；体仁曰在朝在野呼吸相通，汉儒亦曰帮助党局遥执朝政。何物汉儒，与闻钩党若此之精也？

在另一份奏疏中，钱谦益指出温体仁此举的目的，是想置他于死地："体仁攘踞揆席,虑臣姓字尚在人口,死灰或至复燃,显示风指,阴设陷阱,必欲杀臣而后已。即奸棍诬奏,亦讼言贿卖关节,敢于弁髦明旨。则体仁指授线索,业已满盘托出矣。"

在温体仁把持朝政的形势下,钱谦益自知凭两份奏疏想要翻案,难乎其难,不得不乞灵于官场的流行手法:托人情、通路子。他先是托座师孙承宗之子,求援于司礼监太监曹化淳。因为他曾经为前任司礼监太监王安写过碑文,而曹化淳出于王安门下,双方有一些交情。而后他又托密友冯舒求援于冯铨,冯舒接连三天见不到冯铨,第四天二更时分才得以会见。冯舒刚要开口,冯铨直截了当地说:"钱谦益的事我都晓得了,如今已不妨,你可回去,教他安心。"

温体仁为了阻止曹化淳插手,指使陈履谦捏造"款曹击温"的匿名揭帖,宣称钱谦益拉拢曹化淳打击温体仁,并且要王藩自首,诬陷钱谦益出银子四万两贿赂曹化淳。这一下弄巧成拙,激怒了曹化淳,主动向皇上请求清查此案。

曹化淳奉旨清查,终于查清了陈履谦父子的罪行,把他关入东厂监狱,并且会同东厂总督太监王之心、锦衣卫掌印指挥使吴孟明,在五更突击审讯。陈履谦招供:张汉儒如何起草诬告钱谦益的状子,王藩如何出首,以及他们父子二人如何捏造"款曹击温"揭帖等情节;继而又招供:上述这些情节"俱乌程(温体仁)一手握定"。

在这一案件中,锦衣卫掌印指挥使吴孟明也起了很大的作用。吴孟明大概可以算是锦衣卫头目中难得一见的"廉谨慎深"的官员,钱谦益写的《赠锦衣吴公进秩一品序》对他赞誉有加:"崇祯十年,锦衣山阴吴公,荷上特简,以都指挥使掌卫事。受事未半载,以公廉谨慎深当上心,进秩一品。"又说:"时相(指温体仁)用枚卜逐余,公不肯屈节附丽,时时讼言,为余不平。"如果没有吴孟明的配合,曹化淳也不可能如此顺利地查清此案。

张汉儒诬告钱谦益的真相——"俱乌程一手握定",传到皇帝朱由检那里,使他猛然醒悟:"体仁有党!"他即位以来,一贯反对大臣结党,之所以宠信温体仁,就是因为他孤立"无党";没有料到温体仁居然也"有党"!终于痛下决心,除掉他眷顾了多年的宠臣。

此时温体仁还蒙在鼓里。他以皇帝圣旨的名义逮捕钱谦益、瞿式耜以后,满以为胜券在握,一如往常那样,每每欲兴大狱,必称病休假,聚集党羽策划于密室;待到大局已定,才谎称病愈复出,造成此案与他无关的假象。这一次又如法炮制,住进了湖州会馆,一面静候佳音,一面假意向皇帝表示"引疾乞休",自以为皇上必定会温旨慰留。

皇帝朱由检早已得知曹化淳报来的清查结论,对温体仁结党营私,不择手段对付钱谦益感到震惊,当内阁次辅张至发把温体仁的"引疾乞休"奏疏以及他的"票拟"一并呈上时,毫不犹豫地把张至发的"票拟"用朱笔抹去,写上三个大字:"放他去!"这就意味着,用批准"引疾乞休"的方式罢了他的官。这是温体仁万万没有料到的。

圣旨传到温体仁那里时,他正在吃饭,一听太监宣读"放他去"的圣旨,完全出乎预料,如同平地一声惊雷,慌张失态,筷子掉到了地上。

京城百姓听到温体仁垮台的消息,欢声雷动,街上挤满了人,举手相庆,皇帝"遭瘟"的日子终于结束了。然而,对于钱谦益而言,不过是无罪释放,并没有官复原职。崇祯十一年(1638)秋天,他带着复杂的情感,向大明门行五拜三叩头大礼,辞朝而去。行前给皇上呈上一份感恩的奏疏,不无感慨地回顾自己"濒死屡生"的遭际。

钱谦益的不白之冤得到申雪,如果从此优游林下,过着平淡而安稳的文人生活,那么就不会有后面两次重大的挫折。

四　钱谦益与马士英、阮大铖

儒家的政治伦理把修身齐家治国平天下推崇为最高境界,然而文人从政总是进退两难:刚直不阿,则为当道所不容;趋炎附势,则为后世所不齿。与那些慷慨激昂的志士仁人相比,钱谦益活得很累,在明末清初的历史剧变中,显得过于优柔寡断,过于苟且偷安。重要的原因在于,他的政治生涯接连不断遭受挫折,而他又非常看重士大夫治国平天下的理想,不甘心做一个纯粹的文人。这个矛盾始终阴魂不散地萦绕着他,扭曲了他的心灵。

其实钱谦益也明白,在风雨飘摇的动荡年代,再度踏上仕途要冒多大的风险。崇祯十四年(1641),周延儒复出,再任内阁首辅,曾经邀请钱谦益出山。钱谦益在写给周延儒的信中,很清醒地婉言谢绝了这一邀请:

> 谦益衰年残生,日甚一日,视锋车祖道之时,更复颓然笃老。以迂愚顽顿之身,费回天转日之力,万一滥尘启事,必致颠踬道途,偃蹇朝命,进无补于时艰,退自隳其晚节。不若因

仍永锢,长放山林,庶可以上顺天心,下安愚分。

明确表示,自己没有"回天转日之力",重登仕途"无补于时艰",为了保持晚节,宁愿"因仍永锢,长放山林"。

崇祯十六年(1643),他写信给北京诸公,再次婉拒他们的邀请:"为谦益今日之计,惟有一意入山,永绝仕进之局,进可以收拾晚节,退可以保全残生。"可惜的是,他没有坚持自己的这种主张——"永绝仕进之局",在南明弘光政权中出任礼部尚书,屈从于马士英的压力,为阉党余孽阮大铖翻案,以至于晚节不保。

崇祯十七年(1644)三月十九日,皇帝朱由检在煤山上吊自杀,意味着延续了二百七十六年的明朝走上了末路。北京陷落后,南京政府的动向,是关系到明朝国祚延续的大问题,成为遗民关注的焦点。

由于战争的原因,当时的情报信息传递系统遭到破坏,北京事变的信息传到南京,大约是在四月十二日至十四日之间。但是南京政府的衮衮诸公将信将疑,怀疑事变可能是捕风捉影之谈,没有采取什么大动作。直到四月二十五日,终于证实"北报确信",南京参赞机务、兵部尚书史可法邀约大臣们议论善后事宜,商量拥立新的君主。

新君的人选有潞王朱常淓、福王朱由崧。实事求是地说,两人都非理想人选,退而求其次,前者稍有人望,后者在皇室亲疏关系上有一点优势。史可法倾向于拥立潞王,凤阳总督马士英则非福王不立,在统兵将领高杰、刘泽清的支持下,马士英的意见占了上风。

五月十五日,福王朱由崧即位,以明年为弘光元年,宣告南明弘光政权正式成立。朱由崧对马士英的回报,是任命他担任兵部尚书并且掌握内阁实权。马士英为了排挤颇有声望的史可法,假意对他说:"我驭军宽,颇扰于民,公威名著淮上,公诚能经营于外,我居中帅以听令,当无不济者。"史可法只得向福王上疏,自请前往扬州,督师江上。

　　马士英为了完全掌控弘光小朝廷,决意提携他的挚友阮大铖。阮大铖与马士英是万历四十四年(1616)的会试同科,天启初年由"行人"提升为"给事中",不久因为"丁忧",辞官回乡守制。天启四年(1624),吏科都给事中职位空缺,阮大铖企图倚重颇有名望的同乡左光斗,获得这个很有实权的职位。负责考察官员的赵南星、高攀龙、杨涟以为阮大铖"轻躁",不可担任如此要职,打算另用魏大中。阮大铖暗中买通太监,要他扣押推举魏大中的奏疏,致使吏部不得已推举阮大铖。

　　经过此番曲折,阮大铖痛恨赵南星、高攀龙、杨涟,为了和东林人士作对,他依附于魏忠贤,和"阉党"骨干分子霍维华、杨维垣、倪文焕结成生死之交,编写诬蔑东林人士的《百官图》,通过倪文焕送到魏忠贤的案头。

　　此人心术不正,总是瞻前顾后左顾右盼,不到一个月,急忙辞官而归。不久,杨涟、左光斗诸君子被"阉党"迫害致死,他被起用为太常寺少卿,向魏忠贤极尽献媚之能事,又害怕政局有变,每次觐见魏忠贤以后,就贿赂魏府门房,收回自己的名刺(名片),以免留下痕迹。几个月之后,工于心计的阮大铖还是离开了这个是非之地。即使如此处心积虑,崇祯二年(1629)清查"阉党逆案"时,他还是列入了"从逆"分子的名单,以"交结近侍又次等"的罪名,判处

"削籍",今后"永不叙用",也就是说,再也不允许重登官场。

这个阮大铖,《明史》说他"机敏猾贼,有才藻",对他的刻画是细致入微的。他依附魏忠贤而升官,既要献媚又要不露痕迹,稍有风吹草动立即从官场抽身,以求自保,都是"机敏猾贼"的表现,所以在清查"阉党逆案"时不过作为"从逆"而已。此人又极有才华,他写的剧本《燕子笺》《春灯谜》,在当时颇获好评。这样的人当然不甘心永远淡出政坛。为了躲避战乱,他来到南京,充分表现自己,招纳游侠,虚张声势地谈兵说剑,图谋以"边才"的身份被起用,摆脱"永不叙用"的尴尬处境。

为此,阮大铖千方百计讨好东林遗孤和复社名士,企图利用世交侯方域(朝宗),打通晚明四公子(归德侯方域、桐城方以智、阳羡陈贞慧、如皋冒襄)的关系,来改变自己的政治形象。他不惜重金,撮合侯方域与秦淮名妓李香君的婚事。这一情节,在孔尚任的《桃花扇》中展现得淋漓尽致。

复社名士察觉了他的政治野心,决定予以迎头痛击。崇祯十一年(1638),复社名士吴应箕与东林遗孤顾杲(顾宪成之孙)谈及此事,顾杲大义凛然地表示:"不惜斧锧,为南都除此憝(元凶)。"随后吴、顾二人在陈贞慧寓所议论此事,一致认为应该揭穿阮大铖"阉党逆案"的老底。于是,吴应箕起草檄文,以顾杲、陈贞慧、吴应箕名义,密函分寄各处,征求陈子龙、杨廷枢、方以智、周镳等复社成员的支持。

崇祯十二年(1639),复社人士乘南京乡试的机会,在淮清桥桃叶渡的冒襄寓所,召开大会。会上,复社名士与天启年间遭到"阉党"迫害致死的东林遗孤,纷纷声讨"逆案中人"阮大铖。会议公推周钟、徐孚远等为盟主,正式发表《留都防乱公揭》。在《留都防乱

456

公揭》上签名的有一百四十二人，领衔的是东林弟子代表顾杲，以及天启年间被难诸家代表黄宗羲。《留都防乱公揭》以慷慨激昂的气势向世人宣布：

> （顾）杲等读圣人之书，附讨贼之义，志动义慨，言与俱愤，但知为国除奸，不惜以身贾祸……（顾）杲亦请以一身当之，以存此一段公论，以塞天下乱臣贼子之胆！

阮大铖遭到迎头痛击，从此隐居于南京郊外牛首山，不敢再招摇过市。

弘光小朝廷建立以后，马士英想起用阮大铖与之搭档。阮与马在《明史》中同列"奸臣传"，可谓臭味相投。崇祯五年（1632）马士英以都察院右佥都御史出任宣府巡抚，因失职遭到遣戍处分，流寓南京。阮大铖隐居郊外，闭门谢客，唯独和马士英时常往来，可见两人关系非同一般。何况阮大铖对于马士英的仕途升迁还出过一臂之力，马士英援引阮大铖还有一点感恩图报的意思。

事情是这样的。前内阁辅臣周延儒遭温体仁排挤而下台，一直耿耿于怀，很想东山再起，再显一番身手。他的门生——复社领袖张溥早就对内阁首辅温体仁及其党羽蔡奕琛、薛国观迫害东南诸君子，扼腕叹息，早夜呼愤。复社成员礼部员外郎吴昌时写信给张溥，怂恿周延儒复出。他在信中说：自从钱谦益和文震孟受到排挤以后，"东南党狱日闻，非阳羡（周延儒）复出，不足弭祸"。

经过张溥与吴昌时的努力，冯铨、侯恂与阮大铖等人筹集六万两银子，作为通路子的活动经费，终于使得周延儒于崇祯十四年（1641）九月以吏部尚书、中极殿大学士的头衔，出任内阁首辅。阮大铖自以为出钱出力,向周延儒讨个官当当。周延儒感到为难,对他说:我此行谬为东林所推,你名在"阉党逆案",可以吗?阮大铖沉吟良久,不得已收回讨官请求,转而推荐马士英,周延儒表示同意。崇祯十五年六月,马士英被任命为兵部右侍郎兼都察院右佥都御史,出任凤阳总督。马士英后来之所以能在弘光小朝廷独揽大权,这是关键的一步。他的提携阮大铖与此有着密切关系。

由于《留都防乱公揭》的巨大影响,要起用阮大铖,必须消除舆论的不利因素,马士英想起了钱谦益。没有料到,一再表示"永绝仕进"的钱谦益,居然经不住高官的诱惑,想再登仕途。他写给马士英的信颇值得玩味:

> 腐儒衰晚,不能荷戈执殳,效帐下一卒之用。忧时念乱,轮困结轖,耿耿然挂一马瑶草(马士英号瑶草)于胸臆中,垂二十年矣。今幸而弋获之,虽欲不倾倒输写,其可得乎?

明显流露出向马士英示好的意向,"效帐下一卒之用"。

然而马士英另有打算,他想利用钱谦益在政坛长期不得志,又急于仕进的心态,要挟他以东林领袖的身份为"阉党逆案"中人翻案。这就是"士英入朝而逆案自此翻"的由来。关于翻案的全过程,文秉《甲乙事案》有详细记录:五月下旬,马士英的亲信刘孔昭攻击吏部尚书张慎言,原因就在于刘孔昭"故善阮大铖,必欲起之",而张慎言掌握人事大权,"秉铨持正,度难破例",便在上朝时发动突然袭击,迫使张慎言"引疾乞休"。

六月初,马士英向福王推荐"知兵之臣"阮大铖,与朝廷"共济艰难",希望福王赦免他的罪行,立即任命为兵部右侍郎。次日,阮大铖觐见福王，为自己的"见枉"作了辩白。内阁大学士、礼部尚书高弘图说，若要用阮大铖，必须会议讨论，显得更加光明正大。马士英说，我又没有徇私受贿，哪里有什么"不光明"？高弘图说，只要经过朝廷会议，国人都说贤能，然后任用岂不很好？

马士英无奈，要阮大铖写了《孤忠被陷之由疏》，为自己洗刷，口口声声"逆案冤及于臣"，理由是"凡（魏）忠贤窃威福，皆臣在山林息影唯恐不深时也"。马士英与之呼应，批评持反对意见的官员"护持局面，阻抑大铖"。接下来局势的演变是在意料之中的：吏部尚书张慎言罢官之后，主持吏部常务的左侍郎吕大器也随之罢官，主持正义的姜曰广、刘宗周遭到攻击。道路扫清以后，马士英于九月挟制福王，"内批阮大铖兵部添注右侍郎"，圣旨如此写道：

> 阮大铖前陛见奏对明爽，才略可见，朕览群臣所进逆案，大铖并无赞导实迹，时事多艰，需人干济，着添注兵部右侍郎办事，群臣不得仍前把持渎扰。

马士英还是顾忌舆论压力，为了名正言顺，用礼部尚书的官位作为交换条件，要挟钱谦益以东林领袖的身份出面表态。钱谦益妥协了，精心撰写一篇奏疏——《愚臣报国心长等事》，议论南明的四件大事：严内治、定庙算、振纪纲、惜人才。谈到"惜人才"，他强调"不复以党论异同，徒滋藩棘，则人才日出"。所谓"不复以党论异同"，就是说不要再谈什么"东林""阉党"，只要是人才都可以用。因此他主张对"逆案中人"予以昭雪，理由是："钦定逆案诸臣，未免轩轾有心，上下在手……果有嫌隙，固当先国家之急而后私仇……臣亲见门户诸臣植党营私，断送社稷，断送君父，何忍复师其故

459

智。"然后笔锋一转，看似不经意地带出一句话："逆案之贾继春、阮大铖者，皆慷慨魁垒男子也。"这可是画龙点睛之笔，焦点并非贾继春，而是阮大铖，因为他已经"内批"为兵部添注右侍郎了，必须为他找到合法性依据。钱谦益以东林领袖的身份，强调捐弃前嫌，推翻逆案，起到了别人无法替代的作用。

文秉《甲乙事案》评论道："时马、阮欲尽翻钦案，擢用杨维垣诸人，以钱为东林领袖，欲令钱疏荐，以塞众议，以爱立诱钱，钱遂出此疏。"对这一事件的来龙去脉看得很透彻。

也许有人会为钱谦益辩解，他所说的"门户诸臣植党营私，断送社稷，断送君父"，不能说毫无道理，门户之争确实是晚明政治的大问题。但是，以此为依据，企图抹煞阉党迫害东林的事实，为那些卖身投靠魏忠贤的"逆案中人"翻案，为阮大铖之流宵小之徒张目，无论如何有悖于正义，也有悖于良心。轻而言之，是迫于形势的违心之论；重而言之，是为了仕途有亏于晚节。文秉在《续幸存录》中说：

> （马）士英欲起用蔡奕琛、杨维垣，恐物论不容，以（钱）谦益人望也，嘱荐之。（钱）谦益乃阿（马）士英指，疏列四事，曰严内治、定庙算、振纪纲、惜人才……大旨在颂马士英功，雪逆案诸臣冤。

钱谦益心甘情愿被马士英利用，看来是不争的事实，不管出于何种目的，后果是极其严重的。事情的发展并不以钱谦益的愿望为转移。

阮大铖上台以后，并不像钱谦益所希望的那样，"不复以党论异同",并没有"捐弃前嫌",而是小人得志,疯狂报复,效法魏忠贤对付"东林党"的手法,编造黑名单——《蝗蝻录》《续蝗蝻录》,把东林人士比作"蝗",复社人士比作"蝻",罗织"十八罗汉""五十三善才童子""七十二圣贤菩萨"。又编造《蝇蚋录》,罗织"八十八活佛""三百六十五天王""五百尊应真"。妄图把东林复社人士一网打尽,推行没有魏忠贤的魏忠贤路线。阮大铖列入《明史·奸臣传》,完全是咎由自取。为这样的人鸣锣开道,钱谦益理应受到谴责。

可惜的是,昧着良心换来的礼部尚书乌纱帽,犹如昙花一现。面对强大的清军南下,弘光小朝廷风雨飘摇,据计六奇《明季南略》记载,五月初七日,马士英、王铎、蔡奕琛、钱谦益等十六名高官在朝廷议事,议论的焦点竟然是"纳款于清"——如何向清朝投降,得到的共识是:"便降志辱身,也说不得了。"清军渡过长江,福王、马士英、阮大铖擅离职守,自顾逃命。钱谦益无可奈何地率南京政府投降,可以说是弘光小朝廷早已作出的决定。

钱谦益降清后,前往北京出任礼部侍郎,在仕途与名节的两难选择中,苦苦挣扎。几个月以后就借口养病告假,回到家乡常熟。两年后卷入抗清的黄毓祺案,被清朝当局逮捕入狱。《明季南略》写道:

　　(黄)毓祺将起义,遣徐摩往常熟钱谦益处提银五千,用巡抚印(引者按:黄毓祺被南明隆武政权任命为浙直巡抚)。……及(徐)摩至常熟,钱谦益心知事不密,必败,遂却之。(徐)摩持空函还。江某诣营告变,遂执(黄)毓祺及薛生一门,解于南京部院,悉杀之。钱谦益以答报左袒清朝得免,然已用贿三十万矣。

461

在旁人看来，首鼠两端的行径，反映了失节者的忏悔，以及对于名节的珍惜。结果两面不讨好，在明朝遗老遗少眼里，始终是失节者；在清朝当权者眼里，则是朝秦暮楚的"贰臣"。

　　最为关键的是，后来的乾隆皇帝对他没有好感，多次恶言相加。乾隆三十四年(1769)，他用严厉的口气谴责道："钱谦益本一有才无行之人，在前朝时跻身膴仕。及本朝定鼎之初，率先投顺，洊陟列卿，大节有亏，实不足齿于人类。"乾隆四十二年，他指示国史馆："钱谦益反侧卑鄙，应入《国史贰臣传》，尤以据事直书，以示传言。"次年，他再度指示国史馆："钱谦益素行不端，及明祚既移，率先归命，乃敢于诗文阴行诋毁，是为进退无据，非复人类。若与洪承畴同列《贰臣传》，不示差等，又何以昭彰瘅？钱谦益应列入乙编。"在乾隆皇帝的眼里，钱谦益简直就是不齿于人类的狗屎堆。根据他的旨意，国史馆《清史列传》把钱谦益列入"贰臣传"的乙编，比洪承畴更下一等。

　　因为这样的政治因素，篇幅庞大的《苏州府志》的人物传中，竟然不收钱谦益的传记。其中的缘由，当然和乾隆皇帝的态度有关。光绪《苏州府志》的编者解释为何没有钱谦益传时，在"国朝人物"的卷首，加了一个按语："乾隆志《常熟人物·国朝》，首列钱谦益，后又铲去，故今坊间有未铲、已铲二本；道光志无钱谦益传，从已铲本也，今仍道光志。"

　　奇哉怪也！地方志是地方的实录，它的人物列传体例，以兼收并蓄为原则，不以臧否而决定取舍，《苏州府志》居然"铲去"钱谦益的传记，简直匪夷所思。由此可见，即使到了清末，钱谦益在当地仍是一个不能提及的人物。地方志对于本地人物可以褒贬，但用简单化的"铲去"手法，不让他出现于地方志，对于钱谦益而言，无论如何是不公平的。

后　记

我在复旦大学几十年讲课生涯,养成了撰写讲稿的习惯,每一门课都要写详细的讲稿。多年前出版的《国史概要》和《国史十六讲》,就是在给本科生开讲中国历史的讲稿基础上修改而成的。给研究生开讲明史研究课的讲稿,陆续修订之后,2012 年由中华书局出版,书名叫作《明史讲稿》,是名副其实的。当初的用意,是想把复旦大学研究生课程的内容,公之于世,与有志于明史研究的学子共享。

由于课程的需要,按照学术惯例,开宗明义第一讲必须讲解"明史史料学"。史料学是研究历史的门径,必须严谨而细致,所以分为十个方面来讲:一、私修与官修的纪传体明史;二、各种类型的编年体明史;三、《明史纪事本末》及其他;四、起居注、邸报、邸抄;五、《明实录》;六、《大明会典》及同类书;七、经世文编及同类书;八、地理志书;九、人物传记;十、野史笔记。虽然是概说,竟然也有洋洋四万言。

明朝两百多年的历史,丰富多彩,纷繁复杂,除了政治、军事、文化、思想以及对外交往,还须兼顾经济史、社会史、制度史的内容。所以讲稿中有"国家对户口和耕地的调查与控制：黄册与鱼鳞图册""赋税徭役及其变革：兼论江南官田与重赋"及"江南市镇：多层次商品市场的繁荣"三讲，专业性较强，即使对于历史系学生而言，也显得过于枯燥乏味。

此次中华书局决定再版重印此书，面向普通读者，考虑到原先的《明史讲稿》有四十二万字，篇幅过大，与编辑再三商量，决定删去上面提到的四讲，书名改为《明史十二讲》。

这也了却我的一个心愿。最近几年，多家出版社向我约稿，希望撰写一本精简的明史读本，我都一再婉言谢绝。并非故意怠慢，实在是心有余而力不足。2015年出版《晚明大变局》以后，紧接着写了《新政与盛世》《朝廷与党争》《内忧与外患》《王朝的末路》。对于年逾八旬的老人而言，已经是超负荷运转了。朋友们经常提醒我：悠着点，要懂得有所舍弃。我心领神会。

今年适逢辛丑，是我的本命年，亲人们希望我健康长寿。我自己也这样想，决定从持续多年的读书写作中摆脱出来，不再"负重长跑"，回归退休的本意，抛弃赶任务的压力，每天都自由自在，优哉游哉。基于这样的心境，另起炉灶写一本明史，已经不在考虑之列，只能对旧著修订删改成《明史十二讲》，以飨读者。

最近，中华书局再版重印我的旧著《万历传》和《崇祯传》，基本保持原样，我戏称为"修旧如旧"，也是出于同样的考虑。

"夕阳无限好，只是近黄昏。"

樊树志　辛丑元宵节于蒲溪